«Richtig reisen»

WALLIS

»Richtig reisen«

WALLIS

Reisehandbuch

Antje Ziehr

DuMont Buchverlag Köln

Umschlagvorderseite: Kätzchen, Blumen und sonnenversengtes Holz — Frühjahrsidylle im alten Dorfteil von Täsch.

Umschlagrückseite: Auf dem Weg nach Zmutt: Das Matterhorn von seiner schönsten Seite.

Fotonachweis

Offset Mengis Visp; Schweizerische Verkehrszentrale, Zürich; Ferdinand Mengis, Visp

CIP-Kurztitelaufnahme der Deutschen Bibliothek

Ziehr, Antje:
Wallis/Antje Ziehr
Fotos Mengis Visp
(Richtig reisen)
ISBN 3-7701-1611-9

© 1984 Rotten-Verlag, Brig, und
DuMont-Verlag, Köln
Alle Rechte vorbehalten
Druck: Offset Mengis, Visp
Buchbinderische Verarbeitung:
Mayer & Soutter SA., Renens

Printed in Switzerland   ISBN 3-7701-1611-9

Inhalt

Vorbemerkung:

**Das Wallis ohne
Heiligenschein** 11

*2/3 Französisch
— 1/3 Deutsch* 13
Eigenwillig und stolz 16
Glaube und Realität 17

Der herrliche «Garten Gottes»

Landschaftliche Gliederung. . . 20
Walliser Landschaften. 24
Klima und Vegetation 27
Walliser Geschichte. 29
*Landwirtschaft und
Industrie* 34
Die Tierwelt 43
*Bevölkerung und Kultur,
Sitte und Brauch* 47
Küche und Köche 56
Tourismus und Sport. 60

Das Oberwallis

Goms:
    Von Gletsch bis Bellwald . . . 70
    Fiesch 80
    Ernen und das Binntal 84
    Bellwald 92

Das Aletschgebiet:. 94
    Bettmeralp (Betten) 99
    Riederalp (Ried, Greich,
    Goppisberg). 102
    Belalp (Blatten) 106
    Mörel-Breiten 108

Brig 111
  Brigerbad 115

Visp. 117
  Stalden 118
  Visperterminen 119

Das Mattertal 121
  St. Niklaus. 122
  Täsch. 123

Zermatt. 124

Grächen 146

Das Saastal: 154
  Saas-Balen. 157
  Saas-Grund 157
  Saas-Almagell 158

Saas-Fee 160

Die Augstbordregion: 205
  Zeneggen 207
  Bürchen. 208
  Törbel 208
  Unterbäch 209
  Eischoll 211
  Raron 213

Das Lötschental:
  Vom Lötschberg bis zur
  Fafleralp 214

Turtmann und
das Turtmanntal 225

Leuk 227

Leukerbad. 229

Das Unterwallis

Siders/Sierre 248

Val d'Anniviers: 250
  Vissoie 252

St-Luc 254
Chandolin 256
Grimentz 258
Zinal 260
Vercorin 264

Crans-Montana 266

Anzère 280

Sitten/Sion 282

Ovronnaz 287

Val d'Hérens: 288
Evolène 289
Les Haudères 292
Arolla 293

Val d'Hérémence:
Hérémence 295
Thyon 2000 296

Die vier Täler:
Verbier 299
Haute-Nendaz 307
Super-Nendaz 310
Veysonnaz 311

Martigny 312

Champex 315

Val de Trient: 316
Les Marécottes 319

Les Portes du Soleil: 320
Champéry-Planachaux 322
Val d'Illiez — Les Crosets . . 323
Champoussin, Morgins 324

Port-Valais
Bouveret, Les Evouettes . . . 324

Im Gelben Info-Teil

Wallis-Information	337	Lötschental	355
		Les Marécottes	355
CH im Überblick	338	Leuk	355
		Leukerbad	355
CH Reisevorbereitung	341	Martigny	356
		Morgins	357
CH Reiseinformationen	341	Mörel-Breiten	357
		Nendaz	357
Was man sonst noch		Ovronnaz	357
wissen sollte	346	Raron	358
		Riederalp	358
Ferienorte nach dem ABC		Saas-Almagell	359
		Saas-Fee	359
Anzère	347	Saas-Grund	361
Arolla	347	Salvan	361
Belalp	347	St-Luc	361
Bellwald	348	St-Maurice	361
Bettmeralp	348	St. Niklaus	361
Binn	348	Siders/Sierre	361
Bouveret	348	Sitten/Sion	362
Breiten	348	Täsch	363
Brig	349	Thyon 2000	363
Brigerbad	349	Turtmann	363
Bürchen	349	Unterbäch	363
Champéry	349	Val d'Illiez	363
Champex	350	Verbier	363
Chandolin	350	Vercorin	364
Crans-Montana	350	Veysonnaz	364
Eischoll	352	Visp	364
Ernen	352	Visperterminen	364
Evolène	352	Vissoie	364
Fiesch	353	Zeneggen	364
Grächen	353	Zermatt	364
Grimentz	354	Zinal	367
Haudères	354		
Hérémence	355	**Ortsregister**	368

Schmiedeisernes Tor beim Stockalperschloss in Brig

Dorfstraße in Grimentz, Unterwallis

Das Wallis ohne Heiligenschein

Die Zeiten, in denen man das Wallis stets nur unter dem Blickwinkel romantischer Verklärung sah oder sehen wollte, sind endgültig vorbei. Auch dieser Schweizer Kanton wurde, wenn auch erst spät und, um einen Zeitbegriff zu geben, endgültig nach dem Zweiten Weltkrieg dem modernen Fortschritt unseres Jahrhunderts preisgegeben. Und das bedeutet, auch dieser Kanton hat seinen Tribut zahlen müssen.

Doch was blieb, ist zunächst einmal der Zauber einer eigenartigen, großartigen Landschaft, unabhängig von jeder Jahreszeit. Ob Frühling, Sommer, Herbst oder Winter, allein die Majestät von 51 Viertausendern, zerschundenen Gletscherzungen, satt und warm leuchtenden, grünrot gefärbten Herbstwäldern, bekrönt vom Firn ewigen Schnees, suchen ihresgleichen. Das beglückende Gipfelerlebnis nach den Anstrengungen mit Pickel und Seil erfüllt mit Stolz. Auf verführerischen Abfahrtspisten zu Tal zu gleiten oder auf schmalen Brettern durch märchenhafte Waldeinsamkeit zu wandern, das reizt besonders, den Nordländer ebenso wie den berggewohnten Schweizer.

Typische Walliser Stadel   Herrgottsgrenadier, Lötschental

Der Kanton Wallis verfügt über eine sehr gut ausgebaute touristische Infrastruktur. Selbst dem, der die mit dem Klima Spaniens verglichene sommerliche trockene Hitze im Rhonetal fürchtet, sei berichtet, daß er auf der Hauptverkehrsader durch das Wallis vom Genfersee bis zu Simplon, Grimsel oder Furka in Abständen von nur wenigen Kilometern sein Badezeug auspacken und ein erfrischendes Bad nehmen kann. Dem Sommerfrischler, der auf über 1200 m Höhe sein Feriendomizil aufschlägt, sei für das abendlich kühlende Lüftchen auch im heißen Hochsommer wärmende Wolle empfohlen.

Das Wallis ist trotz der Eingriffe, trotz grundlegender Veränderungen einer der schönsten und reizvollsten Schweizer Kantone geblieben. Schön wie beschrieben, reizvoll, weil er noch immer eine Fülle erstaunlicher Besonderheiten und kaum zu vereinbarender Gegensätze, kostbares Vätergut bewahrt.

Das Wallis ist ein Kanton, der nicht nur den Naturfreund, den Geologen, Mineralogen, Botaniker, den Strahler, den Gipfelstürmer oder Pistenliebhaber anzieht, sondern auch den Kunstfreund. Eine Tatsache, die noch weniger bekannt ist, als sie verdient. Allein den Reichtum der Burgen, Burgruinen und Schlösser wagte noch niemand in Zahlen auszudrücken. Den Spuren der Sarazenen, Kelten, Römer, Lombarden, napoleonischen Eroberer oder den Wegen der Walser, schließlich Goethes oder Rilkes zu folgen, wäre auch heute noch reizvoll genug. Zur großen Kultur des Mittelalters gehören auch die wundervollen Orgeln des Wallis — auf Valeria hoch über Sitten steht die älteste spielbare Orgel der Welt. Daneben existiert eine breitgefächerte bäuerliche Volkskultur, die in einigen Tälern bis vor wenigen Jahrzehnten noch so viel Daseinsberechtigung besaß, daß ihre Zeugnisse erst jetzt in neu gegründeten Museen eine bleibende Heimstatt finden.

Der Einbruch der modernen Lebensart erfolgte vielerorts ohne Übergang, unvorbereitet, und das war schade. Die Gegensätze von Alt und Neu prallten daher oft so stark und unvermittelt aufeinander, daß die Harmonie des ursprünglich Gewachsenen manchen Ortes zugrunde ging. Doch ein verlorenes Paradies zu be-

Beschauliches Fieschertal

klagen wäre mehr als übertrieben. Denn das Wallis ist schön und erlebenswert geblieben. Allerdings hat die veränderte äußere Lebenskultur Anpassung gefordert. Mit ihr hat sich zwangsläufig nicht nur die gesellschaftliche, sondern auch die Landschaftsstruktur verändert. Nicht alle Eingriffe gelangen, manche müssen als akzeptabel gelten, doch wer auch andere Schweizer Landschaftsräume kennt, von Ferienländern wie Italien, Spanien, Portugal, den Schwarzmeerküsten ganz zu schweigen, weiß den noch immer einheitlichen Landschaftscharakter des Wallis und die Bewahrung der einheimischen Kultur zu schätzen. Und gerade die letztgenannte Tatsache bezeugt einen diesbezüglich im positiven Sinne beharrenden, traditionsbewußt denkenden Walliser Menschen.

Der neuzeitliche Umbruch hat den Walliser nicht seiner geistigen Lebensgrundlage beraubt. Der tiefgreifende Umwandlungsprozeß zeichnet vor allem die Jugend. Sie begreift heute neue Wertvorstellungen, hat aber auch, durch die Jahre des Übergangs belehrt, Toleranz gelernt, und zwar die Einsicht, daß aus der Tradition der Reichtum und die Vielschichtigkeit der Gegenwart erwächst. Darum empfinden die Einwohner von Evolène es als schmerzende Zudringlichkeit, sich ewig von klickenden Fotoapparaten beobachtet zu wissen. Warum die Evolèner nicht in ihren alten Trachtenkleidern als Selbstverständlichkeit, als das Normale anstatt als das Besondere betrachten?

2/3 Französisch— 1/3 Deutsch

Der Pfynwald teilt den Kanton ins Ober- und Unterwallis, das deutsch- und das französischsprachige Wallis. Das Verhältnis zwischen beiden Kantonsgebieten betrachte ich, eine Fremde, und nur als solche scheint diese Aussage für den Walliser überhaupt verzeihlich, als disharmonisch, mindestens als kompliziert. Nur wer von Geburt an eine Walliser Seele sein eigen nennen kann, wird dem heiklen Gebaren der beiden gerecht werden können. Für manchen Walliser gibt es nämlich gar keinen Unterschied, andere behaupten, das durch die Ge-

Industriezone im Oberwalliser Rhonetal

schichte belastete Verhältnis entspanne sich, wieder andere wollen vom anderen Kantonsteil kaum etwas wissen — was ist richtig? Alles mögliche, nur wahre Gegenliebe nicht. Doch behauptet sich das französischsprachige Sitten als Kantonshauptstadt. Die Einwohner beherrschen im wesentlichen die deutsche Sprache, aber sie sprechen sie (bewußt) nicht. Auch dem Fremden ist besser geraten, sich des Französischen zu bedienen. Von Amtspersonen wird verlangt, daß sie des Deutschen mächtig sind. Aber 1982 revoltierten die Oberwalliser wieder einmal, als ein neuer Kantonsrichter bestellt wurde, der des Deutschen nicht mächtig war. So hatte dieser Mann die Pflicht, Deutsch zu lernen und das Gelernte unter Beweis zu stellen.

Aber die Sprachen des Wallis gehören ohnehin zur außergewöhnlichen Kantonseigenart. Nicht nur, daß im Oberwallis deutsch, und zwar das «Walliser Titsch» und im Unterwallis französisch gesprochen wird, nicht nur, daß die französische Sprache des Eringertales in Sitten kaum verstanden wird, sondern auch die Oberwalliser gehen, wie erst kürzlich nachgewiesen wurde, auf zwei getrennte, unabhängig von einander eingewanderte Stämme zurück. Gilt die Probe aufs Exempel:

Was weiß der Saaser vom Eifischtal, der Bewohner des Val d'Illiez vom Goms? Eine namhafte Walliser Persönlichkeit, Albert Carlen, sprach es deutlich aus: «Einsiedeln ist dem Oberwallis viel vertrauter als Sitten. St-Maurice haben die wenigsten gesehen, und den Unterwallisern ist der deutsche Kantonsteil ein Buch mit sieben Siegeln. Die Kirchen sind verschieden, die Häuser sind verschieden, die Tracht, die Beschäftigung und die Kost sind verschieden, ja selbst die Kühe scheiden sich in braune, rote und schwarze, und was man die heißblütigen Walliser nennt, schränkt sich ein auf die Bewohner einer ziemlich genau umrissenen kleinen Gegend. Sprich also nicht vom Walliser überhaupt, sondern sprich vom Saaser, vom Zermatter, vom Lötschentaler, vom Leuker, vom Evolener, und du kommst der Wahrheit näher!»

Der noch stark dem Alt- und dem Mittelhochdeutschen verpflichtete Walliser Dialekt des Oberwallis ist selbst für die Schweizer anderer Kantone schwer verständlich. Aber nicht nur die Sprache, auch das Wesen des Wallisers ist den lieben Miteidgenossen nicht ganz geheuer. Aber auch die Walliser selbst fühlen sich ihrerseits den Nichtwallisern gegenüber fremd, deshalb sprechen sie oft von ihnen als den «Außerschweizern». Wie sehr man im Wallis auf Eigenem beharrte, trieb, zeitweise bis in die Gegenwart, merkwürdige Früchte. Bis 1970 war in der Kirche von Ernen auf einem Anschlag zu lesen, daß das neue Gestühl nur für die Einheimischen und nicht für die Fremden bestimmt sei..., und nicht weit von dieser Kirche steht noch heute die Steinsäule eines stattlichen Galgens. Als er 1612 errichtet wurde, forderte ein Erner, daß dieser nur «für uns und unsere Kinder» gebraucht würde, nicht aber für «fremdes, hergelaufenes Gesindel».

Eigenwillig und stolz

Der Walliser gilt als eigenwillig, als schwierig und, was diese Walliser Eigenart betrifft, als hochempfindlich gegenüber fremder Überheblichkeit. Darüberhinaus, und das ist wohl sein tiefster Zug, als sehr stolz. Weiß man um seine Geschichte, um seine Machtkämpfe oder von der Existenz der Matze, so erscheinen die Schilderungen von seinem heftigen und tapferen Wesen als berechtigt. Nirgends scheint mir die Art des Wallisers treffender und subtiler ausgedrückt als in der Veröffentlichung «Die Walliser» von M. Chappaz:

«Es schickt sich, nur im Innern zu leiden und nach außen hart zu bleiben. Diese Leute entwickeln die ungeheure Fähigkeit, einsam zu sein und sich anzustrengen, sie werden Bergler bis zum äußersten Grad. Ohne ein Wort kehren sie euch den Rücken. Nicht so leicht werdet ihr die Schale eines solchen Kerls brechen, um die Mandel darin zu finden. Diese Stolzen sind oft Demütige und Zarte, die kein Körnchen Mißtrauen ertragen. Was das Gemüt angeht, haben sie einen sehr lebhaften Ehrbegriff.»

Schließlich wäre der Walliser aber auch kein Schweizer, wenn er nicht recht geschäftstüchtig wäre — gemeint sind keineswegs nur die Zermatter!

Die Walliser trieben und treiben, wenn möglich, ihre eigene Politik — anderswo nennt man das offen Vetterli-Wirtschaft. Im Wallis wird nicht darüber gesprochen, und niemand verfiele je auf den Begriff der Korruption. Der Ausspruch, stark übertrieben und natürlich von einem Nichtwalliser zum besten gegeben: «Das Wallis ist das Texas der Schweiz» enthält denn auch nur ein ganz winziges Fünkchen Wahrheit!

Der Fremde, der das Wallis nur ferienhalber bereist, wird kaum tief in das Wesen dieser Menschen eindringen, und doch kann er wahre Freunde finden. Das allerdings setzt viel Verständnis voraus. Er muß wissen, daß dieses Paß-und Talgebiet jahrhundertelang ein Eigenleben führte, das bis in unsere Tage prägte: nach Süden und Westen abgeschlossen durch seine Sprache und durch Staats- und Stammesgesetze, nach Norden durch seine Religion sowie durch Alpenpässe, die nur an wenigen Stellen zwei, drei Monate im Jahr passierbar waren. So ereignete sich hier eine spezifische Walliser Geschichte, pflegte man eine sonderliche Mundart und kannte eigene Lebensgesetze in Sitte, Brauch und Moral, die sich deutlich von anderen Gebieten Helvetiens unterschieden. Noch heute sind viele Walliser stolz darauf. Andererseits sind aber diejenigen, die das Wallis seiner Andersartigkeit wegen lieben, denen gram, die zu vorschnellen Konzessionen an eine belanglose Modernität bereit waren.

Dem Wallis, wie es der große Matthäus Schiner erlebte, wie es Charles Ferdinand Ramuz, Maurice Zermatten, Maurice Chappaz und als jüngster Pierre Imhasly besangen, ist heute, will man Klischeevorstellungen aus dem Wege gehen, nur noch schwer beizukommen. Die alten, eindringlichen Schilderungen von der Schwere und Bedürfnislosigkeit des Bergbauernlebens, den «heiligen

Kirchturm von Leukerbad

Wassern», den Tesseln, den Stadeln und Speichern auf Stelzen, von Ungeziefer und Mäusen vergebens belauert, den alten dämonischen Sagen, den Urgeistern hinter den Lötschentaler Roitschäggätä bis zu den Prozessionen muß man heute ebenso sachlich und kritisch begegnen wie den unterschiedlichen Sozialstrukturen in Ober- und Unterwallis, den Industrien von Monthey, Chippis, Steg oder Visp, den Obst- und Gemüseplantagen in der Rhoneebene und den First-class-Touristenstationen Zermatt, Saas-Fee, Montana oder Verbier. Die «heiligen Wasser» gingen in den mächtigen Stauarealen der Grande Dixence, der Salenfe und Mauvoisin auf.

Glaube und Realität

Zum Wallis von heute gehören nicht mehr Saumpfade und Maultierkolonnen, sondern eine bald fertige Autobahn und eine nicht enden wollende Blechlawine vom Goms bis zum Genfersee sowie die gut und gern 200 Personen, die pro Hochsaisontag auf den populärsten Gipfel des Kantons, das Matterhorn, wollen. Das ist eine Realität, die auf ihre Art erstaunen macht, zum Glück aber das Wallis und seine Menschen noch nicht aus ihren festgefügten Angeln gehoben hat. Denn noch bilden Glauben und Religion eine Art Schutzwall für Dörfer und Familien. Neue Kirchen treten erstaunlich häufig an die Stelle der alten. So droht in Hérémence eine imperiale Betonkathedrale den kleinen Ort fast zu zersprengen. Auch das ist eine Walliser Realität. Doch

17

steht dagegen, daß es um die Gläubigkeit dort nicht mehr zum besten bestellt ist, wo die Stütz- und Schutzfunktion der Familien- oder Dorfgemeinschaft nicht mehr wirken kann. In der Vielfalt solcher oder ähnlicher Kontraste spiegelt sich das moderne Wallis.

Intaktes und Idyllisches gibt es dennoch reichlich, auch wenn es schwieriger wird, ihm zu begegnen. Kritische Habachtstellung empfiehlt sich daher allenthalben, nicht zuletzt auch im Urteil über das Wallis und seine Bewohner. Denn noch vor fünfzig Jahren hieß es im Schulbuch eines benachbarten Kantons, daß der untere Teil des Wallis aus einem unfruchtbaren Sumpf bestehe, dessen Ausdünstungen sowie die Religion das Volk verdummt hätten! Ganz anders hört sich dagegen das Ergebnis der touristischen Erhebungen der letzten zehn Jahre einschließlich des Jahres 1982 an: das Wallis rangiert hinter Graubünden und vor dem Tessin an zweiter Stelle unter allen Kantonen Helvetiens!

Reiches Angebot
auch für Selbstversorger

Seilbahnstation Bettmeralp

Das Saastal mit Saas-Balen

DER HERRLICHE «GARTEN GOTTES»

Landwirtschaftliche Gliederung

Wie jeder Schweizer Kanton besitzt auch das Wallis, schon allein in der geologischen Struktur, seine Eigenart. Es umfaßt die *Walliser Alpen* (Penninische Alpen), französisch *Alpes valaisannes,* den südwestlichen Teil der Schweizer Alpen, der sich in einen kleineren nördlichen (auch zu den *Berner Alpen* zählenden) und einen größeren Teil südlich der Rhone mit dem Monte Rosa, gliedert. Wie ein glitzerndes Band zieht sich die Rhone, von den Oberwallisern «Rotten» genannt, von Ost nach West durch den breiten Talboden. Durch die Rhone entwässern die Walliser Alpen zum Genfersee und zum Mittelmeer.

Vom Ursprung der Rhone zu Füßen des gleichnamigen Gletschers, der stark vom Gletscherschwund betroffen ist, erstreckt sich das Haupttal über eine Strecke von 120 km bis hinab zum Genfersee. Im Norden wird es von den Berner, im Süden von den Walliser Alpen begrenzt. Das Querprofil des Rhonetals gibt sich sehr markant. Im mittleren und unteren Wallis brechen die Berner Alpen mit schroffen Kalkwänden zum Fluß hin ab. Die Walliser Alpen dagegen schlagen einen größeren Südbogen. Auf ihrer südlichen Flanke gruben sich zahlreiche Quertäler ein, beispielsweise die Vispertäler, das Val d'Anniviers, das Val d'Hérens und die Drance-Täler. Für die Nordseite des Rhonetales typisch sind steile, schluchtartige Täler, die nur kurze, unbedeutende Wasserläufe zum Haupttal leiten. 16 bewohnte Talschaften gibt es im Wallis, aber nur zwei davon befinden sich auf der Nordflanke: das Lötschental und das Dalatal mit Leukerbad.

Schon um die oberste Ortschaft im Goms, Oberwald, dehnen sich erstaunlich weite, ebene Matten. Doch die Seitentäler sind fast alle abgrundtief eingeschnitten, und beinahe überall läßt sich die Steilstufe zum Rhonetal nur durch kunstreiche Straßenbauten überwinden. Fast allseits umschließen den Talgrund 2000 bis 4000 m hohe Gebirgsketten und verleihen der Landschaft ihren faszinierenden, gegensätzlichen Charakter. Nirgends sonst in der Schweiz und wohl kaum im übrigen Europa verblüffen ähnliche Höhenunterschiede, wie sie sich etwa am Lötschberghang dem Fremden bieten: Der Talgrund liegt auf etwa 650 m und darüber, mit einem einzigen Blick zu erfassen, erhebt sich der Dom mit imponierenden 4545 m Höhe! Der höchste, ganz auf Schweizer Boden liegende Gipfel gehört also dem Wallis. Aber dieser merkwürdige Kanton umfaßt noch weitere Extreme, nämlich den höchsten Gebirgsfirst mit der Dufourspitze im Monte Rosa-Massiv (4634 m). Zu seinen Füßen liegt zugleich die ausgedehnteste Gemeinde des Landes: Bagnes mit 295 km^2 Grundeigentum. Daß davon volle 126 km^2 Gletscher sind, ändert nichts an dieser Tatsache. Auch nicht am Reiz der Walliser Landschaft: alles Harte geht ins Weiche über, alles Wilde ins Sanfte, die Enge wird zur Weite — mit dem Erfolg, dass die Übermacht der Viertausender nirgends so abschrek-

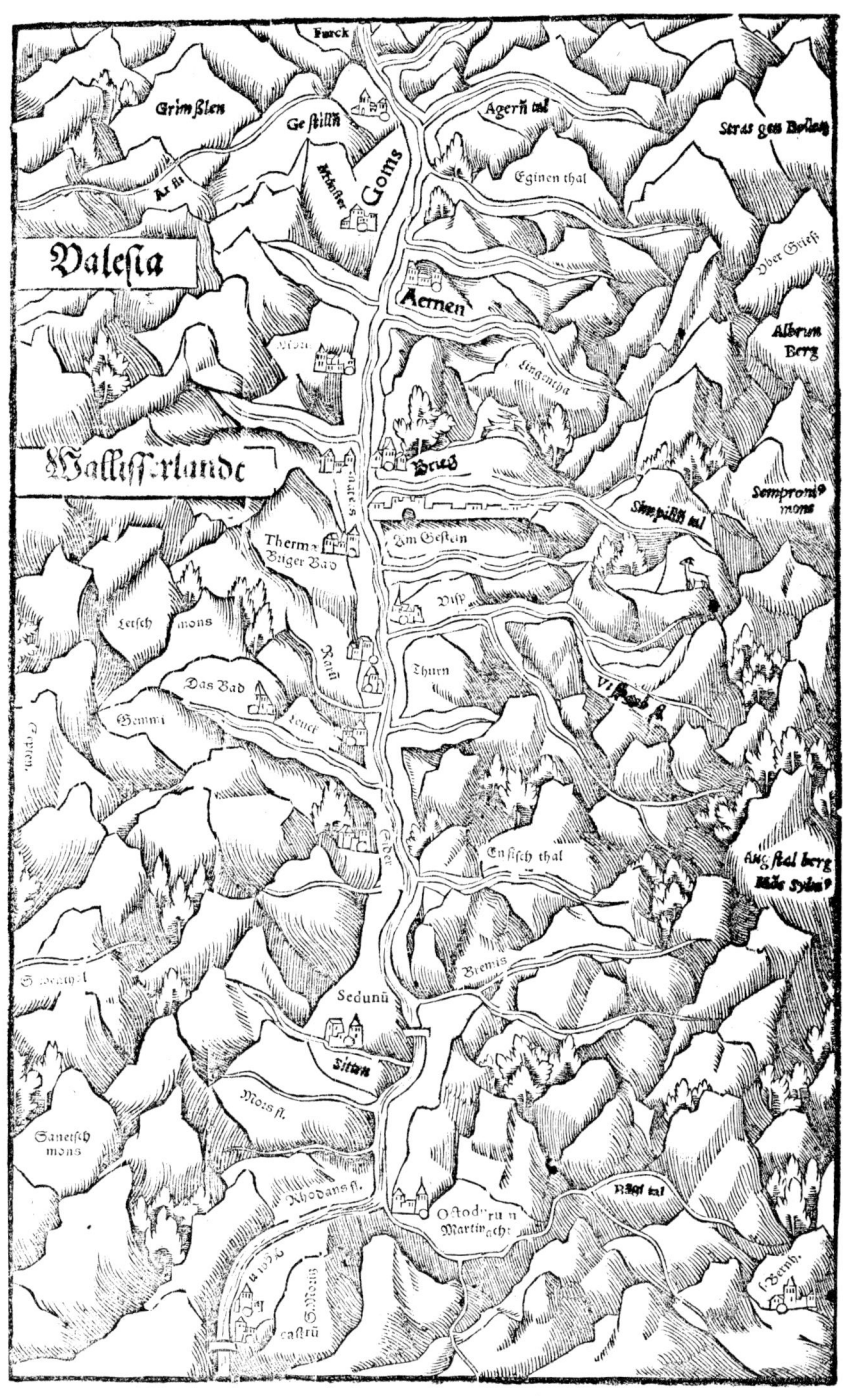

Alte Walliser Karte aus der Stumpf-Chronik

kend, bedrohlich und abweisend wirkt.

Zwischen Leuk und Siders verläuft die Sprachgrenze des Wallis, direkt beim Pfynwald (von latein. ad fines = an den Grenzen), dem größten Tal-Föhrenwald in der Schweiz. Er mutet an wie eine mediterrane Wildnis, wie ein vergessenes Stück Land in der im 19. Jahrhundert kultivierten Talmulde. Sein unterer, westlicher Teil besteht aus Ablagerungen eines prähistorischen Bergsturzes, ähnlich dem von Flims im vorderen Rheintal.

Ein Fünftel der Walliser Erdoberfläche ist vergletschert. Starke morphologische Aktivitäten sind die Folge einer ausgeprägten Reliefenergie. Daher treten neben glazialen Formen auch besonders vielgestaltige und postglaziale Erosions- und Akkumulationsformen auf: Steinschlag, tiefe Runsen, Wildbachtobel, Schwemmfächer. Auch die ständige Gefahr von Lawinen, Gletscherabbrüchen, Steinschlägen, Bergstürzen und Wildwassern sind darauf zurück zu führen und rufen die Menschen immer wieder zum Kampf gegen die tobenden Naturgewalten auf.

Wo im ganzen Alpengebiet steht ein Arvenwald hoch über einem Gletscher wie der herrliche Forst vom Aletsch? Oder gibt es einen arktisch anmutenden, vom Gletscherstrom gestauten See wie den Märjelensee am Eggishorn? Wo kann man durch das Gestrüpp eines Urwaldes stapfen und zugleich ein mehrfaches Bergsturzgebiet betrachten wie bei Derborence im Unterwallis? Welches Alpenland hat natürliche Pyramiden zu bieten wie Euseigne, die man selbst mit hohen PS-Zahlen durchqueren kann?

Der Märjelensee, entstanden aus dem Schmelzwasser des Aletschgletschers

Martigny mit der Burgruine La Bâtiaz

Walliser Landschaften:

1 Goms, 2 Lötschental, 3 Rechter Hang zwischen Massa und Raspille, 4 Simplonpaß, 5 Vispertäler, 6 Linker Hang zwischen Massa und Raspille, 7 Talboden zwischen Massa und Ras-pille, 8 Val d'Anniviers, 9 Val d'Hé-rens, 10 Drance-Täler, 11 Linker Hang zwischen Raspille und Marti-gny, 12 Rechter Hang zwischen Ras-pille und Martigny, 13 Talboden zwi-schen Raspille und Martigny, 14 Trient-Val d'Illiez, 15 Rhonequertal.

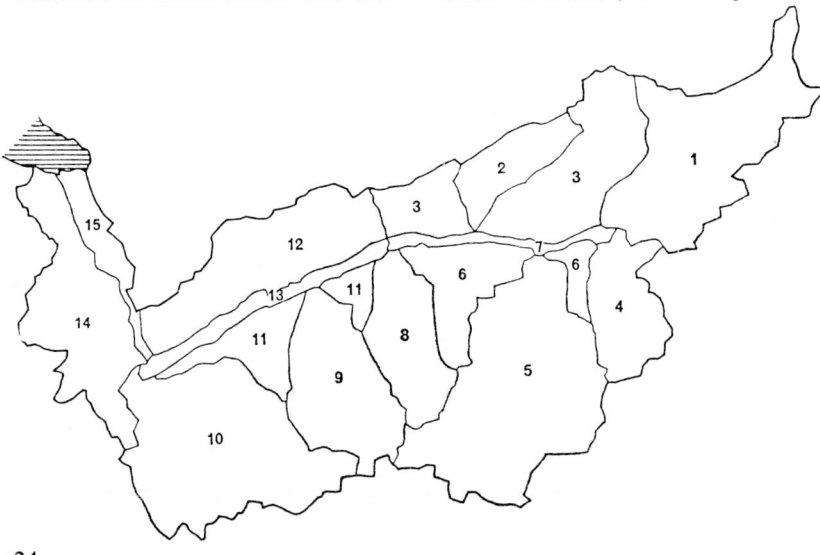

Allgemeine Übersicht

(Stand 1981)

Das Wallis (französisch le Valais, von lateinisch vallis = Tal), das «Tal der Täler»:
Drittgrößter Kanton der Schweizerischen Eidgenossenschaft, er befindet sich vollständig auf Alpengebiet und zählt zusammen mit dem Tessin zur Südschweiz. Das gesamte Areal des Kantons umfaßt 5231 km^2, davon entfallen 44% auf Gebirge, Gletscher und Seen, 39% auf Alpweiden und Wiesen, 15% auf Wald, und nur 2% sind als Acker- und Rebland nutzbar. Kantonshauptstadt ist Sitten/Sion.

Wappen (1628): In silber-rot gespaltenem Schild erscheinen mehrere, seit 1815 dreizehn Sterne in verwechselten Farben für die einzelnen Zenden (Bezirke).
Standesfarben: weiss-rot parallel zum Liek geteilt.

Nach der **Verfassung** vom 8. 3. 1907 erfolgt die Gesetzgebung durch den Großen Rat (Grand Conseil), der sich aus 130 vom Volk gewählten Mitgliedern zusammensetzt. Die vollziehende Gewalt obliegt dem Staatsrat (Conseil d'Etat), der aus fünf vom Volk gewählten Mitgliedern besteht. Die Volksvertreter des Großen Rates und des Staatsrates werden auf die Dauer von vier Jahren gewählt. In den schweizerischen Ständerat entsendet der Kanton zwei, in den Nationalrat sieben Vertreter. Staatssprachen sind Französisch und Deutsch, Staatsreligion ist der katholische Glaube.

Jahr des Eintritts in den Bund:	1815
Anzahl der Gemeinden:	163
Vertreter im Nationalrat:	7
Bodenfläche in km^2:	5226
Landwirtschaftl. Nutzfläche in %:	6,7
Straßennetz im km (1979):	4140

Wohnbevölkerung in 1000:	219,8
Anteil der Ausländer in %:	8,7
Bevölkerungsdichte, Einwohner pro km^2:	42
Erwerbstätige in 1000:	97,2
Ausländische Arbeitskräfte in 1000:	17,0
Ganzarbeitslose:	482
Kantonseinnahmen in Mio. Fr.:	894,2
Kantonsausgaben in Mio. Fr.:	923,4
Saldo Einnahmen/Ausgaben in Mio. Fr.:	-29,2
Volkseinkommen (geschätzt) in Mio. Fr.:	4326
Pro Kopf der Bevölkerung in Fr.:	19 628
Firmen:	
Anzahl Aktiengesellschaften:	3172
Anzahl Einzelfirmen:	4247
Banken:	
Einwohner pro Bankstelle:	612
Bankspareinlagen in Fr. pro Einwohner (geschätzt 1981):	22 248
Hypothekaranlagen in Fr. pro Einwohner:	17 913
Baugewerbe:	
Neuerstellte Wohnungen:	2779
Baubewilligte Wohnungen:	4075
Leerstehende Wohnungen:	1002
Verkehr:	
TV-Konzessionen pro Einwohner:	298
Einwohner pro Personenwagen:	383
Fremdenverkehr:	
Gastbetten in Hotels:	33 376
Anzahl Logiernächte in 1000:	3782
Logiernächteanteil der Ausländer in %:	56,1
Gesundheitswesen:	
Einwohner pro Arzt:	981
Einwohner pro Zahnarzt:	2486

Firn und Gletscher der Schweiz

Kanton	Anzahl Gletscher	Fläche in km^2	Anteil an der Gletscherfläche in %	Anteil an der Gesamtfläche der Kantone/ der Schweiz in %
Appenzell I. Rh.	2	0,06	0,1	0,03
Bern	181	231,72	17,2	3,36
Glarus	38	23,31	1,7	3,40
Graubünden	634	201,02	15,0	2,83
Nidwalden	2	0,71	0,1	0,26
Obwalden	9	6,03	0,4	1,23
St. Gallen	8	2,31	0,2	0,11
Schwyz	3	0,68	0,1	0,07
Tessin	91	15,48	1,2	0,55
Uri	169	89,98	6,7	8,36
Waadt	15	4,16	0,3	0,13
Wallis	676	766,69	57,0	14,67
Schweiz	1828	1342,15	100,0	3,25

Gletscher	Fläche in km^2	Länge in km
Aletschgletscher VS	86,76	24,7
Gornergletscher VS	68,86	14,1
Fieschergletscher VS	33,06	16,0
Unteraargletscher BE	28,41	13,5
Oberalegletscher VS	21,71	9,1
Unterer Grindelwaldgletscher BE	21,71	9,0
Findelgletscher VS	19,09	9,3
Glacier de Corbassière VS	17,44	9,8
Rhonegletscher VS	17,38	10,2
Morteratschgletscher GR	17,15	7,5
Triftgletscher VS	17,07	7,1
Zmuttgletscher VS	16,98	8,0
Feegletscher VS	16,66	5,1
Glacier d'Otemma VS	16,55	8,5
Glacier de Zinal VS	16,24	8,0
Kanderfirn BE	14,02	6,8
Hüfifirn	13,73	7,0
Gauligletscher BE	13,70	6,8
Turtmanngletscher VS	13,10	5,8
Glacier du Mont Miné VS	10,89	8,1

Klima und Vegetation

Im Wallis begegnen sich die «spanische» und die «arktische» Schweiz. Vor R.M. Rilke, der es als «kleines Spanien» und schon «fast nicht mehr schweizerischen Kanton» bezeichnete, war es Albrecht von Haller, der von «Spitzbergen» im Alpengebiete sprach.

Nach Überwindung relativ kurzer Distanzen steigen die Walliser Alpen nämlich zu Höhen empor, die ein Jahresmittel an Temperaturen aufweisen, das unter Null bleibt. Auf dem Mont Blanc beispielsweise beträgt das Julimittel —9 Grad, ähnlich verhält es sich mit den Walliser Gipfeln.

Sprichwörtlich ist die Wasserarmut des Wallis. Vor allem auf der rechten Talflanke bietet sich während des Sommers der Anblick echter Steppenlandschaft, die den Begriff der «Walliser Steppe» prägte. Wer im Spätsommer hier wandert, wird die trockenen Halme unter den Füßen knistern hören, und wer sich auskennt, wird die typischen Steppengräser mit Namen nennen können: Stipa pennata, Stipa capillata, Festuca vallesiaca. Bekannter sind Mandel- und Granatäpfelbäume, der Feigenkaktus, der zu Füßen der Kirche Valeria wächst oder die Flaumeiche am Mont d'Orge.

Die himmelwärtsstrebenden Berge bescheren dem Wallis dieses Trockenklima. Die Winde stoßen sich an ihren Gipfeln, so daß die größten Niederschläge über ihren Kämmen nordwärts niedergehen. Die Walliser Talmulde bleibt im Regenschutz, und die Berge ringsum wirken zugleich als regelrechte Sonnentrichter. Das Dorf Stalden im Vispertal mißt nur 53 Zentimeter Regen pro Jahr, es sei, so sagt man, der trockenste Ort der Schweiz. Daß Sitten in der Jahresbilanz und trotz des hohen Berghorizonts 350 Sonnenstunden mehr als Zürich verzeichnen kann, macht es stolz. Selbst das jährliche Temperaturmittel Sittens liegt höher als das des städtisch noblen Zürich. Werden im Jahresdurchschnitt für Genf 107 Regentage, für Basel 117, für Zürich 140 und für Lugano 108 gemessen, so weist Sitten nur 86 und Grächen sogar nur 80 Tage mit Niederschlägen auf.

Die Hitze, die sich im abgeschlossenen Talkessel staut, läßt die Luft vor den Augen flimmern, verbrennt das Holz von Haus und Stadel, bleicht und laugt die Natur aus, kocht Früchte und Beeren und lockt mediterrane Düfte aus Kräutern und Erden. Sommerregen bringen kaum Erfrischung.

Die Kantonshauptstadt liegt auf demselben Breitengrad wie Bellinzona, Zermatt auf dem von Lugano. Visperterminen pflegt auf 1200 m Europas höchst gelegene Reben. Selbst Roggen gedeiht noch auf Höhenlagen, die auf der Nordseite der Alpen nicht einmal mehr Waldwuchs erlauben. Auch Lärchen, Arven und Föhren wachsen, wenn auch zu Büschen verkrüppelt, so hoch hinauf, daß sie nur noch Schutthalden abzulösen vermögen. Wenn auch die gletschernächsten Roggenfelder von Findelen oberhalb Zermatts der Industrie zum Opfer fielen, überraschen den Wanderer hier oben südliche Kräuter und sibirische Arven mit arktisch-alpinem Strauchunterwuchs, «also auf Kilometerweite ein Gegensatz in der

Pflanzendecke, der 30 bis 40 Breitengraden gleichkommt» (Carl Schröter). Mit der Vegetation und den Kulturpflanzen steigen auch die Walliser Bergdörfer hinauf in erstaunliche Höhen. Als das höchstgelegene winterbewohnte Dorf darf Chandolin im Val d'Anniviers auf einer Höhe von 1930 m gelten.

Wenn die Hitze das Tal zum sprichwörtlichen Backofen macht, stürzen die Gletscherwasser am wildesten zu Tal. Von diesem natürlichen Reservat allein lebten die Walliser lange. Auf sich selbst gestellt bauten sie sich ihre eigenen künstlichen Wasserleitungen, die Suonen, französisch Bisses, um von der «Gletschermilch» zu profitieren. Heute sorgen gewaltige Staubekken für die notwendige Bewässerung.

Und wie verhalten sich die Gletscher in diesem Klima? Sie dringen beständig vor. In der Periode 1980/81 stießen sie um durchschnittlich 74 cm vor. Von 99 Gletschern sind 52 gewachsen, fünf blieben unverändert, und 42 haben sich zurückgebildet. Dem Rottengletscher, einer der wichtigsten touristischen Fotosujets, sagen die Glaziologen für 1983 sogar eine Wuchsrate von 15 bis 20 Metern voraus.

Aber noch ein anderes Naturphänomen spielt den Wallisern mit, und das ist der Wind, sind die Brisen, die mit einer Stärke und Häufigkeit auftreten, wie man sie sonst in der übrigen Schweiz nicht kennt. Die vielfachen Hangwinde lösen zugleich auch die Talwinde aus. Der Walliser Talwind kommt an Schönwettertagen schon gegen 9 Uhr vom Genfersee her angebraust, bläst gut und gern bis Martigny und ist selbst bis Brig zu spüren. Maximal kann er 25 Stundenkilometer erreichen. Aber auch in den Nebentälern kann man sich über zu wenig Zugluft kaum beklagen, denn auch hier sorgen Lokalwinde für eine stete Ventilation. Windschutzstreifen müssen angelegt werden, um die Kulturpflanzen am Leben zu erhalten.

Badevergnügen, Camping «Swiss Plage» (Siders)

Walliser Geschichte

58 v. Chr. Julius Caesar besiegte die Helvetier und sicherte sich die Alpenübergänge im Wallis, General Galba besetzte das Wallis, brandschatzte Octodurum (Martigny). Erst unter Augustus kamen Friede und wirtschaftliche Entwicklung ins Tal.

302 n. Chr. St. Mauritius und die Gefährten der Thebäischen Legion wurden enthauptet. Die Opfer heidnischer Götter zurückweisend, wurden sie die ersten Märtyrer des christlichen Glaubens im Wallis. Abtei und Stadt St-Maurice bleiben Zeugen ihrer Standhaftigkeit.

391 starb der erste Bischof im Wallis, der hl. Theodul, der in Martigny, dem wichtigsten Umschlagplatz am Fuße des St. Bernhard, seinen Sitz hatte.

580 Der Bischofssitz wird nach Sitten verlegt.

999 Der Burgunderkönig Rudolf III. schenkte die Grafschaft Wallis dem damaligen Bischof von Sitten, namens Hugo. Dieser Akt prägte die Geschichte des Tales für die nächsten 700 Jahre!

1211 Berchtold V. von Zähringen wollte dem Bischof die weltliche Macht über das Wallis streitig machen. Sein Kriegszug über die Grimsel endigte mit der Niederlage bei Ulrichen im Goms.

1252 Allianz des Bischofs mit der Stadt Bern. Im Kampf zwischen Friedrich II. und dem heiligen Stuhl ergriff Peter von Savoyen Partei für den Kaiser und zerstörte die Schlösser von Mörel, auch Sitten fiel in seine Hände. Bischof Heinrich I. von Raron mußte nach dem Überfall auf Martigny um Frieden nachsuchen. Erst nach dem Tod Peters (1268) kehrte eine friedlichere Zeit zurück, das Gebiet unterhalb Conthey blieb aber savoyisch, mit bischöflichem Hoheitsrecht.

1270 Die Lehensherren wurden dem Bischof zu mächtig, als Gegengewicht förderte er die Autonomie der Gemeinden. Wir finden die ersten «Gemeinde-Konsuln» in Brig, Visp, Leuk, Sitten und Martigny.

1294 Unter Führung der Familie Zum Thurm wollten die Lehensherren dem Bischof die weltliche Macht entreißen. Die Schlacht von Leuk zeugte von der Übermacht der bischöflichen Truppen. Um den Bischofssitz abzuschirmen, baute Bonifazius von Challant das Schloß Tourbillon. Es bildet heute noch mit der Kirche Valeria das Wahrzeichen der Kapitale Sitten.

1352 Die Nobeln ließen dem Bischof keine Ruhe, sie verbanden sich mit den Grafen aus dem Simmental und denjenigen von Greyerz. Amadeus von Savoyen half dem Bischof seine Rechte zu wahren, doch Anton Zum Thurm scheute sich nicht, Mörder zu dingen, die Bischof Guichard Tavelli mit seinem Kaplan über die Mauern seines Schlosses La Soie hinunterwarfen (8. August 1375). Die hernach folgenden Savoyer-Bischöfe konnten die Herzen der Walliser Christen nicht erwärmen, umsoweniger, als die Truppen Amadeus VII. das Rhonetal hinaufmarschierten, um die mit immer mehr Macht ausgestatteten Gemeinden der Rolle Savoyens zu unterwerfen. Der «Mannenmittwoch» in Visp besiegelte im Oberwal-

lis für immer das Schicksal der Savoyarden.

1392 Das Unterwallis wird von Savoyen verwaltet, im Oberwallis suchten die Gemeinden die demokratischen Rechte durchzusetzen. Der umgekehrte Baumstrunk stellte das Wahrzeichen des leidenden Volkes dar. Er wurde von Dorf zu Dorf getragen und wer sich auf die Seite des aufstrebenden Volkes stellte, schlug einen Nagel in die «Matze».

1417 Die Nobeln suchten Hilfe bei Bern, die Burger bei den Waldstätten.

1419 Die Berner marschierten über den Sanetsch und über die Grimsel. Die Savièser in Chandolin, Thomas

Riedi in Ulrichen, zwangen Bern und die Nobeln zum Rückzug.

1476 Die Unabhängigkeit der Oberwalliser mißfiel den Savoyarden. Weidefehden bildeten den Anlaß, aber nicht die Ursache, daß der Herzog von Savoyen vor den Toren von Sitten 10 000 Mann aufmarschieren ließ. 4000 Patrioten und eine Handvoll Bündner kämpften unter Hans von Planta. Sie wären wohl unterlegen, wenn nicht Solothurner und Bernervolk über den Sanetsch und Ormonts den herzoglichen Truppen in die Flanke gefallen wären. Die Schlacht auf der Planta am 13. November 1476 vereinigte Ober- und Unterwallis unter dem Schutze ihres Bischofs.

1515 Der heilige Krieg war im Wallis verkörpert durch Kardinal Schiner (1456—1522) auf seiten Julius II. und durch Georg Supersaxo auf der Seite von Franz I. aus Frankreich. Die Schlacht von Marignano ist unzweifelhaft die bedeutendste Wende in der Schweizer und wahrscheinlich auch der Walliser Geschichte: Im Friedensvertrag mit Frankreich wurde das Wallis miteingeschlossen und war von da ab Verbündeter der acht alten Kantone.

Der Kampf nach außen war abgeschlossen, im Innern loderte er aber weiter. Ermutigt durch den Kriegsausgang klagte die Partei Supersaxos die Administration des Peter Schiner an, und ohne das Dazwischentreten der Schweizer wäre es wahrscheinlich zum Bürgerkrieg gekommen. Die Tagsatzung von Ernen verbannte den Kardinal, der Aufstand der bischofstreuen Unterwalliser mit dem Zenden Leuk wurde niedergeschlagen, und

Matthäus Schiner starb fern seiner Heimat in Rom.

Der auf Druck Supersaxos ernannte Bischof wurde vom heiligen Stuhl nicht anerkannt. Der mächtige Supersaxo aber wurden den Burgern bald ein Dorn im Auge, auch er mußte sein Land verlassen.

1529 Erstaunlicherweise warf die Reformation im Wallis keine hohen Wellen. Maßgebende Persönlichkeiten standen zwar der neuen Lehre fast mit Sympathie gegenüber, der Basler Professor Thomas Platter war ein Oberwalliser. Ereignisse außerhalb des Wallis waren Anlaß, daß die Kapuziner und die Schüler eines Franz von Sales hier eine starke Missionstätigkeit ausbreiteten.

1603 Die Volksversammlung auf der Wiese der Planta — heute im Herzen von Sitten gelegen — beschloß am 24. Juli, im Beisein der Gesandten von Frankreich und Spanien, der Abgeordneten der katholischen und protestantischen Kantone, daß die neuen Lehren zurückgewiesen werden sollen und das Wallis dem katholischen Glauben treu bleiben wolle.

1634 Der Geist der demokratischen Rechte entwickelte sich ständig, und dem Bischof blieben nur noch Stücke seiner alten, herkömmlichen Rechte wie z. B. die Begnadigung, die Einberufung der Tagsatzung, die Ernennung der Notare.

1755 Die demokratische Staatsordnung sicherte dem Wallis eine lange Friedensperiode. Als in der Leventina gegen die Herrschaft der Urner eine Revolte ausbrach, mußten die aufgebotenen, alliierten Walliser nicht eingreifen, fanden aber auf dem Heim-

weg trotzdem die Friedens-Spende ihres Bischofs und nannten in der Folge diesen Heerzug den «Krieg des Rotweins».

1788 Überschwemmungen und Erdbeben blieben auch in der Friedensperiode dem Wallis nicht erspart. Zu den Landplagen gehörten die Feuersbrünste, denen die eng gebauten, hölzernen Walliser- oder Walser-Siedlungen ausgesetzt waren. Am 24. Mai brannte die Stadt Sitten östlich der Sitter samt den Schlössern fast gänzlich nieder. Das Wasser reichte nicht aus, man benützte das köstliche Naß der Fässer, um der Flammen Herr zu werden.

1791 Die Gemeinden des Unterwallis hatten sich nie die gleichen Rechte aneignen können, nach Savoyen blieben sie Untertanen des Oberwallis, das durch Vogteien das Land verwaltete. Auch konnten sie an der allgemeinen Regierung des Landes nicht teilnehmen. Daß hier Zündstoff zur spätern Revolution lag, zeigte sich schon in den Jahren 1790 in Monthey und 1791 in St-Maurice. Hier wurde auch am 28. Januar 1798 der erste Freiheitsbaum aufgerichtet. Die sieben Zenden des Oberwallis zeigten genügend politische Klugheit und verzichteten auf die innegehabte Macht, um einen Pakt der Freiheit und der Brüderlichkeit mit den Unterwallisern abzuschließen. Es entstand die Republik des Wallis.

1798 Die französischen Truppen marschierten in die Schweiz ein. Trotz dem Niedergang Berns und der alten Eidgenossenschaft versuchte das Wallis seine Unabhängigkeit zu wahren. Das Oberwallis anerkannte die neue Ordnung nicht. 4000 Oberwalliser unter der Führung von Joseph und Eugen de Courten zwangen die Truppen des Generals Schauenbourg zum Rückzug. Einem zweiten Kampf, am Auffahrtstag 1798, waren die Walliser nicht gewachsen. Alle Menschenrechte verachtend wurde die Stadt Sitten geplündert und zu einer Buße von zweihunderttausend Franken verurteilt.

1799 Als die französische Republik von der Schweiz ein Hilfskorps von 18 000 Mann verlangte, kam eine klare Absage aus dem Oberwallis. Den Drohungen des helvetischen Direktoriums folgte die Mobilisation des Landsturms als Antwort. Dieser verschanzte sich im Pfynwald. 3000 Franzosen, Waadtländer- und Unterwalliser-Kompagnien griffen am 9., am 13., 14. und 15. Mai die Stellungen vergeblich an. Als der Komman-

dant Lollier nicht zum Ziel kam, führte General Xaintrailles neue Truppen heran, die mit Blut und Feuer das traurigste Kapitel Walliser Geschichte schrieben. Das Elend war so groß, daß sich das Unterwallis 2000 Waisenkindern erbarmte und den bedrängten Familien im obern Teil Hilfe zukommen ließ.

1800 Napoleon zog mit 40 000 Mann über den St. Bernhard; den Transport seiner Artillerie mußten die Walliser bewerkstelligen.

1801 Das strategisch wichtige Gebiet wurde von General Turreau besetzt. Seine despotische Haltung verstärkte den politischen Willen zur Unabhängigkeit, die die Walliser dann von Napoleon am 23. August 1802 erhielten. 12 Sterne leuchteten auf der Fahne, die man vom Stadthaus zur Kathedrale trug, wo ein Festgottesdienst zelebriert wurde.

1805 Im Zeichen dieser Unabhängigkeit baute aber der erste Konsul Frankreichs die strategisch außerordentlich wichtige Straße über den Simplon.

1810 Nach acht Jahren Frieden und Prosperität wurde der seit 1802 von der Schweiz losgelöste Staat von Frankreich annektiert. Das neue «Departement des Simplon» kannte Sitten als Präfektur, St-Maurice und Brig als Unterpräfekturen an. Damit teilten die Söhne der Berge das Schicksal der französischen Armeen an der Beresina und in Leipzig, wo ihr Mut und ihre Kühnheit vom Kaiser gelobt wurden, während die heimatliche Erde um seine Mannen trauerte.

1813 Die Flucht der Franzosen als Besetzer des Landes ließ den Alliierten offene Türen, so daß der österreichische Oberst Simbschen sein Quartier in St-Maurice ohne Probleme aufschlagen konnte, am letzten Tage des denkwürdigen Jahres.

1814 Die Österreicher waren es auch, die den Schweizern und den Wallisern nahelegten, sie sollten gemeinsame Sache machen. Sendung oder Schicksal zeichnete sich damit aber auch an einem andern Horizont ab: Das deutsche und französische Wallis blieben eine Einheit.

Am 12. September 1814 wurden die Abgesandten des Wallis in Zürich sehr herzlich empfangen, und von diesem Tag an bildet mit seinem Dreizehn-Sterne-Banner (13 Bezirke) das große Tal den 20. Kanton der Schweizerischen Eidgenossenschaft.

Hier endet die «Walliser Geschichte», um Schweizer Geschichte zu werden.

Natursteingedeckte Häuser Arbeitende Bergbäuerin

Landwirtschaft und Industrie

Matthäus Merian, ein weltoffener Schweizer, erlebte 1642 das Wallis so: «Die Inwohner reden Teutsch, Savoyisch oder grob Französisch. Das Land herumb ist fruchtbar an Wein, Korn, Obst und Käse. Es gibt auch da viel Honig, Fisch, allerley Vieh, gute Wildpret, Geflügel, Saffran und andere nothwenige Sachen.» Daran hat sich kaum etwas geändert. Bedingt durch das besondere Klima mußte sich die Bevölkerung auf jene Kulturen konzentrieren, die eben diese Naturalien hervorbringen: Getreide-, Gemüse- (Spargel, Tomaten), Obst- (Aprikosen, Birnen), und Rebbau an den unteren Hängen sowie im Talgrund, wobei die Rebfläche 4200 ha beträgt. Im Gebirge herrscht dagegen Alpwirtschaft. 1970 nährten sich noch 15% der Erwerbstätigen auf 50% der Kantonsfläche von der Landwirtschaft, während 43% in der Industrie tätig waren, die (1970) 233 Betriebe der Metall-, Chemie-, Maschinen-, Holz-, Nahrungs- und Genußmittelbranche umfaßte.

Vor allem im Unterwallis blüht der Weinanbau prächtig. Bereits seit dem 13. Jahrhundert ist vom Rebbesitz der Anniviarden in der Umgebung von Siders die Rede, und es wird bereits von der Vielfalt der Sorten, meistens Gewächse, die nur im Wallis vorkommen, berichtet. Daraus schloß man, daß die alten Walliser sich ihre Sorten aus der Wildrebe gezüchtet hätten.

Viele dieser Sorten sind inzwischen ausgestorben, doch bestimmte Edelgewächse wie Arvine, Amigne, Muscat, Malvoisie und der seltene Humagne sowie der alte Landrote werden noch heute angebaut und geerntet. Erhalten hat sich auch der berühmte Heida, der zuoberst von Visperterminen, den höchstgelegenen Rebbergen Europas, auf einer Höhe von 1200 m wächst.

Jeder, der ins Wallis reist, wird den verbreitetsten Walliser Weißwein kosten, den Fendant. An seinen Namen knüpft sich eine hübsche Geschichte: Als ein General aus dem Geschlecht der de Courten unter Ludwig XV. seinen Abschied nahm, sollen sich in seinem Reisegepäck auch Rebschößlinge

der im Wallis unbekannten Sorte Chasselas befunden haben. Sie gediehen in der Gegend von Siders, schienen jedoch einen bedauernswerten Makel zu haben, sie platzten im schönsten Reifestadium. «Dommage qu'il se fend» — schade, daß er so leicht springt — äußerten vermutlich die Leute. «Il est fendant»... war die Antwort und damit hatte der neue Wein seinen Namen: Fendant. Auch der Ermitage und der Johannisberg stammten ursprünglich aus Frankreich. Zu den hervorragenden Weinen des Wallis zählt auch der rote Pinot noir, der mit Gamay zusammen gekeltert als Dôle in den Handel gebracht wird. Liegt der Zuckergehalt des Traubensaftes jedoch unter einer

Schwarzhalsziegenrudel trifft man oberhalb Blattens

bestimmten Grenze, wird er als Goron verkauft. Der Pinot gilt nicht umsonst als Grandseigneur der Rotweine — 1973 wurde ein Pinot aus Salgesch in Budapest zum besten Rotwein Europas gekürt!

Das Wallis ist der größte Weinbaukanton der Schweiz. Der Walliser Rebberg zieht sich von Salgesch bis Martigny, hauptsächlich an den rechtsufrigen Hängen der Rhone entlang. Auf einer Strecke von etwa 50 km reiht sich hier Rebparzelle an Rebparzelle. Die Gesamtfläche des Walliser Rebareals umfaßt (4200 ha) 35% der schweizerischen Rebfläche. Das bedeutet zugleich aber auch 12% der landwirtschaftlichen Nutzfläche (ohne Wald und ohne Weiden) oder 1,6% der gesamten produktiven Fläche (Wald und Weiden inbegriffen) des Kantons Wallis. 1910 errechnete man die Weinernte mit etwa 16 Millionen Liter, 1970 stieg sie auf 57 Millionen Liter, was 45% der schweizerischen Gesamtproduktion ausmachte. Im Durchschnitt produziert das Wallis pro Jahr gut 40% der Schweizer Weine. 1982 betrug der Ausstoß an Walliser Wein sogar 20 Millionen Liter mehr als 1981, etwa 60 Millionen Liter.

Zu den Besonderheiten des Wallis zählt, daß sich das Nomadentum hier, wie zum Beispiel im Val d'Anniviers, noch so stark erhalten hat wie sonst nirgends in der Schweiz. Noch immer wechseln die Familien mit ihrem Vieh und ihren Kindern regelmäßig zwischen den Hochalpen und dem Rebgelände im Rhonetal hin und her. Andererseits ist die Alpwirtschaft inzwischen weitgehend der Romantik entwachsen und schwankt

eher zwischen Resignation und Subvention. Viele der kleinen Arbeits- und Lebensgemeinschaften können sich den besonderen Problemen und Schwierigkeiten nicht entziehen, die sich aus dem tiefgreifenden Strukturwandel in der Landwirtschaft ganz allgemein ergeben. Die Alpwirtschaft hat heute einen schweren Stand, und die Sömmerungsbestände sind in den letzten Jahrzehnten drastisch zurückgegangen, so daß viele Alpwesen heute nur noch ein «Schatten ihrer selbst» sind.

Doch erreichte 1982 (nach Angaben der Landwirtschaftskammer) der Gesamtrohertrag der Walliser Landwirtschaft über 500 Millionen Franken. Zu diesem erfreulichen Ergebnis trugen neben den hauptberuflichen Bauern, die heute kaum 5% der Wohnbevölkerung ausmachen, weitere 40 000 Arbeiterbauern bei. Nebenberuflich führen die Arbeiterbauern 85% der statistisch erfaßten Betriebe. Der Zuwachs des Rohertrages ist zu einem guten Teil der sehr guten Weinernte von 1982 zu danken. Eine Produktionssteigerung verzeichnete aber auch der Obst- und Gemüsebau. Qualitätsverbesserung und bessere Anpassung der Produktion an die Absatzmöglichkeiten bleibt die wichtigste Aufgabe der Walliser Bauern. Frühere Gemüsesorten werden eingeführt und Gewächshäuser in großem Ausmaß erstellt. Gewisse Früchte, wie Erdbeeren, Himbeeren und Aprikosen auf verschiedenen Meereshöhen angepflanzt, sollen die Erntezeiten ausdehnen. Das alles sind Maßnahmen, die die Risiken im Obst- und Gemüsebau in annehmbaren Grenzen halten und zu einer begrenzten, aber erfolg-

Die eindrucksvolle Schlucht des Durnand (in der Nähe von Martigny)

versprechenden weiteren Entfaltung dieses für das Wallis wichtigen Wirtschaftszweiges führen sollen.

Industrie gehört heute ebenso zum Wallis wie der Tourismus

Sorge bereitet den Kantons- wie Bundesbehörden allerdings schon lange die Viehwirtschaft. Die aufsehenerregende Abnahme des Rindviehbestandes in den sechziger und siebziger Jahren hat sich in letzter Zeit jedoch offensichtlich stabilisiert, und die Milchproduktion nahm 1982 sogar wieder etwas zu. Hierzu mögen die über 300 neuen Ökonomiegebäude ebenso beigetragen haben wie die zahlreichen Bewässerungsanlagen, Flurwegnetze und Güterzusammenlegungen oder auch noch die Ausgleichszahlungen an Betriebe mit erschwerten Produktionsbedingungen. Gehörte einst der Geißenkehr in jeder Oberwalliser Berggemeinde zum üblichen, vertrauten Dorfbild, ist er heute zu einer seltenen und vielbestaunten Touristenattraktion geworden. Die Schwarzhalsziege gehört zu den sieben in der Schweiz vertretenen Ziegenrassen, ist aber nur im Wallis anzutreffen. In den Krisenjahren zwischen den beiden Weltkriegen erreichte die Ziegenhaltung im Wallis mit rund 40 000 Stück den absoluten Höchststand. Damit machte dieses niedliche und naschhafte Haustier der damals oft geprägten Bezeichnung «die Ziege sei die Kuh des armen Mannes» in gewissem Sinne alle Ehre. Mit dem raschen wirtschaftlichen Aufschwung nach dem Zweiten Weltkrieg erfolgte jedoch ein beängstigender Niedergang der Ziegenhaltung auch im Wallis. Um die Mitte der sechziger Jahre gab es nur noch ca. 500 reinrassige Walliser Schwarzhalsziegen. Inzwischen ist dieser beängstigende Niedergang der Ziegenhaltung überwunden. Die Ziegenzucht ist wieder im Aufwind, wobei größere

Herden von weniger Besitzern gehalten werden. Doch will man der Ziege den ihr zustehenden Platz in der landwirtschaftlichen Produktion zurückgewinnen.

Aber ohne Zweifel ist der Fortbestand der Berglandwirtschaft im Kanton Wallis für die nächste Zukunft gesichert.

Ein Kapitel für sich bildet andererseits das Verhältnis zwischen Landwirtschaft und Tourismus. Um weitgehenden Störungen aus dem Weg zu gehen, erstrebt auch das Wallis das Gleichgewicht zwischen beiden Erwerbszweigen. Die «touristische Monokultur» hat bei vordergründigen wirtschaftlichen Vorteilen schon genug Blüten getrieben, so daß ihre weitere Förderung die Landwirtschaft ernstlich bedrohen würde. Die touristischen Raumansprüche gefährden die landwirtschaftlichen Nutzflächen, und bei schrumpfender Futterbasis vermindern sich sowohl die Viehbestände als auch die Nutzung der Alpen. Das bleibt wiederum nicht ohne ökologische Folgen. Bei Ausdehnung der Skipisten droht dem Boden beispielsweise Vergandung, was schließlich keinesfalls zur Förderung des Tourismus auf lange Sicht beitragen würde.

Die wirtschaftlichen Vorteile des Tourismus sind für einen Kanton wie das Wallis äußerst wichtig, ja lebensnotwendig, nur muß stärker als bisher die Bereitschaft gesucht werden, mit der Landwirtschaft am , gleichen Strang zu ziehen.

Mit der Eröffnung des Simplontunnels (1905) und der Untertunnelung des Lötschbergs (1913) waren für das Wallis die Voraussetzungen für den Aufbau einer eigenen Industrie geschaffen. Das Gebiet zwischen dem Pfynwald und Brig wurde Zentrum eines industriellen Schwerpunktes: mit den Lonza-Werken in Visp, die von der Karbidherstellung ausgehend

ha	Gesamt-fläche	Unpro-duktiv	Pro-duktiv	Wald	Wiesen	Offenes Acker-land	Reben
Kanton	523 096	260 750	262 346	86 471	29 012	5018	3270
Bezirke:							
Brig	46 375	24 641	21 734	6 618	1 911	193	4
Conthey	23 475	8 990	14 485	4 528	1 941	261	648
Entremont	63 304	33 995	29 309	7 084	2 344	346	57
Goms	58 929	36 997	21 932	5 990	2 385	235	—
Hérens	47 062	22 781	24 281	6 170	2 774	305	115
Leuk	33 514	16 272	17 242	6 884	2 006	339	221
Martigny	26 380	6 339	20 041	7 857	1 898	802	773
Monthey	26 981	3 627	23 355	11 814	3 638	1 065	64
Raron	39 956	19 461	20 495	7 129	2 833	393	27
St-Maurice	19 057	8 485	10 572	4 472	1 075	175	18
Sierre	41 888	15 448	26 440	8 337	2 290	327	701
Sion	12 690	5 553	7 137	1 508	1 651	218	559
Visp	83 484	58 161	25 323	8 079	2 266	359	84

sich auf immer weitere Gebiete der Schwerchemie ausdehnten, und mit den Aluminiumwerken von Chippis. Sie veränderten das Wallis. Aus der einstigen Kleinstadt Sitten wurde ein aktives Wirtschaftszentrum, und selbst in kleinen Orten wie St. Niklaus im Oberwallis entstanden erstmals Fabriken mit beinahe 500 Arbeitnehmern. Mit fast beängstigender Systematik wurden auch die Wasser der Hochtäler von ihrem natürlichen Lauf abgelenkt und mit Hilfe großangelegter Kraftwerke in Energie umgewandelt. Als das größte Kraftwerk dieser Art, das Werk der Grande Dixence, erbaut wurde, das sogar Wasser aus dem Monte-Rosa-Gebiet speist, war die Staumauer mit ihren 300 m Höhe sogar die höchste der Welt. Ihre Turbinen erzeugen jährlich rund 1,6 Millionen Kilowattstunden elektrischer Energie.

War das Wallis noch zu Beginn des Jahrhunderts fast durchweg ein reines Agrarland, in dem mehr als drei Viertel der Beschäftigten in der Landwirtschaft tätig waren, ging der Anteil der Bauern an der Gesamtbevölkerung rapid und stetig zurück. Auffallend ist, daß die wirtschaftliche und industrielle Entwicklung des Wallis stark die französischen Distrikte begünstigt. «Nicht nur die ‹Grande Dixence›, die Petroleumraffinerie und das Wärmekraftwerk liegen im Unterwallis, auch sonst haben dessen Bezirke — zumal die Seitentäler — vom immensen Aufschwung der Elektrizitätswirtschaft am frühesten und am meisten profitiert; erst ganz allmählich zieht der oberste Landesteil auf diesem Felde nach. Auf weite Sicht vielleicht noch bedeutsamer scheint

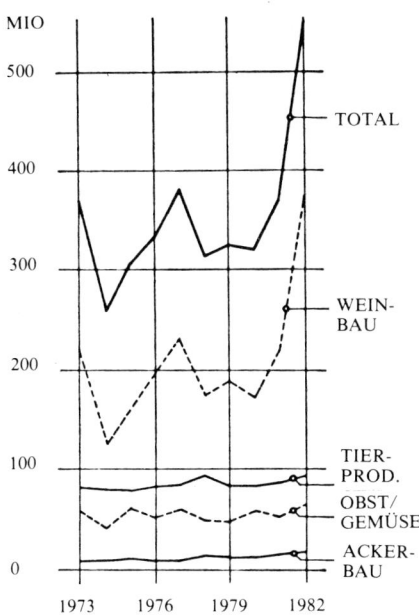

aber eine andere Ungleichmäßigkeit: die erstaunliche Vervielfältigung der kleineren und mittleren Industrie kommt fast ganz dem Gebiet von Sierre rhoneabwärts zugute, während sich die Industrialisierung des Oberwallis fast durchwegs in der Form von Großbetrieben vollzieht. Das bedeutet, daß sich im Oberwallis neben einer niedergehenden Landwirtschaft nur ein breites halbländliches Proletariat als neue gesellschaftliche Kraft entwickelt, während sich im unteren Teil der Rhoneebene eine viel reichere Differenzierung ausbildet» (F.R. Allemann).

Obwohl sich in den letzten dreißig Jahren eine ganze Reihe neuer Industriebetriebe im Oberwallis angesiedelt haben (Schindler Leuk, Apparatebau Raron, Alusuisse Steg, Weber Visp, Standard Brig, Vaparoid Turtmann, Gomina Fiesch, Menrad

Agarn/Steg, Tegra Naters) und bestehende Industrien sich vergrößern konnten (Explosifs Gamsen, Gertschen Naters), machen die 2500 Arbeitsplätze der Lonza Visp auch heute noch zwei Drittel aller Arbeitsplätze in der Walliser Industrie aus. Das bedeutet, jeder sechste Oberwalliser lebt heute von der Lonza.

Erstaunlich ist, daß der Kanton auch in Zeiten der Rezession eine bemerkenswerte Widerstandskraft bewies und sogar noch 1975 eine Zunahme der industriellen Betriebe aufwies und selbst zur Zeit noch eine auffallend niedrige Arbeitslosenzahl verzeichnet.

Als finanzschwacher Kanton rechnet das Wallis, daß dem Abbau zweckgebundener Subventionen ein verstärkter Finanzausgleich folgen muß, um die Entfaltung wirtschaftlich schwacher Regionen in ihren Infrastruktur- und Wirtschaftsprogrammen nicht zu hemmen.

Bis zum Jahre 2000 wird mit einer Bevölkerungszunahme um 30 000 Personen gerechnet. Die notwendigen Arbeitsplätze werden aber kaum in der Landwirtschaft oder im Bausektor, der auf einen gesünderen Stand zurückgebunden werden soll, gesucht noch gefunden werden, sondern in der Industrie und im Tourismus.

Das seltene Birkhuhn gehört zur Fauna des Wallis

Rotwild ist seltener, Murmeltiere sind häufig anzutreffen

Die Tierwelt

Possierliche Tierchen in Hülle und Fülle, alles, was nagt und kratzt, schnüffelt und schaufelt in Wald und Wiese, auf Fels und Feld, vom Kleingetier bis zum starken Rot- und Steinwild gibt es heute wieder im Wallis. Dabei bedurfte es nur einer kleinen Nachhilfe durch den Menschen, und der Steinbock siedelt wieder zu Tausenden im Wallis. Eine stattliche Kolonie dieser typischen Alpentiere lebt seit 1928 wieder im Schutzgebiet des Mont Pleureur sowie in den verschiedenen anderen, günstig gelegenen Walliser Seitentälern. Der Steinbock und die drei Geißen, die erst vor zwei Jahren in der Saaser Kolonie eingefangen und im Nanztal wieder ausgesetzt wurden, haben das Visperterminer Territorium inzwischen verstärkt.

Einer eifrig betriebenen Jagd zum Trotz siedeln Gemsen, Hirsche und Rehe so zahlreich, daß sie wegen empfindlicher Schäden, die sie vor allem Baumkulturen zufügen, stark dezimiert werden müssen. Vor allem die explosionsartige Vermehrung des Rothirschs in den Zentren Goms, Östlich-Raron und Entremont stellt die Jagdverantwortlichen vor schwierige Probleme. Die Forderung, die vom Gesetzgeber, von den Walliser Jagdorganisationen und der Öffentlichkeit an die Jäger gestellt wird, lautet: erhalten einer gesunden, lebensfähigen und artenreichen Fauna in einer für Forst- und Landwirtschaft tragbaren Zahl.

Um die Mitte des 19. Jahrhunderts sind im Wallis verschiedene Wildarten stark dezimiert, vernichtet, sogar ausgerottet worden. Es waren dies vor allem Steinwild, Reh und Hirsch. Jäger, die sich nach der Jahrhundertwende wieder stark für die Einpflanzung dieser Tiere einsetzten, mußten neben der mühsamen Arbeit sogar noch teilweise selbst die Finanzierung übernehmen. So setzte u. a. die Jagdgemeinschaft Diana Entremont 1902 drei Geißen und zwei Rehböcke aus — sie kosteten damals 850 Franken. Da die Rehe Kulturfolger sind, haben sie sich überall dort halten können, wo die Voraussetzungen in bezug auf Nahrungsangebot und Ruhebedürfnis vorhanden waren, so auch im Wallis.

Hirsche fanden den Weg von Graubünden über Uri ins Wallis zurück und wurden 1941 das erste Mal wieder im Goms gesichtet. Das stolze Rotwild lebt vorwiegend in großen und ruhigen Waldkomplexen der Gebirgslandschaften, aber auch zum Teil oberhalb der Waldgrenze. Als ehemaliges Steppentier rudelt sich der Hirsch zu Familienverbänden zusammen. Nur alte männliche Tiere treten häufig auch als «Einzelgänger» auf.

Die Wiedereinbürgerung des noblen Steinwilds begann 1906. Diese Wildart war in der ersten Hälfte des 19. Jahrhunderts in der ganzen Schweiz total ausgerottet. Die ersten Tiere (Kitze) holte man aus Italien und übergab sie dem Tierpark von St. Gallen. Fünf Jahre später kam dann dort das erste Junge zur Welt.

Da die Jagd im Kanton Wallis selbsttragend ist, Wildhut inbegriffen, muß der Jäger von heute alljährlich recht tief in die Tasche greifen.

Seit 1983 ist erwiesen: selbst den Luchs besitzt das Wallis wieder. Zwar sind in den voraufgehenden Jahren

Wildbestand im Kanton Wallis					
Jahr:	Gemsen:	Rehe:	Hirsche:	Steinwild:	Jäger:
1962	5 600	1550	240	800	1371
1972	13 200	3300	1080	1800	1855
1974	14 000	3345	1260	2100	1885
1981	15 527	3406	2248	2717	2228

die Jäger des Mittelwallis nicht müde geworden, seine Anwesenheit immer wieder zu beteuern, und Schäfer schoben ihm bereits allerhand «Massaker» in die Fänge, aber offiziell existierte der Luchs bislang nicht, vermutlich, weil er in keiner Statistik vorgesehen war. Inzwischen haben die Jäger des Eifischtales den Beweis in Gestalt eines erlegten Jungtieres erbracht. Der Luchs war ursprünglich im Alpenraum häufiger als Braunbär oder Wolf. «Dennoch starb der Luchs in vielen Regionen frühzeitiger aus, weil der Mensch bereits vor einer wesentlichen Verbesserung der Schußwaffen Jagdmethoden besaß, die er mit hoher Effizienz gegen diese Tierart einzusetzen wußte. Einerseits handelt es sich beim Luchs um eine Art, die ihre Beute bestmöglich nutzt und deshalb häufig zu den Resten ihres Risses wiederkehrt. Damit bestanden günstige Voraussetzungen für den Einsatz von Gift, das in den Alpen noch im 19. Jahrhundert zur Bekämpfung der Raubtiere üblich war. Anderseits haben schon in früherer Zeit die Jäger gewußt, daß der Luchs ein System von Wechseln besitzt, das er mit großer Regelmäßigkeit benützt. Es gab deshalb kein besseres Mittel, um der Luchse habhaft zu werden, als Fangeisen oder Schlagfallen, die man auf Ranzplätzen, an Markierungsstellen der Tiere und bei ihren Beuteresten aufstellte. Dazu kommt, daß aus einem Familienverband zumeist das Muttertier dieser Jagdmethode zum Opfer fiel. Da die Jungluchse sich aber nur langsam entwickeln und lange Zeit benötigen, bis sie sich selbständig ernähren können, ging beim vorzeitigen Tod der Mutter oft die ganze Familie zugrunde» (K. Eiberle).

Nachdem der Luchs 1962 unter die bundesrechtlich geschützten Tierarten eingereiht worden war, erteilte 1967 der Bundesrat dem Bundesamt für Forstwesen die Ermächtigung, den Luchs mit Einwilligung der zuständigen Kantonsregierungen versuchsweise wieder anzusiedeln. Das geschah in den Kantonen Obwalden, Neuenburg und Waadt. Im Wallis dagegen sieht man dem Luchs mit gemischten Gefühlen entgegen. Noch immer ist das Vorurteil weit verbreitet, wonach der Luchs in der Lage sein soll, die Reh- und Gemswildbestände und damit den Jagdertrag zu vermindern. Dabei ist die Verlustquote — in den elf Jahren seiner Aussetzung 50 Schafe und 1 Ziege — äußerst gering. Entgegen den Befürchtungen mancher Kleinviehbesitzer, die in den bisherigen Verlusten erst den Beginn einer unabsehbaren Schadenfolge sehen, ist zu betonen, daß der Luchs in der Kulturlandschaft nicht wie der Wolf eine dauerhafte Nahrungsumstellung auf Haustiere vollzieht.

Der Luchs, absolut ungefährlich für den Menschen, ist das einzige Großraubwild, das wir unserer Kulturlandschaft ohne unüberwindbare Schwierigkeiten erhalten können, abgesehen von den Wechselbeziehungen beschäftigte, wie zum Beispiel die ersten Jagdverbote. 1559 wurde die Jagd auf Steinböcke für sechs Jahre verboten, 1566 existierte bereits ein dreijähriges Verbot für Jagd auf Gemsen, Steinböcke und Murmeltiere. Zwei Ausnahmen wurden dabei stets gemacht: Für Wölfe und Bären gab es keine Schonzeit. Ja, die Landvögte ermunterten in den Jahren

Walliser Schwarzhalsziegen in Zermatt

zwischen den fleischfressenden Tierarten und ihren Beutetieren, die ein Beziehungssystem bilden, das für die stammesgeschichtliche Entwicklung der Tiere von grundlegender Bedeutung war. Auf Nimmerwiedersehen verschwunden ist dagegen der Bär, der nachweislich die schriftlichen Quellen des 16. Jahrhunderts lebhaft 1501, 1503/04 und 1517 zur Bärenjagd und gewährten sogar Prämien für jedes erlegte Tier: zwei Gulden. Also muß die Bärenplage groß gewesen sein. Es wurden regelrechte Treibjagden auf Bären veranstaltet, an denen ganze Talschaften teilnahmen und die so aufwendig waren, daß sie oft Volksbelustigungen ähnelten.

Während die Alten in der Kirche um einen glücklichen Ausgang der Jagd beteten, zogen Männer, Frauen und Kinder unter großem Lärm in die Gegenden, in denen man die Unholde vermutete. Wem das Jagdglück hold war, dessen Ansehen stieg. Bei den Walliser Bärenbezwingern herrschte sogar ein eigener Brauch, die Tatzen des erlegten Tieres wurden als Trophäen an die Hauspfosten genagelt. Noch 1939 konnte man solche Bärentatzen in Grächen, Raron, Naters und Hérémence bewundern. Bis um 1800 waren neben Luchsen auch noch Bären in den Arven- und Lärchenwäldern des Mattertales verbreitet. Der allerletzte Bär des Wallis wurde im Herbst 1830 in der Gegend von Hérémence erlegt. Er wurde ausgestopft und ins Naturhistorische Museum von Sitten überführt.

Selten zu Gesicht bekommt man den Schneehasen in seinem leuchtend weißen Winterfell. Und nur, wer sich abseits vielbegangener Routen in den Walliser Bergen bewegt, wird auf das Schneehuhn stoßen, das mit den Jahreszeiten sein Gefieder wechselt. Dank komplizierter Mauserungen können diese Vögel die Farben ihres Gefieders genau ihrer Umgebung anpassen, eine Fähigkeit, über die selbst noch Gelehrte staunen. Beide, der Schneehase und das Alpenschneehuhn, sind Überlebende aus der Eiszeit, die in der Höhe Lebensbedingungen angetroffen haben, wie sie im hohen Norden herrschen.

Zwischen Geröll und Gestein, doch in niedrigeren Südlagen ist das Steinhuhn zuhause. Vor wenigen Jahren war es noch weit verbreitet, heute hat seine Zahl stark abgenommen. Im Vergleich zum Schneehuhn hat es sich noch nicht an die Härte des alpinen Klimas gewöhnt; seine Heimat ist der Ferne Osten.

Hermelin und Wiesel sind so zahlreich verbreitet, daß sie selbst an vielbegangenen Wegen und Straßen auszumachen sind. Auf den Walliser Alpweiden weisen deutliche, unübersehbare Spuren auf ein possierliches Nagetier, das Murmeltier. Seine zwerghaften Allüren, seine schwerfällige und dabei sehr bewegliche Art, den rundlichen Körper zu bewegen, sein Spieltrieb und die häufige Zutraulichkeit machen das Murmeltier zum geliebten Alpentier. Durchstreift man bei Sonnenaufgang sein Revier, hört man schon von weitem seine typischen schrillen Warnpfiffe.

Zu den bemerkenswerten Schätzen des Wallis gehört der Birkhahn; in den Alpenräumen selten geworden, ist er im Wallis noch recht häufig anzutreffen. Auch Häher, Tannenhäher, Alpendohlen, Eichhörnchen und eine ganze Reihe kleiner Bergsperlingsvögel lassen sich im Wallis relativ gut beobachten. Hin und wieder taucht der Steinadler am Horizont auf, der, wie die meisten anderen Greifvögel, im Bestand gefährdet und deshalb eidgenössisch geschützt ist. In den letzten Wintern wurden immer wieder Adler beobachtet, die Angriffe auf eingeschneite Schafherden unternahmen. Vom «König der Luft» fühlte sich im letzten Jahr auch Didier Favre, Walliser Meister der Deltasegler, durch dreifachen Angriff ernsthaft bedroht. Der gewaltige Raubvogel galt nicht ohne Grund im Mythos der Völker als Vogel der Könige und der Götter.

Bevölkerung und Kultur, Sitte und Brauch

«Mais vous êtes Maure, mon ami, et vous êtes Sarrasine, noble Dame de Sion» ließ sich der Walliser Maurice Chappaz vernehmen. Doch so schön das klingt, Vorsicht ist geboten, denn Chappaz ist ein Dichter, und seine Worte dürfen nicht als wissenschaftlich belegte Aussagen gelten. Was er aber zum Ausdruck bringen will, das sei dem Dichter unbenommen, nämlich die Betonung der Eigenständigkeit des Rottenkantons gegenüber den nicht arabisch oder sarazenisch beeinflußten Artgenossen jenseits der Berner Alpen.

Wer sich mit dem Wallis beschäftigt, wird immer wieder auf die Vorstellung stoßen, daß Sarazenenblut in den Adern der Walliser fließe, vor allem dem der Bewohner des Saas- und des Eifischtales. Als Beweise gelten Namen sarazenischen Ursprungs wie beispielsweise Monte Moro, Allalinhorn, Almagell und viele andere. Sarazenische Piraten drangen vom französischen St. Tropez aus in die Alpenregionen vor, und arabische Inschriften wurden u. a. auch auf dem Großen St. Bernhard gefunden.

Doch Genaueres weiß man nicht. Auch wenn heute manche dieser Namensdeutungen stark umstritten sind, mag die Häufigkeit der arabischen Anklänge ein Indiz dafür sein, daß fremde Einflüsse, welchen Ursprungs auch immer, in irgendeiner Form in der Kultur der Walliser ihren Niederschlag fanden.

Trotz der außerordentlichen Abge-
schlossenheit des Wallis nahm das Land, weil es nicht nur Talstaat, sondern auch Paßstaat ist, an den großen historischen Geschehen teil. Das betrifft seine Vorgeschichte bis weit zurück ins Neolithikum ebenso wie die unablässigen Bewegungen ligurischer, «halbgermanischer» oder keltischer Stämme. Alle größeren Walliser Alpenübergänge wurden schon in prähistorischer Zeit begangen, und sämtliche Städte haben, mit Sicherheit seit den Kelten, bereits als Siedlungen bestanden.

Die Romanisierung der Bevölkerung begann früh und gründlich, nachdem Kaiser Augustus auch das Wallis dem römischen Weltreich einverleibt hatte. Damit war vor allem die große Heerstraße über den *Mons poeninus,* den Großen St. Bernhard, gesichert, der trotz seiner 2500 m Höhe in der Spätantike einer der wichtigsten Verbindungswege zwischen Italien, Helvetien, Nordgallien und Germanien darstellte. Die Bedeutung, die der Paß innehatte, drückte sich nicht zuletzt in der Tatsache aus, daß er seinen Namen auf die *Vallis poenina* übertrug. Mit den Römern faßte auch bald das Christentum im Wallis Fuß, und das älteste erhaltene christliche Dokument der Schweiz

Ob bildende Kunst oder Brauchtum —

Tradition wird gepflegt

48

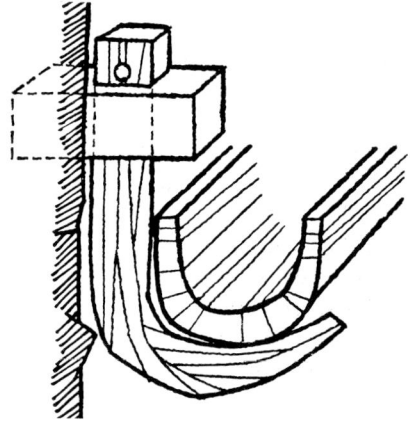

Pinsec im Val d'Anniviers, im Hintergrund St-Luc

schmückt heute das Rathaus von Sitten, eine Inschrifttafel aus dem Jahre 377.

Eine große alemannische Einwanderungswelle ergoß sich, vom Berner Oberland ausgehend seit dem 8. Jahrhundert zunächst über das wenig besiedelte Goms. Sie erfaßte bis zum 12. Jahrhundert Schritt für Schritt das gesamte Oberwallis bis hin zum heutigen Bezirk von Siders (Sierre) und germanisierte das ganze Gebiet. Als **Walser** ließen sich diese Kolonisten am Ende des Hochmittelalters in vielfältigen Wanderzügen und Vorstößen dann in Graubünden, im St. Galler Oberland, in Liechtenstein und im Vorarlberger Gebiet sowie an den Grenzen Tirols nieder und wandten sich gleichzeitig auch wieder rück-

wärts ins Berner Oberland. Zu ihnen zählen auch jene Deutschwalser, die über die Pässe ins südliche Piemont, ins Tessin (Bosco-Gurin) oder in die Täler jenseits des Monte Rosa zogen. Noch heute erstaunt, auf welchen halsbrecherischen Pfaden diese Walsersippen gefährliche Bergkuppen und Pässe überwanden, um neue Heimat zu finden, und über wieviel Jahrhunderte und Anfechtungen hinweg sie ihre alte Siedlungsweise, ihre Sprache, ihre Hausform und ihr Brauchtum bewahrten. Als «roh, ungebärdig, der Rauheit seiner Berge nicht unähnlich» hat noch Karl V. dieses Volk empfunden, und von seiner «gröbi und unstüme» spricht auch Matthäus Schiner, Bischof von Sitten, Kardinal der Römischen Kurie unter Julius II. und Leo X.

Obwohl zunächst nicht entschieden, blieb das Wallis in der Reformation schließlich dem katholischen Glauben treu und bildet noch heute ein festes Bollwerk des Katholizismus in der Schweiz. Bei der letzten Volkszählung 1970 wurde offenbar: weniger als 5% Nichtkatholiken leben im Wallis.

«Die Walliser haben den Rosenkranz in der Hand, wenn es nicht gerade das Glas ist» — eine Formulierung Chappaz', die ebenso überspitzt wie treffend ist. Glaube und Tradition bilden noch heute im Wallis zwei ganz wesentliche Lebenssäulen. Und es ist keineswegs bösartig gemeint, wenn Kenner des Wallis behaupten, hier habe das Mittelalter bis zum Vorabend des Ersten Weltkrieges gedauert. In einem der abgeschlossensten Seitentäler, im Lötschental, findet sich erst seit wenigen Jahren ein Kühlschrank oder ein Telefon in den Haushalten. Oft wird man sich fragen, ob nicht manche Lebensgewohnheit oder mancher Brauch weit über das Mittelalter bis in die graue Vorzeit zurückreichen. Noch immer gibt es hie und da Bauernhäuser, in denen man von einem Steingeschirr ißt, deren Formen sich kaum von denen neolithischer Funde unterscheiden. Selbst im Bau der Häuser, deutlicher noch in dem der Stadel wie in bislang gebrauchten Bauerngeräten, in Sitte und Brauch, in Glauben und Aberglauben treten archaische Elemente hier deutlicher hervor als in der ganzen übrigen Schweiz. Nicht nur der dem Althochdeutschen nahe stehende Dialekt der Oberwalliser, sondern auch das Patois einiger welscher Seitentäler geht auf urtümliche Herkunft zurück. Auch die «Heidenhäuser» des Goms und die «Heidenreben», die bei Visperterminen wachsen, beweisen, daß sich ihre Ursprünge zwar

Touristin in Zermatt

nicht unbedingt in vorchristlicher, aber doch wohl in unbekannter Vorzeit verlieren. Unbezweifelbar scheint ebenso, daß die dämonischen Fasnachtsmasken (die Roitschäggätä) der Lötschentaler bis auf heidnisches Brauchtum zurückgehen.

Bedingt durch die Abgeschiedenheit der Walliser Täler und die alpine Gebirgsstruktur war die Bevölkerung auf Selbstversorgung und auf die Dorfgemeinschaft angewiesen. Nicht nur bis tief in das 19., sondern sogar bis in das 20. Jahrhundert hinein erzeugten die Walliser Bauern selbst, was sie in Haus und Hof brauchten. Allein die gemeinsame Sorge um den Bau und Erhalt ihrer künstlichen Wasserleitungen zwang sie, sich zu Dorfgemeinschaften zusammenzuschließen, die dann später auch politisch Bedeutung gewannen. Mit der

Selbstversorgung war auch zugleich eine innere wie äußere Abkapselung der Bevölkerung verbunden — den engsten und heiligsten Verband bildete die Familie. In einer solchen Gesellschaftsstruktur erhielten sich überkommene Traditionen weit stärker und länger am Leben als in nach außen geöffneten städtischen Zentren. So erschien das Wallis schon Besuchern des Mittelalters als ein stark in sich ruhendes, auf Altväterischem beharrendes, erschreckend armes Land, dem bis in jüngste Zeit nicht selten allgemeine Ignoranz und selbst trostlose Zurückgebliebenheit nachgesagt wurden. Rousseau verkehrte diese außerhalb der Zeitläufe existierende Walliser Welt im 23. Brief seiner «Nouvelle Héloise» ins Positive, indem er dieses Volkstum als glücklichen Naturzustand der Menschen

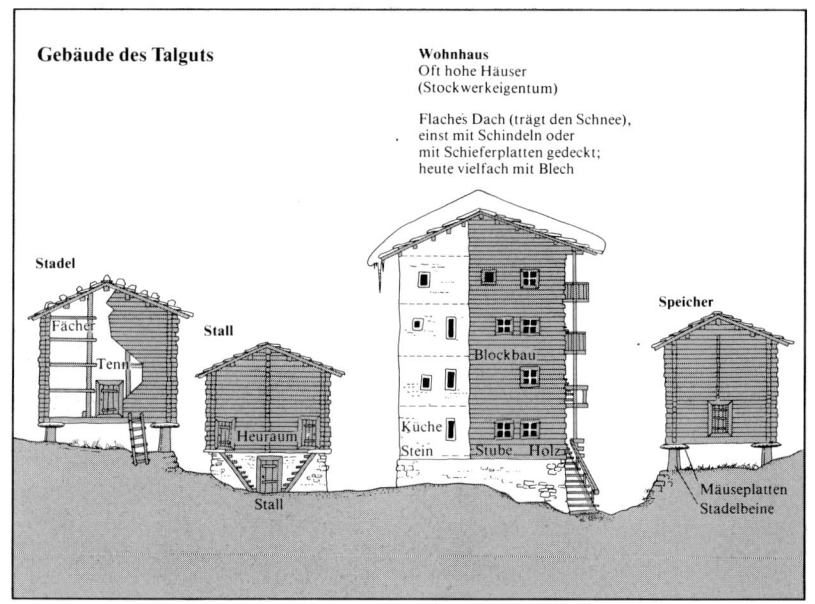

Gebäude des Talguts

Wohnhaus
Oft hohe Häuser
(Stockwerkeigentum)

Flaches Dach (trägt den Schnee),
einst mit Schindeln oder
mit Schieferplatten gedeckt;
heute vielfach mit Blech

Stadel

Fächer

Tenn

Stall

Heuraum

Stall

Speicher

Blockbau

Küche

Stein

Stube

Holz

Mäuseplatten
Stadelbeine

verstand, deren Isoliertheit und Rückständigkeit er nicht begriff, sondern als mystischen Idealzustand verklärte.

Frömmigkeit und Beharren auf überkommenen Vorstellungen und Sitten, deren ursprünglicher Sinn und Bedeutung oft nicht einmal mehr bekannt sind, treffen noch heute auf die Walliser Bevölkerung zu. War eine Berggemeinde noch so arm, sie kratzte das letzte Scherflein zusammen, um ein präsentables Gotteshaus ihr eigen nennen zu dürfen. Überraschend reich und kostbar erstrahlen in vielen kleinen Kirchen und Kapellen die Hochaltäre, und es finden sich oft kostbare Orgelwerke, die zum Lobe des Herren dienen und das Wallis zur Orgellandschaft der Schweiz machen. An dieser Einstellung und der damit verbundenen Opferbereitschaft der Bevölkerung hat sich nichts geändert. In keinem anderen Kanton der Schweiz wurden in den letzten zehn Jahren soviel neue, hochmoderne Kirchen erbaut wie im Wallis, jüngstes Beispiel ist Blatten im Lötschental.

Vorurteile, Argwohn und Mißtrauen vielem Unbekannten und Fremden gegenüber verbergen sich noch immer um so stärker hinter den sonnenverbrannten Holzhäusern, je tiefer sie sich in den Seitentälern verlieren. Sie lösen und lösten Konflikte aus, die die Jugend oft in ihrem Entschluß bestärkten, der häuslichen wie dörflichen Enge den Rücken zu kehren. Inzwischen aber ist die größte Talflucht überwunden, und auch junge Familien bleiben wieder in den Dörfern, weil sie, oft verbunden mit dem Tourismus, Verdienstmöglichkeiten finden und inzwischen die älteren Generationen Anpassung lernten.

Der Anteil der Walliser Bevölkerung an der schweizerischen Gesamtbevölkerung blieb in den letzten 50 Jahren einigermaßen stabil, nämlich bei rund 3,5%. Regional betrachtet wurde im Mittelwallis mit 69% in den letzten 50 Jahren der größte Bevölkerungsanstieg verzeichnet, gefolgt vom Oberwallis mit 61% und dem Unterwallis mit 50%. Die größten Unterschiede lassen sich auf Bezirksebene ausmachen, wo Monthey, Martinach, Leuk und Goms deutlich unter dem kantonalen Durchschnitt bleiben. Noch krasser ist der Unterschied zwischen Berg und Tal. Die Zentren und die großen Talgemeinden sind stark gewachsen, während von den 57 Gemeinden, die seit 1930 einen absoluten Bevölkerungsrückgang hinnehmen mußten, 55 Berggemeinden zu finden sind. Dieser Trend stabilisierte sich in den letzten Jahren.

Hat die Neuzeit auch unaufhaltsam das Wallis erobert, so versetzen den fremden Besucher doch bestimmte kulturhistorische und volkskundliche Sonderheiten in Erstaunen, die sonst nirgendwo in der Schweiz in dieser Ausprägung mehr anzutreffen sind. Den mächtigsten und schönsten Barockbau der Schweiz ließ der Handelsherr Kaspar Jodok von Stockalper, der Fugger des Wallis, im 17. Jahrhundert in Brig errichten, und kein Kloster der Schweiz besitzt dieselbe altehrwürdige Vergangenheit wie St-Maurice. Nirgends steht eine Burgenkirche, die sich mit La Valère hoch über Sitten messen könnte. Im Lötschental und im Val d'Anniviers, in Savièse und in Evolène trägt man

Zinn-Sammlung im «Lötschentaler Museum», Kippel

die alten Trachten vereinzelt noch immer als traditionelles Alltagskleid. Noch heute wird da und dort mit hölzernen Tesseln (mit besonderen Markierungen versehene kleine Täfelchen) gerechnet und bewahrt man den hundertjährigen Käse und den fünfzigjährigen «Glacier» aus Gründen der Ehre in unterirdischen Gelassen auf. Im Oberwalliser Lötschental findet an Fronleichnam und am Segensonntag noch immer der Umzug der eindrucksvollen Herrgottsgrenadiere statt. In Ferden wird noch immer die Osterspende ausgeteilt, in den Gemeinden Grächen und St. Niklaus behält man das Neujahrs-Umsingen bei und im Goms das Santiglaistriichjen. Den Unterwallisern aber scheint eine ihrer liebsten Traditionen verloren zu gehen, die «combats de reines». Den Veranstaltern der berühmten Kuhringkämpfe drohen nämlich die Eringer Kühe auszugehen, denn für diesen Kräftewettstreit kommen nur die Kühe der kämpferischen Eringer Rasse, die «vaches d'hérens», in Frage. Louis Courthion, ein Walliser, der zu Beginn des Jahrhunderts seinen Landsleuten ein unübertroffenes Essay unter dem Titel «Peuple du valais» gewidmet hat, sieht den Ursprung der Walliser Kuhkämpfe folgendermaßen: Früher, wenn die Kühe gegen den St. Peters-Tag (29. Juni) auf die gemeinsame Alpweide getrieben wurden, ließen die Viehhalter ihre Leittiere um den Vortritt und den besten Grasflecken kämpfen. Aus dieser Sitte wurde im Laufe der Zeit ein regelrechter Sport und harter Wettkampf: jeder Züchter wollte das stärkste Tier besitzen.

Einem Volk, das sich seit alters das tägliche Brot hart erarbeiten mußte, blieb wenig Zeit für große künstlerische Leistungen. Und doch besitzt das Wallis eine bisweilen über das rein Handwerkliche hinausgehende Holzschnitzkunst, Weberei und Töpferei. Zeugnisse aus der Vergangenheit präsentieren das Museum auf Valeria, das Lötschental Museum in Kippel, das Heimatmuseum im Stockalperschloß in Brig sowie das neue Museum von Saas-Fee. Walliser Keramik nach altem Muster bieten die Geschäfte des Walliser Heimatwerkes in den größeren Städten des Wallis zum Kaufe an. Sie unterscheiden sich von anderer Schweizer Keramik durch weitgehenden Verzicht auf kleinteiligen Dekor und durch eine eigenartige Farbenwahl.

Der Walliser besitzt eine tiefe Beziehung zum Theater und hat selbst große Freude am Theaterspielen. Diese Theaterleidenschaft läßt sich zurückverfolgen bis zu den Kirchspielen des frühen Mittelalters. Im Barock kam es zu einer regelrechten Blüte des Volkstheaters, und Laientheater finden sich noch heute in vielen Walliser Ortschaften. Raron wurde zum Oberammergau des Wallis, es besitzt noch heute ein eigenes Bühnenhaus, in dem eigene Inszenierungen geboten werden.

Die Malerei hat sich mit Raphael Ritz (1829—1894), dem «Spitzweg des Wallis», und den Meistern der «Schule von Savièse» um die Jahrhundertwende überregional einen Namen gemacht. Die Moderne ist mit erstaunlich vielen und sehr verschiedenartig arbeitenden Künstlern, Malern (R. Auberjonois, F. Dubois, P. Monnier, A. Chavaz, W. Zurbriggen, A. Grünwald) und Bildhauern (H. Loretan), an die Öffentlichkeit

getreten. Gerechterweise aber muß man erwähnen, daß Künstler aus anderen Schweizer Kantonen, die im Wallis Fuß faßten, entscheidende Anstöße an einheimische Künstler weitergaben. Auch «Zugereiste» wie R. M. Rilke, der seit 1921 im Schlößchen Muzot eine zweite Heimat fand, oder wie C. Zuckmayer, der Ehrenbürger von Saas-Fee wurde, oder C.F. Ramuz, der 1907 Chandolin für sich entdeckte, trugen mit ihren Werken entscheidend zum Ruhme des Wallis bei. Die alten Walliser hatten ihre Sagen. Sie blieben allgemeines Volksgut, solange sie am abendlichen Feuer zusammensaßen und die Dörfler sich an den langen Wintermonaten in den heimeligen Stuben beim trauten Schein von Talg- oder Petrollampen trafen. Inzwischen hat die Walliser Literatur mit Maurice Chappaz, seiner Frau Corina Bille, Maurice Zermatten als dem bedeutendsten zur Zeit lebenden Walliser Schriftsteller, mit Adolf Fuchs und Pierre Imhasly eigenständige Interpreten gefunden. Über das Wallis und sogar die Schweiz hinaus bekannt wurde Ludwig Imesch mit seiner jüngsten Veröffentlichung «Was die Walser erzählen». In das kleine Miège oberhalb Siders zog sich die aus Schwyz stammende Schriftstellerin Gertrud Leutenegger zurück, um hier ungestört schreiben zu können.

Die Pflege des Musiklebens hat sich die Konzertgesellschaft Oberwallis zur Aufgabe gemacht, doch zahlreiche Musikgesellschaften gibt es bereits seit dem 18. Jahrhundert, während die Orgelfestwochen von Sitten selbst so international berühmte Künstler wie Yehudin Menuhin an-

Einer der berühmtesten Funde von Octodurum (Martigny), der Bronzekopf eines Stieres

locken. Der berühmteste Sänger des Wallis und zudem Gelegenheitskomponist hieß Josef Anton Mengis (1816—1881). Er stammte aus Leuk, sang an der Pariser Oper, am Covent Garden von London und in den Vereinigten Staaten. Dort feierte man ihn als «besten Bariton der Welt». Er vertonte ein noch heute gesungenes Lied: «Valais, mon cher pays». Als erstes weibliches Mitglied wurde die aus Sitten stammende junge Violonistin Madeleine Caruzzo 1983 in eines der berühmtesten Orchester der Welt, in Herbert von Karajans Berliner Phil-

harmonie, aufgenommen. In jüngster Zeit hat die Kulturförderung von privater und Gemeindeseite auffallend zugenommen. Ein privates Mäzenatentum bewahrte das Wallis auch schon in früheren Zeiten vor dem «Ausverkauf» der Heimat. Als jüngste Kulturstiftung wurde die «Fondation de la Maison Stella Helvetica — Centre culturel de Saillon» 1982 ins Leben gerufen. Sie setzt sich vor allem für die Förderung und Wahrung des regionalen Kulturerbes und die Durchführung kultureller Veranstaltungen ein.

Küche und Köche

Die Walliser Küche ist, unverblümt gesprochen, bäuerlichen Ursprungs, und sie ist es, zu ihrem Vorteil, auch geblieben. Doch wunderbar durchsetzt mit rahmigen, schmelzenden Käsen, kräftigen Fleischen und Würsten, herrlich mundenden Gemüsen und Früchten, spritzigen Weiß-, vollen Rot- und aromatischen Dessert- und Branntweinen ist sie trotz oder gerade wegen ihrer unverfälschten Bodenständigkeit zur eidgenössischen Institution geworden.

Wie keine andere sorgt die Walliser Küche für Leib und Seele. Das bezeugt, wer je an einem goldenen Herbsttag unter Gottes freiem Himmel saß, vor glühender Feuerstelle, bei einem geschmeidigen Gommer oder Bagner (Käse) Halbmond, einigen Flaschen Fendant oder Humagne, Kartoffeln, Zwiebeln, Cornichons, und die Leibspeise der Walli-

ser, die Raclette, genoß! Ein Gericht, das Zeit in Anspruch nimmt, das man am liebsten in Gesellschaft einnimmt und das erst recht in Stimmung bringt, wenn man durch das gemeinsame Warten auf die nächste Portion und den Vorgeschmack auf den auf der Zunge wie Butter zergehenden Käse einander näher kommt. Mit gekonntem Schwung streicht der Racleur mit dem Messer den duftenden Schmelz vom Laib direkt auf den Teller. Köstlich vor allem die sogenannten «Religieuses», die knusprig angebratenen Stücke Käserinde. Der Wein löst die Zunge, und der Unerfahrene prahlt, nach der sechsten Raclette das Dutzend zu vollenden. Doch nicht jeder schafft, was Victor Hugo, dem französischen Poeten, vor hundert Jahren in Champéry gelang: Er durfte sich, nachdem er etwa 15 Racletten zu sich genommen, in das Goldene Buch der «Buveurs valaisans» eintragen. Eine Ehre, die nicht jedermann erringt!

Die Geschichte der Raclette begann als einfacher «Bratkäse», den man in

Restaurant in Evolène

verschiedener Art und Ausprägung überall in der Schweiz kennt. Das heißt, auch **Käsechüchli** und vor allem **Käsefondue** an Weißwein gehören auch im Wallis zu den allgemein verbreiteten und geschätzten Käsespeisen. Doch die Raclette über dem offenen Holzfeuer ist ein Privileg und die Leibspeise der Walliser.

Von der Walliser Küche darf man generell sagen, daß ihre Kost für Gesundheit, seelische Harmonie und ein langes Leben sorgt, wohlschmeckend und nahrhaft ist, ohne die Linie zu belasten, was, wohlgemerkt zwar für Durchschnittsesser, nicht aber für solche Genies wie Victor Hugo gilt! Denken Sie dabei an den **Walliser Teller,** ein schmackhaftes Gemisch luftgetrockneten Rindfleisches, Trockenspeck, Walliser Hauswurst und einem Stück rahmigen Käses, der in jeder Wirtschaft, in jedem Restaurant bedenkenlos bestellt und mit bestem Appetit verspeist werden kann. Eine andere, leider nicht häufig servierte Spezialität heißt auf Walliser Deutsch

Gsottus (gesottenes Fleisch), das man am besten vorbestellt. Gsottus ist ein gegarter Fleisch-Gemüse-Eintopf, dessen Ingredenzien auf Jahreszeit und Vorrat abgestimmt sind. Trockenfleisch, das zuvor in kaltem Wasser aufgeweicht wird, Schaf oder Gitzi (junges Zicklein) gehören fast immer dazu, aber auch Schweinefleisch, Knack- oder Knoblauchwurst sowie ein rechtes Stück Frischfleisch machen das Gericht vollkommen. Im gemüseärmeren Oberwallis muß sich der Koch meistens mit Kabis (Weißkraut) als Gemüse begnügen, dafür darf er aber auch Kartoffeln und Reis hinzufügen. Das Ganze, sorgsam durchgekocht, ergibt einen deftig würzigen Eintopf. Im gemüsereichen Unterwallis nimmt das Gericht jedoch mehr den Charakter eines Pot-au-feu an, wobei sich seine Variabilität von Tal zu Dorf und selbst von Familie zu Familie verändern kann. Tradition wird dabei groß geschrieben. Eine spezifische Abwandlung heißt beispielsweise **Savièser Topf.** Zehn verschiedene Fleischsorten, in zwei aufeinander folgenden Gängen serviert, machen im kleinen Dorf Savièse aus der einfachen bäuerlichen

Terrassenrestaurant bei Savièse

Speise ein echtes Festtags-Menü. Im Val d'Hérens gehören dann wiederum getrocknetes und geräuchertes Fleisch dazu. Außerdem sorgt hier ein gefüllter Kabis (Mehl, Eier, Milch, Salz und Pfeffer), in einen Käsemantel gehüllt, für einen unverwechselbaren Goût.

Wer Herzhaftes mag, sollte auch einen gegrillten Lammgigot probieren, doch wer zum Gourmet neigt, wird beim kräftigen Schaffleisch, mit Wacholder apart verfeinert und flambiert, ins Schwärmen geraten. Selbst die Walliser Fischküche oder ihre Köche sind nicht zu verachten. Diesbezüglich muß man nicht extra nach Crissier, sondern nur bis Brig reisen, wo Fluß- und Meerestiere, köstlich zubereitet, zur Kunst des «Schloßkellers» gehören.

Meines Wissens gibt es Ausgefallenheiten wie «Nonnenfürze» — in heißem Öl gebackene, heiß oder warm servierte Auflauf-Krapfen — oder «gebackene Nonnen» — eine Art gefüllte Windbeutel — nur im Wallis. Keine Frage, daß ein paar Tropfen edlen Schnapses, Kirsch oder Williams, diesen Desserts ein unvergleichliches i-Tüpfelchen bescheren. Leider gibt es nur noch wenige Adressen, die diese Köstlichkeiten auftischen. Doch noch etwas sollte man wissen. Der Walliser ist gesellig. Um ungestört festen und feiern zu können, «erfand» der Welschschweizer das «Carnotzet», ein Ort der Gemütlichkeit, der sich nach und nach auch im Oberwallis als Anhängsel zu den eigentlichen Gaststuben durchgesetzt hat.

Wer zur Aprikosenzeit ins Wallis reist, sollte den vielfach am Straßenrand angebrachten Hinweisen folgen und sich mit den herrlichen rotgoldenen Früchten frisch vom Baum versorgen. Auch Walliser Spargel und Walliser Roggenbrot gehören zu unverwechselbaren Eindrücken, und selbstverständlich unterstreichen die Walliser Weine die Denkwürdigkeiten dieser Berggastronomie erst richtig. Wer sie recht auf sich wirken lassen will, gehe nicht schnurstracks ins Restaurant, sondern erst den Pfad der Kasteiung, steige vor dem Mahl einige hundert Meter in die erfrischende Höhenluft bergan. Wie prickelnd und erfrischend ein Walliser Fendant dann sein kann, läßt sich kaum beschreiben!

Wein ist das im Wallis bevorzugte und typische Getränk, die Weißweine machen annähernd zwei Drittel der gesamten Weinproduktion des Wallis aus. Neben dem verbreiteten **Fendant** wird auch der **Johannisberg,** füllig, blumig und zart, sehr geschätzt. Seltener ist der **Muskat,** trocken, süß und duftig, dann der **Humagne,** als leicht und belebend beurteilt, begehrt ist der **Arvine,** ebenso der **Ermitage,** leicht und belebend, dann der **Amigne,** als fein, gehaltvoll und anregend eingestuft, während der **Malvoisie** als füllig, voll und zart beschrieben wird. Vom **Weißen Pinot** sagt man, daß er üppig und elegant im Geschmack sei. Die geläufigsten Rotweine sind der **Dôle,** füllig und vollmundig, der **Goron,** leicht und blumig, und schließlich der **Pinot noir,** kraftvoller noch als der Dôle und gern getrunken.

Die mundigen Früchte des Wallis werden zu ausgezeichneten Branntweinen destilliert. Probieren Sie einen **Williams** oder **Apricot** und zum Kaffee, Käse und Dessert einen **Walliser Marc.**

Käse, Trockenfleisch und ein Gläschen Wein bildeten seit alters die Hauptmahlzeit der Walliser, Kaffee und Zucker bedeuteten bereits Luxus. Verlangte ein Knecht annodazumal nach beiden, so hatte er diese Bereicherung des Mahles aus eigener Tasche zu bezahlen!

Es gibt im Wallis mehr gute Köche und Köchinnen, als man glaubt, nur kochen diese — fast ist man versucht zu sagen leider — nicht immer für fremde Gäste, sondern den Hausgebrauch. Daß sie sich auch auf das Besondere verstanden, davon zeugt eine einzigartige Pergamentrolle (Kantonsbibliothek Sitten), die auf fast 2 m Länge berichtet, was die Walliser Herren Supersaxo schon im 14. Jahrhundert an Leckerbissen gewohnt waren, beispielsweise «Geflügel mit Kümmel» oder eine «englische Kraftsuppe», gewürzt mit gekochten Kastanien, Eigelb, Schweinsleber, Ingwer, Nelken, Zimt, Safran und Ganigal, einem besonderen Pfeffer. Heute gibt es, laut Auskunft des kantonalen Patentamtes, im Kanton 2009 Cafés und Restaurants, darunter 633 Hotels mit Restaurantbetrieb und 247 Tea-Rooms, und das ist allerhand. Als Franzose glaubt man dem Gault-Millau, und der hat in seiner jüngsten Ausgabe 13 Walliser Restaurants für würdig befunden, erwähnt zu werden. Dennoch lohnt die eigene kulinarische Entdeckungsreise. Ich erinnere mich an ein deliziöses Wildkaninchen zu ofenfrischer, goldgelber Polenta in einem abgelegenen Walliser Winkel, in Itravers (Unterwallis), das mir in ungetrübter Erinnerung bleibt. Der Wirt verstand sein Handwerk auch ohne adelnde Sterne. Denn nicht nur in der Schweizer, sondern auch in der Walliser Gastronomie gibt es eine ungewöhnlich breite, solide Mittelschicht, die nur in Ausnahmefällen eher schlecht als recht kocht, oft aber so gut, daß sich der Fremde nur wundern kann, wie wenig Aufhebens die Eidgenossen von guter Kochkunst machen. Schließlich existiert zwischen Genf und Gletsch etwas, das in dieser Fülle Seltenheitswert hat: urgemütliche Dorfgasthäuser und solide, sehr gut geführte Hotelrestaurants, ästhetisch eine Freude, unverfälscht in der Ambiance und kulinarisch auf absolut akzeptablem Stand.

Gsottus

Rind-, Schaf- und Ziegenfleisch in kaltem Wasser aufsetzen und sieden. Nach einer Stunde Hamme, Euter, Leber, Zunge und Speck dazugeben. Die Kartoffeln schälen und halbieren. Den Kabis in große Stücke schneiden. Die Kohlrabi ebenfalls schälen und in Stücke schneiden. Diese Zutaten samt den Birnen eine halbe Stunde vor dem Anrichten hinzufügen. Die Wurst eine Viertelstunde später oben auflegen und alles zusammen fertig kochen. Nach Belieben Reis in eine Kugel füllen und mitkochen.

Getrocknetes Fleisch
je nach Vorrat:
Rindfleisch
Schaffleisch
Hamme (Schweineschinken)
Ziegenfleisch
Euter
Leber
Zunge
Getrockneter Speck
Hauswurst
Kabis oder Sauerkraut
Kohlrabi
Kartoffeln
Winterbirnen

Tourismus und Sport

Die touristische Entdeckung und Erschließung des Wallis hob an mit der unbezähmbaren Abenteuerlust, die bedrohend wirkenden weißen Majestäten aus nächster Nähe zu betrachten, auf Gipfeln zu stehen, so hoch, daß «einen grauset hinauf zu sehen». Im August 1778 begann im Wallis die Bergsteigerei, sieben Männer aus Gressoney bezwangen das 4111 m hohe Lysjoch. Nach einem von ihnen, Josef Zumstein, heißt noch heute die Zumsteinspitze am Monte Rosa. Die Gressonneyer sicherten sich damit den Ruhm, die ersten Alpinisten gewesen zu sein, die in den europäischen Alpen die Höhe von 4000 m überschritten. Dann kam de Saussure, keineswegs so sehr vom Mythos Berg fasziniert als vielmehr mit der Absicht, die Alpengipfel wissenschaftlich zu erfassen. Für das bald darauf einsetzende regelrechte Alpinistenfieber spielten sportliche Leistung und Abenteuertrieb sowie Neugier, die Natur am eigenen Leibe zu spüren und zugleich Begeisterung und Ehrgeiz, die ersten im Berg zu sein, die entscheidende Rolle. 1779 bestieg der Prior vom Kloster am Großen St. Bernhard als erster den Mont Vélan, 1784 kletterte Pfarrer Clément aus dem Val d'Illiez zum ersten Mal auf die Haute Cime der Dent du Midi; Weißhorn, Dom, Monte Rosa und alle Walliser Viertausender wurden kurz darauf erstiegen. Zu einer ersten Besinnung und dem nötigen Respekt der Bergwelt gegenüber

Die Walliser Alpen (von links nach rechts): Weißhorn, Zinalrothorn, Obergabelhorn, Matterhorn und Dent Blanche

veranlaßte dann das tragische Bergunglück am Matterhorn die Gemüter, der Aufstieg Whympers am 14. Juli 1865, bei dem vier seiner Kameraden zu Tode stürzten.

Dennoch nahm die Zahl der Fremden — vorwiegend waren es Engländer, welche die Schweiz als Oase der Ruhe und Naturverbundenheit bereisten — rapide zu. Dabei darf man nicht vergessen, daß in der Schweiz damals Schmutz, Seuchen und Armut zum alltäglichen Bild gehörten und daß in dieser Beziehung insbesondere der expandierende Fremdenverkehr eine Wandlung zum Besseren bewirkte. Kurze Zeit später, bereits um die Jahrhundertwende hatten dann bereits Reinlichkeit und Hygiene in der Schweiz Sprichwörtlichkeit erlangt.

Die Bergsteiger riefen auch die ersten Pioniere der Berghotellerie auf den Plan. Zermatt geriet unter dem Namen Alexander Seiler bald in aller Munde, in Saas-Fee war es Pfarrherr Imseng, der für die Zukunft des Wallis dachte, in Zinal war es das Ehepaar Epinay, in Arolla der Bergführer Anzévuy.

Auf die Walliser Tourismusgeschichte stimulierend wirkten sich vor allem die Verkehrserschließungen aus — sie brachten Wendepunkte. So nahm in den letzten 150 Jahren der Tourismus im Wallis sprunghaft zu, als anfangs des letzten Jahrhunderts der Weg das Rhonetal hinauf ausgebaut, in den dreißiger und vierziger Jahren des letzten Jahrhunderts die Seitentäler mit Wegen erschlossen, die Eisenbahn talaufwärts gebaut, um die Jahrhundertwende die Schmal-

Das Rhonetal ist durch Bahn, Nationalstraße und Autobahn ausgezeichnet erschlossen (im Hintergrund die Burgruine Tourbillon)

spurbahnen in die Seitentäler geführt und die Kantonsstraße und die Alpenpässe ausgebaut wurden. Dem Ausbau der Autobahn durch das Rhonetal, der N 9, ging ein langer Kampf voraus, der aber zugunsten des Individualverkehrs entschieden wurde, denn zweifelsohne wird der Privatverkehr, was die Zubringerfunktion von Gästen anbelangt, auch in Zukunft wichtiger sein als der öffentlichen, Verkehr. Wenn das Wallis also auch erst recht spät zu einer Autobahn kommt, so hat das doch den großen Vorteil, auf den Erfahrungen der letzten 20 Jahre aufbauen, reduziertere Radien und eine bessere Anpassung an die Landschaft berücksichtigen zu können. Ein weiterer wichtiger Faktor für die touristisch bessere, leichtere und schnellere Erschließung des Wallis bedeutet auch der Bau und die

Beflissene Touristin

Inbetriebnahme des Furkatunnels. In den ersten zehn Monaten seit seiner Eröffnung wurden fast 100 000 Autos hindurch transportiert.

In wenigen anderen Regionen der Schweiz wurden in den letzten Jahren für die touristische Entwicklung so viele neue Weichen gestellt wie im Wallis und besonders im Oberwallis. Ganzjährige Öffnung des Furkatunnels, Ausbau der Pässe Grimsel, Nufenen und Simplon sowie der Bern–Lötschberg–Simplon–Bahn, große Feriendörfer wie Fiesch, ob Blatten und bei Randa sind nur einige wenige Stichworte. Der Tourismus, inzwischen endgültig als tragende Säule der Walliser Wirtschaft anerkannt, wird in der Wirtschaftsförderungspolitik 1983 also entscheidend mit berücksichtigt.

Das Wallis war lange ein touristisches Entwicklungsgebiet, das jahrzehntelang hinter der durchschnittlichen wirtschaftlichen Entwicklung der Schweiz hinterherhinkte. Inzwischen hat es einen wesentlichen wirtschaftlichen Nachholbedarf bewältigt, und die Walliser sind auch in ihrem Selbstverständnis, vor allem gegenüber den Deutschschweizern, selbstbewußter und, was die touristische Entwicklung anbelangt, verantwortungsbewußter geworden. Heute lehnt man Eingriffe und Fremdbestimmungen von außen her rigoros ab. Stärker als je fühlt sich der Walliser nun selbst für das Wirtschafts-und Sozialgefüge und für die Erhaltung seiner Kultur, einschließlich Landschafts- und Naturschutz, verantwortlich. Der Walliser ist stolz auf seine touristische Infrastruktur, denn sie garantiert, daß ein Viertel aller Schweizer Gastbetten «im Wallis» stehen. Ein Fünftel der gesamtschweizerischen Übernachtungen entfällt auf den Kanton Wallis. Jeder dritte Arbeitsplatz hängt hier direkt oder indirekt vom Tourismus ab — das ist die Situation von heute. In Zukunft müssen aber jährlich rund fünfhundert neue Arbeitsplätze geschaffen werden — ein Drittel in der Industrie, zwei Drittel im Tourismus —, will man die ins Erwerbsleben eintretenden Jugendlichen nicht an andere Regionen verlieren.

Haupttrümpfe des Walliser Tourismus sind die verschneite Bergwelt im Winter sowie die malerischen Feriendörfer, Seen und saftigen Alpweiden im Sommer. Im Laufe der vergangenen zwanzig Jahre erlebte vor allem der Wintertourismus einen erstaunlichen Aufschwung, die Sommersaison blieb dagegen im Rückstand. Der Grund dafür liegt nicht etwa in einem ungenügenden touristischen Sommer-Angebot, sondern vielmehr in der Tatsache, daß für die Sommersaison die Konkurrenz in ganz Europa noch größer ist, während sich der Wintersport hauptsächlich auf die alpinen Gebiete konzentriert. In den letzten Jahren wurde daher umso mehr Augenmerk auf das touristische Sommerangebot gelegt. Ferienorte wie Zermatt, Saas-Fee, Crans-Montana, Haute-Nendaz und Verbier bieten heute gute und sehr gute Sommerskimöglichkeiten, und seit geraumer Zeit ist auch das Bäderwesen nicht mehr vom Tourismus zu trennen. Thermalbäder stehen in Leukerbad, Brigerbad, Breiten oder Saillon zur Verfügung. Höhepunkt des Walliser Sommerangebots aber ist das Wandern.

Die Ganterbrücke (Simplon)

Erholungsuchende Feriengäste

Mit 8000 km markierten Wanderwegen, einem Fünftel des gesamten Erdumfangs, wartet das Wallis inzwischen auf.

23% der Gäste, die ihren Urlaub im Wallis verbringen, stammen aus Deutschland, sehr viele aus Baden-Württemberg und Nordrhein-Westfalen. An zweiter Stelle folgen die Holländer. 1981 entfielen 11,5% der gesamten Übernachtungen auf das Wallis. Der Kanton Wallis allein verzeichnete 28,7% der holländischen Übernachtungen in der Schweiz, was bedeutet, daß fast jeder dritte Holländer, der seine Ferien in Helvetien verbringt, das Wallis als Feriendomizil wählt.

Die Schweizer Wintersportanlagen befördern heute pro Stunde 1,2 Millionen Personen, wobei der Kanton Wallis über den größten Anteil am Transportvermögen der Bergbahnanlagen mit 25% (1982) verfügt, gefolgt von Graubünden, Bern und der Zentralschweiz. Gemäß neuester Angaben des Bundesamtes für Raumplanung gibt es in der Schweiz rund 570 Seil- und Zahnradbahnen sowie gegen 1200 Skilifte. Dennoch ist der Bedarf in der Hochsaison nicht gedeckt. Auseinandersetzungen bleiben daher zwischen den Konzessionsbewilligungsbehörden für neue Wintersportanlagen und den verschärften Bestimmungen um die Erteilung weiterer Konzessionen sowie den Landschafts- und Umweltschutzbehörden auch im Wallis nicht aus, zumal sich eine gewisse räumliche Sättigung in den bereits weitgehend erschlossenen Berggebieten abzeichnet. Auch die großen Walliser Fremdenverkehrsorte erreichen nach und nach die Grenzen

Touristin in Zermatt

möglicher (und aus raumplanerischer Sicht zulässiger) Erschließungen. Andererseits bestehen in Orten wie Evolène noch Ausbaumöglichkeiten.

Neu wurde im Wallis das Sommerskigebiet Col des Gentianes erschlossen, das von der Retortenstation Super-Nendaz und Haute-Nendaz und sogar vom Chaletgroßdorf Verbier, wenn auch winters etwas umständlich, zu erreichen ist. Die Talstation der Luftseilbahn, die zum Col des Gentianes auf 2700 Meter führt, steht in Tortin (2044 Meter), nahe Super-Nendaz. Auf Gletscherhöhe befördern dann zwei Schlepplifte bis auf 3000 Meter Höhe. Im Sommer 1983 wurde außerdem noch eine weitere Luftseilbahnsektion vom Col des Gentianes bis zum Gipfel des Montfort (3328 Meter) eingeweiht. Neu für den Wintersport soll auch die Region Boveresse oberhalb von Saxon erschlossen werden. Die Einwohner der Ortschaft haben sich zusammengetan, um eine 1200 Meter lange Seilbahn zu bauen, denn bisher wurde die Region Boveresse auf 1400 Metern nur im Sommer von Touristen besucht. Ziel der neuen restriktiven Konzessionierungspolitik für Bergbahnen ist, ein ausgeglichenes Wachstum im Auge zu haben und zu fördern und eine optimale Befriedigung der vielfältigen touristischen Bedürfnisse im Gleichklang mit einer intakten Umwelt zu gewährleisten.

Anzahl Anlagen (Sektionen) und Transportkapazität 1963 bis 1983

Region	1963 Anlagen	Pers./h.	1973 Anlagen	Pers./h.	1983 Anlagen	Pers./h.
Wallis	121	55 400	343	192 200	485	335 200
Graubünden	94	59 00	250	180 900	324	270 900
Innerschweiz	111	48 900	220	120 800	244	144 400
Bern	80	37 400	198	123 700	239	162 400
Nordostschweiz	60	37 100	149	104 900	162	121 00
Waadt/Freiburg	63	28 900	112	61 200	143	91 900
Jura	30	16 200	94	60 400	106	70 700
Tessin	18	6 500	43	21 700	51	26 900
Total Schweiz	577	289 400	1 409	865 800	1 754	1 223 400

Weiler Blatten bei Zermatt

Ober
wallis

GOMS

Von Gletsch bis Bellwald

Das *Goms* schuf Gott der Herr in einer Sage. So habe er, kaum war die Welt erschaffen, seinen Stock kräftig in die Erde gestoßen, um ihr den krönenden Abschluß — das *Matterhorn* — zu geben. Doch als ein letzter, prüfender Blick das Wallis traf, erschien es ihm gar zu herb und schroff, und so fuhr er noch einmal glättend mit dem Daumen über das Goms.

Im letzten Moment der Schöpfung also ist das weite, muldenförmige Goms entstanden. An seiner Lage wurde nichts geändert. Es blieb der östliche Teil des Wallis und zieht sich von **Grengiols** bis zum Rhonegletscher. Aus seinem kristallenen, tiefblau leuchtenden Eis stürzt sich die junge *Rhone,* im Oberwallis einhellig «Rotten» genannt, ins Tal, direkt nach **Gletsch.** Zu beiden Seiten aber drücken *Grimsel* und *Furka* die Gletscherregion eng zusammen und schik-

ken ihre heute gut ausgebauten Paßstraßen ebenfalls hinab ins Tal.

Bei **Gletsch** aber grüßt zum ersten Mal der für die Walliser Vegetation so typische und vielgerühmte Lärchenwald. Parallel zu Bahn und Straße rauscht der *Rotten* weiter durch ein wildes, schluchtartiges Felsental, wird allmählich ruhiger und breiter und berührt bei **Oberwald** die erste Gommer Ortschaft — das Hochtal des Goms ist erreicht.

Der Charakter des Tales überrascht. Weich und geschwungen sind seine Linien. Wiesen liegen im Talgrund, leuchtend gelbe Roggen- und Gerstenfelder und kleine Kartoffeläcker an den sonnigen Hängen, darüber von Lawinengängen zerschnittene Lärchenwälder und noch höher, über Kuppen und Mulden, Weiden.

Im Winter weht oft ein eisiger Wind, so daß es hier auf 1300 m Höhe oft kälter ist als in **Zermatt** auf 1600 m Höhe. Die Gommer Landschaft ist unverwechselbar, und sie ist am schönsten, wenn der Herbst die prachtvollen Wälder rotgolden färbt.

Als das wohl «großartigste in sich geschlossene Talsystem der Alpen» bezeichnete es Ferdinand Kreuzer, verliebt in das Goms.

Fragt man nach der Herkunft des Namens, so glaubt man am ehesten der Ableitung «Goms» vom gallischkeltischen kumbas = Talmulde und der französischen Bezeichnung conches vom romanischen concha = Muschel, Talmulde, was die Alemannen dann zu «Goms» abwandelten. So beschreibt der Name zugleich die Form des Tales. Aber auch die Namen der einzelnen Dörfer, die sich von **Oberwald** hinab bis nach **Münster**, über **Reckingen, Blitzingen** und **Mühlebach** hinziehen, gehen auf deutschsprachige Wurzeln zurück und sprechen dafür, daß die ersten Dauersiedler des Goms die von Norden eingewanderten, deutschsprachigen Alemannen (8./9. Jahrhundert) waren.

Das Goms senkt sich in drei aufeinanderfolgenden Talstufen ab: vom Gletscherboden zum Ober- und schließlich zum Untergoms. Sein Gebiet erstreckt sich über 58 850 Hektar und bildet damit flächenmäßig den drittgrößten der dreizehn Walliser Bezirke. Jedoch nur 24 117 Hektar sind nutzbar, denn außer dem *Rhonegletscher* gehören ein großer Teil des *Aletschgletschers,* das berühmte *Jungfraujoch* und das *Finsteraarhorn* zum Gebiet des Goms. Einzige bewohnte Seitentäler sind das *Fieschertal* und das *Binntal* bei **Ernen.**

Das Goms ist heute im Sommer wie im Winter problemlos zu erreichen. Im Sommer über die *Grimsel* von Norden (Kanton Bern), über die *Furka* von Osten (Kanton Uri) und über den *Nufenen* von Süden (Kanton Tessin) her. Im Winter aber war es bis vor kurzem für den Autotouristen nur von **Brig** aus zugänglich. Als jedoch am 25. Juni 1982 der 15,4 km lange Furka-Basistunnel eröffnet wurde, war das Hochtal mit einem Schlage aus seiner winterlichen Abgeschiedenheit gerissen (Autoverlademöglichkeit auf der Furka-Oberalp-Bahn (FO) zwischen Realp-Oberwald-Realp, Fahrzeit 20 Minuten). Dank der neuen Tunnelröhre ist das Goms zum ersten Mal in seiner langen Geschichte endlich auch im Winter mit den übrigen Schweizer Kantonen direkt verbunden.

Die Gommer, ein achtbares, wehrhaftes Volk

Die Furkastraße, über die auch Goethe zusammen mit dem Herzog von Weimar im November 1779 stieg, war seit urvordenklichen Zeiten eine vielbegangene Völker-, Heer- und Handelsstraße. Und hier, am Fuße des Rhonetales, siedelte ein wehrhaftes, trutziges, patriotisches und sich seiner Bedeutung durchaus bewußtes Bauernvolk. Die wichtige und oft ausschlaggebende Stimme des Gommer — nicht etwa des Gomser — ist aus der Geschichte des Wallis immer wieder herauszuhören. In den langen Auseinandersetzungen gegen fremde und sogar gegen bischöfliche Übermacht behauptete sich der Gommer stark und unbeugsam, was ihn sogar zur Symbolfigur für Freiheit und Demokratie machte. In den bewegten Zeiten der Reformation verteidigte er hartnäckig und willensstark, sogar bis auf den heutigen Tag, den Ruf seines Tals als «Gomesia catholica». An den Freiheitskämpfen nahm er ebenso engagiert teil. Sie erstreckten sich bis in das 17. Jahrhundert und endeten schließlich mit der Gründung der sieben souveränen Zenden.

Die alten Gommer bewiesen stets Mut und Kampfgeist. Sie verteidigten ihre Rechte und Vorstellungen, wenn es sein mußte, bis aufs Blut (Schlachten bei Ulrichen 1211/1419). Auch 1798 sahen sie keine andere Möglichkeit, als sich mit Waffen gegen den erzwungenen Anschluß an die Helvetische Republik zu stellen und lösten damit, obwohl sie sogar bis **Martigny** vorgedrungen waren, eine Reihe erfolgloser Aufstände und einen regelrechten Bürgerkrieg aus. In einem schrecklichen Blutvergießen am *Totensee* auf der Grimsel fanden diese harten und langwierigen Auseinandersetzungen ihr Ende.

Geschichte und Geschicke aber bestimmte kein anderer Gommer so nachhaltig wie der in Mühlebach bei Ernen geborene Bischof und Kardinal Matthäus Schiner (um 1465—1522), und zwar als eine ebenso überragende wie extrem schillernde Persönlichkeit. Über die Belange des Wallis hinaus betrieb er eidgenössische Politik, und als Gegenspieler Frankreichs wirkte er sogar auf internationaler Ebene. Seine größten Triumphe errang er mit den Siegen in den oberitalienischen Feldzügen (Pavierzug 1512, Novara 1513), seine vernichtendste und für Helvetien unreparable Niederlage aber hieß Marignano (1515).

«Das Gomservolk ist das reinlichste, aufgeweckteste und intelligenteste im ganzen Wallis. Bei den Rekrutenprüfungen erzielt es die besten Noten, und im Militär gehört der Gommer zu den besten Soldaten. . . Der Gommer ist ein stiller Bürger und jeder Übertreibung abhold. Die Maulhelden und Klatschbasen werden mit Verachtung behandelt. . . Wenn der Gast sich aber einmal das Vertrauen erworben, so ist der Gommer treu und offen, besitzt viel Humor und Mutterwitz und entwickelt gar nicht selten eine beißende Satire.» 1903 fällte F. G. Stebler, einer der besten Kenner des Wallis, dieses Urteil.

Überlebenschance Tourismus

Das Goms ist eine Kette von Dörfern. Auf einer Strecke von rund 50 km (von Gletsch bis Brig) reiht sich, meistens auf der Sonnenseite des Tales, Dorf an Dorf. 21 Gemeinden umfaßt der Bezirk Goms. Viele der Dörfer, vor allem im Obergoms, verkörpern noch immer jene um eine Kirche geballte Ortsstruktur, die sich «Haufendörfer» nennen. Ihre Dichte und Geschlossenheit, ihr von der Sonne so typisch verbranntes Lärchenholz der Häuser, die winzigen, weiß gerahmten Fenster als auch die Hanghöhe überrascht und begeistert den Fremden. Schon Goethe bewunderte «die hübschen Orte, die mit ihren dunkelbraunen, hölzernen Häusern auf mannigfaltig gebogenen Hügeln gar wunderlich unter dem Schnee hervorgucken»; er war erstaunt, in den Stuben der Leute so viele Bücher und schöne Porträts samt feingeschnitztem Hausrat anzutreffen.

Der eigenartige Reiz dieser Dörfer, in denen es vor Jahren auf den Straßen noch deftig nach Stall roch, scheint immer mehr zu schwinden. Immer weniger wird Landwirtschaft betrieben. Doch die Häuser selbst zeugen noch von altem Bauerntum und vom sparsamen Sinn der Bevölkerung. Ihr Schmuckwerk ist bescheiden. Stall und Stadel gehören zwar auch im Goms zum Wohnhaus, aber zum eigenen «Heimet» reichte es kaum. Die Familie lebte unter einem Dach zusammen, deshalb baute man in die Höhe, während sich der Emmentaler Bauer ein behäbiges, breit ausladendes Walmhaus leisten konnte. Typisch für das Goms ist also das schmalere «Wandhaus» unter einem sogenannten «Tätschdach». Aber dennoch, als Einschränkung des Gesagten, hat erstaunlicherweise gerade das Gommer Haus mehrfache Wandlungen durchgemacht, zu denen u. a.

Das Goms hat seinen Charme bewahrt

auch der Bau des «Vorschutzes» gehört. Ein Charakteristikum aber findet sich nur im Goms — die hölzerne Kaminanlage.

Die Gommer waren nie auf Rosen gebettet. Bis zum Ende des Zweiten Weltkriegs bildete die Landwirtschaft die wichtigste Ernährungsgrundlage. Daß es außer den zahlreichen Naturkatastrophen — Lawinenniedergänge und Feuersbrünste — oft große Schwierigkeiten im Auskommen der Familien gab, belegen nicht nur die verschiedenen Walserwanderungen, sondern auch die Auswanderungskampagnen ganzer Familien nach Nord- und Südamerika. Sie hielten sogar bis in das 20. Jahrhundert an. Nach dem letzten Krieg aber traf die Berglandwirtschaft die wohl größte und schwerste Krise: der Zusammenbruch der bäuerlichen Selbstversorgung und der Einzug der modernen Technik. Die Gommer waren nicht imstande, sich den plötzlichen gravierenden Veränderungen anzupassen. Viele wanderten in die Industriezentren des Mittelwallis oder in die größeren Städte ab. Infolge gezielter Förderungs- und Investitionsmaßnahmen hat sich zwar der allzustarke Rückgang der Landwirtschaft verlangsamt, doch deutlich genug sprechen Zahlen: sank die Zahl der Erwerbstätigen auf 20% ab, stieg diejenige der im Tourismus Tätigen auf 30% an. Mit zunehmender Bedeutung des Tourismus wächst jedoch das Holz- und Baugewerbe. Aber die noch Schafzucht betreibenden Bauern sind längst gezwungen, einem Nebenerwerb nachzugehen. Industrie ist im Goms ein Fremdwort, nur in **Fiesch** existiert ein kleiner Industriebetrieb.

Im Tourismus sieht der Gommer seine einzige Überlebenschance, obwohl die Entwicklungskonzepte für die schützenswerte Landschaft Goms zu gleichen Teilen die Förderung der Landwirtschaft als auch des Gewerbes miteinbeziehen. Doch der Anstieg des Wintertourismus durch den Bau des Furkatunnels läßt die Gommer optimistisch in die Zukunft sehen. Groß ist die Nachfrage nach Ferienwohnungen und Kapitalanlagen von in- und ausländischer Seite. Dabei verfügt das Goms schon heute über 16 000 Gästebetten mit 600 000 Logiernächten. Denn schon in den vergangenen zehn bis fünfzehn Jahren vermochte das Goms seine touristische Infrastruktur nicht nur in die Wege zu leiten, sondern mit Verve voranzutreiben. Der Erfolg blieb nicht aus. Fiesch bildet mit Abstand den touristischen Hauptanziehungspunkt im Goms, aber auch **Bellwald, Ernen/Mühlebach, Münster/Reckingen** sind auf dem besten Weg, sich zu recht attraktiven Fremdenverkehrsorten zu entwickeln und damit zu einer neuen Existenzgrundlage für die Gommer Bevölkerung beizutragen.

Entlang dem Rotten: Loipen — Loipen — Loipen

Lang und schneereich ist der Winter im ungewöhnlich weit geöffneten Gommer Trogtal, und so reist denn kaum ein Wintergast ohne Bretter an. Doch wichtig und zugleich aufschlußreich für das sportliche Hobby ist, wo der Gast Quartier bezieht. Denn nicht nur geographisch und nicht nur in der Hausarchitektur, sondern auch skimäßig unterscheidet sich das Tal: im Obergoms huldigt man der Loipenkunst, im Untergoms dem alpinen Skisport. Erstaunlich schöne und weite Skigebiete für den Pistenfan liegen vor allem auf *Kühboden-Eggishorn, Bellwald, Mühlebach-Ernergalen* und *Oberwald-Hungerberg.* In den nächsten Jahren soll 300 m unterhalb des *Sidelhorn*-Gipfels (Oberwald) eine 3058 m lange Gondelbahn mit zwei Sektionen und einer Mittel- und Durchgangsstation im «Brunni» (2095 m) geplant werden, weitere Skilifte sind ebenfalls vorgesehen. Außerdem gibt es ab **Gluringen** talaufwärts für den alpinen Fahrer praktisch in jedem Dorf Skilifte, wenn diese auch zu weniger anspruchsvollen Abfahrtspisten führen. Aber zum hellbesonnten Wintersportvergnügen reicht es immer — vor allem stets mit Blick auf das zu Füßen liegende Rhonetal.

Doch auf ein wunderschönes winterliches Märchenbild braucht auch der Langläufer nicht zu verzichten, im Gegenteil.

Noch bevor überhaupt der große Langlaufboom einsetzte, pflegte schon 1968 der international bekannte Langlaufsportler Karl Hischier in **Oberwald** mit einer eigenen Spurmaschine die erste Loipe. Unterstützt von weiteren Pionieren — Odilo Schmidt und dem Arzt Dr. H. Wirthner — fand der gesunde Loipenspaß für jeden und für jedes Alter immer mehr Anhänger. Die Privatinitiative zeitigte schließlich erstaunliche Folgen: zwischen **Oberwald** (1368 m) über **Obergesteln, Ulrichen, Geschi-**

Entlang dem Rotten ziehen sich herrliche Loipen

nen, **Münster, Reckingen, Gluringen, Ritzingen, Biel, Selkingen, Blitzingen** und **Niederwald** (1251 m) ziehen sich heute 40 km Loipen hin, die, in beiden Richtungen mehrfach sorgfältig gespurt, durch eine herrliche unverbaute Landschaft, durch Schnee und Reif von oft geradezu bezaubernder Schönheit führen. Wer den Rundlauf schätzt, kann von **Fiesch** ins *Fieschertal* und wieder rückwärts drehen. Eine besondere Attraktion bildet die nachts bis 22 Uhr beleuchtete Loipe von **Obergesteln** bis nach **Ulrichen**

(13 km), die vor allem den Nimmermüden dient, die sich tagsüber hoch in den Bergen ihre Sporen verdienten und den Tag nicht ohne nächtliches Loipenwandern beschließen wollen. Einen auch in der Schweiz einmaligen Loipen-Service bietet die Furka-Oberalp-Bahn mit der Abgabe spezieller Sportbillette sowie dem Transport der nicht benötigten Kleider bis zur nächsten gewünschten Bahnstation. Für Besitzer von Bahnbilletten kostet das nur einen einzigen Franken! Da die Loipe parallel, wenn

auch in angenehmem Abstand, zur Bahn verläuft, kann an allen genannten Orten von der Loipe ins Bahnabteil umgestiegen werden. Damit das auch ohne große Wartezeiten klappt, findet der Läufer bei der Abzweigung in jedes Dorf an einem Pfahl den Fahrplan angeschlagen. Service perfekt! Der allgemeine Startplatz zum Loipenareal liegt denn auch in unmittelbarer Nähe der Furka-Oberalp-Bahn am Tunnelausgang.

Sämtliche Loipen sind durchgehend (je nach Schneeverhältnissen ab November bis März/April) gespurt. Neben der sehr leichten Skiwanderloipe gibt es je eine besonders markierte und mit größeren Anforderungen (Steigungen) verbundene Trainings- und Rennloipe, auf denen sich denn auch die medaillengekrönten Oberwalliser Loipenasse bewundern lassen.

Daß sämtliche Dorfgasthäuser der Loipenorte ihre bergbauerndörfliche Ambiance bewahren konnten, erfährt, wer fleißig einkehrt. **Niederwalds** Restaurant «Drei Tannen» scheint besonders auf Tradition zu achten, schließlich hat es der größte Sohn des Dorfes zum «Hotelier der Könige und zum König der Hoteliers» gebracht. Sein Name: César Ritz. Der Gast versteht es als Verpflichtung, wenn sein Name auf dem Ortsschild prangt! Aber auch **Blitzingen** darf sich rühmen, denn hier wurde der nicht minder weltberühmte Alexander Seiler, der Begründer der noch heute existierenden Seilerschen Hoteldynastie, geboren.

Faßt man zusammen, so darf man das Gommer Rhonetal als echtes und erstklassiges Schweizer Langlaufpa-

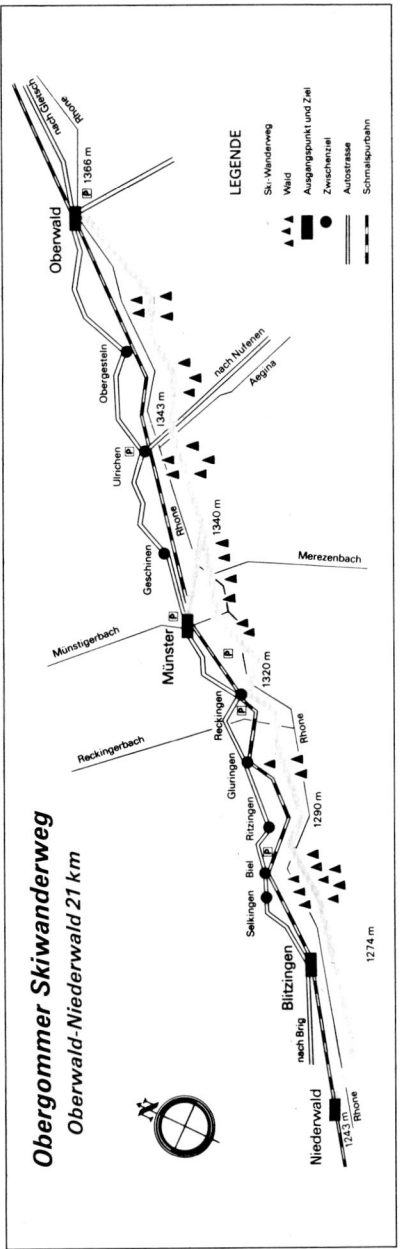

radies bezeichnen, das ganz wesentliche Vorteile bietet: es ist sehr gut erreichbar, führt durch eine landschaftlich reizvolle Gegend, ist sonnig und liegt an «Pausen»-Dörfern von noch immer typischem Walliser Talcharakter mit einer freundlich-entgegenkommenden Bevölkerung, ist noch fern vom Massentourismus und verfügt vor allem über ein Loipenareal, das ausgesprochen sinnvoll und praktisch angelegt ist und somit jedem Anspruch gerecht wird. In der Summe dieser Vorzüge ist dem Gommer Loipenparadies kaum so schnell ein zweites an die Seite zu stellen.

Geniestreich eines Mediziners: Der Gommer Höhenweg

Um dem Langlaufparadies Goms eine vergleichbare Sommerattraktion an die Seite stellen zu können, und da es einen Wanderweg im Tal, den «Rottenweg», schon gab, erwanderte der Münster Arzt Dr. Wirthner, Gesundheitsförderer nicht nur von Amtes, sondern auch von Herzens wegen, den berühmten «Gommer Höhenweg». Das geschah 1976. Inzwischen aber wurde diese Wanderroute schon zum festen Bestandteil des Gommer Touristensommers. Denn wer Freude an der Bergnatur, an Ruhe und stiller Abgeschiedenheit, an reicher Alpenflora und Fauna hat, macht es wie der Arzt.

Die Gommer nennen das heute «Wandern nach Maß». Denn sowohl vom Rottenweg als auch vom Gommer Höhenweg lassen sich gewisse Wegdistanzen, je nach Lust, Laune und Kondition, unter die Füße nehmen, wobei nach kurzen oder langen Etappen die Wagen der Furka-Oberalp-Bahn den Ermüdeten wieder zum Ausgangspunkt zurückbringen. Über 29 km zieht sich der Gommer Höhenweg rechts der Rhone auf einer Höhe von 1500—1800 m zwischen **Oberwald** und **Bellwald** hin und gibt den Blick frei auf die typischen Gommer Dörfer mit ihren Holzhäusern, ihren weißen Kirchen und kleinen Kapellen, auf verträumte Weiler, auf Wiesen, kleine Äcker, auf Schafherden, den jungen Rotten. Im Osten bildet der *Galenstock* mit seinem gleißenden Firn, im Westen die Pyramide des *Weißhorns* den Abschluß.

Der ganze Weg ist nach den Normen der schweizerischen Wanderwege markiert. Die Wegweiser und Markierungen machen ihn zu einer absolut sicheren Wanderroute. «Im Falle eines plötzlichen Wetterumsturzes oder eines Zwischenfalls läßt sich der nächste Ort im Tal von jedem Punkt aus in einer runden halben Stunde erreichen», versichert die Leitung der Obergommer Verkehrsvereine. Nur eines muß man wissen und entsprechend berücksichtigen: Auf dem Höhenweg selbst gibt es weder Restaurants noch Unterkünfte. Man verpflegt sich aus dem Rucksack oder steigt ins Dorf hinab.

Im Reich von Kirchen und Kapellen

Der Gommer Sommer beschränkt sich aber keineswegs nur auf Wandern und Natur, ebenso faszinierend ist es, die 70 wunderschönen Kirchen und Kapellen im Tal kennenzulernen.

Dabei läßt sich zugleich das Ohr schärfen für die sprachlichen Nuancen des Gommer Dialekts, der sich fast von Ort zu Ort unterscheidet. Was liegt näher, als bei dieser Gelegenheit auch vom berühmtesten Gommer-Produkt Kenntnis zu nehmen — seinem Käse! Denn, so schwört hier jeder, nur der Gommer ist der einzige originale Raclettekäse!

Aber zurück zu den sakralen Wundern — den Kirchen, ihren prächtigen Ausstattungen und ihren goldglänzenden Altären, die fast ausnahmslos von einheimischen Künstlern geschaffen wurden. Die meisten Werke stammen aus dem 18. Jahrhundert, dem Barock, das hier im Goms die größte und reichste Blüte des ganzen Wallis erlebte.

Drei Generationen umfaßte die erstaunliche künstlerische Produktivität, die Baumeister, Bildhauer, Bildschnitzer, Maler, Vergolder und Stukkateure mit einbezog. Nicht nur die größeren Orte, sondern auch die kleinsten Dörfer kamen damals zu ihrem Kleinod. Das Geld stammte aus dem einträglichen Handel über die Pässe, oder direkt aus Rom, denn viele Oberwalliser dienten in der päpstlichen Schweizer Garde und schickten, wie unter Gastarbeitern üblich, einen großen Teil ihres Lohns in die Heimat. Die Gommer erlebten einen unerhörten wirtschaftlichen Aufschwung, der sie außerdem befähigte, Theater zu spielen, Orgeln zu bauen und Glocken zu gießen. Dieser Schaffens- und Schöpferrausch der Zeit nach 1650 klang erst mit den Franzosen-Einfällen am Ende des 18. Jahrhunderts aus.

Es wäre also schade, an der Pfarr-

Die Kirche von Münster (1491)   79

kirche von **Oberwald** vorbeizufahren, deren hoher Saalraum von drei überaus reich geschnitzten Altären fast gesprengt wird. Eine Besichtigung lohnt auf jeden Fall auch das größte Haufendorf des Goms, **Münster**, schon wegen seiner Pfarrkirche, die als einzigartiges Prunkstück einen spätgotischen, feingliedrigen, geschnitzten Hochaltar von 1509 des Meisters Jörg Keller aus Luzern besitzt. Ausgesprochen kunstsinnigen Leuten sei außerdem das Pfarrei-Museum (Kirchenschatz) empfohlen, allerdings muß man diesbezüglich beim Pfarramt vorsprechen. Im Dorf stehen außerdem das originelle «Haus Imsand» und der schönste Stadel des Goms, «Z'Jülisch Stadel». Auch in **Reckingen** dürfen Sie verweilen und den prächtigsten Barockbau des Wallis (1743—1745) gebührend bewundern. Wer sich im Oberdorf umsieht, wird die sogenannte «Rue des Granges» entdecken, eine der schönsten, unversehrt gebliebenen Nutzbautengasse des Goms. Schließlich wird er auch im «Taffinerhüs» das typische Obergommer Renaissance-Haus (erbaut 1617), erkennen — aber das ist schon etwas für Goms-Spezialisten oder ins Goms vernarrte Dauergäste.

Fiesch

Eigentlich verwundert, daß **Fiesch** (1050 m, 750 Einwohner) so ganz unspektakulär zum «touristischen Zentrum der Region Goms» und damit zu einem mittelgroßen Ferienort geworden ist. Dabei gibt es dieses Fiesch erst seit dem 15. August 1905, bis anhin hieß es nämlich mehrheitlich

«Viesch», und erst ein Bundesbeschluß sorgte namentlich für Ordnung. Statt von Fremden und benötigten Betten war von Kühen und Alpenträgen die Rede, weder Handel noch Gewerbe spielten eine nennenswerte Rolle, denn Fiesch, am Eingang des kleinen, noch heute idyllischen Fieschertals, und zu beiden Seiten des Wyßwassers, lag abseits der Paßwege. Die alte Saumstraße durch das Goms führte damals über den Zenden-Hauptort Ernen. Auch innerhalb der Zendenpolitik blieb Fiesch im Abseits, die Rivalitätskämpfe trugen Münster und Ernen unter sich aus.

Leben in diese Abgeschiedenheit brachte erst der Bau der Gommer Durchgangsstraße (1852—1863), die über Fiesch hinaus bis über Grimsel und Furka führte. Zwei Jahre später rollte, wenigstens im Sommer, die erste Pferdepost durchs Dorf. Sie erhob Fiesch zunächst in den Rang einer wichtigen Pferdewechselstation. Als dann ab Sommer 1915 die Furkabahn zwischen Brig und Gletsch und ein

Alter Winkel in Fiesch

Die Luftseilbahn Fiesch-Eggishorn erschließt ein attraktives Ski- und Wandergebiet

Jahr später sogar bis Disentis verkehrte, war Fiesch stolze Bahnstation-Besitzerin, während nun Ernen für mehr als hundert Jahre ins Abseits geriet. Der Bau dreier Hotels bedeutete den ersten zaghaften Schritt in Richtung Fremdenverkehr.

Doch bis zur nächsten einschneidenden Zäsur sollte noch eine beträchtliche Zeit vergehen. Am 2. Juli 1966 war es dann soweit: Die erste Sektion der Luftseilbahn Fiesch—Eggishorn wurde eröffnet. In 30er-Kabinen schwebten die ersten Gäste bis auf Kühboden, 1968 aber schon in 20er-Gondeln bis zum 2926 m hohen Eggishorn hinauf. Ein erfolgreicher Anfang war gemacht. Wollte man voll ins Tourismusgeschäft einsteigen, waren jedoch weitere Schritte

notwendig. An Weihnachten 1974 schenkte Fiesch seinen Wintergästen die große Überraschung, in 100er-Kabinen parallel zur ersten Bahn nach Kühboden hinauf zu schweben, wobei die Stundenkapazität 800 Personen betrug. Durch das berüchtigte Nadelöhr liefen nun also zwei Fäden. Die Fremden dankten und blieben. Entscheidend zum weiteren Ausbau des Untergommer Dorfs zur Fremdenstation hat aber auch die Errichtung des «Feriendorfes» Fiesch beigetragen. 1967 stand es in erster Etappe bereit und stellte kurze Zeit später allein 1100 Betten zur Verfügung. Damit war auch ein beträchtlicher Ausbau der touristischen Infrastruktur verbunden, die 1979 noch erheblich verbessert wurde, als das 1971 eröffnete Hallenbad noch durch Squash-Hallen, Turn- und Sporthallen, Sauna und Minigolf bereichert wurde. Fiesch besitzt nun das bedeutendste Sportzentrum des Oberwallis. Die Jugendgruppen, die damals zu den ersten Feriendorf-Gästen gehörten, sind, wie man es beabsichtigte, Fiesch treu geblieben.

So hat das ehemalige kleine Bergdorf Fiesch, 18 km nordöstlich von Brig, Bahnstation der Furka-Oberalp-Bahn und Ausgangspunkt zum Fieschertal (Finsteraarhorn), sich dank seines Hausberges, des Eggishorns, ein recht beachtliches Stück vom Kuchen des Walliser Tourismus gesichert. Seine Lage am Eingang des Seitentales (Fieschertal) garantiert dem Dorf eine gute Durchlüftung, versorgt es also stets mit gesunder Bergluft und berechtigt zum Beiwort «Klimakurort». Mit sehr guter Sonnenbestrahlung darf man im Winter und Hochsommer, mit etwas Nebel

muß man im November rechnen. Die Niederschlagsmengen sind äußerst gering und die durchschnittlichen Tagestemperaturen schwanken zwischen —4,4° im Januar und 15,8° im Juli. Die Wintermonate verzeichnen starke Schwankungen zwischen Tages- und Nachttemperaturen, deshalb eignet sich der Aufenthalt in Fiesch für Vorbeugungs- und Genesungskuren vor allem in der Zeit von März bis Mitte Oktober.

Längst bildet der Tourismus die Lebensgrundlage für Dorf und Tal, denn von der Vielseitigkeit und Attraktivität **Fieschs** als Wintersportort und als sommerliches Wanderzentrum bis hinüber ins Aletschgebiet profitieren auch die Nachbarorte. Beginnend mit der Hochkonjunktur und vor allem Ende der siebziger Jahre erlebte auch Fiesch einen starken Bauboom und eine rege Kaufnachfrage an Ferienhauseigentum von Ausländern, der erst in den letzten Jahren

Ansicht von Fiesch mit dem «Hotel du Glacier»

die Lex Furgler einen Riegel vorschob. Fiesch ist erstaunlich in die
Breite gegangen, doch ist der Gemeinde zugute zu halten, daß sie das Heft
nicht aus den Händen gab, ihr Konzept nicht verlor und sich die zahlreichen Überbauungen durch die Be-
vorzugung kleiner Chalets einen einheitlichen Rahmen gaben. Dem alten
Dorfkern fehlt ein traut-dörfliches
Cachet wie es beispielsweise Münster
oder Ernen besitzt, doch haben die
jüngsten Renovierungen alter Häuser
(Hotel des Alpes) Fiesch wieder eine
anheimelnde Note verliehen. Die vor
allem von Familien und ausgesprochen sportlichen Gästen als preisgün-
stig geschätzte Fremdenstation verfügt heute in 14 Hotels, 20 Chalets,
Ferienwohnungen und Gruppenun-
terkünften insgesamt über 4300 Gästebetten (mit Fieschertal).

Fiesch besitzt zwei große Attraktionen: *Kühboden* (2200 m) und *Eggishorn* (2926 m). Auf Kühboden beispielsweise dürfen Sie wohnen, hier
stehen die höchstgelegenen komfortablen Hotels des Wallis. Dennoch wird
auf der Alpe noch immer Landwirtschaft betrieben. Zugleich erschließt
Kühboden ein großartiges Wandergebiet. Zu den klassischen Touren aber
gehört noch immer, sich von Fiesch
via Kühboden zum Eggishorn aufzu-
machen, um dann erst recht das
phantastische Rundpanorama, das
größte des Oberwallis, zu genießen:
*Aletschgletscher, Galenstock, Eiger,
Jungfrau, Matterhorn, Mont Blanc.*
Zumindest aussichtsmäßig können
Eggishorn und *Gornergrat* (Zermatt)
sich messen. Selbst wer sich in keiner
Weise sportlich betätigen will, sollte
sich die Chance, einen «arbeitenden»
Gletscher zu betrachten, nicht entge-
hen lassen.

Kühboden ist zugleich auch Ausgangspunkt für berühmte Gletschertouren: über den *Aletschgletscher*
etwa zur *Konkordiahütte*, zum *Jung-*

Idylle im Fieschertal

fraujoch oder über die *Grünhornlük-ke* zur *Finsteraarhornhütte* oder vom *Konkordiaplatz* über die *Lötschen-lücke* ins *Lötschental*. Ungezählte Skitouren lassen sich von hier aus beginnen, leichtere Spaziergänge und Ausflüge. Nicht von ungefähr verfügt Fiesch über eine der besten Bergsteigerschulen der Schweiz, denn die Region hat auch einen Namen als Kletter- und Hochtourengebiet. Als Erlebnis besonderer Eindrücklichkeit empfiehlt der Kurdirektor die Tour zum *Fieschergletscher* über *Wirbul* und *Titter* (Hin- und Rückmarsch 6 Stunden).

Um jedem Pistenfan aus der Seele zu sprechen: Skifahren ist etwas ganz anderes als wandern! Und skifahren nach Herzenslust und Kantentechnik — das kann man am Eggishorn! Es bildet den krönenden Abschluß der weitgedehnten Skiarena am Aletschgletscher und ein ideales Trainingsfeld für internationale Rennfahrer. Doch wäre es schade, als striktes Ziel direkt Fiesch anzupeilen, wozu gäbe es sonst die idealen Schneeverhältnisse auf Kühboden und die zahlreichen Pisten meist mittleren Schwierigkeitsgrades? Sieben Skilifte befördern auf einer Schlepplänge von 5 km an die 5000 Personen in der Stunde, die sich dann auf 42 km verteilen. Anziehungspunkt für Kenner und Renner ist die von der FIS homologierte Piste: 3,3 km ist sie lang, beginnt auf 2660 m bei der Bergstation «Elsenlükke» und endet, nach fast 800 m Höhenunterschied, an der Waldgrenze. Hier darf jeder sein Können zeigen, auf 12 bis 60% Neigung, in offenem wie weitkurvigem Gelände, auf Kompressionen und Querpassagen. Der

Skilift «Blätz» in **Fieschertal** erschließt dagegen die besonders leichten Pisten und ist vor allem für Familien mit kleineren Kindern geeignet. Außerdem gibt es zwei Langlaufloipen von 8 und 12 km sowie 12 km gepfadete Spazierwege. Als bemerkenswerte Neuerung stellt ein Gratisbus die Verbindung zu den eher etwas ruhigeren Nachbarorten her: **Ernen, Mühlebach, Fieschertal** und **Lax,** so daß der Unermüdliche auch die dortigen Skigebiete ohne eigenen fahrbaren Untersatz erkunden kann. Was Erwähnung verdient: Fiesch—Kühboden—Bettmeralp—Riederalp geben gemeinsame Abonnemente und Tageskarten für alle Sportbahnen in den drei Orten aus.

Ernen und das Binntal

Aernen ein gar herrlich dorff und stattlicher hauptstadt des Zendens Goms / ligt ein gemeine Schweyzer meyl / auff dritthalbe Stund fußwägs unter Münster / auff der lincken hand des Roddans gegen Mittag / auff einer schönen fruchtbaren unnd graßreychen höhe. In disem fläck wirt das hochgericht gehalte im Zenden Goms / hat ein grosse pfarr / ist auch zimlich erbuwe mit gemeür von steinwerch / welches obert halb nit im brauch / sonder die gebeiw vast von holz gemacht / und mit Lärchinen schindlen bedeckt sind: fürter hinab aber im land werded die Tächer der gebeiwen gemeinlich mit gespaltnen steinen und platten bedeckt.

Von **Aernen** als einem gar herrlichen Dorf und stattlichen Hauptflecken des Zenden Goms, auf einer

Dorfbrunnen im alten Zendenhauptort Ernen

schönen fruchtbaren und grasreichen Höhe gelegen, berichtet die Stumpf-Chronik aus dem Jahre 1548, und genau 431 Jahre später geht dieses Ernen abermals in die Annalen der Geschichte ein: 1979 erhält es den Wakkerpreis als Auszeichnung für sein altes, wunderschönes, gehegtes und gepflegtes Dorfbild. Das bedeutet, daß dieses Ernen (1200 m, rund 380 Einwohner) eine reiche, wechselvolle Geschichte hinter sich hat.

Nach der keltischen Besiedlung wächst Ernen (1195 m) zur Hauptsiedlung des Goms heran. Vom keltischen «Aragon» leitet man auch den

Namen Ernen ab. Im Mittelalter wandern zahlreiche Familien aus niederem oberitalienischem Adel ein, die oft den Namen der Orte annahmen, in denen sie sich niederließen, in Ernen beispielsweise die Herren von Aragno, die schon 1123 ein Schloß in Ernen besaßen. Diese Familien bekleideten oft hohe Ämter und stellten bis in das 14. Jahrhundert den Meier bzw. die Kastlane, die oft recht selbstherrlich ihres Amtes walteten. 1135 ist zum ersten Mal vom Meiertum Ernen die Rede, und Ende des 14. Jahrhunderts teilt sich der Zenden Goms in die Majorate Ernen und

Die Kirche von Ernen birgt Kunstschätze und eine wertvolle Orgel

Münster. Bis zum Jahre 1446 vertrugen sich die Meier von Münster (obere Pfarrei des Zenden Goms) und Ernen (untere Pfarrei), doch in diesem Jahr setzten die Rivalitäten um die Vorherrschaft im Zenden ein, wobei es u. a. auch um Zollrechte und Zollabgaben ging. Gerechterweise muß man sagen, daß Ernen der Unruhestifter war. Diese erste Auseinandersetzung nahm erhebliche Ausmaße an, und erst ein Jahr später kam es zu der Einigung, daß man Jahr für Jahr abwechselnd den Meier stellte, und zwar für den ganzen Zenden. Montags hatte der Meier in Münster, mittwochs in Ernen Gericht zu halten. Hochgerichtsstätte blieb Ernen. Doch die Ruhe war nur von kurzer Dauer. 1515 und 1562/63 folgten weitere Auseinandersetzungen, die damit endeten, daß Münster als Gerichtsstand Ernen gleichgestellt wurde. Schon seit 1561 wählte aber auch Münster seinen

eigenen Meier. Diese Verfügung blieb, trotz des berühmten Meierstreites von 1590, bis zum Untergang des alten Zenden (1798) gültig. Münster wurde inzwischen Hauptort des Zenden. Dank der einflußreichen Familie von Riedmatten behielt Münster die Vorrangstellung bis zu Beginn des 18. Jahrhunderts.

Mit Aussterben der alten Familie von Riedmatten und dem Aufstieg der Familien Schiner, Jost und Sigristen übernahm Ernen wieder die führende Rolle. Mit seinen politisch hochbegabten Bischöfen Walther Supersaxo (1457—1482) und Matthäus Schiner (1499—1522) machte Ernen Walliser Geschichte. Zur Zeit der Reformation verteidigte es seinen alten Glauben mit Hilfe der Matze (Symbol des Aufstands), zog sich vom Bund der sieben Zenden zurück und verbündete sich mit der Innerschweiz. Weder den Jesuiten im 17. noch den

Kapuzinern im 18. Jahrhundert gelang es, sich auf Dauer in Ernen niederzulassen. Die Jesuiten eröffneten 1608 eine Lateinschule, die schon bald 50 Schüler zählte; aber schon 1615 gaben sie das Kollegium auf.

Mit dem Bau der Furkastraße 1860/61 auf der rechtsufrigen Talseite und dem Verlauf der Bahnlinie wurde Ernen von der Hauptverkehrsader des Rhonetales abgeschnitten. Es geriet ins Abseits, der einst so rege Paßverkehr über den Albrunpaß des *Binntales* erlahmte, so daß auch wirtschaftlich starke Einbußen hingenommen werden mußten. Doch dieser Entwicklung verdankt Ernen heute seinen kulturellen Reichtum und seine bedeutende touristische Anziehungskraft.

Seit dem Ende des 18. Jahrhunderts hat sich das Dorfbild Ernens über 100 Jahre kaum verändert, so daß Ernen zwar nicht das schönste Dorf des Wallis, wohl aber das schönste des ganzen Oberwallis ist. Schon von weitem grüßt die spitze Turmhaube der Pfarrkirche St. Georg. Der heutige Bau, 1510—1518 errichtet, geht auf eine romanische Pfeilerbasilika zurück. Auf romanischen Grundmauern steht denn auch noch der spätgotische Chor, der 1518 von Ulrich Ruffiner erbaut wurde. 1964 bis 1968 wurde die Kirche restauriert, wobei man den Zustand des frühen 16. Jahrhunderts wieder herstellte, die barocke Innenausstattung aber beließ. Als Meisterwerk darf man den Hochaltar (1761) betrachten, der von einem Meister aus Disentis stammt, während das Chorgestühl von Walliser Künstlern geschaffen wurde. Die wertvollsten barocken Holzskulptu-

ren fielen erst vor wenigen Jahren skrupellosen Einbrechern in die Hände. Sie wurden nicht wieder gefunden. Eine besondere Kostbarkeit bildet die Orgel von 1679. So stehen denn auch die Orgelkonzerte der sommerlichen Musikwochen, die seit 1973 jährlich abgehalten werden, im Mittelpunkt dieser für das Oberwallis einzigartigen musikalischen Veranstaltung. Dabei gibt es nicht nur Konzertveranstaltungen zu hören, sondern es werden auch internationale Meisterkurse für angehende Musiker durchgeführt. Wem sich Gelegenheit bietet, sollte den reichen Kirchenschatz besichtigen, der neben wunderschönen Kaseln die Schinerkasel mit Wappen aus dem 15. Jahrhundert und einen Kelch Schiners aufbewahrt.

So eindrucksvoll wie der Besuch von Kirche und malerisch gelegenem Friedhof wirkt auch der für den kleinen Ort so überdimensionierte Dorfplatz «Am Hengart». Aber gerade seine Weiträumigkeit und sein durch einzigartige Bauten geschlossener, einheitlicher Charakter belegen die einstige Bedeutung des Zendenhauptortes. In lockerer Anordnung stehen sich das Zendenrathaus, als Gerichtsgebäude und Gefängnis 1750 bis 1762 erbaut, das «Tellenhaus», ein typischer Vorschutzbau von 1576 mit zeitgenössischen Fassadenmalereien der Tellsage (Apfelschuß, Rütlischwur, Geßlers Tod), das «Schiner-Haus», 1603 für den Landeshauptmann Matthäus Schiner erbaut, sowie das «Wirtshaus zum heiligen Georg» von 1629 gegenüber. Die farbigen und volkstümlichen Telldarstellungen (1778), übrigens die ältesten der Schweiz, belegen damit eindeutig, daß nicht erst Schiller den Schweizern ihren Freiheitshelden schenkte.

Erst wer in größerem Bogen den Weg vom Dorfplatz hinter dem Wirtshaus entlang bis hinunter zu Kirche und Pfarrhaus zurücklegt, wird von dem eigenartigen Charakter eines herrschaftlichen, patrizischen Bauerntums in den stolzen Häusern — auch außerhalb des dörflichen Mittelpunktes — gefangen sein. Am Waldrand außerhalb des Dorfes (Richtung Mühlebach) erinnern noch immer drei Granitsäulen, auf denen einst der Galgen montiert war, an die alte Richterstätte. 1764 wurden hier die letzten drei Übeltäter hingerichtet. Wie hoch die Erner selbst ihren Galgen einschätzten, beweist die vielzitierte Äußerung, die gefallen sein soll, als einem schwäbischen Handwerksburschen das letzte Stündlein schlug: «Dr Galge ischt fir insch und inschri Lit und nit fir jede fremda Hudel!»

Der Anbruch des 20. Jahrhunderts brachte Ernen die Hinwendung zum Tourismus. Schon 1932 besaß es ein strenges Baureglement, das die Zerstörung des alten Dorfkerns verhinderte. In regelmäßigen Abständen wurden am alten Baubestand die notwendigen Restaurierungen durchgeführt, selbst das alte Backhaus wurde

Skivergnügen am Ernergalen

schon 1954 renoviert. 1970 aber vollbrachte Ernen eine beispielgebende Pionierleistung: die Verlegung der gesamten Strom-, Telefon- und Fernsehleitungen innerhalb des Dorfes in Kabel unter der Erde. 1969 erarbeitete man eine neue Zonenplanung, die garantiert, daß alle Neubauten sich dem Ortscharakter anzupassen und alle Ferienchalets in Siedlungen möglichst außerhalb des Dorfkerns zusammenzufassen und sich als einheitliches Bauelement der Landschaft einzufügen haben (Chaletsiedlung «Aragon»). Heute verfügt Ernen über 1700 Gästebetten und registrierte in den letzten Jahren durchschnittlich 110 000 Logiernächte. Seine Gäste haben die Möglichkeit, von der touristischen Infrastruktur der Gommer Nachbarorte, vor allem des Fiescher Sportzentrums, zu profitieren.

Starten statt warten

dürfen die Wintergäste in **Mühlebach,** das nur etwa eine halbe Wegstunde östlich von Ernen und nur 20 Minuten Autofahrt von Brig entfernt liegt. Mühlebach-Ernen steht für das neue Skigebiet Ernergalen, mit dem sich auch die Einheimischen einen alten Traum erfüllten. Eine Sesselbahn führt von Mühlebach hinauf nach *Chäserstatt* (1700 m). Dort kann man sich dann mit Hilfe zweier Skilifte im Gebiet des Ernergalen bis zu einer Höhe von 2280 m austoben. Auch die kleinen Gäste finden am Skilift Ernen-Feld ein überaus leichtes, kinderfreundliches Gelände, das den ersten Kontakt mit den ungewohnten Brettern erleichtert. Schließ-

Mühlebach mit seiner hübschen Kapelle

lich will man den Gästen, vielen Familien mit Kindern, auch im Winter Freude und Vergnügen schenken (Busbetrieb zwischen Niederernen und der Talstation). Vom Ernergalen bietet sich ein herrlicher Rundblick bis zum *Rhonegletscher,* Aletschgebiet und den Walliser Alpen, der nicht nur im Winter, sondern auch im Sommer manchen Gast in die Höhe lockt, ganz zu schweigen von der Vielzahl schöner Wandermöglichkeiten, die hier oben ihren Anfang nehmen.

Doch über den landschaftlichen und sportlichen Reizen dürfen Sie Mühlebach selbst nicht vergessen. Ein Rundgang durch das alte, ehrwürdige Dorf, von gediegenen Bauernhäusern gebildet, lohnt. Versteckt im hintersten Winkel läßt sich das berühmteste Haus vom Ort entdecken — das Geburtshaus Matthäus Schiners. Mit

Hilfe Ortskundiger finden Sie vielleicht auch, wo der mächtige Landeshauptmann Walther Clausen das Licht der Welt erblickte. Wen es interessiert, auch das Vaterhaus von Bundesrichter und Ständerat Felix Clausen steht hier. Um den Eindruck vom lieblichen Goms abzurunden, sollten Sie zum «Biel», dem Hügel, auf dem die St. Josephskapelle steht, hinauf steigen und, wenn es sein muß, sich hier vom Rhonetal, vom Weißhorn und dem mächtigen Galenstock verabschieden.

Das Binntal: Romantik und Mineralien

Im Binntal ist das Reich des Goms zu Ende, und es beginnt das der Zwerge, denn hinter den sieben Bergen, den sieben Pässen, die nach Italien führen, gibt es nichts als tiefe Weltabgeschiedenheit, romantische Wälder, Matten, Moosboden, dazu eine ungewöhnlich reiche und seltene Flora, wie sie sonst nur noch am Simplon oder bei Zermatt anzutreffen ist. Hundert verschiedene Pflanzen- und Blumenarten blühen allein im Binntal (1400—2400 m), davon 11 Arten von Enzianen, zwei von Hauswurz, 30 verschiedene Habichtskräuter. Aber über diesem blühenden Schatz der Natur sei nicht die Fülle der Minerale vergessen. Das Binntal ist das Reich der Strahler!

Sechs der sieben Pässe beginnen als Fußpfad im Binntal und führen ins südliche Nachbarland. Aus diesem Grund heißt dieses Tal auch «Tal der sieben Pässe». Der siebente Paß, der *Saflischpaß* (2566 m), bleibt im eigenen Land. Auf seinen Pfaden läßt sich von **Z'Binn** durch das *Saflischtal* nach Brig wandern. Wer diesen Weg in umgekehrter Richtung marschieren will, kann sich den Anmarsch erleichtern und sich von Brig aus mit der Seilbahn von **Ried-Brig** hinauf nach **Roßwald** tragen lassen.

Das Binntal ist zum Wandern da. Keineswegs muß man hochgebirgserfahren sein. Viele kommen, um in dieser Bergeinsamkeit den Reiz des Lager- und Zeltlebens kennenzulernen. 12 km ist das Tal lang, und es erstreckt sich auf über 50 km². Nur einige hundert Einwohner siedeln in der Gemeinde Binn, die von den Weilern **Imfeld, Geißen, Schmiedigenhäusern** und **Willeren** gebildet wird. Dort, wo der Bach aus dem Längtal in die Binna, den Wildbach des Haupttals fließt, stehen die Häuser von **Z'Binnen,** was ursprünglich «Zu den beiden Binnen» hieß. Denn außer dem Hauptbach wird auch sein kleinerer Nebenarm Binna genannt. Tief im Tal liegt noch **Heiligenkreuz.** Jede dieser kleinen Siedlungen besitzt eine hübsche Kirche oder Kapelle und die Anmut weltvergessener Ruhe und Stille.

Still und verträumt blieb das Mineralienparadies Binntal

Schmiedigenhäusern mit seinen rund hundert Einwohnern reizt am meisten zum Verweilen. (Das Auto läßt sich vor dem Dorf auf großem Parkplatz abstellen.) Unverdorben und unzerstört hat es in seiner gassenengen Traulichkeit den bergländlichen Charakter bewahrt. Schwarzverbrannte Holzbauten, zum Teil noch in Jahrhunderten bewährter Blockbauweise gebaut, findet man nur noch hier. Einfache, freundliche Gasthäuser und das über 100jährige Pionierhotel «Hotel Ofenhorn» laden zum Verweilen ein. Das «Ofenhorn» besonders, denn trotz gründlicher Renovierung ist das Haus noch immer voll Gemütlichkeit und bewahrt den unverwechselbaren Charme der «guten alten Zeit». (Inzwischen ist die Hotel-Dépendence als kleines Regionalmuseum eingerichtet worden.) Im Jahre 1883 erbaut, gehört es zu den ältesten Hotels im Goms. Der Neugier englischer Bergsteiger und Naturforscher ist auch die Entdeckung des Binntales zu danken.

Zahlreiche Kapellen zeugen für tiefe Frömmigkeit

Die Einwohner des Binntales leben nicht nur von Viehzucht und Käserei, sondern auch vom Tourismus, und dieser hing eng mit der petrographischen und mineralogischen Beschaffenheit des Tales zusammen. 1730 entdeckten die Engländer den Mineralienreichtum und trieben einen Stollen in der Grube Lengenbach vor. Doch die Einheimischen opponierten gegen die beiden Protestanten, so daß die Naturforscher wieder abziehen mußten. Die eigentliche wissenschaftliche Entdeckung der berühmten Lengenbachfundstelle setzte Anfang des 19. Jahrhunderts ein, gerade zu jener Zeit, als Adalbert Stifter in seinem Band «Bunte Steine» den «Sammelgeist» beschworen hatte. Mineralogen aus aller Welt pilgerten nun in das Binntal. Der unermüdlichen Tätigkeit englischer Wissenschaftler verdankt das British Museum of Natural History seine prächtige Sammlung von Binntaler Mineralien.

Der Handel mit diesen Kostbarkeiten brachte den Talleuten manchen recht beachtlichen Zustupf ein. Im Jahre 1914 verkauften die rund 200 Einwohner des Tals allein für 10 000 Franken Kristalle. Heute ist dieser Handel bedeutungslos geworden. Doch der Name des Binntales steht für manches Mineral, denn von 300 verschiedenen Mineralien, die in der Schweiz vorkommen, sind 150 hier zu finden, 13 beanspruchen sogar Welt-Exklusivität.

Glück haben muß, wer heute in der Mine Lengenbach fündig werden will; laut Zählung wollen das mitunter 250 Leute gleichzeitig. Einfacher hat es, wer an der Oberwalliser Mineralienbörse aus den Schätzen wählen kann.

Bellwald

Das vielmißbrauchte Wort «Geheimtip», hier trifft es zu: Die luftige Sonneninsel **Bellwald** blieb — trotz neu entstandener Chalets und Appartementhäuser — ein enges, stilles und bescheidenes Dorf. Schwarz verbrannt auch hier das Holz der Häuser. Ruhe und würzige Bergluft heißen die Zauberworte, mit denen es lockt. Also keine Sorge, auch Bellwald wird langsam touristisch erobert. Dafür sorgen von Saison zu Saison immer mehr begeisterte Gäste, die suchen, was dieses Bergidyll zu bieten hat.

Nach Bellwald (1600 m, 300 Einwohner), am Fuße des *Setzenhorns* (3062 m), gelangt man problemlos.

Die Kirche von Bellwald

Ganzjährig ist die leicht ansteigende Bergstraße befahrbar, die von der großen Durchgangsroute entlang dem Rotten scharf abbiegt. Vorsicht ist allerdings beim Überqueren der Geleise der Furka-Oberalp-Bahn geboten. Wer ohne fahrbaren Untersatz reist, besteigt in **Fürgangen** im Tal die Gondelbahn und wird durch die Luft ans Ziel getragen.

Bellwald selbst liegt auf einer deutlich abgestuften Hochebene, der linken Moräne des *Fieschergletschers,* und ist nach Süden ausgerichtet, so daß ein Höchstmaß an Besonnung und ein sehr mildes Klima garantiert werden. Entsprechend herrlich ist die Sicht über das ganze Gommertal, auf die Alpenzüge der Walliser Viertausender im Süden und auf das Wannenhorn im Norden.

Bellwald ist ein kleines Dorf und war anscheinend in früherer Zeit nicht mehr als ein Weiler, der so abseits lag, daß der erste Walliser Reiseberichterstatter Johannes Stumpf, der im August 1544 das Land erkundet hatte, Bellwald nicht einmal fand. Seine Chronik schweigt. Doch seine Beobachtung, dies sei «das Land von bergen und velsen rauch — also waren auch die eynwoner dapffer, ernsthaft, unerschrocken und starkmütig», trifft auch für Bellwalds Bewohner zu. Nach Stumpf war es der große Humanist Sebastian Münster, der 1546 eine ähnliche Wallis-Reise unternahm — auch er übersah das winzige Dorf.

Vergessen aber wurde Bellwald auch noch Jahrhunderte später. Als nämlich im Jahre 1938 sich der erste Verkehrsverein im Goms bildete, gehörten Lax, Martisberg, Ernen und

Münster dazu, nur Bellwald fehlte. Es blieb touristisch Außenseiter. Doch inzwischen weiß sich Bellwald in der Region Goms durchaus zu behaupten. Bereits in Bellwald beginnt der berühmte, anspruchsvolle und in ausfüllenden Tagesetappen zu begehende «Gommer Höhenweg».

Bellwald hat sich noch später als das Goms dem Tourismus geöffnet, und es blieb vorsichtig. Die Neubauten reihen sich außerhalb des Dorfes den herrlichen Tannen- und Lärchenwald entlang, säumen auch die Talstraße und ließen die Weiler Bodmen, Fürgangen und Ried wachsen. Bellwalds Potential sieht heute folgendermaßen aus: 80 Betten in 4 Hotels und 2561 Betten in der Parahotellerie. Im Sommer kann man Minigolf und Tennis spielen — der Herr Pfarrer weihte eigenhändig den roten Court ein — und ausgedehnte Wanderungen und Bergtouren (Galmihorn, Eggishorn) unternehmen. Im Winter erschließen eine Sesselbahn (in der ersten Sektion bis Fleschen, in der zweiten (1982/83) bis Steibenkreuz) sowie drei Skilifte ein prächtiges, sonniges Skigebiet mit leichten und ab *Furggelti* schon schwereren Pisten, die bis auf eine Höhe von 2560 m hinauf und bis zur Sesselbahnstation Gassen wieder hinunter führen. Die Sesselbahn «Richinen» beginnt zwar nicht unmittelbar beim alten Dorf, ist aber vom Zentrum der Touristenunterkünfte aus gut zu erreichen. So klein Bellwald ist, kann es mit einer eigenen Skischule, Skitouren, Langlaufloipen am Weiler **Wilera** vorbei und Winterwanderwegen aufwarten. Ohne zu übertreiben, darf Bellwald den Vorzug für sich verbuchen, den zwar kleinsten, aber ursprünglichsten und unverfälschten Dorfkern im Oberwallis zu besitzen. Von Frühling bis tief in den Herbst kommt der Aufenthalt hier oben dem eines Hochsitzes gleich, der ein unvergleichliches Gefühl von Freiheit und von beseligender Naturschönheit vermittelt.

Bellwald, die Sonneninsel des Goms

Bettmeralp (Betten)
Riederalp (Ried, Greich, Goppisberg)
Belalp (Blatten)
Mörel-Breiten

Zwischen dem Rhonetal und dem großen Aletschgletscher zieht sich ein Gebirgszug nach Nordwesten, den drei Gipfel markieren: das *Riederhorn* (oberhalb Brig), das *Bettmerhorn* (in der Mitte) und das *Eggishorn* (oberhalb von Fiesch). Jenseits des tiefliegenden Rhonebettes, auf der gegenüberliegenden Südseite erscheinen die Simplonstraße, die hehren Majestäten der Mischabelgruppe, alles Viertausender, die spitze Pyramide des Matterhorns und daneben das breitgelagerte, flankenreiche *Weißhorn*. Eine Natur von wahrhaft phantastischem Format. Clara Nef, ehemals «Leiterin» der Villa Cassel, hier zuhause, empfand ihre Heimat als «eine Umgebung, die an Großartigkeit und malerischen Reizen kaum übertroffen werden kann. Im weiten Rund die Spitzen und Grate unserer Bergriesen, tief zu Füßen der geheimnisvoll raunende Gletscher, darüber hinweg der dunkle Arvenwald, helle Lärchen, schlanke Tannen und zwischen felsigem Gestein von Woche zu Woche sich erneuernde, herb duftende Alpenflora.»

Dicht an die bewaldete Zone des Aletschgebietes (700—3000 m) lecken also die Gletscher. Wettergezeichnete Bäume neigen sich von stolzen Höhen zum längsten Eisstrom Europas, zum *Aletschgletscher*. Seine von Moränen geschundene, mit Schutt belagerte

Herrliche Wanderwege
führen am Aletschgletscher entlang

Zunge schmilzt langsam dahin. Die subalpine Wildnis, die die Umgebung zur markanten Gletscherwelt macht, wurde 1933 zum Aletschwaldreservat erkoren.

Der *Aletschgletscher* ist 23 km lang, bis zu 1800 m breit und dehnt sich bis zur Massaschlucht hinab. Am Konkordiaplatz stößt er mit vier anderen Eisströmen zusammen, dem großen *Aletschfirn,* dem *Jungfraufirn,* dem *Ewigschneefeld* (vom Mönch herabkommend) und dem *Grüneggfirn.* Bei der Konkordiahütte

drängt diese gewaltige Masse, 800 m tiefes Eis, mit der erstaunlichen Geschwindigkeit von fast 200 m jährlich ins Tal. Die Bewegung bleibt unsichtbar, doch Grollen und Krachen sind unüberhörbar. Der Gletscher wird kleiner, worunter auch der märchenblaue, arktische Wundersee, der *Märjelensee,* leidet und von seinem Reiz einbüßt.

Bis auf 2200 m klettert der Aletschwald hinauf, fast bis zum Riederhorngipfel. Das ist erstaunlich, denn im Schwarzwald zum Beispiel hört der Baumwuchs schon bei 1400 m und in den Bayrischen Alpen bei 1800 m auf.

Eines der faszinierendsten Erlebnisse ist es, dem Gletscher unmittelbar gegenüber zu stehen. Denn aus soundsoviel Metern Höhe ergibt sich eine völlig andere Perspektive. Das Eis scheint — von oben wie eine ebene, breite Straße — auf immer und ewig hier zu ruhen. Je näher man aber zu ihm vordringt, umso mehr wandelt es sich zu einer wilden, stürmischen See, deren graue, haushohe Wellen, wären sie nicht erstarrt, mit ungeheuerer Wucht heranbranden und alles überspülen. Ein Anblick, der stumm, fast fürchten macht.

Noch bis um die Mitte des vorigen Jahrhunderts war dieser Gletscher 100 m höher und einen Kilometer länger. Und noch in der letzten Eiszeit füllte er das Tal aus bis hoch hinauf zur *Riederfurka* auf 2065 m Höhe.

Wie der Wald auf der zurückgelassenen Schutthalde langsam, aber stetig wuchs, läßt sich an den Gletscherrändern, Etappe für Etappe, nachvollziehen. Aus kleinsten Ritzen treten die niedrigsten Pflanzen und finden Nahrung in einer scheinbar unfruchtbaren Umgebung. Doch wer langsam höher steigt, wird durch zunehmend kräftigere und artenreichere Flora eines Besseren belehrt.

Atemberaubend nicht nur der erste Blick auf den Aletschgletscher, atemberaubend auch die unmittelbare Erfahrung des Werdens und Vergehens der Natur — von Größe, Schönheit und von Ruhe.

Dazu die Tatsache, daß in **Mörel-Breiten** nur 1000 m unterhalb des Eises sogar Kastanien und Feigen wachsen. Wohltuend also auch das Klima: warme Sommer mit kühlen Nächten, milde Winter im Tal, dafür sieben Stunden Januarsonne im Skigebiet, wenig Regen, rund 300 Sonnentage im Jahr und schneesicher bis Ende April. Sozusagen ideal: keine schwüle Hitze, kein Föhndruck; doch im Spätherbst Nebel.

Die «größte Fußgängerzone der Alpen»

Wen wundert es, daß eine Landschaft mit solchen Voraussetzungen zum Wanderziel par excellence geworden ist? Sie bietet der Wander-

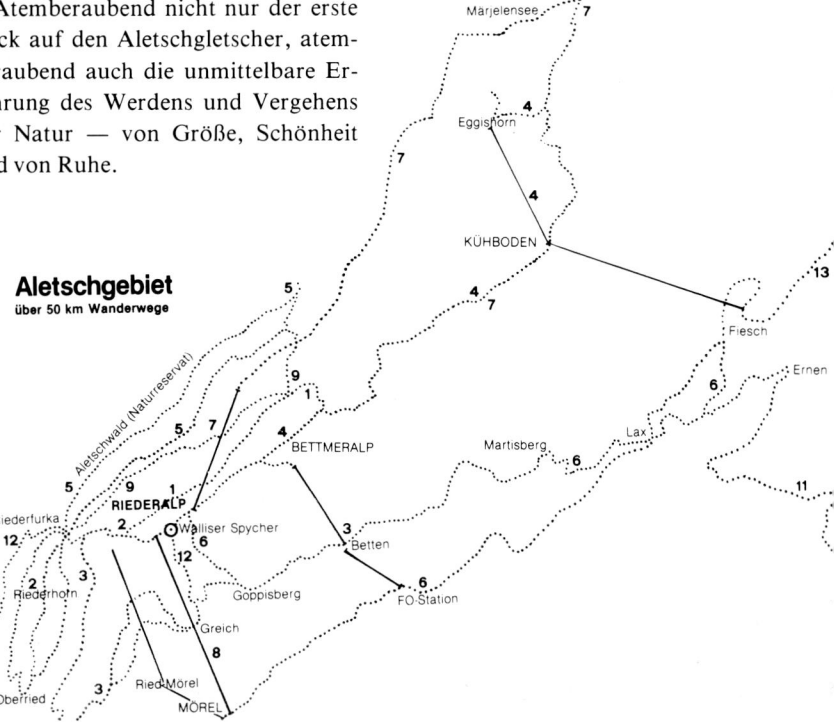

Aletschgebiet
über 50 km Wanderwege

gruppe ebenso viel Abwechslung wie dem Individualisten, sie eignet sich für den leistungsstarken Gänger ebenso wie für den gemütlicheren Ausflügler, sie bietet unendliche Varianten auf Eis und Fels, in Wäldern und auf Weiden, sie wechselt ab zwischen idyllischen Plätzen, einsamen Pfaden oder markantem Hochgebirgscharakter.

Zum Naturerlebnis solcher Art wird aber niemand gezwungen. Wer das höchste der Gefühle in ganz anderer sportlicher Betätigung sieht, kommt ebenso auf seine Kosten, sei es beim Tennis oder Minigolf, beim Kegeln oder Boccia-Spiel, beim Fitneß oder Fischen, beim Rudern oder Schwimmen (in erfrischenden Bergseen oder im Solbad Breitens mit Meerwasserkonzentration), auf einer geführten Gletscherwanderung, bei Kletter-, Hoch- oder Flugtouren, bei natur- und heimatkundlichen Führungen oder selbst bei «Fortbildungs»-Kursen in der Villa Cassel (auf der Riederfurka).

Im Winter wird das Hochplateau zur beliebten weißen Arena. Pisten aller Schattierungen und Schwierigkeitsgrade bis auf 2700 m Höhe verlocken hier zu buchen, sozusagen unter dem Motto: vom Bett auf die Ski! Und das besondere: an den Liften kaum Wartezeiten! Inzwischen gibt es rund 80 km Pisten und einen Skipaß von der äußersten **Riederalp** bis zum *Kühboden,* Skiwanderwege, 22 km gepfadete Spazierwege. Ein Winterangebot mit so respektablen Variationen (zu vernünftigen Preisen) ist hier zu finden, daß die Winter- die Sommersaison überflügelt hat. Höchster Triumph aber liegt in dem Stich-

wort «größte Fußgängerzone der Alpen». Denn die Autos bleiben im gesamten Aletschgebiet nicht nur vor der Tür, sondern unten im Tal bei der Seilbahnstation. In **Mörel** heißt es, auch für den, der mit dem Zug der Furka-Oberalp-Bahn anreist, umsteigen. Wer ins nahe **Breiten** will, benützt den eigenen Wagen oder den Breitenbus oder den schattigen Wanderweg an der Kirche Mörel vorbei. Heißt das Ziel Riederalp, dann stehen drei Seilbahnen zur Verfügung — eine Großkabinenbahn, eine Pendelbahn (über Ried) und, bei Hochandrang, eine Gondelbahn. (Die Pendelbahn soll in den nächsten Jahren durch eine Umlaufbahn mit Sechsergondeln ersetzt werden. Zunächst aber wird in Mörel ein Parkhaus für etwa 500 Pkws gebaut.) Auf **Bettmeralp** gelangt man mit zwei Seilbahnen von der Talstation **Betten** aus.

Von «Kraut-, Stein und Bergnarren»

Apropos touristische Entwicklung: sie hat, so will man meinen, ihre Möglichkeiten heute fast ausgeschöpft. Dabei fing alles ganz beschaulich an. Die ersten, die kamen, waren auch hier naturverrückte Engländer. Ihnen folgten sodann die wissenschaftlichen Entdecker. Das Jahr 1812 wäre zu merken, denn seitdem war bereits von den Wundern des Gletschers, des Märjelensees und des knorrigen Waldes über Bern hinaus in London und Paris die Rede. Immer häufiger traten alsbald absonderliche Gestalten auf. Ihre Kleidung, ihre Sprache, ihr Benehmen und ihre Beschäftigungen, nach Kräutern, Blumen und Steinen zu suchen, flößten den Berglern Mißtrauen ein. Schließlich trieben sie sich auf ihren Viehweiden herum und pflegten mit Anbruch des Abends auch noch um Obdach zu bitten. Doch bald stellte sich heraus, daß die verspotteten «Kraut-, Stein- und Bergnarren», wie man sie nannte, auch ihr Gutes hatten, freundlich und dabei noch spendabel waren.

Natürlich fanden auch Schweizer Naturforscher wie Escher von der Linth, Agassiz und Studer den Weg ins Aletschgebiet und trugen in ihren Schriften ebenfalls zum Bekanntwerden dieses Naturparadieses bei. Um 1850 hatte sich bereits ein merkwürdiger «Hüttentourismus» entfaltet, der den Älpern Abend für Abend so viel Fremde bescherte, daß ihre Hütten regelrecht ausgebucht waren und bei großem Andrang die Gäste ohne Umschweife sogar auf die Ställe verteilt wurden, wobei das liebe Vieh behielt, was ihm zustand. Die Rangfolge begann bei den wertvollen Milchkühen, gefolgt von den jungen Kälbern und erst dann wies man den Fremden Unterschlupf an. Als 1854 das erste «Gasthaus Riederalp» eröff-

Die traditionelle Holzschnitzerei blieb lebendig

net wurde, besserte sich der Zustand, professionell betrieben wurde der Gastbetrieb aber erst mit der Familie Cathrein (um 1871).

Zum Renommiergast auf der Riederalp wurde der Londoner Finanzier Sir Ernest Cassel. Er sorgte für Leben und Fortschritt, doch mit dem Ausbruch des Ersten Weltkrieges fand die erste Phase dieses aufblühenden Tourismus ihr abruptes Ende. Aus dem prachtvollen Herrenhaus, der Villa Cassel, das Sir Ernest sich erbaute, wurde zunächst eine Nobelherberge. Kurz vor ihrem Zerfall hat man sie (1976) als Domizil für das «Naturschutzzentrum Aletschwald» gerettet.

In den letzten 30 Jahren entfaltete sich zunächst der Sommertourismus. Er hat die Gegend erheblich verwandelt. Bauboom, Fortschritt und das Mithalten als zeitgemäßer Touristenort schlugen Wunden, forderten Anpassung, ohne jedoch bis ins Mark zu verletzen. Die Landwirtschaft ist weder aus den Kurorten noch von den Steilhängen vertrieben. Der Mittelstandsgast, der naturliebende Individualist und vor allem die kinderreiche Familie fühlen sich im zauberhaften Aletschgebiet geborgen.

Da sich eine ganze Reihe von Orten zu einer Aktionsgemeinschaft zusammengeschlossen hat (vor allem Riederalp, Bettmeralp, Fiesch, Mörel, Breiten und Belalp), kann der Gast wählen, ob er lieber in der Höhe oder im Tal wohnen möchte. Praktisch ist in jedem Fall die Nutzung der gemeinsamen Badeeinrichtungen, Sport-, Kur-und Fitneßanlagen. Wer allerdings in der Höhe wohnt, kann direkt vor dem Haus auf die Skier steigen und zwischen den drei mitein-

Die Kapelle «Maria zum Schnee» auf Bettmeralp

ander verbundenen Skirevieren wählen. Sie liegen alle in Höhen zwischen 1900 und 2700 m. Die 25 verschiedenen Pisten bieten reich gestaffeltes Abfahrtsvergnügen; im allgemeinen stuft man sie zwischen leicht bis mittelschwer ein. Für den anspruchsvollen Fahrer aber empfiehlt sich insbesondere das Gelände oberhalb Kühbodens (Seilbahn ab Fiesch). Hauptziel von Bettmeralp aus bildet das *Bettmerhorn* (2867 m) mit einer drei Kilometer langen mittelschweren Abfahrt, währenddem das *Eggishorn* (2927 m) zur Hauptattraktion des Fiescher Skizirkus wurde.

Bettmeralp (Betten)

Wer, von der Gondel sanft durch die Luft getragen, auf **Bettmeralp** (1950—2700 m) aussteigt, wird erst einmal tief die klare, frische Bergluft durch die Nase ziehen und zugleich den herrlichen Blick übers Rhonetal zu den Spitzen und Buckeln der Viertausender gegenüber genießen. Die Stille und Beschaulichkeit können den Großstädter zunächst befremden. Doch die beste Möglichkeit, sich schnell daran zu gewöhnen, wäre, sein Quartier per Wanderstiefel aufzusuchen.

Die hölzernen Chalets, die wenigen größeren Hotels und Gasthäuser ziehen sich, zu Grüppchen geordnet, den sonnigen Gebirgsbalkon entlang. Als schönstes und stimmungsvollstes Bild dieses ersten Spaziergangs aber prägt sich der Blick auf die weißleuchtende Kapelle «Maria zum Schnee» ein (1696/97 erbaut), die, «festgemauert in der Erden», fürwahr Schutz und Geborgenheit ausstrahlt. Sie ist das i-Tüpfelchen der photogenen Idyllik auf Bettmeralp. Ihr Pendant, das moderne Kirchenzentrum St. Michael (1974 eingeweiht), wird denn seinerseits den Freund moderner Sakralarchitektur überraschen, denn sein Hallenraum zieht mit riesigen Panoramafenstern ebenfalls die herrliche Natur ringsum mit ein. Der friedlich-trauliche Charakter, die stimmungsvolle Eingebundenheit von Bettmeralp in die umgebende Landschaft findet unter den Touristenzentren des Aletschgebietes nichts Vergleichbares.

Noch 1930 führte die Bettmeralp ein ungestörtes Alpenleben. Die ersten Ferienhäuser erstanden zwar in den dreißiger und vierziger Jahren unseres Jahrhunderts, aber von Tourismus damals schon zu sprechen, wäre maßlos übertrieben. Erst als 1951 die erste Seilbahn vom Tal herauf — über Betten — in Betrieb genommen werden konnte, wurde die Hochalp langsam für Feriengäste interessant. Nach zaghaften Anfängen ging es dann, in den sechziger Jahren, ziemlich schnell, und aus dem verträumten Hirtenplätzchen wurde ein beliebter Sommer- und Winterkurort mit gemütlicher Ambiance. 1981 gab es bereits 4000 Gästebetten. Bald sollte aber der Winter- dem Sommertourismus den Rang ablaufen. 1955 wurde der erste Skilift eröffnet, und seit Ende der sechziger Jahre kamen regelmäßig mehr Winter- als Sommergäste.

1981 erbaute man auf Bettmeralp sogar den ersten Dreier-Sessellift der Schweiz.

Heute stehen dem Gast 10 Skilifte sowie die 1976 in Betrieb genommene Gondelbahn auf das **Bettmerhorn** zur Verfügung, er findet 30 Kilometer Skipisten aller Schwierigkeitsgrade bis zur FIS-homologierten Rennstrecke, abwechslungsreiche Langlaufloipen, Skiwander- und gepfadete Spazierwege und eine Eisbahn. Auch das Bettenangebot ist inzwischen beträchtlich gestiegen: 4200 (350 in Hotels, 3700 in Wohnungen, 150 in Massenlagern) zählt man heute.

Das Winterangebot bietet Abwechslung und Vielfalt. Die Gästenachfrage im Sommer blieb jedoch hinter der des Winters zurück. Alles will zwar zurück zur Natur, aber nicht zu Fuß! Auf 2000 m Höhe wird es abends unweigerlich kühl, und es kann sogar plötzlich einmal schneien. Aber Wandern und Bergsteigen sind nicht dazu angetan, sich zu Massensportarten zu entwickeln. Dennoch, für einen aktiven Urlaub in einer der reizvollsten hochalpinen Gegenden Helvetiens und sogar Europas darf man sich getrost begeistern lassen, wenn man hört, daß auf Bettmeralp ein Sport- und Erholungszentrum (mit 2 Tennisplätzen, Hallenbad, attraktiven Freizeitanlagen) in naher Zukunft betriebsbereit ist. Das große Plus aber ist ein ideales Touren- und Wandergebiet, über 120 km markierte Wanderwege, 10 km ebene Höhenwege, 2 Tennisplätze (Tennisschule), Vita-Parcours und Mini-Golf. Baden, Rudern und Fischen lassen sich mit einer Wanderung zum *Bettmersee* verbinden. Nicht ohne Grund also gehört die schöne Bettmeralp zu den zehn größten Ferienorten des Wallis.

Wer Riederalp und Bettmeralp miteinander vergleicht, wird feststellen, daß Bettmeralp auf einen relativ kleinen, dichten Raum beschränkt blieb und somit der Charakter eines zusammenhängenden Dorfes mit allerlei Läden und Geschäften gewahrt wurde. Schon 1962 hatte man eine Bauzone festgelegt, während auf Riederalp erst um 1967 ein Ortsplan erstellt wurde, zu einem Zeitpunkt also, wo sich bereits die erste Chaletflut nahezu willkürlich über das Hochplateau ergossen hatte. Allerdings dehnt sich die Riederalp ganz anders als die Bettmeralp auf einem langgezogenen Hochplateau aus, das sich über drei Gemeinden erstreckt und als Folge auch eine viel aufgelockertere Überbauung nach sich zog. Kritische Stimmen aber warnen immer wieder vor einem weiteren Ausbau der touristischen Infrastruktur des Aletschgebietes, zumal es große Probleme mit der Wasserversorgung gab. Nach jahrelangem Hin und Her wird nun vom Märjelensee her (Richtung Rhonetal) ein Bewässerungs- und Trinkwasserversorgungsprojekt gebaut, an dem sechs Gemeinden beteiligt sind und das zu den aufwendigsten und kostspieligsten Projekten dieser Art gehört, die je im Wallis realisiert worden sind.

Ruhepause mit Blick auf Bettmeralp hoch über dem Rotten

Riederalp

Rund eine halbe Stunde Spazierweg liegen die **Riederalp** (1950 m) und die Bettmeralp auseinander, vorausgesetzt, man wählt den Weg durch den prächtigen Wald, der beide Alpen auf gleicher Höhe miteinander verbindet. Wunderschön ist auch der aussichtsreiche Umweg über *Bettmersee* und *Blausee,* mit direktem Abstieg zur Riederfurka und eventuell noch um das Riederhorn, wie seinerzeit Sir Ernest Cassel, zu begehen. Von der Riederalp aus läßt sich auch **Oberried** in einer dreiviertel Stunde durch den schattenspendenden Riederwald erwandern. Alle Wege sind sehr gut ausgebaut und angenehm zu begehen. Nur wer auf den Spuren der Oberriederin (alte Wasserfuhre) wandern will, muß mit recht luftigen Stellen rechnen und sollte schwindelfrei sein. Selbstverständlich kann man Oberried auch von **Blatten** aus erreichen, und zwar über die *Massaschlucht* und den Knebelbrückenweg, Marschzeit

Von nobler high society zu ausgestopften Füchsen

(Naturschutzzentrum Aletschwald)

Knapp 100 Jahre sind es her, da wurde ein Engländer und gebürtiger Kölner auf die **Riederalp** «verbannt» — so etwa kam sich Sir Ernest Cassel, einer der reichsten Männer Englands, einflußreicher Bankier, Freund und Berater König Edwards VII. vor, als ihn der königliche Leibarzt auf die Riederalp zur Erholung geschickt hatte. Doch schneller als gedacht erklärte Sir Ernest die *Riederfurka* zur Wahlheimat und erbaute sich 1900—1902 eine viktorianische Prachtvilla, die Villa Cassel, die «so gut in die Landschaft paßt wie ein Fünfliber in einen Kuhfladen» (Pfarrer Ignaz Seiler). Dessen ungeachtet wurde aber der fremde Gast zum ersten Werbemanager der Riederalp.

Mit unglaublichem Einsatz der Älpler und ungeheuerem Aufwand wurden Zement und Holz vom Tal heraufgeschleppt, Sand und Kalkstein vom Gletscher geholt, damit der Landsitz gebaut werden konnte. Zum exklusiven Mobiliar gehörten natürlich auch Badewannen wie Zimmerpalmen; zwei Tage brauchten jeweils vier Ablösungen von vier Mann, um auch ein Klavier herauf zu schleppen. Schließlich gab es eine eigene Stromversorgung für die 25-Zimmer-Villa, Proviantträger, die jeden Morgen um 7 Uhr frische Brötchen von Mörel zu besorgen hatten, und sogar eine eigene Telefonleitung nach Brig, um den Finanzgewaltigen hier oben mit der großen Welt zu verbinden. Weitblickend hatte sich Sir Ernest auch Weg- und Wasserrechte gesichert. Auf einem eigenen und für das Volk gesperrten Rundweg wanderte er in Vollmondnächten um das *Riederhorn* und ließ sich, je nach Stimmung, an einem entlegenen Frühstücksplatz mit prachtvollem Ausblick auf Mischabel, Matterhorn und Weißhorn den morgendlichen Imbiß servieren.

Von 1902 bis 1914 wurde die Villa Cassel zum Treffpunkt einer illustren Gesellschaft aus Hochfinanz, Politik, Diplomatie und Kultur aus Amerika, England, Deutschland und Frankreich. Die Garderoben der schönen Frauen hielten ganze Maultierkarawanen in Bewegung. Prominentester Gast aber war Winston Churchill. Selbstverständlich bildeten die Villa Cassel und die Extravaganzen ihrer Gäste regen Gesprächs-

in beiden Richtungen etwa 2½ Stunden. Wollen Sie aber den herrlichen Aletschwald auf einer Wanderung miteinbeziehen — und seinetwegen kommen in erster Linie Riederalps Sommergäste — dann lassen Sie sich am besten mit den Sesselbahnen in die Höhe liften; die Möglichkeiten für Wanderlustige sind so schnell nicht auszuschöpfen. Daher triumphieren auf Riederalp von Frühling bis Spätherbst die rotwollenen Socken. Überflüssig, die landschaftlichen Reize des Naturschutzgebietes Aletschwald (mit über 100 km Wanderwege in der Region) noch besonders herauszustellen. Um sich aber naturwissenschaftlich einzustimmen, wäre der Rundgang durch die Ausstellung des Naturschutzzentrums in der Villa Cassel wirklich zu empfehlen.

Die Riederalp (3000 Gästebetten, etwa 250 Einwohner) hat sich in den letzten dreißig Jahren von der Viehweide der auf halber Höhe liegenden Gemeinden **Betten, Goppisberg, Greich** und **Ried** zum Höhenluftkurort mit respektablem Angebot

stoff für die Einheimischen und Anlaß zu den absonderlichsten Vermutungen. Schüttelten die Bergler über die merkwürdigen Anwandelungen der Fremden einerseits den Kopf, machte andererseits deren finanzielle Großzügigkeit so manches wieder wett. Nur mit dem jungen Churchill gab es gewisse Schwierigkeiten. Als er das unentwegte Geläute der Kuhglocken, das ihn bei seiner schriftstellerischen Arbeit störte, nicht mehr ertragen konnte, verbot er vom Balkon herunter lauthals den Kühen das Schellen und den Hirten das Grinsen. Doch damit hatte er die persönliche Ehre der Älpler getroffen. Und nur dem genialen Einfall Sir Ernest Cassels war es zu verdanken, daß es nicht zu einem offenen Konflikt kam, denn er zahlte den Hirten mit klingender Münze ihre Bereitschaft, die Glocken mit Heu so fest zu verstopfen, daß sie nicht mehr schellen konnten.

Mit dem Ausbruch des Ersten Weltkrieges war dieser Zeit eines aufkeimenden Fremdenzustroms jedoch ein plötzliches Ende gesetzt. Im Laufe der Zeiten verfiel das herrschaftliche Haus, und erst 1976 zog der *Schweizerische Bund für Naturschutz* (SBN) in die neu renovierte Villa ein und machte sie zum Sitz des *Naturschutzzentrums Aletschwald*.

Seither dient die Villa Cassel der Pflege des Aletschwaldes, Naturwissenschaftlern und Laien (mit einer ständigen Ausstellung über «das Leben auf dem Gletscher», über Gesteine, Pflanzen und Tiere der Aletschregion sowie über die Geschichte der Villa Cassel und Tonbildschau) als Forschungsstätte, für Organisationen von naturkundlichen Exkursionen, Kursen und Praktika. 1979 wurde als besondere Attraktion rings um das Haus ein Naturlehrgebiet, ein Naturetum, angelegt. Im Inneren der Villa aber bleibt noch manches gute alte Stück aus nobler Vergangenheit zu besichtigen.

Auf Riederalp befinden sich Tourismus und Landwirtschaft noch im Einklang

verwandelt, und die Verhältnisse haben sich umgekehrt: Aus Alpen wurden Touristikzentren mit vornehmlich Schweizer Flair. Der ursprüngliche Lebensquell, die Dörfer, aber hatten das Nachsehen und wurden verlassen. Greich und Goppisberg bilden keine lebenssprühenden Dörfer mehr. Ried dagegen hat seit dem Bau der Straße (1968) einen gewissen Aufschwung erlebt und bietet Ferienwohnungen und Chalets an.

Als in den fünfziger Jahren die ersten Seilbahnen erstellt wurden, erleichterten sie den Zugang in die Traumwelt des Aletschgebietes erheblich, und die einst armen Bergbauern zog es förmlich nach oben. Allein ihrem Fleiß und ihrer Tatkraft ist der

enorme Aufschwung zu danken. Dabei hat der Kampf um eine neue Lebensgrundlage, um eine neue Existenz im Tourismusgewerbe gerade zwischen Rieder- und Bettmeralp so manche harte und erbitterte Auseinandersetzung um vermeintlich größere Vorteile gekostet.

Für den Bau großer Touristensilos reichte das Geld der Bergler zum Glück nie aus, und die Alpen wurden nicht mit überdimensionierten Bauten verschandelt und bewahrten ihren intim-idyllischen Walliser Charakter. Trotzdem sind Rieder- und Bettmeralp keine reinen Bergsteigerdörfer. Im Winter tummelt sich hier ein recht unternehmungslustiges Ski-Völklein, das jedoch der Ruhe und Erholung

zuliebe auf den großen Rummel verzichtet. Im Sommer und Herbst allerdings bleiben sie eher mäßig besuchte,
angenehm stille Orte, in denen dann
vor allem die Parahotellerie ausge-
nützt wird.

Die zurückgegangene Gästenachfrage in den Sommermonaten bereitet
heute eher Sorge, und so sucht man
dem Sommergast zusätzliche Attraktionen anzubieten. Seit 1983 kann
man auch auf Riederalp Tennis und
Minigolf spielen, seine Kinder auf
einen neuen Spielplatz schicken, das
öffentliche Hallenbad der Art Furrer
Hotels oder im nahen Feriendorf
Breiten das Sole-Hallenschwimmbad
besuchen. Auch ein kleines Alpmu-
seum soll Kulturbeflissene demnächst
befriedigen.

Man darf, aber man muß nicht
Hochalpinist sein, um sich auf Riederalp wohl zu fühlen. Denn es gibt
auch eine einfache und dabei sehr
lohnende Zwei-Tages-Tour für Nicht-
alpinisten über den *Aletschgletscher*
zur *Konkordiahütte* und über die *Lötschenlücke* ins *Lötschental*, zu der
man zwar einen Bergführer und etwas
Kondition, aber keine Gletschererer-
fahrung braucht. Die Gipfel von
Jungfrau, *Mönch* und *Aletschhorn*,
von *Finster-* und *Lauteraarhorn* lassen sich in zwei Tagen, mit einer Hüt-
tenübernachtung auf halber Höhe,
ersteigen.

Doch selbst für den bergungewohn-
ten Durchschnittsmenschen gibt es in
dieser wundervollen Gebirgswelt ein
ausgedehntes, fast ebenes Wegnetz.
Sogar Kindern und älteren Leuten
darf man zu einer schönen und langen
Wanderung raten: den Hang des großen Aletschgletschers entlang.

Skiplausch mit Skiakrobaten

Im Gegensatz zu früheren Jahren
ist die Riederalp seit 1972 im Winter
stärker frequentiert als im Sommer.
Wesentlich dazu beigetragen hat nicht
nur die schneesichere Sonnenterrasse
mit ihrem zusammenhängenden Skigebiet von Riederalp, Bettmeralp und
Kühboden mit mehr als 20 Liftanlagen und einer stündlichen Förderleistung von mehr als 20 000 Personen
pro Stunde, die Wartezeiten praktisch
ausschließen, sondern auch' der Name
des Skiakrobaten Art Furrer und seiner Ideen. Nicht nur, daß er der Hotellerie auf Riederalp mit seinen eigenen Häusern neue Impulse gab, sondern er zog auch mit seinen ballett-
ähnlichen Akrobatik-Kursen und
Pulverschneewochen «Ski-Plus» ein
junges Publikum auf die Alp. Der
Ski-Akrobat fährt mit guten Skifahrern abseits der Pisten Strecken, die
aus dem Rahmen fallen, die steil, einsam und zackig durch unberührte
Tiefschneehänge führen und Skifreu-
den ganz besonderer Art bieten.

Die Akro(batik)-Kurse stehen zwar
unter dem Patronat der Skischule
Riederalp, werden aber zusammen
mit den Pulverschneewochen von Art
Furrer organisiert und von seinen angestellten Skilehrern durchgeführt.
Der Verkehrsverein bietet dagegen die
beliebten und preisgünstigen «Weißen Wochen» (Dezember, Januar
und März) im Pauschalangebot mit
Unterkunft, Unterricht und Liftpaß
an.

Aber auch in der Skischule Riederalp kann man durchaus von Könnern
lernen. Es gibt ehemalige Skiasse wie
Hedi Bürcher, die heute in der Ski-

schule unterrichten, so daß, wer Glück hat, von den Besten nur das Beste lernen kann.

Aber auch Langläufer sollen auf Riederalp und Bettmeralp auf ihre Kosten kommen. Gespurt werden drei Loipen: Loipen Bux, ungefähr 1,5 km, Schweiben, etwa 3 km, und Bettmersee.

Belalp (Blatten)

Talauswärts wird das ausgedehnte Feriengebiet Aletsch durch das Gebiet **Blatten** (1327m), **Tschuggen** (1320m) und **Belalp** (2017 m) abgeschlossen. Ausgangspunkt für die Anreise ist **Naters**, von Brig durch den Rotten (die Rhone) getrennt. In Naters lohnt eine kleine Besichtigung, denn die Gemeinde hat es verstanden, den ursprünglichen Dorfkern zu erhalten. Eine uralte Linde (bereits 1357 erwähnt) steht im Zentrum des alten Naters mit seinen sehenswerten Altbauten, der Pfarrkirche St. Mauritius, die im 12. Jahrhundert gegründet, im 17. Jahrhundert wieder aufgebaut und schließlich 1755 noch einmal verändert wurde. Besonders schön wirkt der romanische Glockenturm mit seinen lombardischen Bogenfeldern. Auch im Inneren ist die Kirche reich ausgestattet, schließlich gehörte Naters einst zum Besitz des Bischofs von Sitten. Neben der Kirche steht das 1514 erbaute Beinhaus mit seiner offenen Gruft, in der Schädel und Skelettteile in einer Zahl aufgehäuft sind, daß man meinen könnte, Naters sei die Nekropole des gesamten Oberwallis gewesen. Gegenüber der Kirche zieht das Rathaus

Junkerhof (15. bis 17. Jahrhundert) den Blick auf sich sowie das geräumige Pfarrhaus mit seiner eleganten Loggia. Naters ist auch heute noch kunst- und kulturbeflissen und veranstaltet regelmäßig interessante Ausstellungen (Kunsthaus zur Linde).

Hinter Naters schlängelt sich eine steile, kurvenreiche Straße hinauf nach **Blatten,** einem kleinen Dorf, das sich reizvoll in die sonnige Nische des Bergkamms schmiegt. Den Rebbergen, die es einst im größrer Zahl umgaben, wird heute wieder Sorgfalt und Pflege entgegengebracht, und man vermag sich vorzustellen, daß seine besondere Lage und die Unberührtheit des Dorfes auf Sebastian Münster, den großen Kosmographen des 16. Jahrhunderts, so begeisternd wirkten, daß er von «viel lustiger gärten und matten» schwärmen «und eine ziemliche weite» betonen konnte.

Blatten ist eine Entdeckung wert, denn mit seinen dicht zusammen gedrängten Walliser Holzhäusern, in deren Mitte sich die kleine weiße Kirche behauptet, ist es ein typisches Bergdorf geblieben, das trotz Neuzeit und Fortschritt von heimeliger Atmosphäre erfüllt ist. Am Dorfeingang endet die Autostraße, die von Naters durch das Tal des Chelbaches herauführt. Die Chalets- und Hotelbauten liegen außerhalb des Ortes. Das erste Hotel wurde gar erst 1934 errichtet. Wie überall im Aletschgebiet setzte auch in Blatten erst nach dem Zweiten Weltkrieg der Bauboom ein, und aus dem verträumten Bergdorf wurde allmählich ein gern besuchter Kurort. Besonderen Auftrieb brachte 1953 die Seilbahn auf die Belalp, die nun Blatten zum Quartierort und zum Sprungbrett in die attraktiven Schneehöhen macht. Eine Reihe von Skiliften, die bis auf 3100 m zum *Sparrhorn* und *Hohstock* vorstoßen, erfüllen die Sehnsüchte der Wintersportgäste und natürlich der Natischer Jugend, die das Gros der Wochenend-Skipendler

Restaurant/Bar, Sauna mit Solarium und Kinderhort im Zentrum verfügt und die Belalp noch attraktiver macht.

Mit dem 1982 eröffneten Skilift Hohstock steht einerseits dem ungeduldigen Frühwinter-Sportler bereits

Blatten mit dem «Blattnerhof»

Abseits von Lärm und Hektik

bilden. Die Investitionen blieben zum Glück ohne Nachteile für die herrliche Landschaft. Sowohl das vorwiegend aus Chalets bestehende Beherbergungsangebot als auch die touristische Infrastruktur — die vorhandene als auch die für die nahe Zukunft geplante — weisen daraufhin, daß Blatten und damit die Belalp als Ferienziel für Familien gilt. Einige Restaurants laden sogar zu nächtlichem Tanzvergnügen ein, und die Zeiten, da man in Blatten um zehn Uhr schlafen ging, gehören heute der Vergangenheit an.

Auf der **Belalp** nun spielt sich der Wintertourismus ab. Es kann der Gast auch droben wohnen oder im neuerbauten (1980/81) Feriendorf **Tschuggen** auf 1300 m Höhe (oberhalb Blatten), das heute bereits über 100 rustikale Ferienchalets (mit je 6 Betten und Cheminée), Lebensmittelgeschäft, Hallenbad, Spezialitäten-

ein anspruchsvolles Skigebiet zwischen 2662 m und 3120 m zur Verfügung, und der nimmermüde Skifahrer kann sich bis tief in den Frühling hinein zwischen Hohstock und «Lengi Egga» tummeln, ohne daß ihm schon am Morgen der Sulz die Freuden nimmt.

Der Bau des Hohstockliftes bedeutete eine sensationelle Leistung. 19 Masten mußten auf die Länge von 1517 m mit einem Höhenunterschied von 458 m verankert werden. Der letzte Mast aber ließ sich nicht in den 12 m tiefen Gletscher bohren, deshalb muß dieser Mast mit vier Verankerungskabeln von mehreren hundert Metern Länge freischwebend mit einer 2,6-Tonnenbelastung verankert werden. Um dabei das Gelände optimal auszunützen und auch dem Landschaftsschutz gerecht zu werden, wird dieser neue Skilift in zwei

107

Kurven auf 3120 m geführt. Damit ist die Erschließung des östlichen Gebietes der Belalp abgeschlossen, doch man will noch mehr. Mit dem 120 m langen Hohstock-Tunnel durch die Westwand — ähnlich dem Felskinn-Tunnel von Saas-Fee — wird in Kürze ein weiteres, großartiges Skigebiet unter dem *Unterbächhorn* zur Verfügung stehen, von dem die Skifans begeistert schwärmen werden.

Aber auch im Sommer hat die Belalp ihre Reize. Nicht umsonst kam John Tyndall, der große Physiker und Alpinist (1820—1893), dreißig Jahre lang jeden Sommer auf die «Alpe genannt Bel», wie es in einem Text aus dem Jahre 1758 so schön heißt. Inzwischen hat man ihm ein Denkmal gesetzt, und noch zeugt, knappe Meter vom Berghotel auf der Belalp entfernt, von dem aus man einen höchst eindrucksvollen Blick auf den unteren Aletschgletscher hat, seine Villa von der damaligen Anwesenheit. Von hier aus unternahm Tyndall seine Beobachtungen, die die Alpenforschung in den Rang der Wissenschaft erhoben.

Das Wandergebiet der Belalp ist gut begehbar und sehr abwechslungsreich. Zum Muß eines jeden Aufenthaltes gehört die etwa halbstündige leichte Wanderung von der Bergstation der Luftseilbahn zum Hotel Belalp, schon allein um den imposanten Rundblick zu genießen. 5½ Stunden dagegen braucht der Wanderer, um von Belalp über den Gletscher zur Riederfurka zu gelangen — ein lohnender Gang (mit einem Führer) über die faszinierende Eiswelt. Zu den schwierigeren Wegstrecken zählt allerdings die Gratwanderung über das *Foggenhorn* zur *Nesselalp*. Darüberhinaus ist aber die Belalp zugleich ein Zentrum hochalpinistischer Bergsteigerei geblieben, ein Ausgangsort für Touren, deren Routen daran erinnern, daß von hier aus in einem entscheidenden Maß die bergsteigerische Erschließung der Berner wie eben auch der Walliser Alpen begonnen hat. Hochtouren können Sie unmittelbar von der Belalp aus in Angriff nehmen, z. B. vom *Unterbächhorn* (3517 m) über den steilen *Belgrat* (3343 m) zum *Hohstock* (3157 m). Nicht vergessen auch das *Aletschhorn* mit 4195 m, das sich auf dem Territorium Naters-Blatten-Belalp erhebt, ebenso die Schweizerische Alpenklubhütte Oberaletsch als Ausgangspunkt zum *Aletschhorn, Fußhörner, Geißhorn, Nesthorn, Beichpaß* u. a.

Mörel

Das Dorf **Mörel** (759 m), an der Kantonshauptstraße Furka-Brig und der Furka-Oberalp-Bahn in der Talsohle gelegen, ist Hauptort des Bezirks Östlich-Raron, zu dem (von Westen nach Osten) folgende Gemeinden gehören: **Bitsch, Mörel** (zusammen mit dem Badekurort Breiten), **Ried-Mörel, Greich, Goppisberg, Filet, Betten, Martisberg** über dem rechten und **Bister** und **Grengiols** über dem linken Rhoneufer. Mörel gewahrt der Durchreisende meistens nur als Talstation der Großkabinenbahn Mörel-Greich-Riederalp und als Parkstation (Bau eines neuen Parkhauses) auf dem Wege zu den höher gelegenen Touristenzentren des Aletschgebietes. Dabei hat Mörel nicht nur eine sehenswerte Pfarrkirche aus dem 17. Jahrhundert zu bieten, sondern es verfügt auch über eine bemerkenswerte Parahotellerie in z. T. noch unverfälscht erhaltenen und ansprechend gepflegten alten Walliser Häusern.

Das Dorf **Ried** aber mit seinen rund 200 Einwohnern schmiegt sich an den Südhang oberhalb Mörel an die steile Bergflanke. Zwei Wege führen nach Ried, einmal die ganzjährig geöffnete Bergstraße über **Bitsch** und zum anderen die Luftseilbahn Mörel-Ried-Riederalp.

In etwa der Hälfte aller Rieder Chalets und Bauernhäuser lassen sich Ferienwohnungen mieten (zu günstigem Preis), was vor allem die eigenen Landsleute schätzen, die annähernd 50% der Gäste ausmachen, denn die einzelnen Ortsteile tragen noch deutlich den Stempel des historisch Gewachsenen. Nachdem das im Bau befindliche Großprojekt der Wasserversorgung den Bedarf am lebensnotwendigen Naß für das gesamte Aletschgebiet deckt, soll auch das 250 m höher gelegene **Oberried** zum Feriendorf ausgebaut werden. Ried als Bergdorf und Ausgangsort in die Aletschregion will den Balanceakt zwischen Landwirtschaft und Tourismus durchstehen.

Breiten

Es gehörte schon eine rechte Portion Optimismus und Tatkraft dazu, ein gutes Stück steilen, kaum nutzbaren Wiesenlandes zu kaufen und dieses innerhalb kurzer Zeit in einen florierenden Ferien-, Klima- und Badekurort umzuwandeln. **Breiten** heißt dieses, nur 900 m hochliegende Ferienidyll, das Eugen Naef, Doktor der Volks- und Betriebswirtschaft, allem Spott zum Trotz Wirklichkeit werden ließ.

1966 wurde der Kurort gegründet. Gute klimatische Voraussetzungen bildeten das milde, subalpine Reizklima, die trockene Luft, die gesteigerte Strahlungsintensität sowie die Nebelfreiheit. Und Breiten gelang es außerdem, im vielseitigen Ferienangebot zwischen Brig und Oberwald und in unmittelbarer Nähe des Aletschgebietes auch noch eine Sonderstellung einzunehmen, denn es kann mit einem ärztlich geleiteten Kurzentrum (Heilgymnastik, Solepackungen Elektrotherapie, Massagen, Inhalation), das außerdem noch über ein eigenes Sole-Hallenbad (33° C) verfügt, aufwarten. So kommen nicht nur Gäste, um in den gut geführten zwei Hotels und den Ferienwohnungen Unterkunft zu nehmen und von hier aus in der herrlichen Aletschregion Berge zu besteigen oder zu wandern, sondern tatsächlich, um zu kuren. Im Frühling, Sommer und Herbst kann man zugleich Tennis spielen und sich neben dem Platz im geheizten Freibad (26° C) wieder abkühlen. Da der Initiant dieses Kurortes eine «Philosophie der vernünftigen Ferien» vertritt, in der sich aktives und passives Ferienerleben die Waage halten, wird sich wohl kaum ein Gast körperlich übernehmen oder einsam fühlen, zumal reichlich für Abwechslung gesorgt wird.

Nach Naefs Vorstellung gehört zu einem Kurort in den Alpen auch die Landwirtschaft als Grundpfeiler einer intakten Landschaft. So besitzt Breiten denn auch einen eigenen Gutsbetrieb mit eigenem Vieh und zwei Käsereien, eine für den Winterbetrieb in Breiten und eine zweite als Teil einer alten restaurierten Alphütte aus dem Jahre 1713 auf der gegenüberliegenden Alpe *Niesch-Tunetsch*. Außer dem bekannten Bergkäse aus Breiten und Niesch wird aus der begehrten Vorzugsmilch auf der Alpe Niesch auch ein spezieller Ziger und in der Käserei Breiten eine Vorzugsmolke hergestellt, die im Rahmen des Kurprogramms «Fit mit Molke und Sole» eine wichtige Rolle als Entschlackkungs- und Diäthilfe spielt. Wer Lust verspürt, darf außerdem an Sitten und Gebräuchen überkommenen Älplerwesens teilnehmen.

Vielleicht sind auch die alpeigenen Ingredienzen schuld daran, daß man in Breitens talbekanntem Restaurant Taverne ausnehmend gut und gepflegt speisen kann. Seit 1982 besitzt Breiten ein eigenes Ski-Clubhaus auf Riederalp, ein geräumiges Chalet, das außen den traditionellen Stil der Gegend spiegelt, innen aber modern und komfortabel eingerichtet ist. Es dient dem Skifahrer ebenso wie den Badegästen im Sommer.

Der Gratisbus nach Mörel und die Luftseilbahn bringen die Feriengäste in 20 Minuten zum Clubhaus auf 1925 m (und abends wieder zurück), wo übernachtet und entweder mitgebrachtes oder zu interessanten Clubpreisen bestelltes Essen verzehrt werden kann.

Après-Ski heißt in Breiten: kur- oder fitneßmäßiges Schwimmen in dem Solbad, Massagen, Therapien, Sauna, Tischtennis, Kegeln, Tanz und Unterhaltung in der «Taverne» oder im «Club im Grünen» (Brig mit Dancing, Kinos und Kellertheater liegt nur 7 km entfernt).

Bad Breiten

Stadtbild von Brig am Nordfuß des Simplon

Briga dives — das reiche Brig

In **Brig** (681 m, 9608 Einwohner) laufen die Fäden des politischen, wirtschaftlichen und kulturellen Lebens des Oberwallis, die Eisenbahnstränge der Lötschbergbahn, der Furka-Oberalp-Bahn und die der Brig-Visp-Zermatt-Bahn zusammen. Brig ist außerdem Station des berühmten «Glacier-Expreß» mit der einzigen Querverbindung der Alpen, die das Wallis mit dem Engadin verbindet. Es ist Kreuzungspunkt auf dem Weg zu den großen Alpenstraßen von *Grimsel, Furka, Nufenen* und *Simplon* und bildet zugleich einen wichtigen Punkt auf der großen Hauptverkehrsader, die sich von Gletsch bis zum Genfer See durch das lange Rhonetal zieht (Autoverlademöglichkeit durch den Simplontunnel nach Domodossola und den Lötschbergtunnel nach Kandersteg). Brig ist im Sommer wie im Winter gut zu erreichen und liegt von Lausanne 115 km, von Genf 217 km, von Stresa 108 km, von Lugano 187 km, von Mailand 190 km, von Luzern (Brünig) 143 km, von Zürich 208 km, von Bern 168 km entfernt.

Brig ist Hauptort des gleichnamigen Bezirks und heimliche Hauptstadt des Oberwallis. Die alteingesessenen Briger bilden eine starke und reiche Burgerschaft und sind stolz auf ihre Herkunft. Sie betrachten Brig als den Hauptort des Oberwallis, vor allem was das kulturelle Leben betrifft. Aus Brig sind viele bedeutende Männer hervorgegangen. Noch heute stellt die Stadt einen großen Teil der Oberwalliser Politiker. Längst ist Brig mit seiner westlichen Vorstadt **Glis** auch politisch zusammengewachsen, während Naters, jenseits des Rotten, seine Unabhängigkeit behauptet. Nicht nur ein Alpenkranz rahmt in der Ferne die Stadt, sondern auch Flüsse umspülen sie. Außer dem Rotten rauscht die Saltina geraden Wegs zur Stadt hinein, im Sommer wunderbare Kühlung spendend. Brig wird also auch zur Brückenstadt, so soll sich der Name Brig auch von «Brücke» ableiten.

1215 taucht Brig zum ersten Mal in historischen Quellen auf, war jedoch schon in steinzeitlicher und römischer Zeit besiedelt, der Überlieferung nach sogar Hauptort der Uberer. Wahrscheinlich ist die Stadt dank ihrer Lage am Simplon als Warenumschlagplatz entstanden. Es wird vermutet, daß Brig als bischöfliche Stadtgründung sogar eine Residenz besessen habe. Die Rechte des Bischofs über die Suste übertrugen sich im Spätmittelalter auf den Walliser Landrat. 1518 wird Brig Hauptort des Zenden. Unter Kaspar Jodock von Stockalper (1609—1691) erlebt die Stadt einen glanzvollen Aufstieg. Der Handel über den Simplon blüht, und die Stadt wird neben dem Obergoms

Das Briger Schloß bei Nacht

zum Mittelpunkt eines prächtigen Oberwalliser Barock. Trotzdem gehört es kirchlich zur Großpfarrei Naters, von 1642 bis zur eigenen Pfarreigründung 1957 aber zu Glis. Im 17. Jahrhundert fassen Jesuiten, Kapuziner und Ursulinen in Brig Fuß.

Die alte und schöne Burgschaft Brig liegt versteckt im Süden der Stadt und zieht sich, langsam ansteigend, die alte Simplonstraße entlang. Wer hier spazierengeht, wird schon von südlicher Architektur und südlicher Stimmung empfangen: vom Stockalperpalast, der dominierenden Sehenswürdigkeit, der barocken Kollegiumskirche, schönen Barockhäusern und mannigfachen kleinen Treppentürmchen.

Entfaltet sich dieses Altstadtquartier, jüngst baulich saniert und renoviert, südlich des Sebastiansplatzes, dehnt sich das neuzeitliche Brig in entgegengesetzter Richtung aus. Im historischen Viertel trifft man den Fremden, den Schloßbesucher, den Touristen mit Objektiv und Kamera.

Im Schloßhof von Brig

Die Oberwalliser Metropole Brig

Hier bummelt und schlendert man, beschaut die kleinen Boutiquen und Läden, setzt sich nieder unter freiem Himmel, nimmt ein Gläschen, macht ein Schwätzchen. Die wuchtigen Mauern der Häuser ringsum (turmgeschmücktes Haus Wegener von 1709, Haus Jordan aus dem 17. Jahrhundert, Mariengasse 1 mit imposantem Rundturm) halten den Lärm der belebten Durchgangsstraße fern. Doch bereits ab Sebastiansplatz — hier erinnert ein Brunnen an den Peruaner Jorge Chavez, dem 1910 die erste Alpenüberquerung im Flugzeug gelang — entfaltet sich ein quirlendes, lebendiges, geschäftiges, städtisches Leben, denn die Baumallee der Bahnhofstraße ist heute der Nabel der (Oberwalliser) Welt. Hier stehen die großen und kleineren Geschäftshäuser, Restaurants, Juweliere, teuren Boutiquen, Confiserien so dicht beieinander, daß man meinen möchte, daß sich hier das ganze Warenangebot des Oberwallis konzentriert und sich die Leute aus den Tälern und den umliegenden Berggebieten nur gerade hier mit Edlerem versorgen. Daß die vielen Touristen ihrerseits das geschäftige Treiben zusätzlich und für den örtlichen Handel angenehm beleben, überblickt sich schnell. Brig ist also eine Stadt, die nicht nur internationale Verbindung unterhält, sondern aufmerksam und wachsam dem Geist der Zeit auf der Spur blieb. Industriebetriebe, moderne Schulen, die architektonisch mutige Herz-Jesu-Kirche aus den sechziger Jahren mit ihrem hochinteressanten Innenraum, das moderne Spital, die phantastische Ganterbrücke, ein Meisterwerk zeitgenössischer Ingenieur- und Brückenbauerkunst, zeugen von einer aufgeschlossenen und aktiven Gemeinde. Brig ist außerdem beliebter Tagungsort, und seit etwa 30 Jahren findet hier im Herbst die OGA (Oberwalliser Gewerbeausstellung) statt, die durchschnittlich 80000 Besucher anzieht.

Selbst Kultur und kulinarischen Genüssen gegenüber zeigt sich Brig

Der «Große Stockalper» und sein Palast

Als ungekrönter König und Herrscher über den gesamten Simplon-Handel leistete sich Kaspar Jodock von Stockalper das größte Bauunternehmen seiner Zeit. Es nahm 20 Jahre in Anspruch: 1658 bis 1678. Nach italienischen Renaissance-Vorbildern ließ er sich von Prismeller Baumeistern ein monumentales Bauwerk errichten, das ihn und die Jahrhunderte überdauerte. Es übertraf alle bisher gekannten Dimensionen eines privaten Wohnsitzes und besteht aus einem mächtigen Hauptgebäude, einem sich südlich anschließenden, weiträumigen Hof mit prachtvollen 2- und 3geschoßigen Loggien, dessen Seiten Lagerräume bilden, geschickt hinter Rundbogenlauben verborgen. Nördlich an den Haupttrakt lehnt sich ein zierlicher Arkadenhof, der über die Straße hinweg in zwei Stockwerken auf einer doppelten Brücke mit Bogengalerien zugänglich ist. Zum weithin sichtbaren Wahrzeichen Brigs wurden die drei hoch über den Satteldächern aufragenden Zwiebeltürme, von denen sich der größte sogar über zehn Geschoße erhebt. Im Westen schließen sich die Gärten an.

Im Inneren bleibt der «Walliser Escorial», nur durch eine breite Treppe und gewölbte Korridore gegliedert, schmucklos. 1948 erwarb die Stadtgemeinde den Palast und ließ ihn 1954—1961 restaurieren. Hier sind heute Gemeindebüros, Forschungsstellen, Bibliothek und Archiv untergebracht. Doch etliche Wohnräume, der eindrucksvolle Rittersaal sowie ein reich bestücktes Museum lohnen die Besichtigung.

Keine Persönlichkeit der Walliser Geschichte hat je derart Einfluß, Macht und Geld besessen wie dieser Stockalper. Der Hof seines Schlosses reichte gerade aus, um als stets geschäftiger Umschlagplatz zu dienen, die Fülle von Waren auf Tiere und Lastzüge umzuladen, die Mengen «weißen» Goldes, des Salzes, zu

offen. Über zehn Jahre alt ist Brigs Kellertheater, in der Galerie «Zur Matze» wird engagierter Kunstbetrieb geboten, in die Simplonhalle strömt man zu Kongressen, Festen, Veranstaltungen politischer Natur größeren Rahmens, und zu gemeinsamen Tafelfreuden treffen die Briger nur allzugern zusammen. Deshalb kann sich das Angebot an Küchen und Köchen unbedingt sehen lassen. Schon rings um den Sebastiansplatz fangen die Verlockungen an, und jeder, ob mit größerem oder kleinerem Geldbeutel ausgestattet, wird sich schließlich zufriedenen Sinnes vom Tisch eines der vielen Restaurants erheben müssen.

Name verpflichtet, und im Wallis besonders. Machen Sie die Probe — im «Schloßkeller». Der Hauptakzent liegt auf einer französisch inspirierten Küche. Wählen Sie unter den Fischgerichten, dann werden Sie differenzierte Geschmacksnuancen kennenlernen, die sich so schnell nicht vergessen lassen.

Beim Wein sollten Sie großzügig unter den feinsten wählen, zum Café dürfen Sie dann von der herrlichen Auswahl köstlicher Pralinés mehr als eines wählen.

Brig hat viele Vorzüge. Als unteres Tor zum Goms bildet es den idealen Etappenort für eines der ungezählten Ausflugsziele ins Ober-, ja selbst bis ins Mittelwallis oder ins Gebiet der schönsten Paßstraße Europas», des Simplon. Allein 23 Hotels und Pensionen mit 900 Betten sind auf den Dienst am Touristen eingeschworen.

lagern, denn Stockalper hatte das begehrte Salzmonopol inne, die wertvollen Seidenballen zu stapeln, das Terpentin, den Zucker, Gold aus Gondo, Eisen des Gantertales, Bleiglanz aus dem Lötschental, Kupfer aus dem Val d'Hérens, Malvasier- und «Clairet»-Tönnchen von Siders und Sitten, selbst Schnecken unterzubringen und zu verladen.

Als Vertrauensmann ausländischer Mächte warb er für sie, selbst für den Papst, Söldner an. Die harten Taler aus diesem Geschäft trugen ihm die politische Karriere in der Zendenrepublik ein, deren höchste Würden er bekleidete. Selbstredend war dieser Stockalper ein kluger Mann — er sprach fünf Sprachen —, der die wirtschaftlichen Möglichkeiten des Simplonpasses richtig erkannte. So zahlte er dem Zenden Brig eine Entschädigung und kam selbst in den Genuß, Weg- und Brückenzölle zu bestimmen. Pferdewechselposten, die berittene Schnellpost, Hospize und Herbergen, selbst der Kanal von **Vouvry** waren seine

Ideen und Leistungen. Doch zweimal brach er die Vereinbarungen mit den Franzosen, indem er spanischen Truppen seinen Paß eröffnete. Das stärkte seine Neider und Widersacher, er wurde des Verrats angeklagt und 1678 mit ungeheuren Geldsummen als Buße belegt, so daß er sich in aller Heimlichkeit über den Simplon nach Domodossola retten mußte. Schon nach sechs Jahren kehrte er zurück, machte nun seinerseits seinem Erbfeind den Prozeß und starb 1691 in seinem Schloß. In der Kirche von Glis fand er seine letzte Ruhestätte.

Brigerbad — Bad der Superlative

Der anmutige Kurort Brigerbad (655 m) liegt nur 6 km von Brig entfernt. Er besitzt Europas erstes Thermal-Grottenschwimmbad (39—42°) mit Klimaanlage und der Welt erstes Thermal-Flußbad. Die vier Thermal-Schwimmbäder im Freien (27—36°), an einem einzigen Ort vereint, machen diese Kur- und Badeanlage zur größten Freiluft-Thermalschwimmbäderanlage der Schweiz. 1400 m² Wasserfläche gibt es im Freien, 150 m² in der Grotte. Täglich werden die Thermalwasser aller Bäder erneuert und die Becken gereinigt.

Über 450 Gratisparkplätze gehören zur Anlage, und der angeschlossene Campingplatz 1. Klasse, für deren Gäste die Bäder in erster Linie geschaffen wurden, verfügt über 400 Stellplätze. Hinter dem Campingplatz befindet sich eine riesige Sportanlage für Fußball, Handball, freie Spielwiesen, Tischtennis, Kinderspielplatz und Fitneß-Parcours. Abwechslung vom Sport bietet das örtliche Naturreservat.

Der gesamte Badekomplex gehört (seit 1956) dem alleinigen Besitzer Hans Kalbermatten, ehemals Turnlehrer, der es fertig brachte, seine Idee Wirklichkeit werden zu lassen — zur Freude von mitunter 1500 Gästen pro Sonnentag.

Die natürlichen heißen und kalten

Wasser waren schon den Römern bekannt, und im 16. Jahrhundert kamen bereits reiche Mailänder, um hier zu baden und sich gesund zu kuren. Im 17. Jahrhundert verfielen die Bäder infolge Bergrutsch und Überschwemmungen des Rotten. Wiederentdeckt wurden die Quellen um die Mitte des 19. Jahrhunderts, und seit 1934 gab es wieder eine bescheidene Anlage. Vielseitige therapeutische Wirkung versprach schon Sebastian Münster in seiner Kosmographie von 1544:

«Es dienet dem dunckelen gesicht und trieffenden augen / hilfft dem krämpffigen geäder / dem fluß der nasen / der schwachen lungen unnd dem blöden magen / sterckt die teüwige krafft und erweckt den appetit. Es hilft auch dem miltzwee / den läbersüchtigen und heilet die bösblaterige schenckel. Item ist nütz den podagrenigen / und denen so zerbrochen schenkel oder ander brochen beyn und glider haben. In summa es dienet allen kalten und feüchten kranckheiten und schadet den hitzigen und truckenen süchten. Es ist heilsam den paralyticis / die jr glider vor läme nit brauchen mögen / oder sunst verschwecht nerven und aderen haben. Die schwangere frawen sollen sich darvor hüten / dass sie es nit trincken noch darin baden. Den wassersüchtigen und calculosis / das ist die mit dem sand der nieren berschwert seind / dienet es wol. Des gleichen denen so steinen in der blatern haben. Es stercket in den weybern die erkelte muter / es laxirt den bauch so man es trinckt. Es nimpt hinweg die alte blaterige schäden an den schencklen / und so ein schad nit wol zugeheilt were / bricht er in dissem bad widerumb uff / unnd heilet darnach volkomlich.»

Badefreuden in Brigerbad

Visp mit der ehemaligen Kirche der Burger

Visp (Vespia nobilis)

Dort, wo sich die Vispe in die Rhone ergießt, liegt **Visp** (663 m, 6000 Einwohner), ein lebhafter Industrieort (Düngemittel, Petrochemie, Plastikfabrikation) und Verkehrsknotenpunkt. Nur 10 km sind es bis **Brig,** 30 km bis ins Goms und ebenso viele bis zur Sprachgrenze bei **Siders,** 26 km bis **Grächen,** 28 km bis **Saas-Fee** und 40 km bis **Zermatt.**
Visp bezeichnet einmal das Städtchen und zum anderen die Region: **Visp — Eyholz, Ackersand, Stalden — Staldenried — Gspon, Törbel, Visperterminen, Lalden** und **Baltschieder.** Visp und das benachbarte Brig sind zwei echte Konkurrenten im Streit um die heimliche Hauptstadt des Oberwallis, was sich am besten folgendermaßen ausdrückt: Brig ist das Zentrum, Visp der Mittelpunkt!

Wer nur durchreist, verpaßt Visp. Er gewahrt die ampelbestückte Hauptstraße von Nord nach Süd oder umgekehrt, Wohnblocks, Fabrikhallen, den Bahnhofplatz, den Busbahnhof sowie das Symbol Wohlstand verheißender Industrie: die aus riesigem Schornstein zum Himmel züngelnde Abfackelungsflamme der Lonza AG. Nicht selten begräbt ein weißgrauer Dunstschleier Menschen und Häuser unter sich, denn Visp ist der größte Industrieort des Oberwallis, bedingt durch die Lonza, die etwa 2200 Mitarbeiter beschäftigt. Aber das ist nicht das ganze Visp. Südlich der Kantonsstraße zeigt es sein schöneres, sein historisches Gesicht. Seit der alte Kern Fußgängerzone geworden ist, reizt vor allem der Kaufplatz mit dem allmählich ansteigenden Burghügel zur Besichtigung. Hier gibt es noch einzelne verwinkelte Gassen, versteckte Höfe (Im Hof) und Häuser, die das Herz des Kunstbeflissenen höher schlagen lassen. Man läuft über das Gräfibiel zur Pflanzetta und findet das Haus Zuber, das Haus Cricer und das Treppengiebelhaus des Magisters, Landeshauptmanns und Pfalzgrafen In Albon, dann die südlich anmutenden Loggien des Burgenerhauses, den Lochmatterturm, einst Meier- und Kastlan-Residenz, die Herrenhäuser und Susten. Da fesselt die katholische Dreikönigs- oder Burgerkirche mit ihrem spätromanischen Rechteckchor aus dem 13. Jahrhundert und den Um- und Anbauten aus späteren Zeiten sowie die Pfarrkirche St. Martin, unmittelbar am Rand des Felssporns erbaut, die sich 1953 einen radikalen Umbau gefallen lassen mußte. Leider, so klagen die Einsichtigen heute, wurde nach dem Zweiten Weltkrieg der Visper Felshügel modernisiert und ihm mit alten Gebäuden auch sein urtümlicher Charakter genommen.

Visp, das heißt auch «Vespia nobilis» — das adelige Visp, und das ist die Heimat berühmter Walliser Geschlechter, z. B. die der Riedmatten, der de Platea, der In Albon, der de Werra, der Burgener, der Kalbermatten. Und dann wäre vor allem auf ein historisches Datum einzugehen — auf den Mittwoch vor Weihnachten des Jahres 1388, das die Visper seither als «Mannenmittwoch» noch heute feiern. An jenem ruhmvollen Tag glaubte sich der Rote Graf, Amadeus VII. von Savoyen, schon sicher, Herr des Wallis zu werden. Drei Tage ließ er der belagerten Burgschaft Zeit, sich zu ergeben. Aber die Visper wollten es anders und bewaffneten sich mit Steigeisen, Nagelschuhen, Sensen, be-

wehrten ihre Wagen, schafften Steine und Geröll herbei, leiteten das Wasser der Suonen durch die Straßen, daß es eisglatt gefror, schickten rasend gemachte Stiere durch die feindlichen Reihen und warfen in die eiskalte Vispe, wer von den feindlichen Savoyarden das Blutbad überstanden hatte. Der Rote Graf war in die Flucht geschlagen, und das kleine Städtchen hatte an nur einem Tag Geschichte gemacht. Als Mahnmal steht noch heute der «blaue Stein», ein Felsbrocken, an der Strassenkreuzung des alten Visp, wenngleich er, läßt man die Legende beiseite, vermutlich ein Relikt prähistorischen Kultes ist.

Seit dem 14. Jahrhundert aber war zu Füßen des eng und mittelalterlich düster bebauten Burghügels ein Kaufmannsviertel entanden, der Kauf genannt. Aus ihm entwickelte sich nach und nach das geschäftige Städtchen Visp, das heute den Mittelpunkt der Region bildet.

Mit seinen verschiedenen Restaurants und Hotels zählt Visp als angenehme «Bodenstation», die zwar nicht das Spektakuläre, wohl aber die Eigenart und vor allem die Nähe zu den Schönheiten der Vispertäler ins Feld führen kann. Wen es nicht in die Umgebung oder in die Höhe zieht, der findet auch an Ort und Stelle eine reiche Palette sportlicher oder kultureller Unterhaltung — darunter allein 61 aktive Vereine.

Stalden

Beim kleinen Ort **Stalden** trifft der Reisende große Entscheidungen. Denn hier werden die verlockend breiten Auto-Routen vom Goms und Unterwallis her zu schmalen, kurvenreichen Bergstraßen. Der Landschaftscharakter ändert sich: statt Weiträumigkeit des Tales, statt Industrialisierung und Geschäftigkeit städtischer Zentren setzt nun, sozusagen als Einstimmung, die schöne, alte Neubrück (Bogenbrücke von 1599) über der Vispe (bei Stalden erfolgt der Zusammenfluß der Saaser- und Matter-Vispe) mit ihrer kleinen Barockkapelle neue Akzente. Jenseits der Vispe ducken und schieben sich die schwarzen Häuser von **Stalden** so eng um ihre Kirche zusammen, daß ein Fremder niemals vermutet, welches reizvolle, typische Walliser Ortsbild das Dorfinnere noch immer bildet, auch wenn ein aufdringlicher Betonbau den Anschluß an unsere Zeit dokumentieren soll. Beim Bahnhof befindet sich die Seilbahnstation, die Skifahrer zuerst nach **Staldenried** und weiter hinauf nach **Gspon** bringt.

Bei Stalden heißt es also, sich als Autofahrer für das Saastal mit Endpunkt Saas-Fee oder für das Mattertal mit Zermatt oder gar, kurz vor St. Niklaus, für den Sommer- und Winterkurort Grächen zu entscheiden. Doch näher liegen zunächst zwei winzige Ausflugsziele: Törbel und Embd. Der enge, recht gewundene

Weg nach **Törbel** (8 km) lohnt auf jeden Fall, da sich allein 10 Weiler übereinander türmen, die in einer, vor allem im Winter, bevorzugten Sonnenlage gelegen, zusammen dieses Törbel bilden. Eine stille, abgeschiedene Welt für sich.

Auch **Embd** darf Besonderheit für sich verbürgen. Es heißt, daß es das abschüssigste Dorf des ganzen Wallis sei, und im Embder Berg liegt außerdem noch Gold begraben, d. h. eine gewaltige Quarzader. So sind denn nicht nur die Dächer vieler Embder Häuser, sondern auch die der umliegenden Dörfer und Kirchen mit grünschimmernden Quarzsteinplatten aus Embd gedeckt.

Vispertermine

Dieser kleine Ferienplatz hoch über dem Steilhang der Vispa — dem Dorf ob den Heidenreben — ist berühmt seines Weines wegen. Nur 11 km sind von Visp bis zur Höhe von 1340 m zurückzulegen, auf der **Vispertermine** (1600 Einwohner) ruht. Die Autostraße ist gut ausgebaut, wenn auch kurvenreich. Bereits von der Straße aus läßt sich Bekanntschaft mit dem bis auf 1200 m ansteigenden Rebberg machen, dem das Bergdorf seinen

Dorfansicht Vispertermine

Weiler «Niederhäusern»

Ruhm verdankt. Mag es auch allgemein verbreitet sein, daß dies der höchstgelegene Weinberg der Schweiz und Europas sei, so ist das doch ein klein wenig übertrieben, aber einer der höchsten auf europäischem Boden ist er auf jeden Fall.

Wann hier die ersten Trauben reiften, verliert sich im Dunkel der Vorzeit. Noch immer aber wachsen hier verschiedene weiße und nur eine einzige rote Rebe; die edelste unter den Weißen heißt «Heida», und das ist die weltberühmte. Ihr Name leitet der Volksmund ab von den Heiden, den Ligurern, die hier siedelten und bereits dieses Gewächs pflegten. Tatsächlich aber stammt der Name von einem längst gerodeten Rebberg, der den Flurnamen «Im Heiden» trug. Später dehnte sich die Bezeichnung «Heida» auf die ganze Rebregion zwischen Staldbach im Tal und Visperterminen auf der Höhe aus. Doch sogar den Heiden verdankt der Heidawein sein noch heute lebendiges folkloristisches Sagengespinst.

Gewächskundlich ist die Heidarebe keineswegs eine Originalität, vielmehr handelt es sich bei dieser Traube um den weißen Savagnin, der im französischen Jura, in den Weingebieten von Arbois und Poligny ebenso und sogar noch in weit größerem Umfang als in Visperterminen angebaut wird, denn hier ist die Rebregion inzwischen auf rund 4 Hektaren zusammengeschrumpft.

Doch noch dominiert die Heidarebe in Visperterminen, während die übrigen Sorten immer mehr im Aussterben begriffen sind.

Die Terminer schätzen naturgemäß «ihren» Wein am meisten und trinken ihn am liebsten in den eigenen Stuben. Der Tourist bekommt ihn in den Restaurants und den Speisesälen der wenigen Gasthäuser und Hotels ausgeschenkt. Im Handel ist er selten zu haben. Ursprünglich arbeitete jeder Burger selbst im Berg, heute wird gegen Lohn bestellt. Doch ausschließlich Sache des Gemeinderats blieb es bis auf den heutigen Tag, über den Ausbau des Weins im Keller zu befinden. Und noch immer genießen die Gemeinderäte das Recht auf den Schnaps aus den Trestern der Gemeindetrauben, und noch immer findet drei Mal im Jahr, an Fronleichnam, am Segensonntag und am 28. Dezember, ein Gemeindeumtrunk statt, an dem jeder Burger, sofern er an der frommen Prozession teilgenommen und danach ein Glas und eine Speise mitgebracht hat, so viel trinken darf, wie er kann. Erst das Abendgeläut setzt diesem Brauch ein Ende. Vom allerbesten Heida aus einem 300-Liter-Faß aber dürfen nur die Schützenzünfter kosten. Aber auch das geschieht nur einmal im Jahr, am 16. August, wenn Kirchenfest ist, und darum werden die Zunftmitglieder sehr beneidet. Auf die Intensität der Öchslegrade spielen die allen Terminern vertrauten Verse an: «...Äs herrlichs Tropfji — der Heidu-Wii — doch hinner-lischtig chan är si...»

Das Dorf selbst, prachtvoll an den weit nach Süden geöffneten und stark gestuften Berghang gesetzt, bewahrt trotz neuerer Bebauungen und aufblühendem Wohlstand noch immer seine ursprüngliche Grundstruktur. Sie bestand aus drei Wohn- und Arbeitsvierteln, die sich in verschienen Ebenen aufwärts staffelten und zwischen durch kleine Plätze freigaben, um im Falle einer Feuerbrunst das Überspringen der Flammen zu verhindern. Den alten Dorfkern mit seinen typischen sonnenverbrannten Holzhäusern gewahrt jedoch nur, wer die asphaltierte Hauptstraße und ihre modernen Gebäude verläßt und per pedes zwischen den eng verschachtelten Häusern, Ställen, Speichern und Schuppen die kleinen Fußpfade entdeckt. In den schmalen Gäßchen, während der mittäglichen Sonnenhitze wie ausgestorben, scheint Vergangenheit noch Gegenwart, ein idyllisches Bijou.

So ist Visperterminen ein Tip für Bergfreunde und solche, die auf Luxus verzichten können. Was der Tourist aber an neuzeitlichem Komfort braucht, ist in den zwei Hotels, in Ferienwohnungen und Privatzimmern vorhanden.

Im Sommer lockt ein vielfältiges Wandergebiet, das auf leichten Wegen durch Tannen- und Lärchenwälder und über Alpweiden führt, aber auch einige schwierige Bergtouren einschließt. Der Wintergast und Skifahrer kann mit Hilfe einer Sesselbahn auf die Alp Giw (1860 m) und von dort mit einem Skilift hinauf zum Rothorn gelangen. Die 4 km lange Abfahrt bereitet dem Könner keine Schwierigkeiten. Zur Wintersaison 1983 wurde ein neuer Skilift in Betrieb genommen, der auf einer Länge von 866 m von der Talstation Senntum zur Bergstation Bord auf rund 2200 m führt. Die neue Anlage ist nötig geworden, weil das neue Ferienhaus der Gemeinde und eine Reihe neuer Chalets im Heidadorf eine Mehrbelastung des Skigebietes brachten. Visperterminen unterhält aber auch eine eigene Skischule und sogar einen Kinderskilift. Wer will, kann gut an einem Tag die Skidörfer am Augstbordmassiv (Zeneggen, Bürchen, Törbel, Unterbäch, Eischoll) kennenlernen, denn zwischen ihnen und Visperterminen besteht ein gemeinsames Bahnabonnement.

Das Mattertal

Das Mattertal erstreckt sich von St. Niklaus bis zum Fuße des Matterhorns. Tief wurde es ins Gebirge eingekerbt. Von Stalden heraufkommend, erstaunt der urwüchsige, wilde und rauhe Talcharakter. Dicht rükken begrünte oder nackte, schroffe Felswände, unterbrochen von den Kahlschlägen niedergegangener Lawinen, und das tief liegende Flußbett der Matter Vispe zusammen. Dieses herbe Tal durchschneidet eine gut ausgebaute kurvenreiche Autostraße (bis Täsch), sowie die seit 1891 verkehrende schmalspurige Visp-Zermatt-Bahn. Sie führen zur Welt der Viertausender rund um Zermatt: zur Mischabelkette und zum Dom, dem höchsten Berg der Schweiz (4554 m), zu Alphubel, Allalinhorn, zum 4512 m hohen Weißhorn, zu Rothorn und Obergabelhorn.

Wer von der Bahn oder der Straße aus dem Anblick des berühmten Matterhorns (franz. Mont Cervin) entgegenfiebert, wird, so sehr er auch Ausschau hält, von Kurve zu Kurve enttäuscht. Seine Majestät macht sich rar, denkt nicht daran, auch nur für eine Sekunde zu erscheinen. Erst unmittelbar vor Zermatt steht er, der Berg, plötzlich in voller Größe da. Ein Effekt, der jedesmal wieder überrascht und fasziniert. «Ein Das wird ein Der, das Matterhorn der Berg. Ein Etwas, das lebt. Le Cervin n'est pas quelque chose, c'est quelqu'un» (Werner Kämpfen).

Der Bergwald steigt, in die Tiefe gestaffelt, aufwärts, geht in Gebüsch und zuletzt in Alpmatten über. Mit dieser horizontalen Stufung vollzieht sich auch jeweils ein Wandel des Klimas und der Vegetation. Bezeichnenderweise waren es Botaniker, die seit dem 18. Jahrhundert als erste die Walliser Bergwelt bereisten, um sie zu erforschen. Erst nach ihnen kamen die englischen Gipfelstürmer. Trotz Erschließung der Landschaft zum Wintersportparadies bleibt noch immer Lebensraum für Bergbauern, die Wiese- und Weideland und die höchsten Roggenäcker nutzen. Als Symbole ihrer bäuerlichen Wirtschaft grüßen die schwarz verbrannten Blockhäuser aus Lärchenholz.

St. Niklaus (1116 m, 1220 Fremdenbetten, Tennis- und Campingplatz, 7,5 km Langlaufloipe) erste Ortschaft hinter der Straßengabelung Grächen/Zermatt, bleibt oft unbeachtet. Dabei besitzt es einen schmukken, alten Dorfkern, den allerdings infolge der dorfeinwärts liegenden modernen Beton- und Nutzbauten und der bestehenden Industrie der Scintilla niemand vermutet.

St. Niklaus ist ein Dorf, dem Bergstürze und Lawinen arg mitgespielt haben. 1747, gerade als der Küster die Glocke zur Morgenandacht läutete, riß eine mächtige Lawine die Kirche mit sich fort. Ein Barockbau folgte, der jedoch in jüngster Zeit (1965) einer modernen Kirche wei-

Blick auf St. Niklaus

chen mußte. Glücklicherweise blieb der alte Turm mit seiner markanten, vom Briger Stockalperschloß her bekannten, originellen Zwiebelhaube erhalten.

Die Autostraße führt weiter vorbei an kleinen Weilern: **Mattsand, Herbriggen, Breitmatten** und **Randa,** das sich in den letzten Jahren sehr bemüht, sich ebenfalls etwas vom großen Kuchen des Tourismus abzuschneiden. Immerhin verfügt es bereits über 1240 Fremdenbetten, die vor allem zur Wintersaison genutzt werden, und kann seinen Gästen einen Campingplatz, einen Skilift, eine Natureisbahn, 15 km Langlaufloipe und sogar die Vorteile der Schweizer Skischule bieten. Biesgletscher und Festigletscher schließen den Talort ein. Wenn auch die Autostraße Randa (1439 m) durchquert, bleibt dennoch das alte Dorfzentrum unberührt. Dank seiner Kirche aus dem 17. Jahrhundert und seiner alten Holzhäuser wahrt es in wohltuender Weise seine Vergangenheit.

Ganz anders im benachbarten **Täsch.** Hier will man hoch hinaus. Lebte Täsch seit Beginn des Tourismus vom großen Zugpferd Zermatt (heute Endpunkt und Umsteigestation vom Privatauto in die Visp-Zermatt-Bahn), so versucht es den Spieß umzudrehen und mit Spekulationsbauten und Verkauf an Ausländer «seine» Möglichkeiten wahrzunehmen. Wer sich hier einkauft oder Quartier bezieht, kommt nach geringfügigem Aufwand in den Genuß aller der Vorteile und Vorzüge, die eine so gut ausgebaute und international renommierte Touristenstation wie Zermatt zu bieten hat. Was oben im No-

belort nicht mehr möglich oder erschwinglich ist, versucht Täsch nun seinen Gästen anzubieten. So ist Täsch (1450 m) mehr denn je im Begriff zu wachsen, worin auch Gefahren liegen, sowohl für die bisher gewahrte Schönheit als auch die touristische Infrastruktur des gesamten Mattertales.

Die Zahl der Gästebetten liegt bei 1360, darüberhinaus verfügt Täsch schon heute über Tennisplätze, Campingplatz, Bergsteigerschule, einen Skilift, eine Natur- und Kunsteisbahn, 15 km Langlaufloipe, Skiwanderwege und Schlittenbahn. Allein sechs Hotels haben ein gutes Auskommen, denn Zermatt hat das ganze Jahr Saison, und Täsch ist beliebte Endstation gut gepflegter, sonniger Langlaufloipen und Ausgangspunkt einer anspruchsvollen Bergtour, der Traversierung Täschhorn—Dom über den Mischabelgrat von der Täschhütte aus.

Täsch als Bodenstation von Zermatt gewinnt immer mehr an Bedeutung

ZERMATT

Zermatt, 1620 bis 3820 m ü. M., 3823 Einwohner (1983), ist als hochalpiner Luft- und Höhenkurort par excellence die Nummer Eins im Kanton Wallis (internationaler Sommer- und Wintersportort). Bestechend ist seine Lage: Eingebettet in eine schmale Mulde und umgeben von erhabener Alpenkulisse bildet es den Endpunkt des Mattertales. Gegen den Talgrund senken sich der Findeln-, der Gorner- und der Zermattergletscher. Allein 29 von den 38 Viertausendern der gesamten Schweiz erheben sich im Raum Zermatts. Der berühmteste Alpengipfel, das Matterhorn (4478 m), wurde sein Wahrzeichen.

Das meridionale Bioklima (Reizstufe 2 der Schweizerischen Klimakurorte) mit seinem sedativen (beruhigenden) Reizfaktor verspricht Erholung (Stärkung der Herzmuskulatur), das regenarme, trockene und sonnige Wetter reichen Feriengenuß. Da Zermatt auf dem gleichen Breitengrad liegt wie Lugano, ist es auch der südlichste Bergkurort (durchschnittlich 1778 Sonnenstunden im Jahr) und Wintersportplatz der Schweiz. Ein weiteres Plus: windgeschützt, nebelarm und schneesicher.

Das einstige Häuflein verstreut liegender Bergbauernhöfe entwickelte sich mit 24 366 ha zur flächenmäßig drittgrößten Gemeinde der Schweiz. Obwohl und glücklicherweise «autofrei», kann Zermatt von Nord, Süd und West gleich gut (von Mailand, Bern, Turin, Lausanne) und bequem erreicht werden. Per Bahn mit der Genferseelinie, dem Lötschberg- und Simplontunnel mit direktem Anschluß an die Schmalspurbahn Brig-Visp-Zermatt. Für den Autofahrer ist die Welt allerdings in Täsch (4,8 km vor Zermatt) zu Ende. Unmittelbar an der Bahnstation des regelmäßig verkehrenden Pendelzuges nach Zermatt stehen große, gebührenpflichtige Parkplätze (2000) und Garagen zur Verfügung. Gratis parken kann, wer sein Fahrzeug im etwas weiter entfernten Talort Visp auf einem der Parkplätze der Brig-Visp-Zermatt-Bahn abstellt.

Zermatt — Inbegriff von Superlativen — läßt sich nicht mit einem, auch nicht mit zwei oder drei Schlagwörtern erfassen. Wer es zum ersten Mal besucht, den irritiert vielleicht zunächst der städtisch-geschäftliche Betrieb auf der Bahnhofstraße. Doch gleich darauf verblüfft, wie gewaltig

und majestätisch sich der «Berg der Berge» darüber erhebt, und wer nur ein paar Schritte abseits geht, den überrascht, daß sich im Weltkurort tatsächlich auch das idyllische Walliser Dorfbild erhalten hat. Zermatt ist zur modernen, komfortablen Metropolis Alpina geworden, aber es ist nicht zubetoniert. Keine Hochhäuser mit Flachdach, keine Betonklötze, statt dessen gehören Holzverkleidungen der Fassaden zur Bauvorschrift. Dabei wächst der Kurort stets und ständig, aber die Gemeinde sorgt sich um ein intaktes Ortsbild.

Im Winter erstrahlt Zermatt unter Sonne und Schnee. Vom Spätfrühling bis Spätherbst macht das gleißende Licht die kurörtliche Blumenpracht

In Zermatt ist, unabhängig von der Saison, immer Betrieb

noch lebhafter und bunter: Zermatt ist ein Bijou, reich und gepflegt.

Nur gibt es im autofreien Ort ein Problem, und das ist das Überhandnehmen der Elektrotaxis. Noch ist offen, ob im Zermatt der Zukunft eine moderne Hängebahn oder eine sehr bewegliche Monorail den Dorf-Verkehr und -Transport regeln wird. Am einfachsten ist es noch immer, mit wenig Gepäck auf Reisen zu gehen. Und wer das Umsteigen vom eigenen Auto in die Pendelbahn zum Dorf hinauf nicht sonderlich schätzt, den verblüfft der Kurdirektor mit seiner konstanten Erklärung: «Man reist nach Zermatt, um anzukommen!»

Zermatt steht im Ruf, ein teures Pflaster zu sein. Das stimmt nicht, wenn der Gast adäquate Vergleiche zieht, trifft aber zu, wenn er statt des sonst gewählten gutbürgerlichen Mittelklassehotels hier eines der noblen Fünfsternehäuser wählt. Exklusivität hatte schon immer ihren Preis, aber in Zermatt garantiert sie bewährte Güte, weil sie Tradition und nicht saisonal bedingter Zufall ist. Das Zermatter Publikum sei, so klingt an, vor allem im Winter, exklusiv oder gar mondän. Niemanden stört es, Bars und Boutiquen freut es, den Normalverbraucher amüsiert es. Man weiß und akzeptiert: Ohne diese Gäste wäre der Flanier-Boulevard nur halb so faszinierend und der Kontrast zum sonnengegerbten und -verbrannten Berglergesicht bei weitem nicht so offensichtlich. Zermatt zieht aber auch von jeher ein sehr sportliches Publikum an, und es gehört für die internationale Jeans-Jugend ebenso zum Programm wie für den Japaner-Clan. Außerprotokollarisch darf auch ein

deutscher Bundespräsident inkognito oder der spanische König Juan Carlos zum Skitrip hier weilen, während die Schweizer Familie schon seit Generationen das Stammpublikum bereichert.

Am Bahnhof seit alters die schellenbehangenen Rösser vor Kutschen oder Schlitten, je nach Jahreszeit, und wie immer die Reihe der Livrierten, auf deren Mützen in Gold die Namen ihrer Hotels blitzen. Punkt neun Uhr der «Geißenkehr», und wer das Fotografieren so früh noch nicht schafft, mischt sich am späteren Nachmittag, wenn die Vierbeiner von den Matten in die Ställe zurückkehren, unter die Filmamateure, die die Dorfstraße säumen.

Wen nicht das Matterhorn lockt, den reizt das Dorf. Schließlich gibt es ungezählte Möglichkeiten, Sommerfrische auch an kleinen Tischen auf Terrassen, unter Markisen, in blühenden Gärten nach Lust und Laune zu genießen.

Wie alt ist Zermatt?

Früheste Siedlungsspuren entstammen der La-Tène-Zeit. Als die Römer kamen, machte der Theodulpaß als Übergangs- und Handelsstraße Geschichte, belegt durch den römischen Münzenfund einer Köchin, von dem 20 Geldstücke im Alpinen Museum von Zermatt zu bewundern sind. 100 n. Chr. fristeten bereits Bergbauern in der Zermatter Gegend notdürftig ihr Leben, doch eine eigentliche Siedlung gab es noch nicht. Als der

Verkehr über den Theodulpaß im frühen Mittelalter zunehmend an Bedeutung gewann, überquerten selbst bis in das 18. und frühe 19. Jahrhundert hinein Krämer, Säumer, Wein- und Viehhändler den Paß. Sie sollen vor allem den geschätzten Wein aus dem Aostatal, aber auch Reis und Mais herüber und dafür Vieh hinüber transportiert haben. Zwischen 1000 und 1300 bildeten sich die ersten Weiler: Blatten, Findeln, Zmutt, Winkelmatten, Hofero. Bergbauern- und Viehwirtschaft stellten die Ernährungsgrundlage dar. Nun wurden auch erste Kapellen gebaut, und an der Stelle der heutigen katholischen Pfarrkirche ist eines dieser frühen Gotteshäuser bezeugt.

1280 taucht erstmals urkundlich der romanische Name Pratoborno oder Pratobornium («Matte im Quellgebiet») für Zermatt auf (Praborgne auf Französisch, Prato borni auf Italienisch, Pratum Bornum auf Lateinisch). Seither war Zermatt auch eigene Pfarrei. Namensformen wie Zur Matt oder Zer Matt werden im Laufe der Zeit zu Zermatt, während die französische Bezeichnung Mont Cervin für das Matterhorn bis auf den heutigen Tag üblich blieb.

Seit dem frühen Mittelalter war das Mattertal den Bischöfen von Sitten untertan, und Feudalherren nahmen an ihrer Stelle Herrschaftsrechte wahr. So waren die Zermatter Abhängige der Geschlechter der Esperlini von Raron, der de Werra von Leuk und der de Platea, bis sie sich, innerhalb von nur 80 Jahren (1538 bis 1618), loskauften. Vermutlich weniger, um sich die ewigen Abgaben zu ersparen als um wirklich frei zu sein.

Daß die einzelnen Familien dafür beträchtliche Geldsummen aufbringen mußten, bestätigt ihren großen Fleiß und ihren starken Drang nach Selbständigkeit und Unabhängigkeit, erklärt aber auch den noch heute fast sprichwörtlichen Stolz der Zermatter.

Doch zur Bildung einer eigenständigen Gemeinde kam es so schnell noch nicht. Da sich der Loskauf der Familien in drei großen Schüben vollzogen hatte, fanden sich diese Familien zunächst erst zu nur drei Gemeinden und vier «Vierteln» (bestehend aus dem Dorf, Winkelmatte, Zmutt und Aroleit) zusammen. Alle erkannten zwar eine allgemein verbindliche Gesetzgebung an, übten jedoch ihre eigene Gerichtsbarkeit aus und setzten ihren eigenen Meier ein. Dieses freie Meiertum bestand bis 1791. Erst dann wurde es von einer neu gegründeten Burgergemeinde abgelöst, die wiederum aus der 1579 gegründeten Bauernzunft hervorgegangen war, und in deren Statuen erstmals der Begriff der Burgerrechte auftauchte.

Um die außerordentliche Rolle begreifen zu können, die die Burgergemeinde nicht nur in Zermatt, sondern im ganzen Kanton Wallis spielt, sollte man wissen, daß der Kanton Wallis die politische, die Munizipalgemeinde erst seit dem frühen 19. Jahrhundert kennt. Diese Tatsache macht auch die große Bedeutung der Zermatter Burgergemeinde deutlich, die bis 1968 das Dorfgeschehen allein bestimmte, da sich bis anhin der Gemeinderat ausschließlich aus Vertretern der Burgergemeinde zusammensetzte. Eine Trennung der burgerrechtlichen Aufgaben von denen der Munizipale vollzog sich erst 1969.

Der Existenz dieser Walliser Burgerschaften konnten weder Regierungswechsel noch weltanschauliche oder wirtschaftliche Veränderungen, kein Krieg und keine Drohung etwas anhaben. «Kein gesetzlicher, sondern ein natürlicher Zwang hat dieses korporative Gemeinschaftswesen im Wallis in vermehrtem Maße als andernorts gefördert. Mit diesen Korporationen erstrebten die alten Walliser: Wohlfahrt in der Gemeinschaft und Ordnung in der Freiheit» (A. Fux).

Auffordernde Schuhparade

Am Anfang: drei Gästezimmer und sechs Betten

Gastfreundschaft war den Zermattern keineswegs in die Wiege gelegt. Die fatale Geschichte, daß der Erstbesteiger des Mont-Blanc, der Genfer Naturforscher Horace de Saussure, 1789 vergeblich um Unterkunft bat, ist in die Reiseliteratur eingegangen. Fremden, noch dazu in absonderlicher Aufmachung und mit unverständlichem Tun beschäftigt, standen die Zermatter mehr als mißtrauisch gegenüber. Doch das änderte sich bald. Schon im September 1800 rühmte George Cade, der erste Engländer in Zermatt, die Schönheit der

Landschaft und die gastfreundliche Aufnahme. Als Engelhard von Straßburg kurze Zeit später seine Zermatter Eindrücke und außerdem noch zwei Monographien über den Monte Rosa und das Matterhorn niederschrieb, trug er den Ruf Zermatts in die Welt hinaus. Als zu Beginn des 19. Jahrhunderts weitere Besucher, Wissenschaftler und Gelehrte vom Rang eines Rodolphe Töpffer, eines Agassiz, John Ball und Ruskin folgten, war Zermatt schon keine unbekannte Größe mehr.

Erste und einzige Unterkunftsmöglichkeit bot zunächst nur das Pfarrhaus. Seit 1839 aber die Walliser Regierung an Geistliche ein Verbot erließ, nicht mehr nur ausschließlich Fremde unterzubringen, machte der Arzt Josef Lauber aus seinem Privathaus eine Herberge. Mit nur drei Gästezimmern und sechs Betten begründete dieser «Medizinmann» 1839 die Zermatter Hotellerie. Das beobachtete aufmerksam der Kaplan des Ortes, Joseph Seiler. Am 16. Februar 1848 schrieb er an seinen Bruder Alexander — die Seilers stammen aus Blitzingen im Goms, wo Alexander mit dem Räf auf dem Rücken von Dorf zu Dorf zog, um seine Seifen feilzubieten — einen folgenreichen Brief, in dem es hieß: «...Seit einiger Zeit gehe ich mit dem Projekt um, mit dem ich Dich just bekannt machen will. Du wirst mir dann Deinen Willen oder Meinung darüber melden. Du wirst zwar vermutlich stutzen und staunen darüber, aber indessen ist es gewiß keine Dummheit. Es haben viel jener Fremde, die Zermatt in der warmen Jahreszeit besuchen, den Wunsch ausgesprochen, wenn doch auf jenem Berge, den man den Riffel nennt und von wo aus die schönste Aussicht ist, ein Wirtshaus stünde. Ich und der Pfarrer (Ruden) haben im Sinne, dort ein Haus zu bauen oder ein schon gemachtes dorthin tragen zu lassen. Es wäre ein merkwürdiges Wirtshaus, am Fuße des Monta Rosa das höchste in Europa und die schönste Aussicht in Europa; das wäre vom Dorf aus zwei Stunden. Wärest Du also gesinnt, 2 Monate oder 1½ dieses Haus zur Wirtschaft zu übernehmen oder besorgen zu lassen, so würden wir es wagen.» Doch Alexander Seiler (1819—1891) brauchte zwei Jahre, um den Entschluß, nach Zermatt zu gehen, reifen zu lassen. Kaum angekommen, war er nicht nur vom überwältigenden Panorama fasziniert, sondern auch von der Zukunft des Gastgewerbes in Zermatt überzeugt. 1853 pachtete er bereits die Laubersche Herberge, ein Jahr später wird sie gekauft und zum Hotel Monte Rosa ausgebaut. Hatte es ihm anfänglich an Mut gefehlt, 1854 ist es so weit, das von den Geistlichen Ruden, Welschen und Kronig erbaute Gasthaus auf dem Riffelberg wird nun von ihm als Pächter übernommen. 1857 wird er Herr der Herberge am Rhonegletscher, später bekannt als Hotel «Glacier du Rhône». Aber auch die eingesessenen Zermatter kommen auf den Geschmack, und 1870 eröffnet Ignaz Biner sein Hotel des Alpes und Johann Lauber sein Hotel De la Poste. 1875 stehen in Zermatt bereits 330 Gästebetten bereit. Aber auch der Seilersche Einfluß wächst, 1871 geht das Hotel Jungfrau auf Eggishorn in seinen Besitz über, 1879 pachtet Seiler außerdem den neu eröffneten Zermatterhof von der Burgergemeinde, 1884 eröffnet er das Hotel Riffelalp mit 150 Betten, das bis zuletzt internationale Nobelher-

«Geißenkehr» in Zermatt

berge auf 2200 m Höhe blieb — 1961 fiel es einem verheerenden Brand zum Opfer — und 1890 auch noch das Hotel Schwarzsee. Zugleich läßt er Wege ins Tal und zu den nächstgelegenen Ausflugszielen anlegen, erwirbt weiteren Grund und Boden, betreibt Landwirtschaft, unterhält Vieh und Pferde. Sein Denken und Handeln steht im Dienste des Touristen. Um 1900 ist die Seilersche Hoteldynastie bereits fest begründet. Heute werden die Seilerschen Hotels (mit über 500 Gästebetten) in der vierten Familiengeneration geführt.

Der schnelle und steile Aufstieg Zermatts zum weltberühmten Touristenort ist ohne die beispielgebende Initiative und den unternehmerischen Weitblick Alexander Seilers unvorstellbar. Umso unverständlicher daher, daß dieser Mann sich seinen Zermatter Burgerbrief in einem 18jährigen Rechtsstreit erkämpfen mußte.

Doch noch kurz vor der Jahrhundertwende erlebte Zermatt einen neuerlichen Aufschwung: seit 1891 stellte die schmalspurige Visp-Zermatt-Bahn die Verbindung zum Tal her. Noch vor 1900 eröffneten 11 neue Hotels, und bis zum Ausbruch des Ersten Weltkrieges folgten weitere 17. Spürbare Dämpfung brachte in den zwanziger Jahren die Weltwirtschaftskrise sowie der Erste Weltkrieg.

abgehalten, 1908 der Skiclub Zermatt gegründet, 1898 die Gornergratbahn, die höchstgelegene Bergbahn Europas (seit 1982/83 verkehrt alle 24 Min. ein Triebwagen, Transportkapazität: 1725 Pers./h.), eingeweiht worden war und seit 1929 die inzwischen elektrifizierte Visp-Zermatt-Bahn auch den Winterbetrieb aufgenommen hatte, verstrich, abgesehen von den ungünstigen Jahren des Zweiten Weltkriegs, kostbare Zeit. Erst als sich in den fünfziger und den frühen sechziger Jahren eine deutliche Belebung des Tourismus, auch in den Wintermonaten, abzeichnete und sich der Skisport immer mehr zum Breitensport entwickelte, zog Zermatt schleunigst mit dem Ausbau seiner Wintersportgebiete nach. Dank der phantastischen Erschließung seiner drei ausgedehnten Skiregionen (Sunnegga/Blauherd–Unter Rothorn, 3100 m, Riffelberg/Gornergrat–Stockhorn, 3407 m, Schwarzsee/Trockener Steg–Theodul/Klein Matterhorn, 3820 m) mit der längsten Skisaison der Alpen hat die Winter- die Sommersaison in Zermatt längst überrundet. Seit 1983 verfügt Zermatt über 102 Hotels mit 6600 Betten und 2500 Ferienwohnungen mit 10 800 Betten. Damit ist Zermatt der hotelreichste Ort der Schweiz.

Vom Sommer- zum Winterkurort

Mit der Erschließung des Wintertourismus tat sich Zermatt schwer. Obwohl schon 1902 der erste Skikurs

Schnappschüsse

Der König der Berge wird bezwungen

Was wäre Zermatt ohne seine Berge? Ihre Großartigkeit, Schönheit und Vielfalt, so heißt es unter Alpinisten, übertrifft jede andere Gebirgsgegend auf der Welt. Und dann das Matterhorn, «d's Hore» wie es der Einheimische nennt. Aber was wären die Schweizer Alpen ohne den Pioniergeist englischer Bergsteiger?

Triumph und Tragik am Matterhorn machten international Schlagzeilen. Dabei hatte die Erstbesteigung am 14. Juli 1865 den krönenden Abschluß der Eroberung der Zermatter Gipfelkette bilden sollen. Denn zwischen 1792 und 1930 waren bereits 323 Erstbesteigungen, Erschließungen neuer Routen auf die 69 Gipfel des inneren Mattertales und Erstüberschreitungen von Pässen, vorwiegend durch englische Gipfelstürmer, erfolgt (u. a. 1813 Breithorn, 1854 Strahlhorn, 1855 Dufourspitze, 1858 Dom, 1862 Dent Blanche und Täschhorn, 1863 Dent d'Hérens, 1864 Zinalrothorn und Obergabelhorn). Nur die markante Pyramide des Matterhorns galt als uneinnehmbar und ließ dennoch dem Italiener Jean Antoine Carrel und dem Engländer Edward Whymper keine Ruhe. Beide versuchten in fanatischer Leidenschaft, einander zuvorzukommen. Carrel von Breuil, Whymper mit dem hervorragenden Zermatter Bergführer Peter Taugwalder von Zermatt aus. Whymper war der erste, drei Tage später schafften es auch Carrel und Jean-Baptiste Bich. Doch der Sieg bedeutete zugleich Tod. Das tragische Ende der geglückten Erstbesteigung ist zigfach beschrieben, eindrücklich verfilmt und bleibt angesichts des mächtigen Gipfels stets gegenwärtig: Sieben stiegen auf, vier stürzten ab, nur drei kehrten zurück — Whymper und Va-

Blick vom Gornergrat auf Klein Matterhorn und Breithorn

132

ter und Sohn Taugwalder. Die Nachricht lief wie ein Lauffeuer um die Welt und machte den glühend begeisterten Alpinisten klar, daß Bergsteigen auch Gefahr bedeutet. Vor allem in England bewegte die Katastrophe die Gemüter derart, daß sich Königin Victoria sogar mit dem Gedanken trug, das Bergsteigen generell zu verbieten.

Dennoch oder im Gegenteil, das Matterhorn hat nichts von seiner Fas-

zination eingebüßt. Noch heute gehört es zum persönlichen Ehrgeiz eines jeden Alpinisten, es bestiegen zu haben; die 500, die an seinen Flanken den Tod fanden, stören sie nicht. 3000 wagen sich jährlich hinauf, zehn bis zwanzig kehren nicht zurück. Dabei warnt der Bergführerverein vor Selbstüberschätzung und Leichtsinn. Für den trainierten, geübten Bergsteiger bedeutet das Matterhorn keine

große Schwierigkeit, wohl aber für den Gelegenheitswanderer, der seine wetterexponierte Lage oft falsch einschätzt. Beim Aufstieg müssen 1200 Höhenmeter ständiger Kletterei bewältigt und wegen des Hochandrangs muß zügig gestiegen werden. Den Abstieg darf man nicht unterschätzen, er ist ebenso anstrengend wie der Aufstieg.

Die Zermatter Bergwelt hat für den

Alpinisten ihren eigenen Reiz. Auch wenn beispielsweise die Dolomiten mit ihren schroffen und schwierigen Felswänden technisch höhere Anforderungen an den Kletterer stellen, verlangt das hochalpine Gelände doch Kenntnisse und Erfahrungen, die über technisches Vermögen hinausgehen. Ein als Schönwettertour begonnener Aufstieg kann durch plötzlichen Wetterumschlag zur lebensbedrohenden Angelegenheit werden. Wer dem Ruf der Berge nicht widerstehen kann, der findet im Raum der Zermatter Alpengipfel lohnende und beglückende Ziele bis zum mittleren Schwierigkeitsgrad. Das Zermatter Bergführer-und Hüttenwesen ist vorbildlich organisiert, schon 1857 erließ der Kanton Wallis das erste Bergführerreglement der Schweiz.

Die Bergsteigerschule Zermatt or-

Der Schwarzsee mit der Barockkapelle
«Maria zum Schnee»

ganisiert regelmäßig Tages-Touren, Gletscherwanderungen und Ausflüge, die auch für nicht geübte Berggänger geeignet sind. Beliebte Ziele bilden die Matterhornhütte (3260 m), die Monte-Rosa-Hütte (2795 m), Cima di Jazzi (3804 m), Klein Matterhorn — Gobba di Rollin (3899 m) — Testa Grigia — Trockener Steg, Klein Matterhorn — Breithorn oder Theodulhorn (3468 m) mit Traversierung Furggsattel (3365 m). Bei entsprechendem Interesse wird sogar eine mineralogische Tour organisiert.

Wandergebiete

Lange bevor die Wintersaison ihren mühsamen Anfang nahm, war Zermatt bekannt als sommerliches Bergsteiger-Mekka und herrliches Wanderparadies. Schon um die Mitte des 18. Jahrhundert bedeutete Zermatt wegen seiner reichen Alpenflora ein Geheimtip für Botaniker, Mineralogen und Entomologen. Trotz seines Ansehens und seiner umfangreichen Infrastruktur als führender Walliser Kurort in unserem Jahrhundert spürt man im sommerlichen Zermatt noch immer etwas von diesem scheinbar unvergänglichen Charme eines alten Bergsteigerdorfes, verbunden mit dem unverwechselbaren Duft der Arven und Lärchen.

Die drei großen Zermatter Wandergebiete (Sunnegga—Unterrothorn, Gornergrat–Stockhorn und Schwarzsee—Trockener Steg) werden durch Bergbahnen mühelos zugänglich. Mit der Alpen Metro geht's in fünf Minuten auf die sonnige Sunnegga (2289 m), dann mit der Gondelbahn zum Blauherd auf 2600 m und von dort schwebt, wer noch höher hinauf will, mit der Luftseilbahn zum Unterrothorn (3100 m). Von hier aus lassen sich, verbunden mit reizvollen Aussichten, abwechslungsreiche Wanderungen unternehmen, z. B. über Fluhalp zum Findelngletscher, zum Stellisee, Grindjisee, Leisee nach Sunnegga oder Findeln, über Grünsee (mit Bademöglichkeit) zur Riffelalp, nach Tufteren, Täschalp oder Ried.

Im Alpinen Museum von Zermatt sind die Reliquien der Erstbesteigung des Matterhorns zu sehen: Hut und Schneebrille von Michel Croz, ein Bergschuh des Engländers Hadow.

Wer im Anblick eines herrlichen Bergpanoramas so hoch oben ein erfrischendes Bad nehmen möchte, wird vom Bergstrandbad Leisee begeistert sein.

Das Wandergebiet Gornergrat—Stockhorn macht die Gornergrat-Zahnradbahn zugänglich. In exakt 43 Minuten wird der Gornergrat, einer der ältesten und inzwischen beliebtesten Aussichtspunkte der Alpen, erreicht. Sehr beliebt sind die bequemen und teilweise ebenen Wanderwege von Riffelalp und Riffelberg, sie erschließen wundervolle Arvenwälder. Über Hohtälli (3273 m) erreicht man mit der Luftseilbahn das Stockhorngebiet (3407 m) und das faszinierende Monte Rosa-Massiv.

Schwarzsee (2583 m) und Trockener Steg (2939 m) werden mit der Seilbahn oder der neuen Sechsergondelbahn über die Station Furi (1864 m) zugänglich. Auf Furi muß sich entscheiden, wer zum Schwarzsee oder mit der Luftseilbahn zum Trockenen Steg am Fuße des Theodulgletschers möchte. Von Schwarzsee aus führt ein Weg zur Hörnli SAC Hütte und Belvedere (3200 m). Vom Trok-

kenen Steg aus gelangt man mit der höchstgelegenen Luftseilbahn Europas direkt aufs Klein Matterhorn (3820 m). Während die Talstation des Klein Matterhorns auf 2929 m liegt, klebt die Bergstation «wie ein Schwalbennest» auf 3820 m an der Nordwand des Klein Matterhorns. Die Klein-Matterhorn-Luftseilbahn überwindet 891 Höhenmeter in 8½ Minuten und befördert 600 Personen pro Stunde. Der Aufzug im Inneren des Bergmassivs führt bis neun Meter unter den Gipfel des Klein Matterhorns (3883 m). Den kurzen Weg zum Plateau belohnt eine einmalige Rundsicht. Etwa 50 Viertausender der Alpen, darunter das Mont Blanc Massiv, Grand Paradiso, die Unterwalliser und die Berner Alpen sowie zahlreiche Zermatter Bergriesen lassen sich von hier aus bewundern.

Zermatter Tierwelt

Gemsen/Steinböcke: Außerberg, Triftbach, Schweifinen; *Murmeltiere:* oberhalb der Straße Luegelti—Zer-

Zu Füßen des Matterhorns

matt, Hubel, Sunnegga, Findelalp, Wäng über Hermettji, Riffelalp; nur *Gemsen:* Höhbalmen, Zmuttbach, Gerwetsch/Wanje, Triftji; *Hirsche/Gemsen/Murmeltiere:* Meiggern, Am Bösentritt, Tufterkumme; *Steinbock/Murmeltier:* Usser und Inner Gornerli; *Bergvögel:* Greifvögel (u. a. Steinadler), Rauhfußhühner (u. a. Alpenschneehuhn, Birkhuhn), Spechte, Singvögel (u. a. Felsenschwalbe, Pieper, Alpenbraunelle, Braunkehlchen, Steinschmätzer, Steinrötel, Ringdrossel, Mauerläufer, Zitronenfink, Zippammer, Schneefink, Birkenzeisig, Alpendohle. Tannenhäher, Kolkrabe); *Schmetterlinge:* Beim Weiler Findelen sind die meisten der 300 Zermatter Schmetterlingsarten aufzuspüren.

Einkehr und Gourmetvergnügen

Zermatt darf sich auch diesbezüglich stolz brüsten. Kaum andernorts im Wallis kann man besser in erstklassigen und gepflegten Häusern speisen und nächtigen als hier.

Das Hotelangebot umfaßt 3 ***** Hotels (mit Restaurant): Mont Cervin, Zermatterhof, Schweizerhof, 9 **** Hotels (mit Restaurant): Alex, Monte Rosa, Nicoletta, Christiana, Mirabeau, Parkhotel Beau-Site, Pollux, Tennis Star, Walliserhof), 8 **** Hotels Garni: Christiana, Tenne Hostellerie, Allalin, Beau-Rivage, Club, Eden, Rex, Alpenhof, 22 *** Hotels mit Restaurant, 23 *** Garni Hotels, 12 ** Hotels mit Restaurant, 10 ** Garni Hotels, 2 * Hotels mit Restaurant, 5 * Garni Hotels, dazu das **** Aparthotel Ambassador und eine Reihe weiterer Hotels, Pensionen und Garni Hotels in der Umgebung. Das Angebot ist also überaus groß und vielseitig.

Stilgerecht wohnt der Gast natürlich im «Monte Rosa», heute noch Schirmhaus der Bergsteiger. Berühmt als eines der traditionsreichen Pionierhotels der Schweiz verfügt es über allen neuzeitlichen Komfort und wird durch seine heimeligen Aufenthaltsräume als eines der angenehmsten Hotels der gesamten Schweizer Alpenhotellerie geschätzt.

Auch mit Hotels, die den Gästen

Auf Hochtour mit Pickel und Seil oder «nur» wandernd im Tal

neben Speis und Trank eine prächtige Aussicht aufs Matterhorn bieten, kann Zermatt aufwarten, beispielsweise dem «Pollux». Das Haus ist renoviert und geschmackvoll eingerichtet, der Blick auf die eindrucksvolle Bergpyramide phantastisch. Betont werden darf, daß mit dem Blick aus dem Fenster die Küche im dazugehörigen «Restaurant Franais» (erster Stock) und die Kreativität des Kochs bewundernswert ist. Am 1. Dezember 1982 eröffnete neu der «Schweizerhof», ein außen wie innen gelungener und gut in die Dorfstraße integrierter Hotelkomplex (ebenerdig verbunden mit einer attraktiven «Ladenstraße»). Er wird ebenso von der Seiler-Gruppe geführt wie das «Mont Cervin» und «Monte Rosa». Verkauft wird hier nach hausinternem Slogan «Luxus in sportlicher Ambiance». Gleich drei Restaurants (die Rôtisserie «Le Gourmet», die rustikale «Schweizerstube» und die «Chäshütte») sowie eine Diskothek sind mit diesem Hotel verbunden, deren Dreigestirn ein neues gastronomisches Zentrum bildet. Wer in dieser noblen Alpenmetropole weilt, wird auch das Grand Hotel «Zermatterhof» besuchen, nicht nur, um der Tradition zu huldigen, sondern um sich hier vielleicht auch an Rognons flambés zu delektieren. Von ganz anderem Charakter und beliebt bei der jüngeren, unkomplizierten Generation ist das «Hotel Post», möglicherweise sogar wegen seiner rustikalen Zimmer oder gar seiner Gemeinschaftssauna. Doch wie gesagt, Zermatt hat von allem: Hotels mit spezieller Walliser Holz-Ambiance, Fitneßraum, Schwimmbad mit Sauna und Solarium, Kinderaufent-

haltsräumen, Fernsehzimmer und Snackbar, Disco und sogar nüchterner Büroära. Das Gegenteil von unpersönlicher Kühle bietet zum Glück das «Hotel Julen», das als erster Walliser Betrieb seit 1982 zur Gruppe der «Schweizer Romantik-Hotels» gehört.

«Bergluft macht schlank» verspricht ein Zermatter-Prospekt, was stimmt, jedenfalls für die ersten Tage in ungewohnter Höhenluft. Doch dieser Zustand ändert sich bald, wenn man erst mal herausgefunden hat, was wo unbedingt gekostet werden muß. Der Appetit kommt von selbst, denn das Höhenklima sensibiliert nicht nur die Zunge, sondern läßt auch den spritzigen Fendant zu jeder Gelegenheit und zu fast jeder Stunde munden, sei es zum luftgetrockneten Walliser Fleisch oder zu verfeinerten Genüssen an rustikalen oder damastgedeckten Tischen.

Will der Gast sich in der antik aufgemachten «Hostellerie Tenne» nach Gourmetart verwöhnen lassen, wird er unbedingt einen Platz reservieren lassen müssen, auch wenn sich die Lokalitäten über zwei Etagen erstrecken. In dieser, schon das Auge ästhetisch befriedigenden Umgebung lohnt nicht, die Franken zu zählen, denn nirgends in Zermatt wird so bewußt gekocht und aufgetischt. Im Winter animiert vor allem der unverwechselbare Duft von trockenem Arvenholz, sich für Grilladen vom offenen Feuer zu entscheiden, es sei denn, daß die persönliche Empfehlung des Küchenchefs noch vielversprechender ist. Ein Diner hier, intim zu zweit oder mit Freunden, hat noch niemand bereut. Die «Tenne» ist, was Gau-

In der gemütlichen Whymperstube kehrt der Gast zu jeder Tageszeit gern ein. Was er auch wählt, ein üppiges Gericht oder nur einen Tagesteller, er wird ebenso appetitlich wie freundlich serviert

Hotel und Restaurant «Walliserhof» an der Bahnhofstraße lassen sich nicht übersehen, einmal, weil sich's so schön auf der Terrasse sitzen und beobachten läßt und weil man weiß, daß hier der Küchenchef sein Bestes auf die Teller zaubert

Im Fünfsternehotel «Mont Cervin» ist nach alter Seilerscher Familientradition der Gast noch immer König. Die Atmosphäre des Hauses verwandelt das Hoteldasein in Lebensgenuß. Die lukullischen Genüsse verraten beste Schulung

Zu den erstklassigen Küchen Zermatts zählt unbedingt die «Hostellerie Tenne» in unmittelbarer Nähe des Bahnhofs. Auf gepflegte Ambiance wird großen Wert gelegt, und die Gäste werden mit kulinarischen Überraschungen ausgezeichnet «verpflegt»

Der Name «Seilerhaus» bürgt allein schon für Qualität, denn schließlich ist Zermatts Aufstieg zum internationalen Top-Ort der Hoteliersfamilie Seiler zu verdanken. So wird denn auch im «Seilerhaus» mit dazu gehörender «Otto-Furrer-Stube» hervorragend gekocht

menkitzel betrifft, das erste Haus am Platz und setzt Maßstäbe. Ohne Frage aber können Sie auch im Panorama-Grill «Nicoletta» vorzüglich essen, z. B. Burgunder Fleischfondue mit dem Inhalt von sage und schreibe 25 Schüsselchen und kleinen Töpfen. Im Restaurant «Pink Elefant» (Hotel Post) kultiviert ein Bündner Chef die schmackhaft-leichte Küche und empfiehlt das kleine, feine Gericht wie Froschschenkel an Schnittlauch, umhüllt von zartem Blätterteig oder delikate Schalentiere sowie Fische. Einen guten Ruf hat auch der «Walliserhof», ein einladendes Chalet mit roten Fensterläden. Gemütlichkeit wird hier, vor allem im Grill-Room, groß geschrieben. Was die Speisekarte nicht verrät, sind die gut und reichlich bemessenen Portionen. Getrennt sitzen die Liebhaber von Käsegerichten von denjenigen, die Fleisch bevorzugen im «Grill-Room Stockhorn» — vor allem der Service ist aufmerksam und höflich, frisch und schmackhaft ist das, was aus Küche oder Keller kommt.

Die Empfehlung von ausgesuchten Speiselokalitäten in einem Ort, in dem an ungezählten Öfen in über 50 Küchen für mehr als nur Ernährung gesorgt wird, kann nur Stückwerk bleiben und die individuelle Entdeckerfreude lähmen. Darum, gut essen kann der Gast überall in Zermatt, ausgesprochen schlecht nirgends.

Wenn es Nacht wird

Zermatt bei Nacht läßt manches erwarten und noch mehr erleben. Wer hierher kommt, will sich nicht unbedingt früh schlafen legen. Spätestens nach dem Abendessen hat der Gast wieder neue Lebenskraft, und «tout Zermatt» ist unterwegs. Dann präsentiert sich das Dorf romantisch bis mondän, leger bis versnobt, tugendhaft bis übermütig, und wer allein bleibt, heißt es, sei selber schuld.

Die vielversprechende Zahl von 10 Dancings und weiteren 25 Bars sorgen für gediegene Unterhaltung (Five o' clock im «Zermatterhof», zum Whisky ins «Mont Cervin» oder zum Café Williams in die «Matterhornstube») bis hin zur mitreißenden High life-Szene (Dancing in der zweigeschoßigen «Kanne», im «Village» und im «Pollux»). Erfreulich vor allem: nirgends kommt Animation «aus der Konserve», gute Bands versetzen Boden und Tänzer in Schwingung, sorgen für heiter-gelöste Stimmung. Gäbe es nicht ein unumstößliches Reglement, die Polizeistunde, fände mancher statt am Morgen erst am Mittag aus den Federn.

Kein Zermatter Sommer ohne Ski

Das größte Sommerskigebiet der Alpen erschließt die Klein Matterhorn Luftseilbahn. Durch einen 170 m langen Stollen gelangt der Skifahrer auf die Südseite des Klein Matterhorns zum Breithorn-Plateau, wo er unmittelbar die Bretter anschnallen und sich einem herrlichen Pistenrausch überlassen kann. Offen steht ein Gebiet, das sich über 36 km zwischen Testa Grigia (3480 m) an der italienischen Grenze und dem Klein Matterhorn (3883 m) erstreckt, aber ganz auf Schweizer Boden liegt. Das über zahlreiche Skilifte verfügende Sommerskigebiet ist aber auch im Winter befahrbar. Die längste Abfahrt (Trockener Steg) mißt 6,8 km bei einem Höhenunterschied von 999 m. Der höchste Lift führt auf die Gobba di Rollin (3899 m). Die gesamte Länge der Skilifte beträgt 12 306 km und der totale Höhenunterschied 1770 m.

Die Transportkapazität beträgt hier allein 7000 Personen pro Stunde.

Skigebiete

Die großen, ausgedehnten Zermatter Wandergebiete verwandeln sich beim ersten Schneefall in echte Skifahrerparadiese. Mit der schnellsten

In Zermatt locken aber nicht nur Nobelhütten, sondern auch zahlreiche «bürgerliche» Stuben an empfehlenswerte Tische

Zermatter Aufstiegshilfe, der Alpen Metro, braucht der Skifahrer noch nicht einmal fünf Minuten, um auf Sunnegga wieder auszusteigen (Förderkapazität 2600 Personen/h). Von dort geht's mit einer Vierergondel und einem Schlepplift zum Blauherd oder weiter hinauf mit der Luftseilbahn zum Unterrothorn. Drei zusätzliche Schlepplifte, eine Gondelbahn von Gant und ein Sessellift von Findeln vervollständigen in schneesicherer und sonniger Lage das breitgefächerte Pistenangebot mit landschaftlich reizvollen Abfahrten (Tufternkumme, Tufternalp, Rotwäng, Findeln sowie die National FIS Strecke. Verpflegungsmöglichkeiten finden sich auf Sunnegga, Blauherd, Findeln, Tufternalp, Ried).

Knappe 45 Minuten Fahrzeit muß rechnen, wer das Skigelände Riffelberg/Gornergrat—Stockhorn befahren möchte. Die Gornergratbahn erschließt dann jedoch eine Märchenlandschaft und ein vielseitiges Abfahrtsgelände. Versierte Pistenjäger schweben ab Gornergrat allerdings mit der Luftseilbahn noch höher über Hohtälli bis hinüber zum Stockhorn (3407 m). Hier lockt das Revier den schnellen Fahrer oder die klassische Tourenabfahrt zum Grünsee—Gant mit über 1000 m Höhendifferenz. Beliebte und hochklassige Abfahrten mit vielseitigen Möglichkeiten liegen zwischen Riffelberg—Gifthittli (Gornergrat). Weniger tollkühne Abfahrtskünstler bevorzugen dagegen das Gelände Rotenboden—Riffelberg, während der anspruchsvolle Pulverschneefan auf den Stockhorn Nordhängen, Rote Nase mit Triftji Skilift, Ritzengrat und Findelnkelle

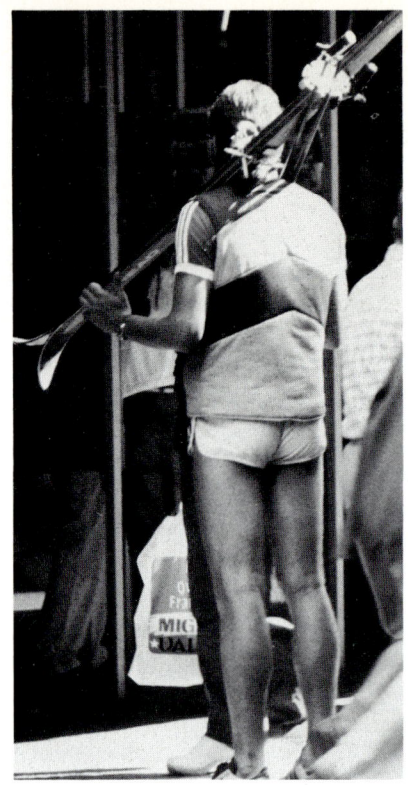

Die vergnüglichste Art zu bräunen: Sommerski

auf seine Kosten kommt (Verpflegungsmöglichkeiten auf Gornergrat, Riffelberg, Rote Nase, Findeln, Riffelalp, Ritti, Furi, Winkelmatten).

Größte Attraktion unter Zermatts Wedelrevieren ist das Klein Matterhorn, sieben Kilometer Luftlinie entfernt von seinem großen Namensvetter, dem berühmten Schicksalsberg. Durch den Bau einer kühnen Luftseilbahn, die auf 3820 m endet, bereichert sie Zermatt um einen weiteren Superlativ. Mit genau 12 m übertrifft sie die bisherige Rekordhalterin, die der Aiguille du Midi in Chamonix als die höchstgelegene Luftseilbahn Europas. Mit der neuen Luftseilbahn (1983) Furi—Trockener Steg (125er Großraumkabinen) dauert die Fahrzeit von Furi bis Trockener Steg nur noch neun Minuten (Förderkapazität 920 Personen/h), sie stellt zugleich den direkten Anschluß zum Klein Matterhorn her. Ab Furi erschließen somit drei Bahnen ein weitläufiges und großzügig ausgebautes Skigebiet. Die Länge der gesamten Abfahrt Klein Matterhorn—Zermatt beträgt 18 km. Rings um den Zermatter Zauberberg wartet also ein imponierender Skizirkus auf: 7 Luftseilbahnen (Zermatt-Furi-Schwarzsee 2586 m, Zermatt-Furi-Furgg bis Trockener Steg 2939 m und zum Klein Matterhorn mit 3820 m, Furgg-Schwarzsee) mit einem leistungsfähigen Netz von 7 Skiliften und 4 Gletscherskiliften. Gorner- und Theodulgletscher trennen das Pistenkarussell Gornergrat/Riffelberg vom Dorado echter Pistenflitzer, dem Revier am Schwarzsee mit seinen Ehrfurcht heischenden Abfahrten «Aroleid», «Tiefbach» und «Mamatt», den Buckelpisten am Trockenen Steg und den flachen, ausgedehnten Gletscherflächen am Theodulpaß. Für Kenner dieser grandiosen Skiarena gehört es zum guten Ton, auch das Gelände jenseits des Klein Matterhorns, die italienische Seite des Cervinia-Passes, kennenzulernen.

Ab Mitte Februar locken Zermatts reizvolle Frühjahrs-Skitouren. Der Bergführerverein bietet ein abwechslungsreiches Programm an. Eine gute Kondition sowie eine gute Ausrüstung mit Tourenbindung und Fellen braucht, wer das Breithorn, den Cima di Jazzi oder das Schwarztor erklimmen will. Als ein besonderes Vergnügen gilt, sich einen Helikopter der Air-Zermatt samt Bergführer für eine Hochgebirgs-Gletscherabfahrt im jungfräulichen Pulverschnee zu mieten, allerdings ein nicht ganz billiges Vergnügen. Doch bietet Heli-Skiing ein unvergeßliches Erlebnis, einmal den Flug an sich um die höchsten Gipfel der Schweiz, zum anderen den Ausblick auf die einmalige Pracht der hochalpinen Landschaft und drittens den Skiplausch außerhalb jeglicher präparierter Skipisten, wobei Abfahrten über eine Höhendifferenz bis zu 3000 m bewältigt werden. Einzigartig dabei ist in Zermatt, daß der Skifahrer selbst bei schlechtem Flugwetter in einem unvergleichlichen Skikurs seinem Hobby nachgehen kann, was beispielsweise in Kanada, dem gepriesenen Land des Heli-Skiing, nicht möglich ist.

Als Alternative für Abfahrtsmuffel bietet Zermatt aber auch drei landschaftlich schön gelegene Langlaufloipen an (Winkelmatten-Tuftra, ungefähr 3 km, Furi-Schweigmatten, ungefähr 4 km, Täsch-Randa, etwa 12—15 km). Schöne Ski-Wanderwege bietet Grünsee (Riffelalp-Grünsee-Sunnegga-Tuftern, ungefähr 10 km), Riffelberg (Riffelberg-Gougla-Kelle-Riffelsee-Riffelberg, etwa 8 km), Blauherd (Stellisee-Fluhalp-Findelengletscher- Blauherd, ungefähr 8 km), Stafel (Schwarzsee-Zmuttgletscher-Stafelalp-Furi, ungefähr 12 km), Matterhorn (Trockener Steg-Matterhorn Ostwand-Gandegghütte- Theodulhorn-Trockener Steg etwa 12 km).

Grächens Triumph: schöner, beliebter Familienferienort

Als Thomas Platter, Geißbub, Scholar, Buchdrucker, Schloßherr und schließlich hochangesehener Gelehrter, in **Grächen** geboren wurde, ob das nun 1499 oder 1507 war, weiß man nicht mehr so genau, hatte er nicht nur sich, sondern auch seinem Geburtsort einen Platz im Lexikon gesichert. Die Grächner haben sich allerdings erst zu seinem 400. Todestag (26. Januar 1582) ihres berühmten Sohnes erinnert und eine Gedächtnistafel auf dem Dorfplatz angebracht. Mit zunehmender Touristenschar wuchsen nämlich auch Wunsch und Wille, Grächner Attraktionen heraus-

GRÄCHEN

zustellen. Außerdem steht man heute darüber, daß Platter stark für die Reformation plädierte, was den katholischen Ständen seinerzeit gar nicht gefiel. Also wurde er vergessen.

Doch Platter war eine bemerkenswerte Persönlichkeit. Latein, Griechisch und Hebräisch hatte er sich als Seilergehilfe selbst beigebracht, und in Zürich lernte er Ulrich Zwingli kennen, der ihn prägte. So lehnte er später sogar das Angebot des Bischofs von Sitten ab, oberster Schulmeister des Wallis zu werden, und ging statt dessen nach Basel, wurde Rektor des humanistischen Gymnasiums und verfaßte eine der interessantesten Autobiographien des 16. Jahrhundert im deutschen Sprachraum. Er heiratete mit 73 Jahren zum zweiten Mal und zeugte noch sechs Kinder. Sein berühmtester Sohn, der Arzt Felix, führte an der Basler Universität die Sektion in die medizinische Ausbildung ein — kurzum, die Grächner dürfen stolz auf den berühmtesten ihrer Söhne sein.

Doch von Platter einmal abgesehen, kann Grächen sich durchaus empfehlen: auf 1617 m Höhe und windgeschützter Sonnenterrasse gelegen, umschließen es herrliche Lärchen- und Arvenwälder, die zu den schönsten Gebirgswäldern überhaupt zählen und hier und da sogar dicht die Häuser umstellen. Stundenlang läßt es sich im Grächnerwald wandern, und immer wieder gibt es neue Ausblicke und Panoramen zu bewundern. Die Berner Alpen mit Eiger, Mönch und Jungfrau, Brunegg- und Weißhorn, Matterhorn, Bietschhorn, Aletschhorn und Finsteraarhorn sind die berühmtesten Namen. Grächen selbst schmiegt sich an die letzten Ausläufer der Mischabelgruppe.

Der Ort hat in den letzten Jahren stark an Ausdehnung gewonnen. Der Dorfkern ist nur schwierig mit dem Auto zu befahren, und auf dem attraktiven Mittelpunkt, dem Dorfplatz, wurden im Zuge der neuen Umgestaltung Parkuhren für Kurzparkierer aufgestellt. Besser ist es jedenfalls, sein Fahrzeug beim Ortseingang im Parkhaus abzustellen. Denn nur per pedes wird der Gast den Charakter des alten, schönen Grächen mit seinen typischen Holzhäusern und Stadeln jenseits der Kirche kennenlernen

(Lichtung Hohegga). Hier sieht man noch Bergbauern an steilen Hängen mühsamer Arbeit nachgehen, duftet es noch aus so manchem Stall oder einer kleinen Wäscherei, und hier sollen auch die Einheimischen an besonderen Fest- und Feiertagen noch ihre wunderschönen alten Trachten tragen.

Pistenvergnügen ohne Schlangestehen

strebt Grächen zielbewußt an. Bislang war zu Spitzenzeiten in der Hochsaison von Unzumutbarem zu hören. Wer auf Hannigalp wollte, die Drehscheibe des Grächer Skigebietes, mußte bisweilen beträchtliche Wartezeiten an der Talstation einkalkulieren. Denn der einzige Zubringer, die

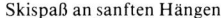

Skispaß an sanften Hängen

Ferienvergnügen heißt auch, Freundschaft mit Walliser Küche und Keller schließen

Hannigbahn mit ihrer 400 Personen/ Stundenleistung stand schon lange im Widerspruch zu den 5000 Gästebetten. Aber dieses Dilemma gehört nun der Vergangenheit an. Im Frühjahr 1984 wird in südöstlicher Richtung oberhalb Grächens auf einer Höhe zwischen 2400 und 2900 m das Gebiet von Seetalhorn-Gabelhorn-Durlochhorn-Plattja dem Pistenfan erschlossen sein. Die Neigungsverhältnisse der Hänge variieren hier zwischen 25 und 55% und bieten somit dem Skifahrer die geschätzte Abwechslung. Aufgrund von Höhenlage und Exposition sind in diesem Gebiet durchweg ausgezeichnete Schneeverhältnisse mit Schneehöhen von 60 bis 180 cm anzutreffen. Das Herzstück der Neuerschließung bildet eine Sechsergondel, die — praktisch vom Dorfzentrum über 18 Stützen zum Teil ungewöhnlich steil angelegt — auf eine Bergkuppe unterhalb des Seetalhorns führt. Die Bahn überwindet auf einer Länge von rund 2,8 km die «rekordverdächtige» Höhendifferenz von 1200 m. Wer noch ein paar Minuten Fußmarsch hinzulegt, wird als Wanderfreund oder Tourenfahrer seinen Blick nicht nur zwischen dem Zinal-Rothorn und dem Rhonegletscher schweifen lassen können, sondern auch hinab ins Saas-Tal. Neben der Bergstation (2865 m) hält ein Bergrestaurant offen, das 150 Personen drinnen und 200 Personen auf der Terrasse bewirten kann. Zwei Sessellifte sollen schließlich im Gebiet «Heidnisch-Tosso-Plattja» und in Richtung «Riedberg» ebenfalls ihren Betrieb aufnehmen. Im Seetalhorn-Gebiet sowie auf der Rückfahrts- und der Verbindungsroute zum heutigen Skigebiet auf Hannig (sieben Skilifte im Skigebiet und einer im Dorf) werden heuer Pisten angelegt. Wanderwege und Aussichtspunkte (zum Beispiel in Richtung Riedgletscher) bereichern zusätzlich dann das Sommerangebot. Dem Trend zum schnelleren Abfahrtsjagen wird somit dieses neu erschlossene Skigebiet gerecht, denn Abfahrten bis zu 30 Grad locken schon anspruchsvollere Skifahrer an.

Für 1984 ist aber auch der Ausbau der Hannigbahn auf ein leistungsfähigeres Transportsystem geplant. Die bisherige Anlage wird durch eine neue, moderne Sechsergondelbahn ersetzt, die zur Wintersaison 1984/85 betriebsbereit ist. Gleichzeitig bleibt auch der Bergji-Bus zum gleichnamigen Skilift (330 bis 400 Personen/Std.) in Betrieb. Zusammen mit den Anlagen im Skigebiet verhilft man dann in Grächen pro Stunde 10 000 Personen zum ersehnten Skivergnügen, wobei die Reservekapazitäten noch nicht einmal ausgeschöpft sind. 10 000 Personen, das bedeutet ein beachtliches Potential und heißt für den Gast, daß Grächen nun erst recht Spaß macht!

Ringsum aber scheint Grächen in ein Meer neuer Chalets und Appartementhäuser eingebettet. Die Hauptstraße von Niedergrächen herauf läßt den Dorfkern rechter Hand liegen und läuft in großzügigem Schwung die Bergterrasse entlang und macht Grächen zum Straßendorf. Der Gesamteindruck: beschaulich, friedlich, besinnlich. Im Sommer sehr heiß, denn Grächen zählt zu den trockensten Gebieten des Wallis mit den allermeisten Sonnentagen. So wurde das lebensnotwendige Wasser schon vor Jahrhunderten in großen Fuhren vom nahen Riedgletscher geholt, heute besorgen diesen Dienst ausreichende Wasserleitungen.

Grächen bevorzugen die Liebhaber von Familien-Ferienorten. Sie kommen im Sommer ebenso gern wie zur Wintersaison, so daß sich Sommer- wie Wintertourismus in dem 1128 Einwohner zählenden Dorf heute die Waage halten, zumal den Grächnern 1978 die große Einsicht kam, einen Baustopp zu verhängen und touristisch nachzuholen, was der anspruchsvolle Feriengast an Freizeitbeschäftigung von einem so herrlich gelegenen Bergdorf verlangen kann. Man hat seither erstaunlich viel getan. 1983 wurde das neue Sportzentrum eingeweiht. Für den Winter stehen 2 Curlingrinks und 1 Eisbahn (30×60 m) zur Verfügung, 1 Squashraum, 1 Spiel- und 1 Fitneßraum sowie Boccia- und Tischtennisanlagen. Auch dem groß aufgekommenen Tennissport wird Rechnung getragen. Im Curlingteil kann man in «eisfreien» Zeiten an einer Trainingswand üben, und in der Tennishalle läßt sich auf zwei Plätzen siegen oder verlieren. Im Sommer wird die Eisbahnfläche vier weitere Tenniscourts aufnehmen, und natürlich fehlen weder Garderoben, Duschen noch ein Restaurant. Praktisch ist, daß die Halle auch für kulturelle oder sonstige Anlässe genutzt werden kann, möglicherweise kommt sogar noch eine mobile Bühne dazu. 1983 beschloß die Gemeinde, das Sportzentrum mit einem neuen Hallenbad einschließlich Sprudelbad, Sauna und Solarium zu bereichern.

Ferienorte haben ihr eigenes Gepräge und meistens ihr typisches Publikum. Die Gäste wollen natürlich auch dem alpinen Skisport huldigen, doch benötigen Familienverbände weniger Superpisten für Superkönner, am wenigsten zu Superpreisen, dafür fühlen sie sich am glücklich-

Die Luftseilbahn Hannigalp ist die Drehscheibe Grächner Pistenvergnügens

sten, wenn sie weder von der sportlichen noch der gesellschaftlichnächtlichen oder der finanziellen Seite überfordert werden. Darum bietet Grächen neben seinen 21 Hotels auch rund 500 Chalets und Ferienwohnungen und sechs Gruppenunterkünfte an. Für den gemütlichen Abend sorgen 30 Restaurants und verschiedene Bars. Allerdings — für Jet-Setter ist Grächen kein geeigneter Tummelplatz. Zwar gibt es das äußerst gepflegte Restaurant und das gut und gern besuchte Dancing «Grächerhof» oder — für die junge Generation — das «Mascotte», aber high life im Stile von St. Moritz, dafür ist das Wallis generell nicht der richtige Boden.

Ein Dorf, das überraschen kann

Es sei vorausgeschickt: der Grächner zuckt keinesfalls zusammen, wenn von Grächen als einem «Dorf» die Rede ist. Ihm schwillt sogar ein wenig stolz die Brust, denn schließlich ist Grächen sogar ein Bergbauerndorf mit bemerkenswerter Vergangenheit. Stieß man doch kurz nach der Jahrhundertwende am Fuße des «Heidnisch Toso» auf eine bronzene Speerspitze und zwei weitere bronzene Schlagwerkzeuge und grub 1948 im Weiler Bina sogar zwei Steinkistengräber, wenn auch ohne Grabbeigaben, aus, die bezeugen, daß die Grächner Gegend schon in der Übergangsphase von der Stein- zur Bronzezeit besiedelt war. Die «Neuzeit» wird quellenmäßig 1295 zum ersten Mal faßbar, als von Grächen in Form von «de Grangis» berichtet wird, wobei vermutlich dieser Name für «Zer Grechu» gebräuchlich gewesen ist, gleichbedeutend mit jenem Weiler, in dem bis 1928 das alte Gemeindehaus von Grächen stand. Die Schreibweise «Grenkun», die der heute gesprochenen Walliser Mundart «Grechu» am nächsten kommt, kennt man seit 1307. Vermutlich aber hat das lateinische «granica» (Kornspeicher) für «Grächen» Pate gestanden, denn die Gegend westlich von Zer Grechu heißt noch heute «Grechbiel», weil dort früher ausschließlich Getreide geerntet wurde. Aus dem Jahre 1553 sind die ersten Gemeindesatzungen Grächens überliefert, sie beziehen sich auf Wasserzufuhr, Gerichtsbarkeiten, den Einkauf ins Burgerrecht und die Benutzung der Allmend, da Grächen damals dem Bischof von Sitten unterstellt und abgabepflichtig gewesen war.

Lebten 1798 erst 290 Personen in Grächen, so waren es 1850 schon 388, doch konnten sie sich nur mühsam von der Bergbauernwirtschaft ernähren. Zwischen 1865 und 1890 erfolgte daher eine große Auswanderung von etwa 70 Einwohnern, sogar bis nach Amerika. Um 1900 aber lebten schon etwa 400 Personen in Grächen. Viele von ihnen mußten sich noch immer Arbeit außerhalb ihres Heimatortes suchen, aber damit teilten sie das Schicksal der Bewohner zahlreicher anderer Walliser Bergdörfer. Doch setzte um diese Zeit zugleich ein erster bescheidener Fremdenverkehr ein. Den Anfang hatte 1896 der Basler Botaniker- und Musiklehrer Nordmann gemacht, der auf Platter-Spurensuche war. Neun Jahre hintereinander blieb Nordmann Grächen als Feriengast treu. Möglicherweise hat er für Mundpropaganda gesorgt, denn von nun an wurde Grächen von immer mehr Deutschschweizern als erholsame Sommerfrische entdeckt. 1909 baute man als erstes das Hotel Hannigalp, dann folgten 1916 die Pension Mischabel, 1923 die Pension Alpina

und 1932 das Kurhaus Grächen, der heutige Grächerhof. Weilten 200 Gäste vor dem Zweiten Weltkrieg in Grächen, so bedeutete das damals eine maximale Bettenbelegung. Obwohl die Brig-Visp-Zermatt-Bahn seit 1890 bis St. Niklaus verkehrte, beschlossen die Grächner aber erst 20 Jahre später, eine «Wagenstraße» von St. Niklaus nach Grächen zu bauen. Eine durchgehende Straßenverbindung von Grächen direkt ins Tal hinab gab es jedoch erst seit 1953. Von da an aber stieg der Sommertourismus in Grächen systematisch an. Für die Bewohner gab es seither Arbeit und Einkommen, und die Einwohnerzahlen stiegen. 1950 zählte man schon 650, 1982 aber bereits 1128 Bewohner.

Sollte Sie jemand nach einer besonderen Attraktion Grächens fragen, dann empfehlen Sie ihm den herrlichen Höhenwanderweg von Grächen nach Saas-Fee, eine Tour von rund 5½ Stunden. Für den Rückweg empfiehlt sich der Busverkehr.

Grächen im Sommer schätzen vor allem Wandervögel

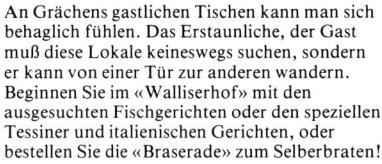

An Grächens gastlichen Tischen kann man sich
behaglich fühlen. Das Erstaunliche, der Gast
muß diese Lokale keineswegs suchen, sondern
er kann von einer Tür zur anderen wandern.
Beginnen Sie im «Walliserhof» mit den
ausgesuchten Fischgerichten oder den speziellen
Tessiner und italienischen Gerichten, oder
bestellen Sie die «Braserade» zum Selberbraten!

Die «Tenne» spricht für die angenehme Eigen-
schaft der Walliser Gastfreundschaft. Je nach
Hunger oder Appetit dürfen Sie hier unter
Grilladen wählen, die der Chef überm Holz-
kohlenfeuer zur rassigen bis feurigen Überraschung werden läßt. Darüberhinaus der Typ:
Auch Salatbuffet und Käsefondue lohnen sich

Eine Krone ziert die Speisekarte des Restaurants
«Couronne», ein Symbol, das verpflichtet.
Warum also nicht den Morgen mit einem Sekt-
frühstück beginnen? Statt Sekt verführen aber
auch delikate Fischspezialitäten und den, der es
kräftiger mag, das Fleischfondue «Couronne»

Ein typisches Bergrestaurant bewirtschaftet das
Skilehrer-Ehepaar Rosmarie und Alfons Andem-
matten: «Bärgji-Alp». Bekannt für seine
Fleischspezialitäten vom Holzkohlengrill; selbst
eine halbe Portion Raclette darf man hier bestellen. Erreichbar: im Sommer zu Fuss vom Dorfkern in einer halben Stunde; im Winter an der
Skipiste

Die herrliche Walliser Bergwelt läßt sich auch auf leichten Routen erschließen

Von Visp aus führt der Weg ins *Saastal* über **Stalden.** An seinem Ortsausgang verzweigt sich die Autostraße einmal in Richtung **Grächen/Zermatt** und zum anderen in Richtung **Saas-Fee.** Der Saaser Vispe entlang muß zunächst ein enger Talgrund durchquert werden. Durch seine herb-schöne Natur, seine wechselvollen historischen Geschicke, den eifrigen Handels- und frommen Kunstsinn des vielfach von Schicksalsschlägen heimgesuchten Bergvölkleins zählt das Saastal zu einem der interessantesten Alpentäler der Schweiz.

«Einige werden sagen, ich habe dieses Thall ein wenig zu vill gehalten. Es mag sein. Doch bitte ich disse, sie wollen mich berichten, welches Thall im Wallis oder welche Bergschafft so frihzeitig zur Freyheit gelanget? Welches so vielle gelehrte Geistluchen und weltliche standes zähle? Welches so vielle hohe Landsheupter gehabt habe, welches ungeachtet der geringen gütter so vielle pfrumbden und Gotteshäuser gestiftet. Saas kan aufweisen in grosser Zahl Weisen Hürten für die Kirchen und kluge Männer für die hoche Landesämter, und Patrio-

ten, arbeitsame Leite.» Mit diesen Worten rechtfertigt, der Saaser Chronist Peter Josef Zurbriggen in seiner 1809 abgeschlossenen Chronik seine Ausführungen über das Saastal. Zurbriggens Urteil, 1788—1813 Pfarrherr von Saas, darf jedoch als zutreffend gelten.

Die Geschichte des Saastales reicht natürlich viel weiter zurück. Neueste Forschungen ergaben, daß das ·Saastal schon etwa 2000 Jahre v. Chr. bewohnt war. Verschiedene Einzelfunde wie Steinbeile und römische Münzen belegen, daß die Saaser schon sehr früh Verbindung mit dem Süden, entweder über den *Antronapaß* ins gleichnamige Tal oder über den *Monte Moro-Paß* nach Macugnaga im Anzasca-Tal unterhielten.

Der Name des Saastales hat so manches Mal gewechselt. Einer Lehensurkunde von 1256 zufolge nannte man es damals «Vallis Salxa». 1297 sprach man von «Sausa», das dem Unterwalliser Dialekt «sûsa» verwandt erscheint und als Bezeichnung für unwirtliche, von Runsen und Lawinenniedergängen gekennzeichnete Waldhänge gebräuchlich war. Von der Form «sûsa» zu «Saas» ist es etymologisch nur noch ein kleiner Schritt.

Das Tal galt als schwer zugänglich und schauerlich. Doch als sich die Kunde von seiner reichen und ausgefallenen Alpenflora verbreitete, wagte ein Schüler des berühmten Gelehrten Albrecht von Haller, ein Botaniker, als einer der ersten, seinen Fuß 1795 in das unwegsame und gefürchtete Gebiet zu setzen.

Je unwirtlicher und schrecklicher die Berge und Felsen anzusehen wa-

ren, umso mehr reizten sie die ersten Gebirgsmaler. So kam denn auch Gabriel Lory, Sohn, selbst Alexandre Calame, um hier Bildeindrücke zu sammeln. Denn noch 1778 beschrieb G. S. Gruner die Gegend der Vispertäler und ringsum als «das schweizerische Grönland» und «die schäußlichste Wildnis der Schweiz».

Die alpinistische Entdeckung blieb auch im Saastal den Engländern vorbehalten. 1860 weilte Edward Whymper in **Saas-Fee**, um das *Weißmies* zeichnerisch festzuhalten. Zehn Jahre später kam sogar der französische Architektur- und Kunsttheoretiker Viollet-le-Duc angereist, um Saaser Berge zu besteigen und sich von dieser herrlichen Natur beeindrucken zu lassen. Er wagte sich so hoch und kühn hinauf, daß er in eine Gletscherspalte fiel, aber glücklicherweise nach drei Stunden gerettet werden konnte, so daß sein Genie der Nachwelt erhalten blieb.

Das *Saastal* ist eine wahre Fundgrube für Botaniker. Von seiner Erschließung an bis heute finden Sie hier eine Flora, die zu den artenreichsten der Schweiz gehört. Und was immer wieder fasziniert: Die Saaser besitzen eigene, uralte Gesetze für den Murmeltier-Fang. Schon in alter Zeit bildete das possierliche Alpentierchen Gegenstand von Prozessen, und noch heute wird es gehütet und gepflegt.

Die Ortschaften des Saastales erreicht man mit den PTT-Bussen von **Brig** und **Visp** aus. Allerdings reist die Mehrzahl der Gäste mit dem eigenen Wagen oder dem Reisebus, obwohl auch innerhalb der Talgemeinden und mit Saas-Fee ein lokaler Busbetrieb besteht.

Die Saaser

Über die Herkunft der Saaser haben die Historiker eher weit- als naheliegende Erklärungen gesucht, selbst Mauren und Sarazenen sollen mit im Spiel gewesen sein. Seit 1300 aber treten die Saaser in historischen Quellen als geschlossene Gemeinschaft freier Männer auf. Zehntabgaben hatten sie nur noch der Kirche von Visp und dem Bischof von Sitten zu entrichten. Zur «Gemeinde Saas» zählten damals Baalen, Grund, Almagell und Fee. Die Talkirche stand in **Saas-Grund.** Bis 1893 bildete das Saastal eine einzige Gemeinde, dann trennten sich **Saas-Fee** und **Saas Almagell.** Was die wirtschaftliche Situation betraf, waren die Leute aus dem Saastal frühzeitig auf ihre Unabhängigkeit und Selbständigkeit bedacht. Lohnende Einkünfte brachten die großen Märkte von Macugnaga, die Wallfahrten zum Monte Sacro di Varallo in der Nähe des oberitalienischen Ortasees und nicht zuletzt der ständige, aber einträgliche Schmuggel über den *Monte Moro.* Wenngleich das Saastal durch den Handel an Bedeutung gewann, wurde die Talbevölkerung immer wieder von schweren Schicksalsschlägen getroffen: Steinschlag, Wildwasser, Lawinenniedergängen, Überschwemmungen des *Mattmarksees,* die oft lebensbedrohende Ausmaße annahmen. Trotz neuzeitlicher Schutzwehren bedeutete das Jahr 1951 wieder ein schweres Lawinenjahr. 70 Tage war die Zugangsstraße ins Tal durch die gewaltigen Schneemassen blockiert. Die Überschwemmungen des Mattmarksees sind gebannt, seit ein gewaltiger Erddamm zum Schutze des Tales errichtet worden ist. 100 Millionen Kubikmeter Wasser werden durch einen 117 m hohen, 780 m langen und 373 m breiten Erdstaudamm zurückgehalten. (Rund um den Stausee führt ein markierter Wanderweg, Marschzeit 2½ Std.)

Die Bevölkerung ist zäh und fleißig, Eigenschaften, mit denen sie den Naturkatastrophen seit alters zu begegnen wußte. Inzwischen hat der internationale Tourismus den Gemeinden Wohlstand gebracht, doch der Bergbauernstand ist immer mehr im Schwinden begriffen.

Wie alle Bergbewohner haben sich auch die Saaser seit alters in verschiedenen Handwerken geübt, eigenes Gerät und Werkzeug hergestellt. Berühmt sind die «Saaser Schnitzereien» an Möbeln, Truhen und Kästen, ebenso die Schmiedekunst. «Saasernägel» waren gesucht und geschätzt. Die Almageller Eispickel stehen selbst heute noch bei Alpinisten und Bergsteigern hoch im Kurs. Die Frauen des Tales machten durch ihre eigenartigen, charakteristischen Handwebereien von sich reden, ein Handwerk, das neuerdings wieder gepflegt und von den Touristen sehr geschätzt wird. Auch wer Folklore liebt, kommt im Saastal auf seine Kosten. Jeweils am 1. August findet der große Umzug durch Saas-Fee statt «Wie die Saaser lebten», es läßt sich aber auch am Taltreffen der alten und der neuen Musik oder am Ringkuhkampf auf der Triftalp teilnehmen.

Saas-Balen

Hinter den Weilern von **Eisten** weitet sich der Saaser Talboden zu einer mandelförmigen Mulde. An den Fels geschmiegt reizt das kleine **Saas-Balen** (1483 m hoch, 443 Einwohner) mit seiner originellen wie genialen Kirche zum Verweilen. In respektvoller Entfernung von der menschlichen Siedlung, auf der anderen Seite der Hauptstraße, erhebt sich das sakrale Gebäude vor prächtigem Hintergrund: hoch, schmal und strahlend weiß. Die Kirche Mariä Himmelfahrt ist eine architektonische Kuriosität und einzige Rundkirche nicht nur des Wallis, sondern der ganzen Schweiz! Sie ist ein verspätetes barockes, aber in sich geschlossenes und vollendet harmonisches Bauwerk, 1809—1812 von Johann Joseph Andenmatten aus Balen erbaut. Die beiden unterschiedlich großen, ineinander übergehenden Zylinder von Kirchenschiff und Chor sind das Besondere. Reich und schön ist auch die Innenausstattung (zwei kostbare Schnitzaltäre vermutlich von Johann Jost Ritz). Über dem inneren Eingang befindet sich eine kleine geschwungene Empore, die nur von außen über eine leiterartige Holzstiege zu erreichen ist.

Saas-Grund

4 km von Saas-Balen entfernt liegt **Saas-Grund** (1559 m, 1250 Einwohner, 4800 Betten in 22 Hotels und Pensionen, 300 Ferienwohnungen), eingebettet in die Mulde des Saastales. Da es wettermäßig stark von der Alpensüdseite beeinflußt wird, sind oft Schönwetterperioden zu erwarten. Klimatisch ungünstige Wetterbedingungen wie Nebel oder langanhaltende Regentage sind ausgesprochen selten. Seine besondere Lage sichert dem Talgrund sogar eine lange Sonnenscheindauer.

Berücksichtigt man neben dem Klima vor allem das Sommer- und Winterangebot dieser kleinen, aber immer gewichtiger werdenden Saaser Talstation (Hauptort des Tales, lebhafter Dorfverkehr), so gibt es Gründe genug, hierher zu reisen. Vor allem seit die herrlichen Hänge Kreuzboden—Hohsaas für den Skifan erschlossen sind und er sich nun den Traum vom Skifahren über der 3000-Meter-Grenze im Weißmiesgebiet erfüllen kann. Attraktiv ist das Gebiet *Triftalp—Kreuzboden—Hohsaas* als eine der schönsten «Seitenwannen des ganzen Saastales». Wanderer und Bergsteiger lockt diese Region ohnehin besonders, da sie mit dem *Fletschhorn,* einem knappen Viertausender, auch einen «matterhornähnlichen Berg» besitzt und mit dem berühmten *Jägigrat* selbst anspruchsvollen Kletterern Leistung abverlangt. Eine der klassischen Routen für Bergsteiger führt über den *Geißrück* und den *Triftgletscher* zum *Weißmies* hinauf. 1982 wurden folgende Wanderwege ausgebaut: *Kreuzboden—Weißflüeh—Almagelleralp, Sonnenweg Furrwald—Gstein, Panoramaweg* zur *Antoniuskapelle.*

Die touristische Erschließung des Hohsaas-Gebietes mit ihrer leistungsstarken Einseilumlaufbahn (Vierergondel, Fahrtdauer von 2400 m auf 3098 m in 8½ Minuten, stündliche

Förderleistung zwischen 1000 und 1150 Personen) dient natürlich in erster Linie dem Wintersport, bedeutet aber auch willkommene Erleichterung für Bergsteiger und Kletterer beim Anmarsch auf gewagte Ziele. Als besonderes Juwel gilt der Panoramahöhenweg, der in 2½ Stunden von Kreuzboden auf die Almagelleralp führt. Hohsaas bietet Schnee, Eis und Fels, aber auch ein eindrucksvolles Panorama von 18 Viertausendern. Das Skigelände gilt inzwischen als wertvoller Geheimtip, da sich das scheinbar schroffe und steile Gelände nach der ersten Felsbarrikade zu herrlichen Schneefeldern weitet, wobei man Skier im Pulverschnee und das Gesicht an der Sonne hat! Selbst im tiefen Winter scheint die Sonne von 9.30 bis 16.00 Uhr.

Aber auch Skilanglauf und Skiwandern gehören zu attraktiven sportlichen Betätigungen. Die Langlaufloipen im Saastal können sich sehen lassen: Die ursprünglich markierte Loipe Saas-Grund—Bidermatten—Saas-Balen—Saas-Grund—Unter den Bodmen wurde inzwischen bis nach Saas-Almagell verlängert, so daß auf einer Rund-Tour allein 30 km zurückgelegt werden können. Obwohl die Spur im Talboden verläuft, ist sie wunderbar sonnig.

Mit einer Natureisbahn, drei hoteleigenen, aber öffentlich zugänglichen Hallenschwimmbädern, Sauna und Fitneß, 6 km Spazierwegen im Winter, 250 km ausgebauten Wanderwegen, Minigolf, Tennis, Fischen, Fitneß-Parcours im Sommer sowie 30 Restaurants (teilweise mit Bar), 2 Diskotheken, Dancings, Schweizerischer Skischule und Bergschule, Vortrags-

und Unterhaltungsabenden vermag Saas-Grund seine Gäste in wohldosiertem Rahmen zu unterhalten und zu beschäftigen.

Saas-Almagell

Saas-Almagell (1672 m, 350 Einwohner, 1800 Gästebetten in 9 Hotels, 7 Pensionen, 4 Gruppenhäusern, 160 Ferienwohnungen, dazu 10 Restaurants, 1 Disco) verwirrt den Touristen. Wie soll er es halten? Saas-Almagell mit oder ohne Bindestrich? Richtig ist auf jeden Fall, daß dieses kleine Dorf den «touristischen» Schlußpunkt des Tales bildet. Und richtig ist, daß es «in stiller Harmonie» zu einem kleinen Kurort heranwuchs, dem noch manche Entwicklung bevorsteht. Vorerst begnügt es sich mit dem Erreichten: ein echter Familienkurort, von dem aus sich geruhsam wandern läßt und der Betätigungen ermöglicht, die keinen falschen Ehrgeiz provozieren, denn hier erholen sich auch die Älteren! Die Verantwortlichen erstreben eine sinnvolle, d.h. in Relation zu den Gegebenheiten stehende Entwicklung, die im trauten, friedlichen Erholungsdomizil gesehen wird, in einem Ort, der den Urlauber durch besonders aufmerksame Gastfreundschaft als Dauergast gewinnen will.

Was hat Saas-Almagell zu bieten? Im Winter 1 Sesselbahn, 7 Schlepplifte, 26 km Langlaufloipe, Natureisbahn und gepfadete Wanderwege; im Sommer gepflegte und gut markierte Wanderwege, Tennisspielen.

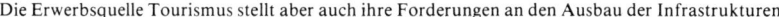

Die einzige Rundkirche der Schweiz ist die Kirche von Saas-Balen (1809—1812)

Die Erwerbsquelle Tourismus stellt aber auch ihre Forderungen an den Ausbau der Infrastrukturen

Saas·Fee
»Die Perle der Alpen«

Mit wahrhaft imposanten Vergleichen locken die Ferienprospekte von Saas-Fee — mit «Eisdom und Gipfelkathedrale». Das müßte gar nicht sein, denn wer aus dem Flachland kommt und zum ersten Mal die seit 1951 gut ausgebaute, mit zahlreichen Galerien und kleinen Tunnels abgesicherte Alpenstraße von Visp über Stalden (25 km) herauf kommt, verstummt ohnehin beim Anblick der Saas-Feer Schönheit. Schon allein die Fahrt durch das romantische Tal mit seinen 28 Gletschern, die von den Gipfeln fließen, und 13 Viertausendern bezaubert. Und dann der Ort. Er liegt auf dem Grund eines grandiosen Hochtales im Herzen der Mischabelgruppe, umkränzt von den Eisspitzen Nadelhorn, Lenzspitze, Dom, Täschhorn, Alphubel und Allalinhorn. Carl Zuckmayer formulierte: «Gewaltiger silberner Rahmen... es verschlägt einem den Atem.»

Seine Lage beschert Saas-Fee ein mildes Klima. Starkes Absinken der Temperaturen in der Nacht entfällt, da der Hochkessel die Wärme hervorragend speichert. Es läßt sich also streiten, welche Jahreszeit hier oben wohl die angenehmste und schönste ist — gesund und erholsam ist das Klima auf jeden Fall, von Herbst bis Frühjahr.

Am Bahnhofsplatz angelangt, ist für Autofahrer oder Bahnbenutzer erst einmal Endstation. Denn Saas-Fee tat vor Jahrzehnten schon klug daran, den Ort vom Autoverkehr

Die 2870 m hohe Längfluh ist nach wie vor ein Publikums-Magnet: Ein gewaltiges Gipfel- und Gletscherpanorama, Eisfälle sondergleichen. Im Hintergrund das 4027 m hohe Allalinhorn

freizuhalten. Ein Parkplatzproblem gibt es nicht mehr, seit 1981 das neungeschoßige Parkhaus am Ortseingang mit Parkplätzen bereit steht.

Der motorisierte Wintergast kann unter verschiedenen Anfahrmöglichkeiten wählen, entweder kurvt cr im eigenen Pkw zügig vom Rhonetal herauf, wobei ihm der Lötschberg-tunnel von Kandersteg nach Goppenstein (bzw. Brig) den weiten Umweg über den Genfersee erspart, oder er nützt den Autoverlad der Furka-Oberalp-Bahn und reist durch das Goms an. Er kann aber auch als Bahnbenutzer, unabhängig von jeder Jahreszeit, das ganze viel bequemer haben und mit der Bern-Lötschberg-Simplon-Bahn (BLS) nach Brig reisen und sich hier den in kurzen Abständen verkehrenden Omnibussen nach Saas-Fee anvertrauen. Eine Empfehlung für jeden, dem vor Alpenstraßen graut und den Parkgebühren an Ort und Stelle reuen. Das Mitführen sperrigen Gepäcks erweist sich problemlos, da unmittelbar am Ortseingang von Saas-Fee Elektrokarren und elektrisch angetriebene Minitaxis oder schellende Pferdefuhrwerke auf Gäste warten. Die kleinen Vehikel (120 Elektrofahrzeuge) lavieren sich so geschickt durch schmale und steile Gassen, daß man ihnen Bewunderung zollen muß. Der große Vorteil ist, den Gast stört keine stinkende Blechlawine, die behindert, kein Motorenlärm, kein ewiges Zurseitespringen. Einheimische und Fremde, Kinder und Hunde haben denn auch vollkommen von Saas-Fee Besitz ergriffen. Sie hocken auf Terrassen, in Vorgärten oder auf Bänken oder flanieren in so heiterem, buntgemischten Durcheinander, daß Spazieren gerne zum Dorf-Vergnügen wird.

Autofreier Kurort mit sportlich-familiärer Ambiance ist das eine Plus, das den Feriengast an Saas-Fee besticht, und das zweite ist sein trotz aller Ausdehnung dennoch geschlossener Dorfcharakter, in dem trotz aller Neu- und Umbauten das sonnengeschwärzte Walliser Haus, hoch und schmalbrüstig, bestimmend bleibt. Natürlich hat sich auch Saas-Fee in den letzten Jahrzehnten stark verändert und ist erheblich auseinandergegangen. Der Reiz des abgelegenen, verschwiegenen Bergdörfchens ist da-

hin. Auch Saas-Fee mußte Konzessionen machen, denn wer mithalten will, muß auf Trends Rücksicht nehmen.

Appartementhäuser wuchsen in Richtung «Großes Moos» und «Wildi», aber sie halten sich im Rahmen. Mit ihren Holzverkleidungen passen sie sich lokaler Bautradition an. Betonsilos und Spekulationsruinen hingegen gibt es nirgends. So ist es trotz des enormen touristischen Aufschwungs den Saas-Feern gelungen, das seit Generationen geschätzte, anheimelnde Dorfbild zu erhalten, und die Einwohner dürfen sich rühmen, ihr liebenswürdig-freundliches Entgegenkommen, ihre Gastfreundschaft bewahrt zu haben. Vielleicht sind die Menschen aber auch zu sehr in sich gefestigt und zu eigenständig, als daß Oberflächlichkeit auf sie Eindruck machen könnte. So blieb alles unliebsame Fremde, falscher Pomp von ihnen fern. Was reizt, ist der Charme der Schweizer Gemütlichkeit!

Traditionsbewußt denken heißt in Saas-Fee aber auch offen für Zukunft

Pfarrherr Johann Josef Imseng

und Fortschritt sein. Man war's. Als Beweis sei nur an die vier jungen mutigen Gründer der Gesellschaft «Skilift Saas-Fee» aus dem Jahre 1948 erinnert. Ihrer Initiative bleibt der Aufstieg Saas-Fees vom klassischen Bergsteiger-Dorf zum zweitgrößten Walliser Kurort, zum weltbekannten Ganzjahresort zu danken.

Vielleicht prägt hier auch noch immer die wilde und unberechenbare Natur den Menschen, dessen Siedlung zu Füßen himmelhoher Felswände geborgen, aber auch preisgeben wie in einer offenen Muschel ruht. Das herbe Erscheinungsbild der Alpengipfel und der Charakter der Menschen haben 1958 den großen Dramatiker Carl Zuckmayer bewogen — vierzehnmal war er bisher gekommen — hier für immer Zuflucht zu nehmen. Die bäuerliche Form der hiesigen Häuser erschien ihm die «nobelste» und die vom Althochdeutschen geprägte Sprache «wie ein Gedicht». Dabei vermochte er dem «Saaser Titsch» kaum zu folgen. Kamen Handwerker in sein Haus, rief er schnell nach seiner Frau. Die Einheimischen verziehen ihm, daß er ihre Sprache nicht erlernte, verliehen ihm das Burgerrecht, und seitdem gehörten Saas-Fee und «Zuck» zusammen.

Ein Pfarrherr bringt den Aufschwung

Bis um die Mitte des 19. Jahrhunderts ernährten sich die Saaser Tal- und Bergleute vor allem von Viehzucht und den kärglichen Erträgen der Berglandwirtschaft. Ein Reisen-der, F.O. Wolf, gab 1884 zu Papier: «Die Sitten der Einwohner von Saas sind, solchen vielfachen und harten Prüfungen entsprechend, äußerst einfach und von einem großen Lebensernst angehaucht. Arbeit und Gebet sind sozusagen die einzigen Beschäftigungen und Gedanken dieses zufriedenen Völkleins... Des Weibes Freude sind ihre Kinder, des Mannes Stolz ist seine wohlgenährte Herde. Höchstens vermag ihn das edle Waidwerk leidenschaftlich zu erfassen...»

Keine Ortschaft des Wallis ist übrigens durch korrekt geführte Chroniken so gut historisch faßbar wie Saas-Fee, was den Einheimischen O.J. Ruppen, Gustav und Werner Imseng zu danken ist. So hört man denn von zusätzlichen, geringfügigen Verdiensten annodazumal durch den Verkauf von Fleisch und Schmalz, von selbstgewobenen Tuchen, vom beschwerlichen Handel über die Pässe. Zugleich bewundern schon die ersten Chronisten die recht vielseitig veranlagten Saaser, die Maurer, Steinhauer, vor allem gute Ofensetzer, Küfer, Drechsler und Schmiede zugleich waren und tugendhaft einander halfen. Erzählt wird aber auch von jenem selbstbewußten Mann, Johann Josef Imseng, von Amtes wegen Pfarrherr, und seinen originellen Einfällen. So soll er als erster im Saastal auf die Idee gekommen sein, mit Skiern zu Tale zu gleiten. Als er nämlich am 20. Dezember 1848 zu einem Sterbenden gerufen wurde, und da der Weg bis Saas-Grund für seine Eile recht weit war, schnallte er sich kurzerhand ein Paar Holzbretter unter, und siehe da, es ging. Ob es wahr ist, daß die Skier hier im Tal eine Erfin-

So warb Saas-Fee um die Jahrhundertwende

dung echter Pflichterfüllung sind? Nun, Hochwürden stand der Sinn noch nach ganz anderen Dingen.

Als einstiger Geißhirt kannte er jeden Weg und Steg zu den Höhen der Umgebung. Keine Pflanze, kein Tier, deren Namen er nicht wußte. So empfahl man ihn denn den ersten Touristen als besten Führer und Kenner der hiesigen Natur. Hochwürden durfte sogar mehrere Erstbesteigungen für sich verbuchen.

Mit den ersten Naturforschern und Gelehrten wie Professor Ulrich aus Zürich zogen die Walliser Berge immer mehr Neugierige und Freunde an, und als die Gäste sich mehrten, machte der Pfarrherr abermals aus der Not eine Tugend und gab seinem Knecht (1850) zu verstehen, sein Wohnhaus in Saas-Grund in ein Gasthaus («Pension Monte Rosa») umzuwandeln. Und das, obwohl die Talge-

meinde im gleichen Jahr den Beschluß gefaßt hatte, daß alle Wirtshäuser für die Talleute zu schließen seien, denn mißtrauisch den nichtstuenden Fremden gegenüber, die die Einheimischen zum Trinken verführten und das Vieh auf den Alpen störten, fürchtete man um die guten Sitten. Doch Imseng ahnte, welche Goldgrube in der aufkommenden Reiselust zahlungskräftiger Fremder für die Zukunft lag. Obwohl das «Gasthaus zur Sonne» in Saas-Grund seit 1833 bestand, klopften Gäste immer wieder beim Pfarrherrn an. So baute er 1856 sein eigenes Hotel zu Füßen des Monte Moro. Wie recht er hatte, bewies sich schnell. Allen Widrigkeiten und bischöflichen Rügen zum Trotz blieb der Geistliche bei seiner Überzeugung, daß die Hotellerie die große Chance sei. Und eines Tages kletterte der Pfarrherr von der

Vornehmer als der Maultiertransport war die «Reise» im Tragstuhl

Kanzel, um sie nie wieder zu besteigen: Hochwürden wurde Hotelier. Doch diese Aufgabe war nur von kurzer Dauer. 1869 fand man ihn tot im Mattmarksee. Die Umstände wurden nie aufgeklärt.

Der Anfang zum Touristenort war gemacht. Die Burgergemeinde zog, als der Gästestrom anhielt, nach. 1881 baute sie das erste Gasthaus im Gletscherdorf, das «Hotel Dom», das Franz Stampfer in Pacht übernahm. Er wurde der erste Hotelier in Saas-Fee. Zwei Jahre später folgte das «Hotel Bellevue», später «Walliserhof» genannt. 1884 trat die «Gletscherklara» auf den Plan, die das «Café Glacier Clara» unterhalb der Gletscheralp betrieb. Ihr Unternehmen wurde über Landesgrenzen hinaus zu einem Begriff. Doch 1897 mußte sie schließen, weil die Burgergemeinde den Vertrag, auf deren Boden das Haus stand, nicht verlängerte. 1893 sprossen dann gleich zwei neue Hotels aus dem Boden, das «Beau-Site» und das «Grand Hotel», und es gab nicht nur einen Hotelkönig wie in Zermatt dazumal, sondern gleich zwei, F. Stampfer und Severin Lagger, deren Rolle in Saas-Fee eventuell mit derjenigen der Seilers im Nachbartal zu vergleichen ist. Lagger organisierte bereits 1883 für die Sommermonate einen täglichen Maultiertransport von Visp herauf, und um die Betreuung der Gäste perfekt zu machen, engagierte er extra einen Hausarzt für die eigenen Hotels. In dieser Zeit öffnete aber auch die erste öffentliche Wirtschaft «Restaurant und Logement», das heutige Tea-Room Zurbriggen, seine Pforten. Saas-Fee machte also von sich reden; die Gäste konnten nun in renommierten Häusern unterkommen. Daraufhin schienen auch die Talgemeinden auf den Geschmack zu kommen — 1896 gab es in Saas-Almagell ebenfalls das erste Hotel.

Um 1900 durfte sich das Gletscherdorf rühmen, über annähernd 450 Gästebetten zu verfügen. Wer kam, waren in der Hauptsache bergverrückte Engländer, vornehme Lords und Industrielle. Sie prägten damals den Ort. 1902 kamen die ersten Skifahrer, 1906 spielte man bereits Tennis, und die einheimischen Buben waren glücklich, wenn den hohen Gästen «zufällig» ein paar Rappen aus den Taschen fielen. Mit der Eröffnung der «Hotel-Pension du Glacier» (100 Betten) durch Augustin Supersaxo 1901 fanden die Gründerjahre des Saaser-Tourismus ihren krönenden Abschluß.

Noch aber war die Reise nach Saas-Fee beschwerlich, mindestens was das Umsteigen auf Maulesel betraf. Ganz Wagemutige erreichten ihr Ziel auch schon mit mehr oder weniger geeignetem Schuhwerk, wobei der Stolz die Anstrengung übertraf.

Um 1930 begann ein neuerlicher Aufschwung. Mit Einsatz, Risikobereitschaft und Zuversicht steuerte man in eine neue Zeit. Der Initiativgeist zahlte sich aus. Der Zweite Weltkrieg brachte Einbußen wie überall. Als aber 1951 die Autostraße bis nach Saas-Fee fertiggestellt war, zeichnete sich erneut ein starker Gästezuwachs ab. Zählte man im Jahr 1945 65 924 Übernachtungen, so belief sich die Zahl ein Jahr später schon auf 72 527. Zum Rekordjahr wurde die Saison 1981/82 mit 808 156 Logiernächten, ein Ergebnis, das durch die unsichere Wirtschaftslage, das Über-

angebot an Beherbergungsmöglichkeiten in den Alpenländern und durch die Härte des Schweizer Frankens 1982 schon um 9,95 Prozent zurück ging. Doch durch den zielgerichteten und intensiven Ausbau der Skigebiete und der Infrastruktur im Dorf entwickelte sich Saas-Fee zum beliebten Ganzjahresort (55 Prozent Winter-, 45 Prozent Sommergäste). Je mehr die Gästebetten zunahmen, um so mehr ging die Landwirtschaft zurück. Betrug der Rindviehbestand 1866 noch 148 Stück, waren es 1978 nur noch 26. In den letzten drei Jahrzehnten konzentrierte sich das wirtschaftliche Leben in der Gemeinde fast ausschließlich auf den Tourismus, das bedeutet, daß fast jeder Saas-Feer direkt oder indirekt vom Gastgewerbe lebt.

Mit Stock und Hut

Wer sein Herz an Saas-Fee verlor, darüber führt der Verkehrsverein Buch und belohnt die treuen Besucher. Unter ihnen dominieren die Sommerurlauber, und das sind meistens begeisterte Berggänger und Bergsteiger. Bis 1950 hatte die Wanderlust der Gäste nämlich schon etwas oberhalb von Saas-Grund einzusetzen, denn bis dahin gab es weder Bahn noch Fahrstraße, sondern nur einen alten Säumerpfad. Wer diesen Aufstieg nicht aus eigener Kraft bewältigte, konnte nur mittels Maultier die «Perle der Alpen» erreichen. Infolge dieser ungewöhnlichen Anreise machte jeder Gast zuerst Bekanntschaft mit einer originellen Wanderung, mit dem «Kapellenweg». Er beginnt hinter Saas-Grund am Ufer der Vispe und zieht sich kreuz und quer durch einen herrlichen Lärchenwald. 1709 wurden in bestimmten Abständen 15 kleine, weiße Kapellchen, gestiftet von verschiedenen Saas-Feer Familien, an diesem Pfad erbaut. Farbig gefaßte Holzfiguren verkörpern dann jeweils eines der 15 Rosenkranz-Geheimnisse. Die letzte Etappe führt über eine große Steinstiege. Sie bietet einen eindrucksvollen Blick auf die Wallfahrtskapelle zur Hohen Stiege, das Ziel des frommen Weges. Diesem Marienheiligtum zu Ehren feiern die Saasini jedes Jahr an Mariä Geburt (8. September) ein Kapellenfest. Vorbei an der tiefen Schlucht der Feer Vispe und typischen Saaser Stadel findet der Kapellenweg beim Schwimmbad sein Ende.

Alle diese Eindrücke können aber nicht ablenken vom gewaltigen Gipfel- und Gletscherpanorama, das den Fremden an Ort und Stelle empfängt. So erklärt sich, daß selbst mancher, der es gar nicht wollte, sich in den Bann dieser einzigartigen Bergwelt schlagen läßt. Dabei muß es nicht gleich das Erlebnis einer strapaziösen Hochtour sein, sondern er kann wählen zwischen einer einfachen Wanderung bis zur anspruchsvollen Klettertour. Schließlich stehen 30 Bergführer zur Verfügung, die auch Privattouren, d. h. Touren nach des Gastes Wünschen, organisieren. Generell bietet die Schweizerische Bergsteigerschule Saastal/Saas-Fee ein abwechslungsreiches Programm. Es reicht von den (Frühjahrs-) Skihochtouren-Wochen über die berühmte Haute Route Saas-Fee—Chamonix bis zur Kletterausbildung für Anfänger in

Fels, Eis und Schnee im Gebiet Saas-Fee, zu Steigeisenwochen mit kleinen Eiswänden, von leichten 4000ern bis zu den klassischen Hochtouren rund um Saas-Fee, die allerdings nur für geübte Kletterer geeignet sind.

Wenn Saas-Fee auch seit über hundert Jahren als Mekka für Alpinisten gilt, so kommen auch Normalverbraucher voll auf ihre Wander-Kosten. Vor allem in den letzten Jahrzehnten ist Saas-Fee auch zum Eldorado für beschauliche Wanderer und kinderreiche Familienverbände geworden. Ein weitmaschiges Wandernetz erschließt die romantischen Seitentäler und die ausgedehnten Lärchenwälder, führt zu Aussichtspunkten oder auf Gletscherrouten und zu wunderschönen Höhenwanderwegen. 280 km Wanderwege wollen schließlich erst einmal begangen sein, nicht

Phantastische Ausblicke ermöglicht die Technik

gerechnet die zahlreichen Spazierwege weit und breit, die zusammen die Saaser Landschaft zu einem der reizvollsten Alpenwandergebiete machen.

Als besonders schöne und abwechslungsreiche und auch den Tierfreund begeisternde Wanderwege gelten der Gemsweg von Hannig nach Plattjen, der Höhenweg vom Hannig über den Mellig zum Bidergletscher, der Höhenweg nach Grächen oder der Ausflug nach Spielboden, wo das gleichnamige Restaurant als besondere Attraktion seine Murmeltier-Fütterung ankündigt. Ein Erlebnis besonderer Art bietet der Geologische Naturlehrpfad Felskinn—Britanniahütte—Plattjen mit seinen kristallinen Gesteinen. Er ist allerdings nur im Sommer und für gute Berggänger begehbar. Auf Felskinn (3000 m) sollte Zeit zum Besuch der Gletschergrotte sein (90 m langer Eistunnelrundgang), denn von Gletschern und Glaziologie wird in Saas-Fee viel gesprochen. Wenngleich, wie eine Dissertation jüngst herausgefunden haben will, Saas-Fee schon vor 10 000 Jahren eisfrei gewesen sein soll, sind seine Gletscher heute wieder im Vormarsch begriffen. 28 zählen wir heute, eine beträchtliche Zahl eisig zerklüfteter Dächer hoch über einem geweiteten Tal.

Die drei Bergbahnen Plattjen (phantastische Panoramasicht), Felskinn (Sommerski), Spielboden (Gletschermoräne, Längfluh (Oase inmitten des Feegletschers) führen zu den Startpunkten der schönsten Bergwanderungen, an den Rand der ewigen Gletscher und zum Tête à Tête mit den höchsten Schweizer Gipfeln (Dom, Täschhorn, Allalin u. a.).

Vollständig mit einem Eispanzer überzogen ist auch der Hausberg von Saas-Fee, der «Allalin», auch «Allalin-» oder «Feehorn» genannt. Das Allalinhorn (4027 m) ist der meistbegangene Viertausender der Saaser Bergwelt. Seine erste Besteigung schafften Einheimische schon 1856. Die Tour ist hochalpin. Weniger riskant sind Wanderungen auf den ältesten Kulturpfaden ringsum: Paßwanderungen über Monte Moro- und Antrona-«Straßen», über die die Römer Kolonisation betrieben, über die im Mittelalter Pilger via Rom ins Heilige Land gelangten, als Schmugglerpfade berühmt und berüchtigt, Schicksalswege der Walser, die in ihrer Heimat kein Auskommen mehr fanden und jene Sage für möglich hielten, der zufolge in Macugnaga fette Käse und pralle Butterballen auf den Bäumen wuchsen, bis schließlich Napoleon kam, die Simplonstraße baute und die Pässe als Handelswege bedeutungslos machte. Umso schöner auf ihren Höhen die Verlorenheit und der imposante Anblick des gewaltigen Monte Rosa Massivs.

Klassiker unter den Höhenwanderwegen ist auch die Exkursion von Gspon nach Saas-Grund. Ausgangspunkt dieser Tour ist Stalden im Schnittpunkt des Visper- und des Mattertals. Drei Stunden rechnet man für diese herrliche Wanderung. Neuer, das heißt bequemer angelegt ist der Höhenweg Kreuzboden—Almagelleralp, eine 2½—3-Stunden-Tour. Gestartet wird im Saas-Grund. Mit der Luftseilbahn erreicht man die Kreuzbodenalp und beginnt die Wanderung in Richtung Grundberg. Den Ausgleich zu diesen Höhenflügen bieten die Täler, das besinnliche Aufsuchen verstreut liegender Kapellen, kleiner, verschlafener Weiler oder rauschender Wasserfälle, ja selbst eines einladenden Gasthauses. Über allem aber leuchtet, je nach Jahreszeit, die gefärbte Palette einer zauberhaften Alpenflora!

Mit der Metro auf den Gletscher

Mit einer Untergrund-Bahn hinauf auf einen Gletscher, das ist für Saas-Fee keine Zukunftsvision, sondern Tatsache — sofern beim Bau der «Metro-Alpin» alles glatt geht. Schon zur Wintersaison 1984/85 soll diese Attraktion bereit sein. Für Saas-Fee dokumentiert sie eine erstaunliche Entwicklung, denn erst seit 1950/51 hat sich der Sommerkurort allmählich auch zum bekannten Wintersportort entwickelt. Zwischen den 50er und 70er Jahren setzte ein ständig wachsender Touristenstrom ein, der zugleich auch einen starken Bauboom brachte. Die systematische

Ausrichtung des einst verträumten Bergortes auf den Skisport hat aber Jahrzehnte gebraucht.

1902 brachten schon die ersten Touristen, zwei Schweizer Herren, ihre Skier mit und führten den staunenden Einheimischen ihr Können vor. Aber erst 1904 bestellten sich die Saas-Feer zum ersten Mal Bretter. Der Preis für die hölzernen Latten betrug Fr. 24.—. Das war für damalige Zeiten ein kostspieliges Unterfangen, und so mancher wußte nicht, ob er diesen teuflischen Brettern trauen oder mißtrauen sollte. Die Jugend allerdings fing so schnell Feuer, daß die Schulmeister sich gezwungen sahen, ihnen das Skilaufen strengstens zu verbieten. 1908 fand der erste Skikurs statt, und einstimmig wurde von ihm der Skiclub «Allalin» gegründet. Bald traten ihm auch namhafte Persönlichkeiten aus anderen Walliser Gegenden bei, darunter sogar Henri Guisan. Das wollte immerhin etwas heißen, denn noch mußte die Strecke von Stalden aufwärts zu Fuß bewältigt werden. Erst 1929 wurde mit der Fahrstraße in Stalden begonnen, und erst 1951 ist das letzte Teilstück Saas-

Die Alpen Metro von Saas-Fee verkehrt unterirdisch

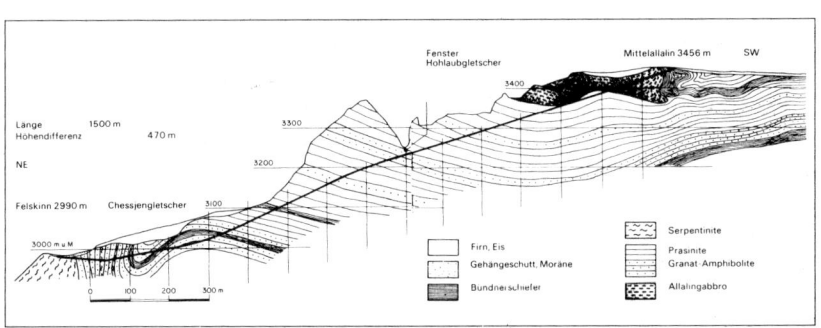

Grund—Saas-Fee eingeweiht worden. Mit der besseren Straßenverbindung aber war der Anstoß gegeben, Saas-Fee aus seinem Winterschlaf zu rütteln.

Zur Wintersaison 1948/49 lief der erste Skilift; er wurde durch eine Gondelbahn und eine Großkabinenbahn (Spielboden—Längfluh) ersetzt, so daß Saas-Fee seither mit insgesamt 23 Seilbahnen, Gondelbahnen, Sessel- und Skiliften aufwarten kann. Privatpersonen und Gemeinde waren stets zukunftsorientiert und erkannten frühzeitig, daß eine große Chance für ihr Bergdorf im Ausbau der Wintersportmöglichkeiten lag. Dank ihrer Initiative ist Saas-Fee zu dem geworden, was der Gast heute sucht und schätzt: ein weltberühmter Wintersportort mit 80 km präparierten Pisten, die einen stattlichen Skizirkus bilden. Die 8 km Langlaufloipen spielen im Gegensatz dazu nur eine untergeordnete Rolle.

Doch der Bau der neuen «Metro-Alpin» soll nicht bedeuten, daß um jeden Preis die touristische Infrastruktur vergrößert und erweitert werden soll — schließlich macht die Berglandwirtschaft genug Sorge, nur noch acht Kühe gibt es im Ort —, vielmehr steht die Erhaltung der Lebensqualität im Vordergrund. Statt Quantität soll Qualität gefördert werden, entsprechend ausgerichtet sind Kurortplanung und Bauordnung. Schließlich ist man sich bewußt, daß die Eigenart des Bergdorfes, sein ländlich-heimeliger Charakter einer der wertvollsten Trümpfe des gesamten Saastales ist.

Schon vor dem Bau der «Metro-Alpin» lohnte das herrliche Schneepara-

dies von Saas-Fee die Reise, ausgedehnte Hänge gab es längst sowohl für Anfänger als auch für Pistenraser, denn in Höhen zwischen 1800 m und 3050 m herrschen bis weit in den Frühling hinein ausgezeichnete Wintersportbedingungen. Eine «Rote», eine «Blaue» und eine «Grüne Linie» offizieller Mini-Busse sorgen für die Verbindung der zum Teil doch recht weit auseinanderliegenden Ortsteile und erleichtern dem Sportler den Zugang zu den einzelnen Stationen.

Unmittelbar am Dorfrand befinden sich die Gondel- und Seilbahnen hin-

Eine Attraktion besonderer Art: In der «Fee-Chatz», einem Bus auf Raupen, kann auch der Fußgänger die großartige Bergwelt rund um die Längfluh erleben. Im Hintergrund, v.l.n.r., Täschhorn, Dom und Lenzspitze

auf nach Hannig (2350 m), nach Plattjen (2667 m), zum Felskinn (3000 m) oder zur Längfluh (2870 m) via Spielboden (2450 m). Die dünn bewaldeten Stirnmoränen des gewaltigen, zerklüfteten Feegletschers haben auch für die Skiabfahrer genug Möglichkeiten gelassen. Die unteren Partien sind allerdings selbst für den kühnsten Skiakrobaten unbefahrbar, dafür locken gleich nebenan und vor allem in höheren Regionen weite, mäßig geneigte Schneehalden, Riesenrinnen und «Kanonenrohre» alle jene Fahrer, die sich Können beweisen müssen und wollen, ohne aber auch den Anfänger auszuklammern.

Die Lehrlinge der weißen Kunst finden ein reiches Betätigungsfeld bei den drei Staffelwaldliften. Die beiden Kalbermattenlifte dienen heute fast nur noch als Zubringer zu den Stationen der Längfluh-Gondelbahn und der Felskinn-Großkabinenbahn, dabei ist die weite, sanfte Kalbermatte der belebteste Skiübungsplatz von Saas-Fee. Den guten Pistenfahrer zieht es auf die Längfluh, wo die Großkabinenbahn in zwei Sektionen einen stattlichen Höhenunterschied

171

von 1070 m überwindet. Ein großer Gletscherbus (35 Sitzplätze) ersetzt inzwischen die bis zum Feegletscher verkehrende «Fee-Chatz» und bringt den Skifan direkt an den Start der landschaftlich großartigen Gletschertraverse. Galt bis vor einigen Jahren die Längfluh samt «Flaschenhals» als Hauptbetätigungsfeld der Saaser Pistenlöwen, so haben ihr inzwischen die vom blauschillernden Gletscher begrenzten Schneematten rund um das Felskinn den Rang abgelaufen. Schon die Größenverhältnisse unterhalb des Hinterallalin-Gletschergrates (3332 m) sind ganz andere: Breiter die Pisten, sanfter die spaltenlosen Wölbungen des Gletschers, länger die hier oben möglichen Liftabfahrten und größer die Distanzen zu den prächtigen Viertausendern der Umgebung — insofern ist also auch die Gipfelflur einer der schönsten Alpengebiete der Schweiz überschaubarer.

Wer die Felskinn-Seilbahn verlassen hat und glaubt, sich nun unmittelbar dem Pistenrausch überlassen zu können, irrt. Denn zunächst muß er einen 300 m langen Felstunnel passieren, bis er dann, nach dem Dunkel vom gleißenden Licht eines strahlenden Wintersonnentages überrascht, die Bretter anschnallen kann. Aber dann kann er's laufen lassen — phantastisch, berauschend! Nicht zu vergessen der sportliche und reizvolle Kanonenrohr-Schlepplift auf der anderen Seite oder die Egginer sowie die schneesichere, aber schwere Kanonenrohrpiste. Einfacher und leichter zu fahren sind die Skihänge am Plattjen, weniger erfreulich für Anfänger vielleicht die rundbuckelige Hangschulter, doch dann kann er wählen zwischen einer geraden großen Waldschneise oder ab Galenalp das freie Skitrassee. Entscheidend ist, der Gast hat in Saas-Fee genug zu tun, um alle Abfahrmöglichkeiten auszuschöpfen. Neu erschlossen wurde außerdem das Melliggebiet oberhalb der Hannigalpe, das sich auf 2700 m erhebt und das mittels zweier Doppelsessellifte dem Skifahrer schon von der Aussicht und natürlich auch vom Pistenangebot her einen breiteren Fächer der Möglichkeiten bietet.

Der Bau der «Metro-Alpin» aber, auf runde 25 Millionen Franken veranschlagt, soll Saas-Fee ins neue Skizeitalter führen. Diese unterirdische Standseilbahn vom Felskinn (3000 m) bis zum Mittelallalin (3500 m), tatsächlich ein Projekt der Superlative, wird fast alles in den Schatten stellen, was bislang weitum im Bereich von Transportanlagen an Meisterleistungen vollbracht wurde. Um nur kurz das grandiose Unternehmen zu streifen: Zur Kühlung des Bohrkopfes und zur Staubbekämpfung sind täglich 100 Kubikmeter Wasser erforderlich. Sie müssen über vier Zwischenreservoirs vom Ort her hochgepumpt werden. Die Topographie des über dem Trassee liegenden Gletschers zwang zu einer ungewöhnlich komplizierten Linienführung, und auch das Gestein ist äußerst hart und

Sommer im autofreien Ferienort Saas-Fee

> **Gepfadete Winterwanderwege**
> Saas-Almagell, bequemer Waldweg, 1 Stunde
> Kapellweg, Hohe Stiege—Saas-Grund, bequemer Fußweg, 15 kleine Kapellen.
> Bis zum Wallfahrtsort Hohe Stiege, 10 Minuten,
> bis Saas-Grund, 45 Minuten
> Autostraße nach Saas-Grund, 1 Stunde
> Waldhotel Fletschhorn, vom Weiler Wildi, 30 Minuten, Waldweg
> Hannig über Honegg, Waldweg, bis Rest. Hannig, 1 Std. 30 Min.
> Café Alpenblick, Waldweg, 40 Minuten
> Staffelwald—Hohnegg—Bärenfälle—Wildi, angenehmer Fußweg, 1 Stunde
> Autostraße von Saas-Almagell nach Saas-Grund, 1 Stunde

abrasiv. Zum Ausbohren des 1½ km langen Tunnels mit einem Durchmesser von 4,2 m benötigt man etwa zwei Jahre. Der Tunnelexpreß wird dann die Skiläufer in knapp zwei Minuten ans Ziel bringen. Die beiden geplanten Wagen mit 230 Fahrgästen sollen die Steigung von 465 m binnen 116 Sekunden zurücklegen. Da bleibt nur Staunen. Aber was bringt die «Metro-Alpin»? Neben einer ungeheueren Publizität im In- und Ausland vor allem die Erweiterung des Sommerskigebietes, in knapp 15 Minuten vom Tal aus erreichbar. Mit der neuen Bahn erhöhen sich die Sommerskipisten (das bestehende Gebiet von 8 km liegt zwischen Felskinn und Egginerjoch) auf 16 km. Geplant ist eine herrliche Abfahrt nach Felskinn oder direkt hinab in den Ort. Die andere Alternative aber führt durch einen kurzen Fensterstollen zum Hohlaubgletscher und zur Britanniahütte oder über Mattmark nach Saas-Almagell. Diese Höhenpisten bieten die unterschiedlichsten Schwierigkeitsgrade,

von leicht bis anspruchsvoll. Außerdem werden dem Skirennfahrer weltcupartige Strecken (Höhenunterschied mehr als 900 m) erschlossen, auf denen ganzjährig trainiert werden kann. Nicht zuletzt soll auch der Bergsteiger profitieren. Von der Bergstation aus lassen sich das Allalinhorn, der Hohlaubgrat und der Feekopf (3888 m) über neue Routenvarianten besteigen — ein verlockendes Angebot.

Treib's sportlich oder nimm's gemütlich

«Aktive Ferien» heißt der große Trend, dem man in Saas-Fee besonders huldigt. Aus 40 Disziplinen kann der Gast aussuchen, was ihm am meisten gefällt. Das Mitmachen ist gratis und das Miteinander schenkt besonderes Vergnügen, heißt es. Und obwohl dieses organisierte Sportprogramm die Veranstalter jährlich

70 000 Franken kostet, ist es das seit Jahren wirkungsvollste Werbeprogramm.

In einem kleinen Büchlein wird die individuelle sportliche Leistung festgehalten, die dann zu Bronze, Silber oder Gold berechtigt. Zu diesem «Fee-Programm» gehören übrigens auch geführte botanische Wanderungen oder Wildbeobachtungen. Für Frühaufsteher gibt es etwas ganz besonderes, die Sonnenaufgangsbeobachtung! Nur wer sich schon um 4.45 Uhr an der Talstation der Luftseilbahn Hannig einfindet, wird Zeuge dieses überwältigenden Naturschauspiels. Dazu eine kleine Anmerkung: Der Aufgang der Sonne ist nie so lang und duftend wie das anschließende gemeinsame Frühstück!

Wer aber wissen will, woher der Name Saas-Fee kommt, der wird in einem der stets ausgebuchten, anregenden Vortragsabende von Werner Imseng, dem Chronisten und wandelnden Saaser Enzyklopädisten, erfahren, daß «Vee» als Mundartausdruck vielleicht etwas mit «Vieh» zu tun haben könnte, sich aber am wahrscheinlichsten vom italo-französischen «féa» oder «feje» = weibliches Schaf ableitet und eben — leider — nichts mit einer märchenhaften Fee zu tun hat.

Imseng-Abende sind Stunden ohne Langweile. Vor 1934, so hört man, gab es auch in den Saaser Hotels noch keinen Kühlschrank. Das Fleisch lagerte in großen, blechbeschlagenen Kästen, die dann lagenweise mit Gletschereis gefüllt wurden. 1895 betrug der Lohn für eine Eisladung, die mit speziellen Traggestellen direkt von der Gletscherzunge geholt wurde,

1984 wurde das neue «Saaser Museum» eröffnet

ganze 20 Rappen. Zehn Jahre später war es bereits ein Franken. Oder: Wie sieht das typische Saaser Haus aus? Der hintere Teil ist bis zum Dach gemauert, der vordere besteht aus Lärchenholz. Rückwärtig befand sich nämlich stets die Küche mit der offenen Feuerstelle (Trächu), und deshalb war Mauerwerk sinnvoller als Holz.

Selbst als international bekannter Touristenort pflegt Saas-Fee noch heute Tradition. Man ist stolz auf seine Trachten und trägt sie nicht den Touristen zuliebe, sondern weil man sie liebt und achtet. Und das keineswegs nur zu Pfingstsonntag oder Fronleichnam, sondern auch an manchem Sommer-Sonntag. Ähnlich verhält es sich auch mit dem «Spänubrot», dem Spendenbrot, das im Frühjahr an zwei Tagen nach der Messe an alle Burgerfamilien ausgeteilt wird und auf einer alten Stiftung beruht, die noch heute durch Testamentsverfügung am Leben erhalten wird.

Legenden zu den Farbabbildungen

1   Der längste Eisstrom Europas, der Aletschgletscher
2   Sonne auf dem Allalinhorn
3   Idyllisch gelegener Weiler
4   Alphornbläser
5   Bergwiese bei Törbel
6   Ein Frühblüher, die Pelzanemone
7   Farbenpracht des Walliser Herbstes
8   Ein Naturparadies, der Bettmersee
9   Bereit zur Rebenernte
10 Stimmungsvolles Rhonetal
11 Rebterrassen im Abendlicht
12 Weinbauer bei der Arbeit
13 Schafzucht wird in kleinerem und größerem Maßstab betrieben
14 Kuhtreiberin im Rhonetal
15 Maultiere als Lastenträger werden immer seltener
16 Ein majestätischer Steinbock
17 Unheil abwehrende Trophäen finden sich oft an Ställen
18 Überraschter Hirsch
19 Turm und Kirche von Saxon
20 Der Weiler Eisten im Lötschental
21 Trocknende Maiskolben in Getwing
22 Künstliche Wasserfuhre (Suone oder Bisse)
23 Frauen besorgen den größten Teil der Berglandwirtschaft
24 Bei Zermatt, der Weiler «Zum See»
25 Uniformierte Musikanten eines Musikkorps
26 Aufmarsch der Herrgottsgrenadiere im Lötschental
27 Fasnachtslarve oder -maske des Lötschentals
28 Oberwalliserinnen in ihrer Sonntagstracht
29 Ringkuhkampf
30 Vornehme Dame von Sitten
31 Unverkennbar — das Walliser Wohnhaus
32 Hoch über dem Talboden: Grimentz
33 Die Kirche von St. German
34 Der Burghügel von Raron, auf dem R.M. Rilke begraben liegt
36 Über Sitten thront die festungsartige Kirche Valeria
37 Bezaubernde Walliser Dorfpartien
38 Raclette-Zubereitung im Freien
39 Winterliche Badewonnen in den heißen Quellen Leukerbads
40 Rast auf dem Nufenen
41 Mayens d'Isérables, Abendstimmung
42 Gebändigt ergießt sich die Rhone in den Genfersee
43 Der Alpinismus hat in den Walliser Alpen seinen Anfang genommen
44 Tiefschneefanatiker: der Hotelier Art Furrer
45 Durch märchenhafte Landschaft ziehen sich die Oberwalliser Langlaufloipen
46 Sonnen-Pause
47 Die schönsten Aussichten werden dem Skifahrer gratis geboten
48 Curling spielt man nicht nur in St. Moritz
49 Helikopterübung für den Ernstfall
50 Pferdekutsche im autofreien Zermatt
51 Zauber der Walliser Winterwelt abseits des Massentourismus
52 Die Stille der kleinen Familienferiendörfer schließt Rummel und
    Exklusivität in den großen Nobelorten nicht aus
53 Immer beliebter wird die Reise mit dem «Glacier-Express», der St. Moritz
    mit Zermatt direkt verbindet
54 Seine Majestät — das Matterhorn
55 Winter im Lötschental

3

5

6

7

9

10

11

12

13

14

15

16

17

18

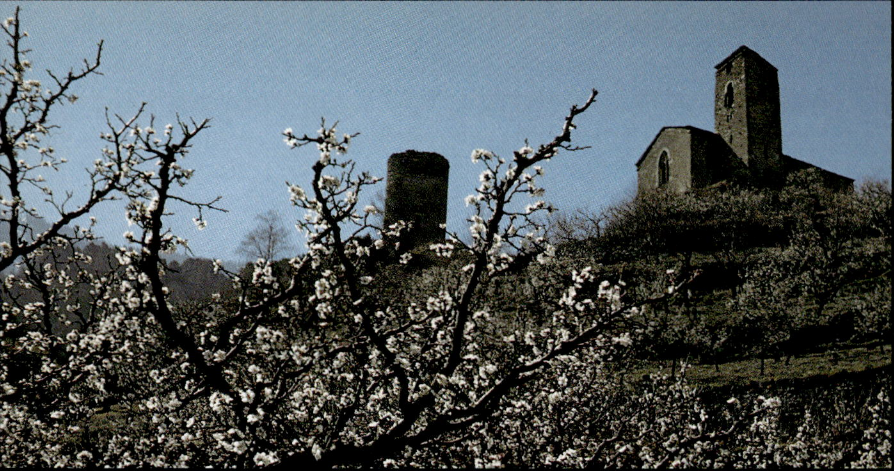
19
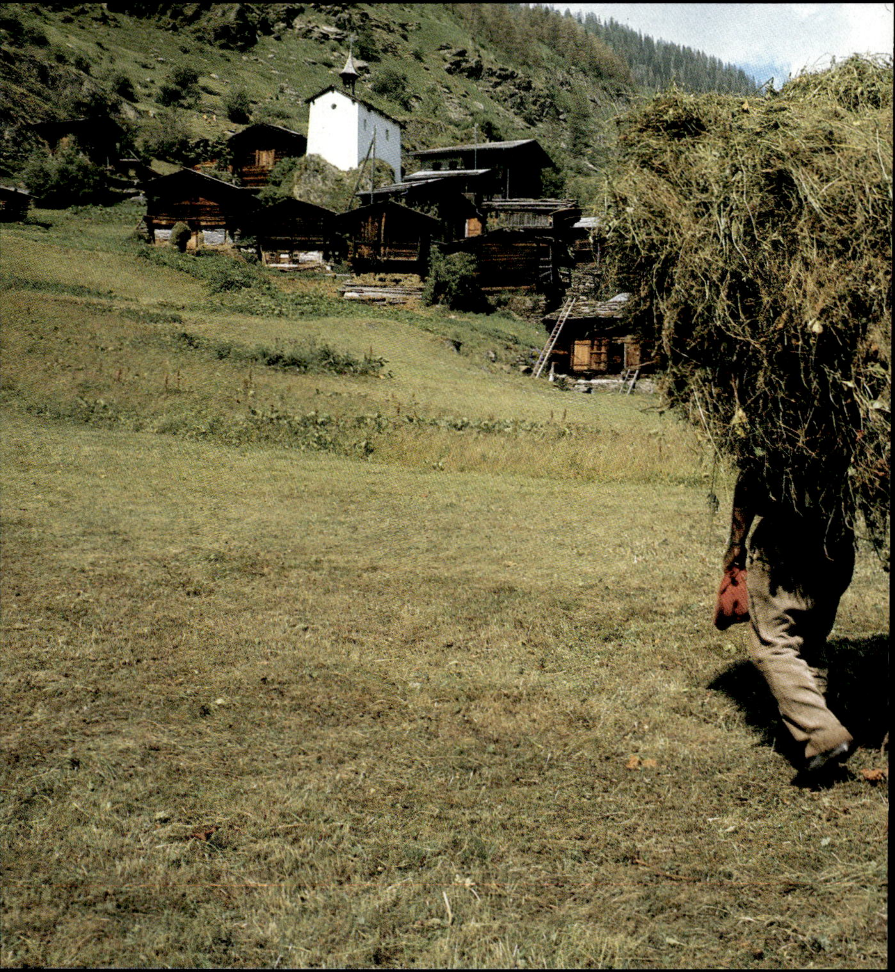
20

21

22

23

25

26

27

28

29

30

32

34

33

35

38

39

40

41

12

43

46

47

48

49

ZERM

50

51

EXCLUSIVE
MODE

52

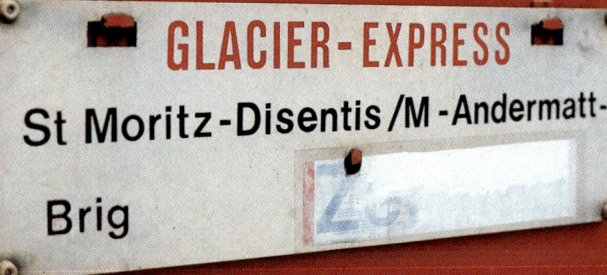

GLACIER-EXPRESS
St Moritz-Disentis/M-Andermatt-
Brig

53

Alte Schusterwerkstatt und Bauernstube im «Saaser Museum»

Mit welcher Geschicklichkeit die Saaser Einwohner in den langen Wintermonaten sich ihren Hausrat und ihre Möbel selbst anfertigten, davon überzeugt ein Besuch im Heimatmuseum, einem der schönsten seiner Art im ganzen Wallis. Es ist im alten Pfarrhaus untergebracht, das man auf Rollen lud, verschob und hob, und das nun neben Wechselausstellungen einen weiten, kulturhistorischen Bogen um das ganze Saastal schlägt. Da gibt es neben einer kompletten alten Saaser Wohnung auch Carl Zuckmayers originales Arbeitszimmer zu bestaunen.

Der Anblick von so viel gediegener, warmer Gemütlichkeit weckt den Wunsch, es ähnlich anheimelnd und gemütlich zu haben. Was liegt darum näher als ein kleiner Aperitif in einem stimmungsvollen Keller? Nur ein paar Schritte weit, und man sitzt angeregt vom großen Dramatiker in der «Carl Zuckmayer-Stube», wo man, wenn's der Zufall will, mit seiner Frau, Alice Zuckmayer-Herdan, zusammentreffen kann. Sollten Sie für die gemütlichen hölzernen Séparés zu viele Leute sein, dann dürfen Sie einen Stock höher, im «Restaurant Gletschergarten» ebenso gern zu Gast sein. Eingestimmt auf wundervolles Gourmet-Vergnügen sollten Sie es unbedingt bei Irma Dütsch-Granjean versuchen. Der Gault/Millau Guide Schweiz, 1984 machte nämlich über Nacht aus dieser Frau die «beste Köchin der Schweiz» — also aufgepaßt! In einem Haus (Waldhotel Fletschhorn) ohne viel Komfort, geschweige denn Luxus, versteht sich seit sechs Jahren die neugekürte Berühmtheit auf Delikatessen, die den französischen Eßkritikern 15 von 20 möglichen Punkten wert waren. «Also empfinden Sie den viertelstündigen Fußweg von Saas-Fee zum Fletschhorn als Marsch auf einen kulinarischen Gipfel!»

Hat man einmal den Berg der Berge erklommen, so tun sich kleinere Gipfel bekanntlich schwer, dieser Konkurrenz standzuhalten. Aber glücklicherweise vermag auch der verwöhnteste Mensch nicht täglich Höhepunkte zu verdauen, und manchmal ist er auch für eine währschafte Speise von Herzen dankbar. Auf diesen Breitengrad zurückgekommen,

Schätzen Sie es zuvorkommend und in gediegener Ambience bedient zu werden, dann muß ein Besuch im «Old Saas-Fee» empfohlen werden. An hauseigenen Spezialitäten werden Sie Ihre Freude und die Qual der Wahl haben, denn schließlich mundet die schlichte Morchelschnitte ebenso gut wie ein «Risotto Saaserhof» oder flambierte Kalbsnieren

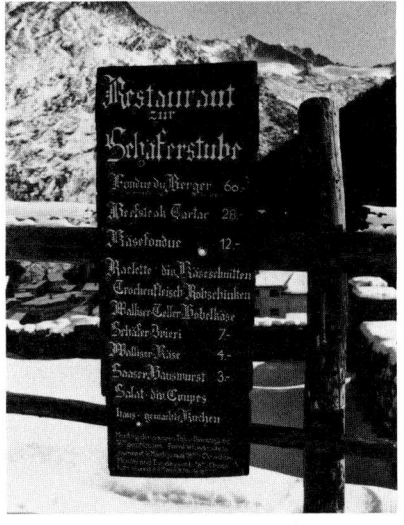

Die originellste Gaststube von Saas-Fee ist die «Schäferstube». Sie liegt nur ein paar Minuten außerhalb des Ortes an erhöhter und unübersehbarer Lage. Eine empfehlenswerte Spezialität: das «Schäferfondue». Der Gang hinauf lohnt sich, allerdings ist Platzreservation empfohlen, denn die Stube bietet nicht mehr als 24 bis 26 Personen Platz

stehen in Saas-Fee verschiedene Möglichkeiten offen. Sehr schön lassen sich Ruhe, Aussicht, Bergluft und vor allem die appetitlich zubereiteten Speisen auf der Gartenterrasse des «Speiserestaurant de la Gorge», beschützt vom alten Turm, genießen. In angenehmer Ambiance darf man auch im Spezialitäten-Restaurant «Cheminée» der Dinge harren, die bestellt wurden — Walliser Spezialitäten oder Gegrilltes vom Holzfeuer, ganz nach Wunsch. Zum «Alphubel» der alteingesessenen Familie Supersaxo gehört, schon aus Tradition, liebenswürdige Gastlichkeit, und die spiegelt sich dann auch in einer rech-

ten Portion Unterhaltung. Ein Beispiel: Jede Woche eine bodenständige
Raclette mit Heimatabend in der Sen-
nuhitta-Bar. Auch das Hotel-Restaurant «Tenne» steht unterm Stichwort
«Grill» sicher mit an erster Stelle.
Von den gutgeführten Restaurants
wäre unbedingt «Old Saas-Fee» zu
nennen. Seiner empfehlenswerten Küche darf sich jeder bedenkenlos anvertrauen. Phönix gleich ist der
«Walliserhof» aus verbrannter Asche
wieder auferstanden, ein Vier-Ster-
ne-Hotel, das sich durch gefällige
Bauweise wiederum angenehm in die
umgebende Bausubstanz eingliedert.
Was sein Restaurant «Feestube»,

Das «Fassji» hat seinen eigenen Charme — er
beginnt schon an der Tür. Neugierig finden die
Gäste schnell hinein — hinaus kommen sie aber
nur langsam.
Zu den verschiedenen Fleisch-, Fisch- und Haus-
spezialitäten führt es nämlich nicht nur die
üblichen Weißen und Roten, sondern verschiedene Walliser Spezialweine

Im Restaurant «Walliserhof» ist geradezu
Einkehr geboten. Was hier der Küchenchef
braut und brutzelt, ist oft französisch inspiriert.
Doch versteht er sich auch auf einfache
«Burekost» wie Aelpler-Maccaroni. Natürlich
verbirgt sich dahinter noch ein kleines
Geheimnis, das aus dem simplen Gericht eine
Spezialität macht

das Spezialitäten-Restaurant «Le
Gourmet» und am Abend die vielversprechende Bar mit Dancing bieten,
davon dürfen Sie sich überraschen
lassen. Doch sei verraten, daß man
auf unverfälschte Küche «frisch vom
Markt» Wert legt und entsprechend
seinem Anspruch, eines der ersten
Häuser des gesamten Kantons zu
sein, hohe Maßstäbe anlegen darf.
Wer eher ungezwungen, so ganz
spontan nach Lust und Laune mal
hier mal da probieren möchte, ohne
seinen Magen oder seine Börse zu
sehr zu belasten, dem seien Einblicke
in die Küchen des «Sporthotel», des
«Spycher», des «Moulin» oder «Ren-

dez-vous» empfohlen. Unter den 60 Restaurants, Bars, Dancings bei einem mehr oder weniger kurz bemessenen Ferienaufenthalt das herauszufinden, was am besten mundet, wird vermutlich kaum gelingen. Doch einen Tip gilt es sicherlich zu berücksichtigen, und das sind Duft und Genuß «à la française», die aus den Töpfen des Ausflugsrestaurants Hohenegg strömen, allerdings, das Vergnügen kostet rund 20 Minuten Fußwanderung. Auf die Alternative von der Piste an die Kerze hat sich das Restaurant «Walliserkanne» eingeschworen, nur drei Minuten von der Luftseilbahn Hannig entfernt. Wer könnte da dem angepriesenen «Hochgenuß bei Kerzenlicht» entsagen? Zwei Minuten mehr einkalkulieren muß, wer sich etwas ganz besonders Gutes antun und in der urgemütlichen, originellen «Schäferstube» oberhalb des Ortes ein «Schäferfondue» essen möchte. Die Kreativität der Köchin, Witwe des Saaser Schäfers und anerkannte Persönlichkeit des Dorfes, liegt nicht in der Qualität des Fleisches, da vertraut sie dem Metzger, als vielmehr in «ihren» Saucen! Köstlich! Wer dieses Haus verläßt, geht selten gleich zu Bett, und überhaupt, davon, daß auch für die Jüngsten der Jungen etwas läuft, zeugt der Feer «Spielsalon» (11.00 bis 23.00 Uhr), ein wahres Flipperkasten-Paradies. Wer hier nicht auf seine Rechnung, beziehungsweise in gewünschten Disco-Schwung kommt, zieht weiter. Er trifft sich mit Berg- oder Skilehrern vielleicht in der «Domkeller Yeti-Bar» oder tobt sich in Dancing und Bar «Sans-Souci» (Grand Hotel) nach Herzenslust aus.

RESTAURANT *Carl Zuckmayer*-STUBE

Das Essen

Ein Mensch beim Essen ist ein gut Gesicht,
Wenn er nichts denkt und die Kiefer mahlen,
Die Zähne malmen und die Blicke strahlen
Von einem sonderbaren Urweltlicht.

Vorspeisen sind wie Segel über Buchten,
Schlank und zum Hafen schnellend in erregter Fahrt,
Indes die schweren Fleischgerichte wuchten
Gewaltig über Wiesen von Gemüsen zart.

Welch ein entzücktes Spiel: zu hohen Festen
Erlesner Bissen Liebreiz zu erflehn,
Und welche Lust: sich mächtig vollzumästen,
Satt und mit Saft gefüllt vom Hals bis zu den Zeh'n.

Beefsteak tartare ist fast so stark an Gnade
Wie ein Grill gebratnes Lendenstück,
Und viele Götter leben im Salate,
Saftrot und samenkerngeschwellt das Weib Tomate,
Und grünes Kraut im Frühling ist ein kühles Glück.

Lasst mich hier schweigen vom Besoffensein,
Vom tiefsten, tödlichsten Hinübergleiten,
Vom hellsten, wachsten Indiewindereiten,
Die Welt ist gross und unser Wort ist klein.

Lasst mich schweigen von dem Blutgericht
Geheimster Liebe in verrauschten Zeiten—
Lasst mich nur essen, dankbar und bescheiden—
Ein Mensch beim Essen ist ein gut Gesicht.

Carl Zuckmayer

Augsbord-Region

Vom lebhaften Tourismus noch unentdeckt: die Augstbordregion

Zeneggen — Bürchen — Unterbäch — Eischoll — Raron

Der Augstbord, ein breit gelagertes, aus der Ferne fast formlos anmutendes Massiv, schiebt sich zwischen Turtmanntal und Nikolaital und steigt von der Rhone terrassenförmig aufwärts. Zu der Augstbordregion, einem idealen Wandergebiet mit reichen und vielfältigen Aufstiegen und überraschend großer Zahl origineller Dörfer und Weiler, zählen die Gemeinden **Zeneggen, Bürchen, Unterbäch** und **Eischoll**. (Raron bildet ein fremdes Anhängsel und hat sich aus

rein touristischen Gründen dieser Region angeschlossen.)

Sie alle (außer Raron) sind stolz auf ihren herrlichen Ausblick weit über das Rhonetal hinaus und vielleicht noch stolzer auf das kühn und gewaltig sich erhebende, von scharfen Graten und Schründen gezeichnete Bietschhorn (3934), den höchsten Gipfel der Lötschtaler Alpen. Das Massiv des Augstbords gab dieser Bergregion den Namen, der nicht so sehr im geographischen als vielmehr im Zusammenhang mit seiner touristischen Erschließung gebraucht wird. Topographisch bildet die Bergkuppe, deren höchste Erhebungen das Schwarzhorn (3201 m), das Drei-

205

zehndenhorn (3062 m) und das Altstafelhorn (Signalhorn, 2910 m) sind, dadurch eine Einheit, daß sie den Winkel zwischen dem Rhonetal und dem Vispertal beherrscht und Visp denn auch der nächstgelegene größere Talort ist. Geographisch stellt das Augstbordmassiv den nördlichen Ausläufer des Weißhorns (4505 m) dar.

Der Einheimische wählt für diese Region vielfach noch andere Bezeichnungen: Südliche Rarnerberge zum Beispiel oder — irreführend: Schattenberge, auf Walliser Deutsch: Schattubärga. Dabei mangelt es den Augstbord-Dörfern in der warmen Jahreszeit keineswegs an Sonne, nur im Winter ist ihr Gastspiel kürzer.

Bürchen, Unterbäch und Eischoll rechnen zu den ganz typischen Rarnerberg-Dörfern, während Zeneggen sich zum Vispertal wendet. Wie eng aber die Augstbord-Dörfer zusammen gehören, mag ihre in den letzten Jahren zunehmend verschwimmende Abgrenzung voneinander belegen. Chaletzonen besorgen dieses Ineinan-dergreifen, womit sich die Ortsbilder auflockern und allseitig erweitern, was zugleich ein Beweis dafür ist, daß immer mehr Touristen die Gegend bevorzugen, verständlich, denn die Augstbordregion hat vor allem landschaftlich einiges zu bieten. Noch ehe sich hier die ersten Skifahrer tummelten, hatten Wanderfreunde, Naturliebhaber und alle jene Gäste dieses ungestörte Idyll entdeckt, die auf Touristenrummel verzichten und sich eins fühlen wollten mit einem landschaftlich lieblichen Flecken Walliser Erde.

Die Dörfer Zeneggen, Bürchen, Unterbäch und Eischoll erstrecken sich alle auf angenehmer Höhe zwischen 1220 und 1650 m. Bürchen hingegen dehnt sich hangwärts von 1150 m bis auf 1650 m, wo es in der Chaletzone der Ronalp endet. Alle Dörfer bieten dem Gast kleinere und mittlere Hotels mit gutem Komfort und schmackhafter Küche. Auch der Fremde, der ohne Auto Ferien machen will, erreicht Unterbäch und Eischoll problemlos per Luftseilbahn

Ausflüge in die heimatliche Natur gehören für Walliser Schulkinder fast zum Pflichtprogramm

von Raron, Bürchen und Zeneggen per Postauto von Visp aus. Ein Genfer oder Berner im eigenen Wagen braucht je zwei Stunden, in dreieinhalb schafft es der Zürcher oder Basler inklusive Autoverlad durch den Lötschberg.

Die Augstbordregion bildet noch immer ein ideales Wandergebiet mit idyllischen Lichtungen und großartigen Ausblicken. Überwältigend das Panorama, das sich vom Augstbordhorn bietet, das vom Bietschhorn dominiert wird, sich bis ins Goms hinaufzieht und bis zum Gornergrat im Süden und zur Dents-du-Midi im Westen erstreckt. Wiesen und Weiden bevölkern wieder Schafherden, denn Schafe zu halten wird nützlich und modern.

Winterstille

Interessant für den Wintersport: Jeder dieser Orte präpariert Loipen verschiedener Größenordnung, die meist in Dorfnähe liegen. Zeneggen hat sich vor allen anderen mit seinem Langlauf-Eldorado **Hellelen** einen Namen gemacht. Mit 12 Kilometern Skiwander-Loipe und fast ebenso vielen Kilometern markierter Ski-Wanderwege kann es aufwarten. Als besonderer Hit für ganz Tüchtige empfiehlt sich die Skiwanderung von Zeneggen nach Ergisch, die, zwar nur 25 km lang, doch aufgrund ihrer Höhendifferenz einer regelrechten Marathonleistung entspricht. Das Schöne: die Strecke mit ihren Zwischenstationen Ronalp, Brandalp, Eischollalp und Obermatten ist größtenteils gespurt und überall gut markiert.

Die Wallisertäler stehen im Rufe, ausgesprochene Sonnentäler zu sein, doch dieser Vorzug einer besonders trockenen und sonnigen Lage drohte

oft katastrophale Folgen anzunehmen. Die durchschnittliche Niederschlagsmenge pro Jahr beträgt nämlich nur 600 Millimeter. Schon seit alters baute man daher die sogenannten Suonen (Bisses), hölzerne, überdeckte Wasserleitungen, die sich über weite Strecken durch Wiese- und Weideland, an Felsen vorbei entlangzogen. Sie bewahrten die Landschaft vor der Dürre. Die Suonen von einst haben heute meist ausgedient, moderne Rohrleitungen traten an ihre Stelle, doch die Sorge um das kostbare Naß blieb.

Zeneggen (1371 m, 400 Gästebetten, 2 Hotels, eines davon mit Sauna, Reitgelegenheit, 20 km Langlaufloipe, 6 km Skiwanderwege), von Visp her auf kurvenreicher, teils schmaler, teils gut ausgebauter Straße erreichbar, ist ein Geheimtip für Landschaftsfanatiker, für Individualisten unter den Berg- und Wanderfreunden, für Ruhesuchende.

Ausflug nach Törbel

Törbel auf 1501 m ü. Meer ist ein urchiges und schönes altes Dorf mit etwa 600 Seelen, zu dem heute 10 Weiler gehören. 1986 wird Törbel den 300. Geburtstag seiner Pfarrei feiern können. Pfarrer Heinrich Zurbriggen förderte denn auch einen monumental-modernen Kirchenbau, doch im Inneren hat er das bewährte Alte übernommen. Das Dorf, dessen Baustil und Geschlossenheit vom Heimatschutz als «von nationaler Bedeutung» eingestuft wird, setzte in den vergangenen Dekaden auf eine Entwicklung seiner Landwirtschaft. Die Viehverrücktheit der Bewohner, aber auch deren schöne Alpgebiete boten Anlaß zu vielen Witzeleien. Die Prunkstallungen auf der Moosalpe, oft auch «Kuhhotel» genannt, und die Milchpipeline legen Zeugnis dieser Politik ab. Andererseits hatte Törbel eine hohe Abwanderungsquote, die zwischen 1960 und 1970 mit 11% ihren Höchststand erreichte, zu beklagen. Inzwischen hat das Dorf eine neue Gangart eingeschlagen. Da es kaum mehr zehn vollamtliche Bauern gibt, setzt man mit Elan auf die Entwicklung eines Törbjer Tourismus. Was fasziniert, sind die schönen alten Stadel mit ihren zierlichen Galerien, hinter denen sich bäuerlicher Stallrat stapelt.

Das Dorf bietet einen herrlichen Ausblick bis nach **Grächen**. Im Talhintergrund erscheint das Bieshorn. Weißhorn und Brunegghorn schieben sich zu Seiten. Berühmt ist der Blick über den tiefen Trog des Saastales, der zugleich mustergültig den tektonischen Aufbau der penninischen Alpen bloßlegt.

Eine der schönsten und lohnendsten Fußwanderungen im Wallis findet ihren Abschluß über **Embd** in **Kalpetran,** wo der erschöpfte Wanderer leichten Herzens die Visp-Zermatt-Bahn besteigen kann.

Bürchen—Ronalp (1150—1650 m) hat als friedlich-stilles Feriendorf (das erste Ferienchalet wurde 1955 gebaut) seine in- und ausländische Stammkundschaft. Noch vor 10 bis 15 Jahren zogen nur die Visper hier hinauf. Im Sommer, um der glühenden Sonnenhitze im Tal zu entfliehen, im Winter, um die herrliche Berg- und Waldeinsamkeit zu genießen und um ihren Kindern ein paar Abfahrtskilometer bescheidener Liftanlagen zu gönnen. Doch Bürchen hat sich schwer verändert. Es hat sich vom Visper Ausflugsziel zu einer geschätzten Familien-Feriensiedlung angenehmster Prägung gemausert. Gebaut wurde viel, die einheitlichen Chalets kleben vor allem an den sonnigen, windgeschützten Matten oberhalb des

Hier gibt es echte Berglandwirtschaft —

Weilers **Zenhäusern.** Eine gute Autostraße führt heute bis zum Weiler **Blatt** hinauf, und zur touristischen Infrastruktur gehören inzwischen ein eigenes Verkehrsbüro, Fitneß-Parcours, sieben Skilifte, 10 km Langlaufloipe (um die «Hellela» und auf der Moosalp), 20 km Skiwanderwege, selbst Skibobfahren ist erlaubt,

Schlittenbahn, Eisbahn und sogar eine eigene Schweizer Skischule. Fünf Restaurants, unter denen sich vor allem das «Ronalp» dank seiner nicht nur sättigenden, sondern auch geschmacklich (und nicht zuletzt preislich) interessanten Küche hervortut, sorgen für lukullische Abwechslung. Zu wissen, wo man nicht etwa auf den Hund, sondern auf seine Rechnung kommt, dabei gemütlich sitzend auch noch angenehm umhegt wird, spielt für den Feriengast deshalb eine besondere Rolle, weil Bürchen nur aus einer Chaletsiedlung besteht und als einziges Hotel nur den «Bürchnerhof» besitzt. Was bleibt dem Gast deshalb für den Abend oder die anbrechende Nacht? Der Wechsel vom häuslichen Herd an den fremden

Doch Ruhe und Einsamkeit bei herrlichem Sonnenschein, kühlendem Abendlüftchen, duftenden Tannen- und Lärchenwäldern, im Winter bei reichlich Schnee landschaftlich reizvolle und schöne Abfahrtspisten ohne Liftanstehen zu erleben, das sind Trümpfe, die selbst einen Saaser Skilehrer in Erstaunen versetzten. Wozu also an renommierten Kurorten stundenlanges Schlangestehen in Kauf nehmen, um über knochenbrecherische Pisten ohne sonderliche Landschaftseindrücke zu Tale zu jagen? Es sei denn, daß Sie jung sind und auch den Abend zum Tage machen müssen!

Unterbäch-Brandalp — Kaum eine Gemeinde des Wallis hat politisch

sie wurde vom Tourismus noch nicht verdrängt

Kleines Skiparadies: Bürchen

Tisch. Die Ansprüche sind hoch, die Börse ist vielfach schmaler geworden, und das stellt auch an den einheimischen Koch entsprechende Anforderungen. Drum lohnt im «Ronalp» noch immer «Bœuf Stroganoff»! Dafür bietet der «Bürchnerhof» nun seine interessanten Hobby-Ferienkurse an.

derart von sich reden gemacht wie **Unterbäch** (1220 m). 1957 erteilten nämlich die Unterbächler ihren Frauen das politische Stimmrecht, wenn auch «nur» auf Gemeindeebene. Der Aufruhr war perfekt. Der Walliser Staatsrat verbot kurzerhand das Geschehen. Doch die Gemeinde hat damit ein staatspolitisches Signal gesetzt. Seither kennt man Unterbäch als das «Rütli der Schweizerfrau». Diese fortschrittliche Einstellung hat Unterbäch damals bekannter gemacht als seine touristische Entwicklung.

Unter Bergwanderern war die Augstbordregion natürlich längst ein Begriff, seit aber Bahnen und Skilifte gebaut worden sind, mehrte sich auch sein Ruf als empfehlenswertes Gebiet für Skifahrer und Skiwanderer.

Nach Unterbäch gelangt man von der Rhoneebene aus am schnellsten auf zwei Wegen: entweder mit der seit gut dreißig Jahren verkehrenden Luftseilbahn von der Talstation Turtig-Raron aus oder über die Autostraße von Visp hinauf. Die gute und rasche Zugänglichkeit haben denn auch Unterbächs touristische Entwicklung in letzter Zeit stark begünstigt. Doch hat das 400 Seelen-Dorf beim Ausbau der touristischen Infrastruktur (5 Hotels und Pensionen, Lager und Chalets mit insgesamt 1800 Betten) nicht blindlings gehandelt

Wandermöglichkeiten fast ohne Ende

und baulichen Wildwuchs eingelassen, sondern trotz bewußter und energisch vorangetriebener Zielsetzung eine maßvolle und harmonische Entwicklung gefördert. Zwar lassen sich die neuerstellten Hotels und Chalets und vor allem einige große Appartementhäuser nicht unterschlagen, doch veränderten sie glücklicherweise den ursprünglich bäuerlichen Charakter Unterbächs nicht, wenngleich hier, im Gegensatz zu Eischoll etwa, die Landwirtschaft in den letzten Jahren immer mehr zurückgegangen ist. Heute gibt es in Unterbäch noch zehn Rindviehbesitzer und 15 Schäfer.

Unterbäch wußte sich gut auf den Tourismusbetrieb vorzubereiten. 5 Skilifte, 1 Sessellift, 1 Luftseilbahn, 5 km Langlaufloipe, 15 km Skiwanderwege, eine Schweizer Skischule, 500 km markiertes Wanderwegnetz, Golf, ein kleines Hallenbad mit Sauna und Solarium sowie 1 Dancing/Diskothek stehen heute den Gästen zur Verfügung. Und Unterbäch darf von sich behaupten, eine der ersten Kläranlagen des Wallis gebaut zu haben und selbst mit einem kleinen Kraftwerk genügend Strom zu liefern.

Auch wenn, vor allem zur Hochsaison, der Autoverkehr im Ortskern stört, läßt sich dennoch auf Schusters Rappen gemütlich über die Hauptstraße wandern. Vom alten Dorf ist manches geblieben, das die Zeit der Alpwirtschaft lebhaft in Erinnerung ruft, zumal die neueren Bauten sich einfügen und nicht zerstören. Noch ist die 1558 von Ulrich Ruffiner erbaute Kirche mit ihrem prachtvollen Schnitzaltar von Johann Ritz unübersehbar. Und wer sich für weitere Zeu-

Dorfansicht von Eischoll

gen Walliser Baukunst interessiert, darf auch einen Blick auf das alte Gemeindehaus (ebenfalls aus dem 16. Jahrhundert) werfen, dem sogenannten Triegerhaus (1983 renoviert), oder auf die alte Dorfmühle und das vergessene Backhaus im Mühlebachtobel, in das in alten Zeiten Unterbächler und Eischoller gemeinsam ihr Roggenbrot schoben. Zu den Zeugen Unterbächs bewegter Vergangenheit gehören auch das alte «Zwingherrenschloß» aus dem frühen 12. Jahrhundert, vermutlich ein Lehen der Abtei von St-Maurice an die Herren von Bex, im 14. Jahrhundert zerstört, sowie die Ruine des «Steinhauses».

Eischoll (1220 m) gehörte noch 1982 zu den abgelegenen kleinen Ferienplätzen des Wallis. Nachdem Unterbäch bereits seit 1936 durch eine Autostraße mit Visp und seit 1950 auch durch eine Luftseilbahn mit Raron verbunden wurde, hat es bis 1969/70 gedauert, bis auch Eischoll — seit 1946 allerdings durch eine Luftseilbahn (Station Turtig-Raron), übrigens die erste im Oberwallis, mit Raron verbunden — eine Straßenverbindung nach **Turtmann** erhielt. Nach gut weiteren zehn Jahren ist Eischoll seit Juni 1983 aber auch auf durchgehender Straße von Unterbäch und damit auch von Visp her erreichbar, so daß der motorisierte Feriengast sich zwischen Unterbäch und Turtmann via Rarner Schattenberge frei bewegen kann. Nützlich ist diese Verbindung auch für die Landwirtschaft, die, im Gegensatz zum benachbarten Unterbäch, noch immer rege betrieben wird.

1982 zählte Eischoll rund 537 Einwohner, Unterbäch 357, so daß auch in Eischoll die touristische Entwicklung in angemessenem Rahmen verlief und weiterhin verlaufen soll. Die große Anziehungskraft Eischolls liegt im Wanderparadies der Augstbordregion, den herrlichen Spazierwegen und -wanderungen durch lichtgrüne Lärchenwälder und dem Zauber einer äußerst vielfältigen Bergflora, wobei es reizvoll ist, nicht nur ostwärts zu wandern, sondern zugleich auch in entgegengesetzter Richtung das Turtmanntal kennenzulernen.

Das «Maxenhaus» in Raron

Eischoll ist autofrei. Selbst für Ein-
bahnstraßen wäre der alte, wunderschöne Ortskern viel zu klein, seine
Gassen zu schmal. Kaum einen Dorfplatz im Oberwallis wüßte ich dem
von Eischoll in seinem typisch berg-
bauerndörflichen Charakter an die
Seite zu stellen: ein verwunschenes,
verschwiegenes Idyll. Die tiefschwarz
verbrannten Häuser verschachteln
sich und geben dennoch einer kleinen

Mitte Platz. Ein Bach versteckt sich
unter seinen Steinen, um am Hang,
befreit von seiner Abdeckung, rau-
schend ins Tal zu springen. Ringsum
riecht die Luft nach Landwirtschaft.

Vom Dorfplatz führt ein Wanderweg nach Raron hinüber, dessen Kirche vom mächtigen Fels herüber
grüßt. Der Fremde, der am lauen
Sommerabend hier lustwandelt, wird,
verborgen hinter dunklen Scheiben,

prüfend im Auge behalten. In Eischoll kennt man sich noch.

Im Dorf gibt es nur zwei Pensionen mit insgesamt 16 Gästebetten, zwei Jugendheime mit 110 Betten und nur zwei Restaurants, «Alea» und «Zur Post», dafür Chalets und Appartements mit rund 800 Betten sowie eine eigene Schweizer Skischule. Ein neuer Skilift erschließt ein prächtiges Skigebiet bis auf 2150 m.

Raron mit seinen 1200 Einwohnern liegt zu Füßen des Augstbordmassivs jenseits der Rhone an der Mündung des Bietschtals. Es bildet die touristisch wichtige Talstation der Augstbordregion. Doch die Bedeutung des Orts reicht weit zurück, denn die Herren von Raron, die dem Ort den Namen gaben, spielten in der Walliser Geschichte vom 13. Jahrhundert an bis gegen 1450 eine bedeutende Rolle und prägten das Ortsbild.

Hoch auf markantem Felsrücken erhebt sich der Turm der Viztume aus dem 12. Jahrhundert (Treppengiebel 16. Jahrhundert), der als Sitz der Herren von Raron diente und 1528 von der Gemeinde erworben wurde. Neben ihm erhob sich einst ein zweiter, noch gewaltigerer Turm, der jedoch schon 1417 zerstört wurde. Seine Überreste gingen in der spätgotischen Pfarrkirche St. Romanus auf, die Kardinal Schiner zwischen 1508 und 1517 durch Ulrich Ruffiner erbauen ließ und deren spitzer Turm weit ins Tal hinaus grüßt. Wer den steilen Felshügel erstieg, sollte auch einen Blick in das Innere der Kirche und auf das große, naive Wandfresko des Jüngsten Gerichtes, das die

ganze nördliche Wand einnimmt, werfen.

Berühmt geworden ist der Burghügel durch Rainer Maria Rilke, der an der südlichen Kirchenmauer begraben liegt — er lebte seit 1921 im Wallis und starb 1926 in einer Klinik bei Montreux. Es war sein Wunsch, hier seine letzte Ruhestätte zu finden. Die Grabinschrift lautet: «Rose, o reiner Widerspruch, Lust, niemandes Schlaf zu sein unter so viel Lidern...» R.M.R.

Raron selbst lohnt ein Durchstreifen, denn noch immer beeindrucken seine stattlichen Herrenhäuser, die bisweilen noch heute die alteingesessenen Familien — die Asperlin, die Zentriegen (Zentriegenhaus 1536), die Maxen (Maxenhaus 1548), die Roten — beherbergen und die verdienstvolle Staatsmänner hervorgebracht haben, daß sie dem Zenden sogar die Bezeichnung Raronia prudens — «das kluge Raron» — eintrugen.

Seit dem 1. Juni 1974 (Weihedatum) aber besitzt der Burghügel von Raron eine neue Kirche, die 35 m tief in das Gestein getriebene Felsenkirche, deren Innenraumgestaltung von nachhaltiger Wirkung ist.

Alte Walliser Wiege

Wild und dämonisch sind die Holzmasken des Lötschentals

Vom Lötschberg bis zur Fafleralp

Eingebettet zwischen den Höhenzügen der Berner Alpen des Torrentmassivs und der Bietschhorngruppe liegt die Talschaft *Lötschen* (1200—2700 m). Sie bildet ein noch immer verwunschenes Tal, sagenumwoben, voller Geheimnisse, reich an uralten Traditionen. Fromm blieben seine Bewohner, zurückhaltend und tief verwurzelt in der Natur und ihren Schicksalen.

Wer sich in **Goppenstein** vor dem finsteren Autotunnel befindet, ahnt

schentals beruht. So hat es mit diesem Tal noch immer seine eigene Bewandtnis, und der Fremde darf nicht erwarten, hier ein ähnlich perfektes touristisches Angebot vorzufinden, wie er es von anderen Oberwalliser Tälern kennt. Das Lötschental ist alles andere, nur kein Top-Ferienort wie Zermatt oder Saas-Fee.

Späte Öffnung der Talschaft

Der Zugang zum Lötschental ließ lange auf sich warten. Zwar hatte schon 1849/1850 die englische Minengesellschaft des John James Rippon eine Straßenverbindung zwischen **Steg** und Goppenstein angelegt, um den Abtransport des hier abgebauten Bleiglanzes zu bewerkstelligen, zwar war 1913 bereits der Lötschbergtunnel dem Verkehr übergeben und damit der Anschluß an das internationale Verkehrsnetz hergestellt worden, doch beide Ereignisse störten die Abgeschiedenheit des Lötschentals kaum. Erst 1919 bis 1923 wurde eine «Wagenstraße» erbaut. Sie mußte in **Kippel** enden, denn das Geld der verschuldeten Talschaft reichte nicht zum Weiterbau. Erst 1954 wurde die Straße bis nach **Blatten,** dem letzten Dorf im Tal, weitergeführt. Heute ist diese Straßenverbindung so gut ausgebaut und asphaltiert, daß an Wochenenden ein reger Autoverkehr bis zur *Fafleralp* führt. Hier, in Gottes freier Natur, kann man im Sommer beim idyllischen Picknick zugleich jene Gletscherströme bewundern, die sich an drei Seiten ehrfurchtgebietend zwischen Bergesgipfel drängen.

nicht, daß sich dahinter ein überaus liebliches Tal mit herrlichen Wiesen, durch das sich die Lonza zieht, erstreckt. Wie sollte er auch wissen, daß die Besonderheit und vor allem das bis in unsere Tage erhalten gebliebene Kulturerbe gerade dieses Tal zum eigenartigsten des gesamten Oberwallis macht. Ein Reiz, der vor allem auf der späten Erschließung des *Löt-*

Lebendige Tradition — von Osterspende und Herrgottsgrenadieren

Das Lötschental — une des plus curieuses vallées alpestres — hat zwei Gesichter. «Keinem Lötschentaler käme es heute mehr in den Sinn», schrieb kürzlich ein Redakteur der Neuen Zürcher Zeitung, «beim Auftauchen eines Touristen — ‹es leid's Mannli›, wie's einst hieß — die Türen zu schließen und zur Mistgabel zu greifen, er gewöhnte sich mittlerweile an die fremden Gäste…» Schließlich hat der Lötscher dem Tourismus zugestimmt, hat seine Vorteile, einen sich allmählich abzeichnenden Wohlstand nach schweren Zeiten der Armut miterlebt, und dennoch verschanzt er sich im tiefsten Grunde seiner Seele vor der Welt der Eindringlinge. Nach außen übt er die Geste der Anpassung, im Höchstfall die der friedlichen Koexistenz. Dem neugierigen Blick, der aufdringlichen Fotolinse der neugierigen Besucher schenkt er kaum Beachtung. Der freizügig gekleideten Touristin begegnet die alte, noch immer schwarzverhüllte Frau mit unnahbarer Würde.

Es ist nicht einfach, die Verschlossenheit der Menschen zu durchdringen oder den verborgenen Traditionen und Gesetzen, die den Alltag in den dunklen Stuben bestimmen, auf den Grund zu kommen. Atavistisches hat hier durchaus noch Bestand. Symbole, in Holz geschnittene Inschriften deuten auf die große Gläubigkeit und das «demütig-unerschüt-

terlangt, wer ohne Aufhebens hier Quartier bezieht, durch Matten und Wiesen streift, vorbei an Wegkreuzen, Bethäuschen, hier und da eine Tür zur Kapelle aufstößt, sich niedersetzt und schweigt und ein waches Auge hat für die zusammengeduckten, schwarzbraunen Holzhäuser. Wie zufällig in die Landschaft gestreut suggerieren sie dem flüchtigen Besucher noch immer eine beschauliche Welt jener Vergangenheit, die von den unberechenbaren Kräften der Natur abhing, so daß die Bewohner nur in ihrem (katholischen) Glauben Hoffnung und Zuversicht fanden.

Gläubig werden die kirchlichen Feiertage begangen. An Fronleichnam und dem darauffolgenden Segensonntag finden große, feierliche Prozessionen statt, und der Aufmarsch der Herrgottsgrenadiere wird Jahr für Jahr zum festlichen Ereignis für Einheimische wie Fremde. Die Herrgottsgrenadiere in der Uniform der ehemaligen neapolitanischen Söldner, in weißen Hosen, scharlachroten Röcken, Epauletten, Federbuschhelmen, geschulterten Karabinern mit aufgepflanzten Bajonetten formieren sich zu einem farbenprächtigen Umzug, begleitet von weiß gekleideten Kindern und den die Festtagstracht tragenden Prozessionsteilnehmern. Die Uniformen der Soldaten sind Privatbesitz und stellen ein geschätztes, kostspieliges Familienerbe dar. Grenadier sein darf jeder, zu Kommandochargen gelangt man durch Wahl, die Fähnrichwürde («Fender») aber bleibt einem ledigen Burschen vorbehalten. Achtungsstellung und Fahrterliche Vertrauen auf das Aufgehobensein in der Gnade». Eine Ahnung

Herrgottsgrenadiere bei der Prozession am Segensonntag in Blatten

nenmarsch gehören zum Ritual, ebenso der Brauch der Votivspende.

In **Ferden** gibt es noch immer einen uralten Osterbrauch. Am Ostermontag wird der «Spendzieger» — Käse, Brot und Wein — verteilt, ursprünglich ein Spendopfer für die Armen.

In **Blatten** muß die alte Kirche heute einem Neubau weichen — sie wurde zu klein. Von Veränderungen wird also auch das schöne, einst stille Lötschental immer stärker betroffen. Neubauten aus Stein bilden in jedem Dorf eigene kleine Siedlungen. Fortschritt und Modernität dringen zusehends ins Lötschental ein. Hochbetagt und mit warnendem Fingerzeig vor ungenügender Prüfung und Anpassung an die Neuzeit ist alt Prior Siegen, der «Vater» des Lötschentals, gestorben. Geblieben aber sind die «Chinigroßlini» sowie die Dreikönigssänger und natürlich die «Roitschäggätä», das Auftreten wilder, unheimlicher Fasnachtsmasken mit ihren ursprünglichen, derben Bräuchen. Noch immer gibt es Maskenschnitzer und die Heimweberei, und noch bewahrt die Talschaft Lötschen weitgehend ihre Identität.

Gletscher modellierten das Tal, sprengten den festen Gneis zum breiten Trog und wuschen ihn auf einer Länge von 17 km mit mäßiger Nord-

Der Trachtenhut der Lötschentalerin

oststeigung aus. Rechts und links lösen bewaldete Hänge saftige Wiesen ab, um schließlich im leuchtenden Firnweiß von *Petersgrat, Tschingelhorn, Großhorn,* den beiden *Breithörnern, Schienhorn* und jenem Gipfel zu enden, der um Haaresbreite zum Viertausender geworden wäre, dem *Bietschhorn* (3934 m).

Der Ruf vom Lötschental als «verlorenes Tal» blieb lange an ihm hängen. Denn die «Rotlaui», die rote Lawine von Goppenstein, war es, die mit der ersten Schneefülle bis ins Frühjahr den Zugang zum Tal blockierte.

Diese Gefahr ist gebannt, und vorbei ist auch die Mühsal der Selbstversorgung der Bewohner durch Berglandwirtschaft. Denn die Entwicklung des Wallis vom Agrar- zum Industrie- und Dienstleistungskanton hat sich auch in der Alpwirtschaft des Lonza-Hochtales niedergeschlagen. Gab es 1900 in den Alpstafeln «Faldum», «Resti» und «Kummenalp» noch 356 Kühe, waren es 1969 nur noch 163 und 1980 sogar nur noch 105. Betrug der Bestand von Großvieh 1969 im Lötschental noch 550 Stück Großvieh, so zählte man 1980 nur noch 323 Stück, denn mit Einbruch des Tourismus gab ein Teil der Bevölkerung seine traditionelle Lebensweise auf.

30% der Lötscher leben heute vom Tourismus, 10% sind im Dienstleistungsgewerbe beschäftigt und etwa 55% sind Arbeiterbauern. Hauptberuflich gehen sie einer Beschäftigung in der Alusuisse in Steg nach und betreiben ihre Landwirtschaft als Feierabendbeschäftigung oder sind im Baugewerbe (Schreinereien, Installationsfirmen) beschäftigt. Nur noch maximal 5% der Bevölkerung arbeitet heute noch voll in der Landwirtschaft, und der Anteil der im Tourismus Tätigen wächst ständig. Trotzdem verläßt die Jugend das Tal, denn sie findet weder genug Ausbildungs- noch Beschäftigungsmöglichkeiten.

Ausgangspunkt eines Talbesuches ist die Autoverladestation Goppenstein der Bern-Lötschberg-Simplon-Bahn (BLS). Von hier aus verkehren Postautos bis nach Blatten (im Sommer bis zur Fafleralp). 1913 wurde mit der kühnen Untertunnelung des Lötschbergs die Eisenbahnlinie als direkte Verbindung zwischen Bern und Brig, dem Nordeingang zum Simplontunnel, gebaut, daher stammt der Name Bern-Lötschberg-Simplon (BLS). Goppenstein bildet das Südportal zum Lötschbergtunnel.

Der Lötschenpaß (2690 m) seinerseits verbindet das Lötschental mit dem *Gasterental* im Kanton Bern. Die BLS nun stellt die Bahnverbindung nach Kandersteg, dem Nordeingang des Tunnels, her. Er mißt 14 812 m Länge. Die Bahnstrecke der BLS mit ihren 41 Brücken und 48 Tunnels, ihren Ausblicken und Landschaftseindrücken gilt als eine der schönsten des gesamten europäischen Eisenbahnnetzes.

Der Autotourist, der von **Gampel** nach Goppenstein fährt, muß mit schmaler und kurvenreicher Anfahrt rechnen, die ihm eine wilde, dunkle Schlucht vor Augen führt, durch die die Lonza talwärts fließt. Voraussichtlich ab 1985 wird die Straße durch den Neubau eines Tunnels, der die Strecke Steg-Hohtenn miteinbezieht, entschärft.

Verbundenheit zu Bern

Der Kontakt zu den Nachbarn jenseits von Lötschen war seit alters enger als die Verbundenheit zu den Kantonsgenossen. Das hat historische Gründe. Denn der Lötschenpaß (2690 m), in der Stumpf-Chronik von 1544 als «naß, rau, unwegsam und sorglich zu wandeln und verfallend viel Leut darauff» beschrieben, bildete dereinst die wichtigste Verbindung zur Außenwelt. Er war zugleich der bedeutendste Handelsweg, , solange, bis 1736 der *Gemmipaß* gangbarer geworden war und damit dem längeren und höheren Lötschen den Rang abgelaufen hatte. So nahmen die Lötscher mehrmals im Jahr «ihren» Paß unter die Füße und trugen mittels Maultieren Felle, Wolle, Tuche, Butter, bisweilen auch Vieh hinüber zum bedeutsamen Markt von Frutigen. Ihre Wolle war begehrt, und die Frutiger fertigten daraus das geschätzte «Frutigertuch», das Generationen aushielt. Die Lötscher ihrerseits basteten vor allem Salz über den Berg. Das Kilo kostete zwei Rappen weniger als im Wallis, so vermochte ein Träger mit 30 Kilo auf dem «Räf» 60 Rappen Taglohn zu verdienen. Aber auch die Berner wußten manches zu holen, Streichhölzer, «Tröhlchappe» (Zipfelmützen), «Chaslibälg» (Kälbermägen) oder «Chuchipulver» (Gewürze) und gaben sich keineswegs kleinlich. So ist es noch heute bei den Lötschern Brauch, von einem «Bärner Dutzend» als von 13 Stück zu reden. Auf dieser Verbundenheit beruht dann auch, daß man noch heute Berner Gurten-Bier im Restaurant

serviert oder Adelbodner Mineral-
wasser. Und selbst mit Dingen des
täglichen Gebrauchs verhält es sich
nicht anders. Was man ständig
braucht, holt man in der heimischen
Handlung, allenfalls im Supermarkt
von Brig. Wer aber größere Einkäufe
tätigen muß, Kleider, eine neue Brille,
besorgt das, treu der Tradition, in
Thun.

Selbst in Glaubenssachen hatte der
Lötschen seine Funktion. So erzählt
man sich, daß trotz der Reformation
viele Frutiger heimlich beim alten
Glauben blieben: ein altes Fraueli soll
jahrelang die geweihten Hostien in einer Schnupftabakdose über den Paß
getragen haben, und in Kippel vor allem seien die «Chatechismen» sehr
begehrt gewesen.

Aushängeschild — die Lauchernalp

Die Dörfer des Lötschentals sind
noch immer ein kleines Wunder. Im
Kern eng zusammengeschachtelt, aus
sonnenverbranntem Holz natürlich,
die Straßen bisweilen so schmal, daß
man mit ausgebreiteten Armen die
Häuserzeilen beiderseits berühren
kann, mit Inschriften und kunstvol-
len Kerbschnitten verziert, sprechen
sie für eine reiche bäuerliche Volkskultur.

Die vier Gemeinden — **Ferden,
Kippel, Wiler** und **Blatten** — reihen
sich Dorf an Dorf aneinander und
kleben jeweils am Sonnenhang über
der Lonza. Ihr intakter Charakter

Marienkapelle im Weiler Kühmatt

trug auf jeden Fall zu Förderung des Tourismus bei.

Hatte auch der Engländer Leslie Stephen am 13. August 1859 mit Lötschentaler Führern erstmals das Bietschhorn bezwungen, war bis 1913 von Tourismus noch keine Rede, wenngleich erstaunlich ist, daß 1868 bereits das erste Gasthaus in Ried, das «Hotel Nesthorn», eröffnet wurde. Es diente jedoch eher Bergsteigern als Absteigequartier denn als Bleibe für Dauergäste. Gab es damals etwa 25 Touristen, so hieß es bereits, das Tal sei voller Fremde. 1908 eröffneten das «Hotel Fafleralp» und das «Hotel Lötschberg» ihre Pforten, doch ein bescheidener Sommertourismus entwickelte sich erst mit der Eröffnung der Lötschbergbahn.

Die entscheidende Wende vollzog sich schließlich erst in dem Moment, als es eine gute Zufahrt ins Tal gab, und erst in den fünfziger Jahren begann eine gezielte touristische Erschließung. 1959 zählte man 14 Betriebe mit 300 Betten, inzwischen sind es 16 Betriebe mit 335 Betten, in der Parahotellerie (Chalets, Ferienwohnungen und Zweitwohnungen) 1926 Betten und nochmals 491 Schlafmöglichkeiten in Ferienkolonien und Touristenlagern. Wie abgeschlossen das Lötschental lange blieb, beweist, daß erst ab 1953 das Postauto bis Blatten und erst seit 1969 bis zur Fafleralp verkehrt und daß bis 1953 das hintere Lötschental (von Tennmatten ab) noch immer mit Maultieren und ihren Basten bedient wurde.

Halten sich heute Sommer- und Wintertourismus annähernd die Waage, so bildet die Erschließung der *Lauchernalp* (von Wiler aus) doch die große Attraktion des Lötschentals. Allerdings bleiben die Naturgewalten hier noch immer spürbar. Für Stunden oder Tage können Lawinen mitunter das ganze Tal oder nur ein einzelnes Dorf von der Außenwelt abschneiden. Sollte ein so schneereicher Winter wie 1983/84 bevorstehen, klappt die reibungslose Versorgung aus der Luft.

Steil geht es mit der Luftseilbahn (beim Parkplatz von Wiler) zur Bergstation Holz (1950 m) hinauf, eine Art Verteilerkreis. Bereits über der Baumgrenze lassen sich von hier aus die Pisten überblicken, die sich an den Hängen des *Hockenhorns* (3293 m) verteilen. Zur Gandegg auf 2700 m gelangt man in drei Etappen: über Lauchernalp (2100 m) entweder mit dem neuen Sessellift oder dem Skilift und von dort jeweils per Skilift zunächst nach Märwig (2530 m) und schließlich zur Gandegg. Wer hier oben steht, wird so schnell nicht hinunter wollen, denn höchst eindrucksvoll zeichnet sich an der gegenüberliegenden Talseite die mächtige Bergkette mit dem «König des Lötschentals», dem Bietschhorn ab. Das *Breithorn* (3782 m) und natürlich die berühmte *Lötschenlücke* (3178 m) lassen sich ebenfalls entdecken. Die Lötschenlücke ist vielen Skifahrern insofern ein Begriff, weil sie auf einer der beliebten Walliser Frühlingsskitouren überquert wird. Diese Tour beginnt auf dem *Jungfraujoch* und endet im Lötschental.

Auf dreißig Pistenkilometern läßt sich, je nach Können, von der Lauchernalp zu Tale gleiten. Die Abwechslung entspricht den verschiedenen Pisten unterschiedlicher Schwierigkeitsgrade. Doch ist die Lauchernalp eher dem mittleren und guten Fahrer als dem Anfänger zu empfehlen. Das Gelände dehnt sich zwar weit, birgt aber manche steile Stelle; was insbesondere reizt, sind verschiedene Möglichkeiten zu ungefährlichem Tiefschneefahren. Als «rassig-sonnig-schneesicher» charakterisiert der Prospekt das Skigebiet, das an sonnigem Südhang liegt und vom Föhn «überhüpft» wird. (Auf Holz ist ein Ferienzentrum geplant, das im Endausbau 1500 Betten besitzen soll.)

Ansonsten wird der Wintersportler nicht allzu sehr verwöhnt. Langläufer können ihrem Sport von Kippel bis zur Fafleralp auf größeren und kleineren Kreisbahnen frönen, als besonders beliebt gilt die Strecke zwischen Blatten und der Fafleralp — immerhin bietet Lötschen 25 km Loipen. Wer weder das eine noch das andere will, wird sich mit der reizvollen Landschaft trösten müssen. Im wesentlichen bleiben dem Winterwanderer Spaziergänge auf der Fahrstraße, denn gepfadete Winterwanderwege sind selten. Eine beliebte Wanderung zieht sich von Blatten nach **Weißenried,** dem höchstgelegenen ständig bewohnten Dorf des Lötschentals.

Wenn auch der Wintertourismus sein Zentrum in Kippel/Wiler hat, während es die Sommergäste mehr in das Gebiet Blatten/Fafleralp zieht, unterhält auch Blatten einen eigenen 300 m langen Skilift (Brunmatten).

Ist der Wintertourismus noch relativ jung, erst vor etwa 10 Jahren wurde das Skigebiet erschlossen, war das Lötschental als Wandergebiet und als Ausgangspunkt für manche herrliche Bergtour schon jahrzehntelang bekannt und besucht (Lötschentaler Höhenweg). Der *Lötschenpaß* wurde schon um 1000 v.Chr. begangen, und er zählt zu den ältesten Übergängen der Alpen. Heute kommt mancher, um die Bergsteigerschule auf der Fafleralp zu besuchen. Die eigentliche Sommerattraktion aber bilden die imposanten Dreitausender sowie die rund 150 km markierter Wanderwege, die in einer wildwüchsigen Landschaft zu mancher Entdeckung verführen, in abgelegene Weiler oder in die sogenannten Uisörter führen, kleinen dicht beieinander stehenden, früher mitunter bewohnten Ställen und Scheunen.

Ins Lötschental findet nicht der Gast, der Turbulenz sucht. Unter den Gästen — Schweizern, Holländern, Deutschen und einigen Briten — dominieren diejenigen, die außer dem «natürlichen» Angebot Ruhe und Stille, selbst das bloße Sichausruhen suchen. Was sie finden und schätzen und was dem Tal seine Dauergäste beschert, sind Einfachheit und Gemütlichkeit. In den Bergrestaurants grüßt und kennt man sich — wo gibt es das sonst noch? Dafür wird man Tennisanlagen, Golfplatz, Kunsteisbahn, Hallenbad (das nächste befindet sich in Steg bei Gampel), Nachtbar und exclusive Hotels vergeblich suchen. Das einzige Dreisternehaus im Tal ist das Hotel «Lötschberg» in Kippel, und die am meisten verlangte Speise, Raclette, läßt auch in diesem Hause auf bäuerliche statt französische Küche schließen. Trotz Tourismus «äs Glas Fendant, äs guets Schtuck Trochifleisch, ä Schtuck Ches und Roggenbrot» pflegen hier noch immer den Tag zu beschließen.

Die Walliser Wohnhäuser sind von Stall und Spycher getrennte Blockbauten, Haus in Blatten

Dörfer und Sehenswürdigkeiten

Taleinwärts begegnet als erstes Dorf **Ferden,** mit seinen 331 Einwohnern nach Blatten die kleinste Gemeinde von Lötschen. Im alten Dorfkern überrascht eine neue hochmoderne Kirche. Nur 2 km entfernt folgt **Kippel,** der bedeutendste Ort

des ganzen Tales. Schöne alte Häuser drängen sich eng um die Kirche St. Martin (18. Jahrhundert) mit ihrem schlanken Kirchturm. Er grüßt schon von weitem inmitten des Tales.

Bronzefunde (heute im Museum für Geschichte in Genf) belegen eine Besiedlung schon um 1000 v. Chr. Weitere Fundgegenstände weisen auf keltische Siedler, auch die Namen «Lötschen» und «Lonza» sollen auf das keltische «loudio» (Blei) zurückgehen. Kelten und Alemannen haben somit schon um die Bleivorkommen bei Goppenstein gewußt. Von den Alemannen stammt vermutlich auch der eigene Lötschentaler Dialekt, den man hier noch spricht.

Kippel bildet geographisch, einst sogar kirchlich und politisch, den Mittelpunkt des Tales. Auf dem Friedhof der 1740 erbauten Kirche begrub man früher alle Toten des Tales. 1899 löste sich Blatten, 1956 Ferden und Wiler von der Mutterkirche Kippel.

Als Spielball der Herren von Thurn, denen es im 13. Jahrhundert gehörte, und dem Bischof von Sitten hatte Kippel manches zu erdulden. 1375 kamen den Lötschern die Oberwalliser zu Hilfe, mit dem Erfolg, daß sie nun ihrerseits Lötschen zum Untertan der fünf oberen Zenden (Verwaltungsbezirke) machten. Ihr Loskauf erfolgte erst 1790. Die Franzosenkriege brachten neue Drangsale. 1799 besetzten französische, dann waadtländische Truppen das Tal, und erst nach ihrem Abzug kehrte wieder Ruhe ein, doch waren die Bewohner durch Repressalien so verarmt, daß viele als Söldner in französische und neapolitanische Dienste traten. Erst die Bundesverfassung von 1848 setzte diesen Mißständen ein Ende. Wer die Heimat nicht verlassen wollte, hatte sich in das harte Schicksal eines von Naturkatastrophen immer wieder heimgesuchtes Tales und bescheidenste Verhältnisse zu schicken.

Von diesem Leben der Lötscher vermittelt das Lötschentaler Museum, das im Juni 1982 eröffnet wurde, eine lebendige Vorstellung. Dau-

er- und Wechselausstellungen sowie reiches Lötschentaler Kulturgut lockten in der kurzen Zeit seines Bestehens bereits mehr als 20 000 Besucher an.

Nur wenige Minuten sind es bis **Wiler,** hochinteressant sein imposantes neues Gotteshaus inmitten von Häusern aus Stein, die nach der letzten großen Feuersbrunst (1900) nicht mehr aus Holz, sondern aus widerstandsfähigerem Material erbaut wurden. Über **Ried** erreicht man **Weißenried,** das auf hoher Sonnenterrasse (1694 m) liegt. Letzter Ort des Tales ist **Blatten.** Ihn kann man nur per pedes durchwandern und als besonders typisches Lötschentaler Dorf mit stattlichem Dorfplatz bewundern. Die Kirche des 19. Jahrhunderts mußte einem Neubau weichen. Unmittelbar hinter Blatten taucht auf hohem Felsbuckel **Eisten,** der letzte ganzjährig bewohnte Weiler von Lötschen, auf. Wer zur wunderschönen, urwüchsig wilden Fafleralp will, sollte den Besuch der am Weg liegenden Maiensäße Kühmatt mit der Marienkapelle (Barockaltar) nicht versäumen. Zu ihr unterhalten die Lötscher eine besonders innige Beziehung.

«Lötschental Museum», Kippel

Turtmann und das Turtmanntal

Ein wunderschönes Wandertal

Das kleine Dorf **Turtmann** (638 m, 831 Einwohner) am Eingang des anmutigen Turtmanntals steht heute unter Denkmalschutz. Es zählt zu den ältesten Bauerngemeinden des Oberwallis und besitzt eine ganze Reihe schöner, erhaltenswerter Steinbauten.

Die ältesten Urkunden Turtmanns gehen bis in das frühe 13. Jahrhundert zurück. Damals bildete das Dorf mit **Unterems** und den ehemals bedeutenden Weilern **Ried** und **Tennen** ein zusammengehörendes Gemeinwesen. Die auf mündliche Überlieferung zurückgehenden Dorfrechte, 1515 handschriftlich niedergelegt, blieben, wenn auch vielfach erneuert, bis in das 20. Jahrhundert gültig.

Turtmann ist ein Dorf mit Geschichte. Es war seit dem späten Mittelalter aufgrund erfolgreich betriebener Landwirtschaft im weiten Talgrund zu Wohlstand und Ansehen gelangt. Auch seine Lage an der Durchgangsroute der Rhoneebene, die Handel und Verkehr begünstigte, trug wesentlich zur Bedeutung der Gemeinde bei. Erstaunlich große und stattliche

Steinbauten mit schönen Portalen und interessanten Wappen zeugen von der Bedeutung Turtmanns, die es vor allem im 17. Jahrhundert inne hatte. In der zweiten Hälfte des 17. Jahrhunderts begann der mächtige Briger Handelsherr Kaspar Jodok von Stockalper sogar mit dem Bau einer großen Warensuste, die jedoch nie vollendet wurde, da Stockalper sich vor seinen politischen Gegnern nach Italien retten mußte. In der Nähe des Schulhauses sind noch heute Reste jenes eindrucksvollen Bauprojektes zu sehen (Gebiw). Im 19. und sogar bis in das frühe 20. Jahrhundert wurde im Turtmanntal nach Gold, Silber und Kohle gegraben.

Mit der Eröffnung der Bahnlinie Brig-Leuk (1878) ging allmählich die Bedeutung Turtmanns als Durchgangsort zurück. Die Einwohner betrieben und ernährten sich jedoch weiterhin von der Landwirtschaft, die noch heute den Charakter des Dorfes prägt, wenngleich sich am Rande der Ortschaft in den letzten zwanzig Jahren industrielle Kleinbetriebe ansiedelten.

Ein Bummel durch den alten Dorfteil lohnt, schon um das «Wäbi-Haus» aus dem Jahre 1648 mit seinem Wendelturm und Rundbogenportal, seinen Rundbogenfenstern und seiner an der Südseite liegenden typischen Laube zu bewundern. Dieses Gebäude, ist es fertig restauriert, soll einmal ein Dorfmuseum aufnehmen. Einen Blick lohnt aber auch die stattliche Pfarrkirche von 1863 mit ihrem ausgefallenen, von Säulen durchbrochenem Hochaltar (2. Hälfte 17. Jahrhundert), der aus der Visper St. Martinskirche stammt und 1962 hier aufgestellt wurde. In die beiden barocken Seitenaltäre sind Gemälde des bedeutenden Walliser Malers Raphaël Ritz (1866) eingelassen.

Turtmann umgibt ein Wanderparadies. Das Dorf durchquerend lohnt zunächst eine kleine Wanderung zur Felsschlucht. Hier stürzt der Turtmannbach als kräftiger Wasserfall die enge Schlucht hinunter.

Links oberhalb von Turtmann liegt **Ergisch.** Ein Ort der noch viel von seiner Ursprünglichkeit gewahrt hat.

Auf den erhöhten, oberhalb der Talebene liegenden Bergterrassen auf 1200—1500 m Höhe lassen sich leichte Wanderungen unternehmen. Malerisch und auf luftiger, freier Höhe über der Rhoneebene erstrecken sich **Unterems** und **Oberems,** reizvolle kleine Bergdörfer und beliebte Standquartiere für Wanderer. Hierher finden meist nur Kenner, die um das zwanzig Kilometer lange *Turtmanntal* und seinen Taubenwald, einen der schönsten Wälder des Wallis, wissen. Seiner vielfältigen Fauna (vor allem Gemsen) und reichen Alpenflora wegen wurde er zum Bannbezirk erklärt, in dem nicht gejagt werden darf. Auch die Weiler **Gruben** und **Meiden** eignen sich (im Sommer) als ideale Ausgangsstationen für unbeschwerliche Fußwanderungen zum künstlichen Stausee, zum *Turtmanngletscher* oder parallel den Berghängen entlang, die herrliche Aussichten über das weite Rhonetal oder hinüber auf die Leuker Sonnenberge freigeben. Das von Wanderscharen noch weitgehend verschont gebliebene Turtmanntal bietet ein 400 km langes Wanderwegnetz.

An den Leuker Sonnenhängen gedeiht ein guter Wein

Die Brücke über die Rhone überquerend zieht sich eine zunächst schmale, kurvenreiche Autostraße hinauf nach **Leuk**, «eine der reizvollsten Siedlungen des Wallis» (O. Ruppen). Die Burgschaft (750 m, 2800 Einwohner), historisch wie kunsthistorisch hoch bedeutsam, erstreckt sich etwa 100 m oberhalb der Rhoneebene am Ausgang der berühmten Dalaschlucht. Doch schon auf der Zufahrt nach Leuk befindet sich ein sehenswertes Bauwerk, die prächtige Ringackerkapelle, der eindrucksvollste und stattlichste Barockbau des ganzen Wallis. Der harmonisch klaren Gliederung des Außenbaus entspricht im Inneren eine überreiche Ausstattung. Sie drückt sich aus in italienisierenden Gewölbestrukturen, Deckengemälden und einem monumentalen Hochaltar, 1705 vollendet. Bauherrin dieser 1690 bis 1694 errichteten Kapelle war die Burgerschaft der Stadt Leuk.

Trutzig und verträumt wirkt **Leuk**. Doch wer sich zu diesem Aussichtsstädtchen aufmacht, wird seinen Fuß

1982 in Leuk entdeckte Pietà

tief in Walliser Geschichte setzen und einen Menschenschlag antreffen, der ausnehmend freundlich und hilfsbereit ist.

Schon seit vorrömischer Zeit war die Gegend besiedelt und seit 515 Besitz der Abtei **St-Maurice** (Unterwallis), seit 1138 des Bischofs von Sitten. Den mächtigen Herren von Raron oblag 1411 das Vizedominat (Viztum), und erst nach 1420 stellten die Leuker ihre eigenen Meier.

Seit 800 Jahren blickt der wehrhafte Turm der katholischen Pfarrkirche St. Stephan ins Tal, zu den Schluchten des Illgrabens und hinab zum Bergsturzgebiet des Pfynwaldes, wo sich in provenzalischem Licht Zikaden und Gottesanbeterinnen sonnen.

Um die altehrwürdige Kirche schart sich das kleine, heimelig wirkende Städtchen mit seinem stark abfallenden Hauptplatz, das sich schon im Mittelalter stolz «Leuca fortis», das

starke Leuk nannte. Von der alten Stadtbefestigung blieb nur ein Torturm bei der Brücke über die Dala, doch die Burg der bischöflichen Viztume, der Statthalter sowie das Bischofsschloß sind noch immer eindrucksvolle Zeugen einer glorreichen Vergangenheit. Leuk hatte eine wichtige Machtstellung insofern inne, als es, dank dem *Illgraben* und der *Dalaschlucht* einerseits den Talverkehr und andererseits den rege beschrittenen Saumpfad über die Gemmi ins Kandertal unter Kontrolle hatte.

Der *Pfynwald* bildet die Grenze zwischen dem welschen burgundischen Gebiet und dem Oberwallis, das deutschsprachige Alemannen besiedelten. Bis ins 15. Jahrhundert sprach man in Leuk französisch, dann wurde in der kleinen Kirche St. Peter deutsch gepredigt, in St. Stephan französisch. Doch bald herrschte in ganz Leuk die deutsche Sprache vor, denn Leuk folgte sowohl katholischem als auch lateinisch-reformiertem Glauben. Im 16. Jahrhundert drang die Reformation ins Wallis ein. Leuk wurde Hochburg der neuen Religion, die sich der weltlichen und geistlichen Macht der Bischöfe widersetzte. Fast hundert Jahre dauerte der Kampf, und erst im 17. Jahrhundert siegte die Religion Roms. 1604 kehrte Leuk zum alten Glauben zurück, aber noch heute warnt eine Inschrift an einem Pfeiler der Totenkapelle von St. Stephan: «Oh frommer Christ, hüte dich vor der lutherischen Trug und List.» Dennoch predigt der Pfarrer von St. Stephan deutsch, wiewohl das Französische als Umgangssprache zunimmt.

Weltbekannter Thermalkurort

LEUKER BAD

Leukerbads Lage ist wundervoll, sogar einzigartig. Mühelos geht es hinter **Leuk** auf breiter, sehr gut ausgebauter Straße in weichen Kurven langsam aber stetig hinauf und zugleich ins Tal — vorbei an den großen Parabolspiegelantennen für Fernmeldeleitung der PTT bei **Brentjong**. Das Auge ist gefesselt von herrlichen Wäldern, vom Wechsel an Mulden und Kuppen. Hinter der letzten Kurve liegt es plötzlich da: von ferne ein kleines, hingewürfeltes Dorf, still und unspektakulär. Die Höhe von 1411 m ü. M. erscheint als Tiefe, denn ringsum bildet ein fast senkrechtes graues, zerschrundenes Felsgestein eine phantastische himmelhohe Mauer, ein atemberaubendes Amphitheater. Der Weg von Leuk herauf bildet den einzigen unbeschwerlichen Zugang in dieses wundersame Loch. Wer aus dem Berner Oberland kam, stieg früher über die *Gemmi*.

Leukerbad mit seinen 1200 Einwohnern ist das älteste Heilbad des Wallis. Seine Tradition reicht weit zurück. Der natürliche Reichtum, mehr als 20 warme heilkräftige Quellen, entströmt dem Fels. Die Wasser haben das Bergdorf weltberühmt gemacht. Die Entwicklung seit dem Bau des ersten Brunnenhäuschens ging unaufhörlich voran, das ursprüng-

Stich aus dem Jahre 1768

Leukerbad im Winter

liche Heilbad wurde zum Sommer- und Wintersporttummelplatz, vor allem seit weiße Wonnen auf Torrenthorn locken. Die Anreise für Bahnreisende erfolgt bis Leuk, von hier aus verkehrt elfmal täglich ein Postbus nach Leukerbad.

Goethe verbrachte Anfang November 1779 zwei Nächte in Leukerbad, tief beeindruckt von der Natur, die ihn hier überraschte: «Es ist nicht zu beschreiben, wie mannigfaltig auch hier das Wallis wieder wird, mit jenem Augenblick biegt und verändert sich die Landschaft.»

Die Natur hat sich kaum verändert, doch das, was Goethe auf seiner zweiten Reise in Leukerbad erlebte, braucht niemand mehr zu fürchten: «Diese Nacht habe ich ziemlich unruhig zugebracht. Ich lag kaum im Bette, so kam mir vor, als wenn ich über und über mit einer Nesselsucht befallen wäre; doch merkte ich bald, daß es ein großes Heer hüpfender Insekten war, die den neuen Ankömmling blutdürstig überfielen.»

Von den 20 Quellen nutzt man mit rund 3 Millionen Litern Thermalwasser (bis 51°) die Lorenzquelle, die Keilbad- und die Roßquelle! Interessant ist, daß noch immer ein Teil des Thermalwassers durch hölzerne Leitungen ins Heilbad fließt.

Eines der alten Heilbäder wurde zum Kulturzentrum

Das Becken zwischen Mayinghorn, Restirohorn, Weißsee und Torrenthorn gilt als das Einzugsgebiet der Thermen. Dort versickert das Regen- und Schneewasser, dringt durch die verschiedenen Erd- und Gesteinsschichten, insbesondere denen der Trias mit ihren Gipseinschlüssen und sickert bis zum Gasterngranit ab. Auf diesem langen Weg reichert es sich mit Mineralien und Radioaktivität an, erwärmt sich im Erdinneren — Wissenschaftler nehmen dafür eine Tiefe von 2200 bis 2500 Meter an — und tritt durch Gesteinsöffnungen wieder zu Tage. Der berühmte Zürcher Arzt und Naturforscher Conrad Geßner hielt die Wärme des Leuker Wassers noch für «Erdpech», während schon 1715 der Forscher Ehrler Schwefel als wichtigen Bestandteil nachwies, und 1912 Lugeon zum ersten Mal radioaktive Elemente entdeckte. Wegen ihres Hauptgehaltes an Kalzium- und Sulfat-Ionen und wegen ihres hohen Wärmegrades werden die Leuker Brunnen physikalisch-chemisch als hyperthermale Gipsquellen eingestuft. Erfreulich und angenehm dabei ist, daß die Leukerbader Schwefelquellen geruchlos sind. Selbst das Leitungswasser ist so rein und wohlschmeckend, daß Schwarztee, in Leuk aufgegossen, den Vergleich mit Tee in England nicht zu scheuen braucht — behaupten die Kenner!

Weltbegriff des Thermaltourismus

Eines sei vorausgeschickt: Leukerbad ist weder Alters- noch Pflegeheim. Natürlich liegt seine primäre Bedeutung im Badebetrieb, sieht man Rollstühle und Behinderte auf den Straßen, mischt sich der weiße Kittel unters unbeschwerte Badevölklein und taucht auch neben Wander- oder Skidreß mit einer Selbstverständlichkeit auf, daß niemand Anstoß nimmt.

Nach Baden, wie Leukerbad annodazumal hieß, zum Baden gehen, war durchaus etwas Besonderes, das bewundernswerte Achtung verdiente. Und dahinter stand keineswegs immer der Gedanke an Gesundbrunnen im Sinne von gesund baden, sondern nicht selten Badelust und -wonne! Was gab es da für Sitten — und schmutzig waren die Menschen im Mittelalter gar nicht, zumindest die nicht, die baden gingen.

Baden bedeutete damals ein gesellschaftliches Unternehmen, dem man mit Freude und entsprechend viel Zeit nachkam. Beliebt waren vor allem die Holzzuber für Paare. Singen und Musizieren gehörte ebenso dazu wie Speisen und Trinken. Selbst zur Hochzeit gehörte als feierlicher Höhepunkt ein gemeinsames Bad mit den Gästen. In den Kranken- und Heilbädern oblag es eigens angestellten Badern und Badeärzten, sich mit der Hygiene und der Heilwirkung von Baumölen, Molken, Salben und Pasten zu beschäftigen. Badehüte und -hauben gehörten vermutlich seit dem 14. Jahrhundert zur üblichen Vorschrift. Der Schweizer Reiseschriftsteller Chr. M. Engelhardt beschrieb 1840, was er an Ort und Stelle sah: *«Es besteht hier der Brauch gemeinschaftlich zu baden... Jeder Badende hat ein kleines, schwimmendes Brett mit einem Körbchen für Schnupftuch, Dose und an-*

dere Notwendigkeiten. Auch Früh-
stück, (das Wasser ist der Verdauung
meist günstig), Schach, Dame, Domi-
no wird darauf gesetzt, wie nicht we-
niger, so wie auf den Mitteltisch, Blu-
mensträuße zur allgemeinen Ergöt-
zung oder als spezielle Aufmerksam-
keit... Gar erfreulich ist das Getöse
der Schwatzenden, Singenden, dies
oder jenes Fordernden. Am regesten
ist es, wenn die Briefe von der Post
den Badenden im Wasser zugestellt
werden...»

Hydrotherapie und Höhenklima
heißen die Worte, die in Leukerbad

Wunder wirken. Der Heilprozeß, den
die Thermalquellen bewirken, ist so
vielschichtig, daß er auf Körper, Nerven und Psyche gleichermaßen zielt.
An erster Stelle aber steht die chemi-
sche Wirkung der Sulfat-Ionen. Für
die Rheumabehandlung spielt aber
auch das Klima (alpines Reizklima,
Stufe 2) eine wesentliche Rolle. Da
sich das Dalatal nach Süden öffnet,
genießt der Kurort intensive Sonnen-
strahlung, obwohl sich der Sonnen-
einfall infolge der hohen Felsenriegel,
im Winter stark verkürzt. Dafür
bleibt Leukerbad nebelfrei und kann

Badesitten anno dazumal im berühmten Leukerbad

dank hoher ultravioletter Strahlung auch zur kalten Jahreszeit mit hervorragenden Heilergebnissen aufwarten, zumal die zwei- bis dreitausend Meter hohen Gipfel Nord- und Westwinde abhalten.

Das Kurangebot der Thermalbäder (10 Hallen- und 7 Freiluft-Thermalbäder, Lauf- und Einzelbäder mit Zusätzen, Massagen, Packungen, Kneipp-, Trink-, Wärme- und Diätkuren) ist erstaunlich vielseitig, nahezu unerschöpflich. Mit besonderem Erfolg aber werden entzündlich-rheumatische und degenerativ-rheumatische Leiden behandelt, ebenso Unfallfolgen und Lähmungen. Der supermodernen Rheumaklinik mit physikalisch-balneologischem Institut ist seit 1972 eine staatlich anerkannte Schule für Physiotherapie angeschlossen. Mehrere Hotels verfügen über eigene Therapieräume und Thermalbäder, während das Centre médical, Lähmungsinstitut, Volksheilbad

und das neue Thermal-Badecenter allen Badegästen zur Verfügung stehen. Die «natürliche Apotheke Gottes» wurde zum wirkungsvollsten und modernsten Schweizer Rheumaheilbad und der internationalen Medizin ein Begriff.

Quellen ohne Alter

Seit wann die kostbaren Wasser fließen? Man weiß es nicht, mit Sicherheit aber standen die Römer den Bädern des Dalatals Pate. Ausgrabungen haben gelehrt, daß das Tal bereits von Kelten und Römern besiedelt war. Ihre Gräber, Ziegel, Armspangen, Schnallen, Münzen und Gefäße belegen eine dichte Zivilisation, die Totenkult und -verehrung, Luxus und Badegewohnheiten kannte. Während der Völkerwanderungszeit verheerten Hunnen und die nachfolgen-

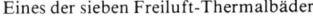

Eines der sieben Freiluft-Thermalbäder

den Burgunder das Wallis; sie verschonten auch Leukerbad nicht. Der letzte burgundische König, der heilige Sigismund, vermachte sowohl die Stadt Leuk als auch die Bäder dem Kloster Agaunum (St-Maurice). Die älteste Urkunde Leukerbads datiert aus dem Jahre 1315, darin wird von Leukerbad als «Baden» gesprochen, zu dem ein Weg hinaufführe. Um die Mitte des 15. Jahrhunderts aber wird eine neue Straße nach Balnea leucensis berichtenswert, und unter Bischof Jost von Sillenen, der 1484 den Bau der Pfarrkirche begann, wurden auch bereits Gasthöfe erneuert, Wohnhäuser und Wasserbehälter gebaut, wobei das einheimische Völklein aktiv mit Hand anlegte.

Der erste Manager — ein Kardinal

Leukerbad hatte bereits Gestalt angenommen, als Matthäus Schiner, der später weitbekannte, schillernde Kardinal, Staatsmann und hochgebildete Renaissancemensch 1501 die Rechte auf die Bäder erwarb. Er kam, um aus Leukerbad ein angesehenes, vielbesuchtes Bad zu machen. Neue, größere Badehäuser, sogar eines für ihn selbst, wurden errichtet. Bald folgte eine eigene stattliche Sommerresidenz aus mächtigen Quadersteinen, und wenige Jahre später besaß Schiner zwei ansehnliche Gasthäuser, für deren Bettenbelegung er in seinem weiten und hochgestellten Bekanntenkreis erfolgreich warb. So scheuten weder Zürcher und Basler noch Luzerner und Berner den mühsamen Anweg über die Gemmi. Ihnen wurde die Sommerfrische Leukerbads lieb und wert. Ihre eigene rauhe Sprache eroberte allmählich die Talschaft, wozu der deutschsprachige Kardinal seinerseits beitrug. So wurde aus Thermae leucensis, aus Loèche-les-Bains das weltbekannte Leukerbad. Doch dem so glücklich begonnenen Aufstieg vom einfachen Bergdorf zu einem adretten Städtchen mit freundlichen Häusern und lebhaftem Kurbetrieb setzte die Lawinenkatastrophe von 1518 ein jähes Ende. Der mit Eifer betriebene Wiederaufbau wurde durch sieben weitere Lawinenniedergänge erneut zunichte gemacht. Erst nach 1720 gingen die leidgeprüften Einwohner daran, ihre Häuser unterhalb der Kirche und rechts der Dala wieder aufzubauen, wo sie vor Lawinen wesentlich geschützter waren.

Leukerbads zweiter Bäder-Boom begann um die Mitte des 18. Jahrhunderts, als Baden und Kuren in Europa allgemein Mode geworden war. Leukerbads Name, dank seiner heilkräftigen Quellen von Temperaturen zwischen 28° und 51° C wurde der badenden Welt ein Begriff. Dämme als Lawinenschutz wurden gebaut, der Saumpfad über die Gemmi passierbarer gemacht. Selbst Napoleon schätzte das Bad und reihte es, als das Wallis 1802 als «unabhängige Republik» unter Frankreichs Einfluß geriet, in die Reihe der französischen Heilbäder ein. 1896 wird die Hotel- und Bäder-AG gegründet, und die vornehmen Kurhäuser tragen, gleichsam als Gütesiegel, französische Namen: Maison Blanche, Grand Bain, France, Bellevue, des Alp.

1915 wurde die Schmalspurbahn Leuk-Leukerbad eröffnet, von der man sich einen erneuten Gästezustrom ins Bäderdorf erhoffte. Doch trotz des sommerlichen Bädertourismus fiel Leukerbad Saison für Saison in einen tiefen Winterschlaf. Die Jugend, die in den Wintermonaten kein Auskommen mehr fand, wanderte ab. Nach den beiden Weltkriegen drohte auch Leukerbad das Schicksal vieler anderer Walliser Bergdörfer, die Entvölkerung. Erst das Jahr 1958 brachte eine entscheidende Wende. Denn zwischen der Burgergemeinde, der Besitzerin der Thermalwasser, und dem Verein der Rheuma-Heilstätte wurde ein Wasserlieferungsvertrag geschlossen, und schon zwei Jahre später nahm die erste Rheumaklinik in Leukerbad ihren Betrieb auf, an der Bern und Zürich, die beiden größten Schweizer Kantone, ein unmittelbares Interesse bekundet hatten. Nun war also erreicht, was jeder Kurort braucht, der Ganzjahresbetrieb. Mit ihm setzte Leukerbads voller Aufschwung ein. Eine nie gekannte Bautätigkeit in Verbindung mit einer umfassenden Ortsplanung sorgte für ein sprunghaftes Ansteigen der Übernachtungszahlen (1 Mill. Logiernächte 1981/82), so daß Leukerbad inzwischen an 10. Stelle der Schweizer Fremdenverkehrsorte steht. Investitionen und Leistungen der letzten Jahrzehnte waren mehr als beachtlich: 1970 der Bau der lawinensicheren Zufahrtsstraße vom Tal herauf, den Bau von Freiluft-Thermalbädern, Trink- und Abwasserversorgung, Kehrichtverbrennungsanlage, die Erschließung des Torrentgebietes für den Wintersport, Bau eines Sportzentrums mit Mehrzweckhalle, 1980 Eröffnung der für 12 Millionen Franken großzügig erweiterten Thermal- und Badeanlagen, die Leukerbad das größte Thermalbäderangebot Europas verschafften, Ausbau einer Ringstraße rund um den Kurort, um das Zentrum weitmöglichst verkehrsfrei zu halten und 1983 Einweihung des neuen Gemeindehauses (mit Kurverein) und Busstation.

Diese Eingriffe aber bedeuten, daß Leukerbad einen städtischen Anstrich bekommt. Doch das ist nur die eine Seite, denn läßt man die linear konstruierten Hotels und Apartment Houses, die mächtigen Bauten der Rheuma- und der Polioklinik samt Thermal-Badezentrum hinter sich, steigt man zur katholischen Kirche noch immer zwischen typischen wettergebräunten Walliser Häusern hinauf. Hier befindet sich überhaupt der schönste, weil älteste und originell gepflegte Winkel. Hier tummelt sich denn auch der Bergsteiger wie der Kurgast, hier liegt das Souvenirgeschäft neben dem Beizlein, und hier gibt sich Jung wie Alt ein Stelldichein, weil es gemütlich ist und damit etwas vom Urschweizerischen erhalten blieb. Vorbei am rundbogigen Kirchenportal trifft man auf den Dorfplatz, umstanden von den repräsentativen Bauten der Hotel- und Bädergesellschaft, die erneuert und auch äußerlich auf zeitgemäßen Stand gebracht, Erinnerungen an das Badeleben des Fin de siècle und der Belle-Epoque wieder aufleben lassen. In einem bis 1961 betriebenen Thermalbad ist heute Leukerbads Kulturzentrum untergebracht. Auf schnurgerader Spaziergänger-Allee, vorbei an

Tennisplätzen und neueren Hotels erreicht man von hier aus talauswärts die Torrentbahn und schließlich die «Albinenleitern».

Am rechten Ufer der reißenden Dala liegt das moderne Sportcenter und das Ferienquartier «Zur Gasse», das sich bis zur Talstation der Gemmibahn dehnt. Wanderziele über kurze oder lange Strecken ziehen sich allenthalben dahin, denn nicht Lahme prägen Leukerbads Bild, sondern rot

leuchtende Kniesocken und im Winter junges Skivolk. Und, so wird einander vermittelt, reizvolle Wanderziele für jedermann seien zwei Kapellen, «Zen Birchen» und «Zen Bodmen».

Als erster Kurort des Wallis besitzt Leukerbad seit Juli 1982 Lokalfernsehen. So kann, wer persönlich nicht teilnehmen will, auch mittels Mattscheibe Gast beim urchigen Schäferfest auf der Gemmi sein. «Service

Ferien- und Kurgäste beim Dorfbummel

perfekt» heißt in Leukerbad, daß auch im Winter die Kirchgasse im Dorf aper ist, denn ein Heizdrahtsystem verhindert die Eisbildung, also muß niemand auf der Straße «wie auf Eiern» gehen!

Attraktiv auch ohne Krankenschein

Leukerbads Berge bilden einen starken Anziehungspunkt für jene Gäste, die ohne Krankenschein anreisen: Wanderer und Skifahrer. Was sie ideal finden, ist die Kombination von Berg und Wasser. In der kalten Jahreszeit übertrumpft der Wintersport den Wassergast.

Ein Blick aus dem Hochtal läßt die sportlichen Möglichkeiten erahnen. Viele Dreitausender ringsum garantieren den Schnee, der andernorts oft zur Mangelware wird. Die Torrentbahn führt in eine Höhe von über 2300 m, wo sich Leukerbads vielseitigste Hänge befinden. Sie bilden zwar keinen Skizirkus für tollkühne Abfahrtsraser, wohl aber ein Geflecht angenehmer weißer Bahnen, die auf 20 km Länge dem Anfänger wie dem Fortgeschrittenen voll genügen. Seit der Erschließung des Torrenthorns — unter Kennern auch die «Rigi des Wallis» genannt, liegen doch gut 30 Viertausender im Blickfeld — hat Leukerbad auch sein anspruchsvolles Skigebiet knapp unter der Dreitausender-Grenze sozusagen vor der Haustür. Diese Pisten fordern selbst Wagemutige und Nimmersatte. Die Kabinenbahn von der Rinderhütte aus bis auf das Torrenthorn (3003 m) erschließt aber nicht nur neues Skige-

lände, sondern auch ein recht vielseitiges Wandergebiet mit herrlicher Alpenflora. Zu den Torrent-Hits zählt beispielsweise das Erlebnis des Sonnenaufgangs oder die Wanderung über den Restipaß im Lötschental. Die Gemmi (Verbindung zwischen Kandertal und dem Wallis) wurde bereits seit der Römerzeit begangen (alter Gemmiweg). Sie bildet eine Steilwand, von der es schon vor mehr als vierhundert Jahren hieß, sie sei «ein vast hoher und grausamer Berg, doch ziemlich wandelbar». Der schwierige Aufstieg, teils über hölzerne Leitern, machte auf Alexandre Dumas großen Eindruck, der die «Albinenleitern» 1932 bewundernd beschrieb: «Man muß diese Leitern gesehen haben, sonst kann man sich kein Bild von der Geschicklichkeit der Älpler machen. Wer unter Schwindel leidet, legt sich platt auf den Boden und erblickt die tief unten dahinschäumende Dala.» Der Wanderer von heute muß sich nicht unbedingt quälen und kann wählen zwischen diesem steilen, aber gefahrlosen Aufstieg über den 1739 in den Fels gehauenen Weg durch die Gemmiwand und der modernen Gondelbahn, die ihn in luftigen Höhen auf 2350 m absetzt. Von einzigartiger Schönheit ist der Rundblick mit Dufourspitze, Monte Rosa, Dom und Matterhorn sowie den Berner Alpen. Und denkt man an jene keineswegs im Berg erprobten Literaten wie Alexandre Dumas, Guy de Maupassant, Mark Twain, Sir Arthur Conan Doyle, der den Sherlock Holmes erfand, oder gar an Picasso zurück, dann darf man die Gemmi gleichfalls nicht versäumen. Einzigartig ist auf dem gut gesicherten Gemmipaß zu wandern (Lämmersee, Daubensee). Beliebt ist ebenso eine Wanderung, die in Kandersteg beginnt und die zugleich in das Revier von Gemse und Murmeltier führt. Per Kabinenbahn geht es zum Stock hinauf und weiter mit dem Sessellift zu Sunnbühl, und von dort dann weiter nach **Schwarenbach.** Hier kann der Wanderer schließlich den herrlichen Landschaftseindrücken nachhängen und bei Speis und Trank Erquickung für den Rückmarsch finden.

Die Gemmi ist also einmal Ausgangspunkt für sommerliche Bergtouren und zum anderen winterliches Betätigungsgebiet für Langläufer. Die Loipen zu *Daubensee* und *Lämmerboden* sind gut markiert und lang genug, um auch geübten Läufern nicht langweilig zu werden.

Eislaufbahn, Curlinghalle, Tenniscourts und vieles mehr gehören natürlich längst zu Leukerbads Freizeitangebot. Doch das besondere Ambiente

Wer sich im «Maison Blanche» einen Tisch reserviert, wird es kaum bereuen. Nicht umsonst errang die kochende Brigade vom Haus manche Auszeichnung

Auch im «Alpenblick» darf sich der Gast mit Blausee-Forellen, Grilladen vom Holzofengrill oder flambierte Köstlichkeiten in lukullische Sphären erheben lassen

In der «Walliser Kanne» sind Käsefreunde gern willkommen. In der einfachen, gut geführten Gaststube rücken die Gäste beim Genuss von guten Weinen gern zusammen

Maître Gérards «Vieux Valais» ist Leukerbads gemütliches Restaurant nach Walliser Art. Hier kocht der Chef raffiniert zu vernünftigen Preisen

Leukerbads ist und bleibt das Naß. Wo sich seine Sommer- oder Wintergäste auch immer sportlich betätigen, der Plausch oder die spätnachmittägliche Begegnung spielt sich immer im Wasser ab, sei es in den allgemein öffentlich zugänglichen Kurbädern oder den privaten Schwimmhallen. Nichts ist, zumal für Kinder, so aufregend und faszinierend wie die Idee, «von der Piste in den Pool». Groß ist bisweilen die Überwindung, bei Minusgraden im Freien zu schwimmen, noch größer aber die Überraschung, sich dabei pudelwohl zu fühlen!

Am Abend, nach guter und reichlicher Küche, zieht sich der größte Teil der Gäste in die gemieteten vier Wände zurück. Die Jugend allerdings sucht Unterhaltung und Beschäftigung in der Disco oder trifft sich in den kleinen gemütlichen Gaststuben im Ortskern (Restaurant «Walliser Kanne»). Mondänes und extravagantes Weltgetriebe ist hier jedoch nicht am Platz. Eher läßt sich einer bewährten Küchen-Kultur huldigen. Im «Maison-Blanche» oder im «Hotel Bristol», dem ersten Haus von Leukerbad, dürfte kaum ein Gericht enttäuschen, mitunter wird sogar die Vorstellung einer gepflegten haute cuisine überraschen. Erwartungsvoll darf sich der Gast aber auch im «Dala», im «Vieux Valais» oder im «Astoria» zu Tisch setzen. Dennoch wird man zweifellos bemerken, daß in Leukerbad vor allem die Schweizer Familie Bade- und Gesundheitsferien macht. Ruhe und Erholung, Sport und Gesundheit werden großgeschrieben, und Leukerbad bleibt nach wie vor auf den guten Mittelstand eingeschworen.

*Wer für schöne alte Walliser Weiler schwärmt, wird von **Albinen** entzückt sein (6 km von Leukerbad). Die hölzernen Häuser, Scheunen und Speicher stehen Dach an Dach zusammen und krallen sich so steil in den Hang, daß man schon Bergsteigerschuhwerk braucht, um ohne Sturz zwischen ihnen auf- und abzusteigen, immer Gefahr laufend, aus den engen Winkeln und winzigen Höfen nicht mehr heraus zu finden. Von Regenrinnen oder nächtlicher Straßenbeleuchtung zu sprechen, wäre glatte Verleumdung, aber gerade das ist der Charme vom alten Albinen. Zugleich erstaunt: Auch Albinen ist auf bestem Wege, sich einen Platz im Ferientourismus zu ergattern. Schon gibt es neben den berühmt-berüchtigten «Albinen-Leitern» nun auch Leitern in Restaurant «Les Echelles», in dem 150 Gäste gemütlich bewirtet werden können.*

Moderne Thermalbadanlage

Thermalschwimmbad an offener Quelle

Unter wallis

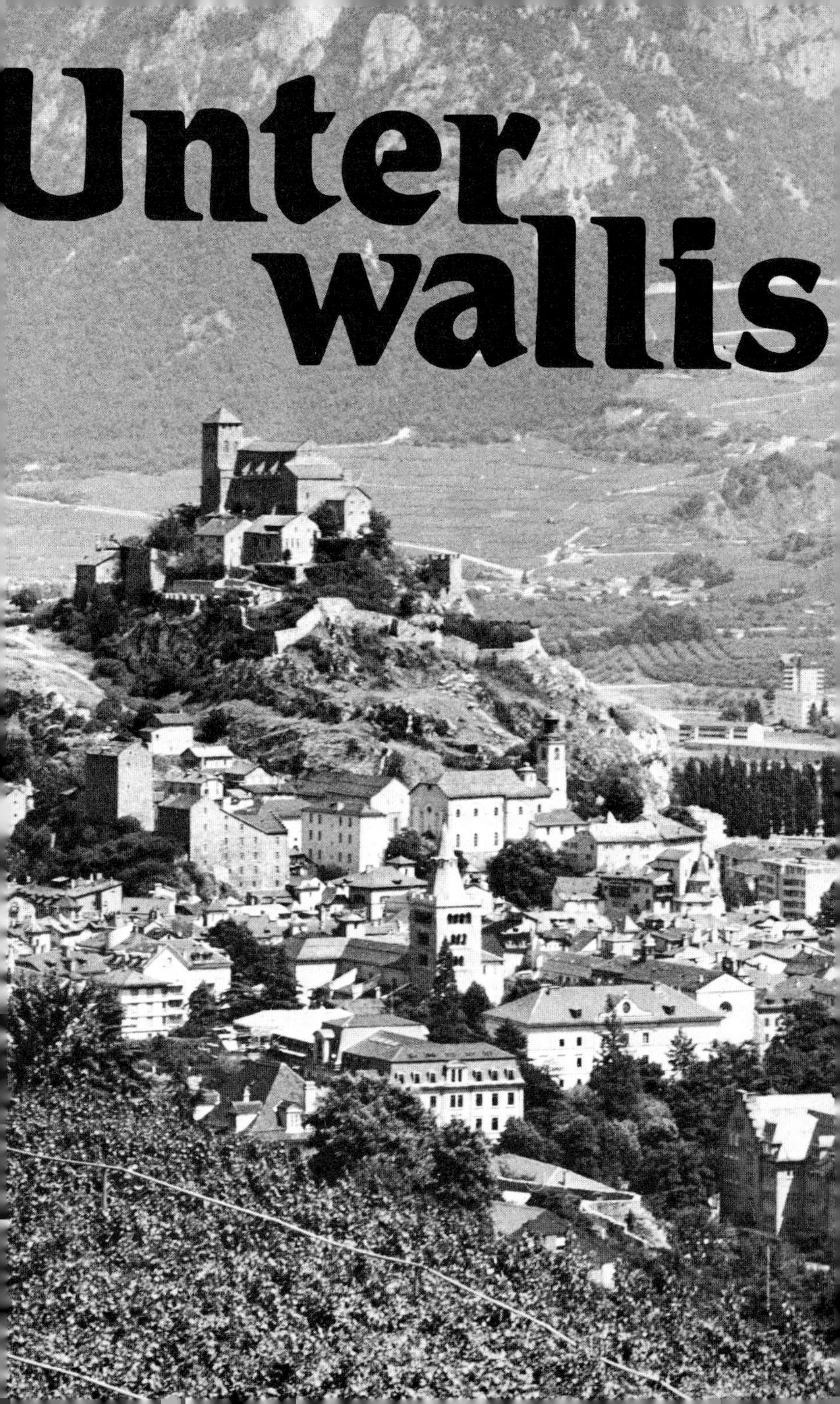

Zwischen *Illgraben* und **Siders/ Sierre** dehnt sich der dunkle *Pfynwald* (Kiefern, Krüppelföhren), der die Höcker und Höhen des einstigen Bergsturzgebietes überzieht. Er bezeichnet, zusammen mit der Rhone auf der einen und der Raspille auf der anderen Seite, die klare Grenze zwischen dem Ober- und dem Unterwallis, d.h. dem deutschsprachigen und dem welschen, französischsprachigen und -geprägten Wallis.

In keltischer Zeit war das Oberwallis vom Stamm der Uberer besiedelt, deren Stammesgebiet gleichfalls bis zum Pfynwald reichte. Die Romanisierung des Unterwallis setzte mit der frühen Kaiserzeit ein. Hier drang die römische Kultur und Herrschaft tiefer durch als im dünner besiedelten waldreichen Oberwallis. Die römischen Städte waren *Octodurum* (Martigny), *Agaunum* (St-Maurice) und *Sedunum* (Sitten). Größere Städte entwickelten sich im Oberwallis nicht. Schwerpunkt der Besiedlung und Durchdringung blieb das Unterwallis auch in burgundischer und fränkischer Zeit. Zu einer Germanisierung durch Burgunder und Franken kam es jedoch nicht. Das Unterwallis blieb romanisch geprägt, was durch die savoyische Ausbreitung eher noch verstärkt wurde.

Als die Alemannen über die Grimsel ins Goms und Oberwallis zogen, konnte die Landnahme ohne größere feindliche Auseinandersetzungen mit der romanisierten Bevölkerung vor sich gehen. Weite Gebiete im oberen Rhonetal waren kaum besiedelt. Mit der politischen Dominanz der Oberwalliser und der Abwehr der savoyischen Expansion schob sich die

Sprachgrenze zum Teil über den Pfynwald hinaus. Die Hauptstadt **Sitten** wurde von den Oberwallisern kontrolliert, die seit der Mitte des 15. Jahrhunderts deutschsprachige Bischöfe wählten. Der Sieg auf der Planta bei Sitten 1475 beendete den letzten großen Krieg zwischen Savoyen und dem Bischof Walter Supersaxo, der von Bern unterstützt wurde. Das Unterwallis wurde erobert. Von nun an besaß das Oberwallis ein eindeutiges politisches Übergewicht über das Unterwallis, und die Oberwalliser Landvögte nahmen Sitz auf den savoyischen Burgen des Unterwallis.

Nicht nur politisch, auch sprachlich wollte das Oberwallis dominieren. Amtssprache war deutsch, allenfalls noch Latein. Französisch galt als Untertanensprache. Noch 1733 bestimmte ein Landratsbeschluß ausdrücklich, daß Ratsbeschlüsse «in keiner anderen als der deutschen Sprache aufgesetzt an Rät und Gemeinden gebracht werden» sollten. Dieser Hintergrund der politischen und sprachlichen Dominanz erklärt, warum das Unterwallis im Gegensatz zum Oberwallis die Auflösung der alten Eidgenossenschaft begrüßte. Das Unterwallis trat der von den Franzosen geschaffenen Helvetischen Republik bei. Das Oberwallis wurde erst unabhängige Republik und dann als «Département du Simplon» Teil des französischen Kaiserreiches. Die Französische Revolution und das Zeitalter Napoleons stärkten das Selbstbewußtsein der Unterwalliser nachdrücklich. Mit dem Verlust der politischen Vorherrschaft der Oberwalliser sank auch ihre sprachliche Überlegenheit. Seit dem 19. Jahrhundert breitete sich das Französische stärker aus, so daß der Pfynwald wieder zur Sprachgrenze wurde.

Diese Sprachverschiedenheit stellt den einen, das südlich heiße, fast ausgezehrte Tal mit seinen mittelalterlichen Städten und sonnenüberfluteten Weindörfern den zweiten Kontrast zwischen Ober- und Unterwallis dar. Wer etwa durch die verträumten Unterwalliser Seitentäler wandert, fühlt sich stark an die Provence erinnert, so betäubend erfüllt der Duft von Kräutern hier die Luft. Dann wiederum sind es vor allem Weinberge und Obstfelder, die das sich rhoneabwärts immer weiter dehnende und flacher werdende Tal charakterisieren («Kalifornien der Schweiz»).

Zwischen **Leuk** und **Martigny** verläuft die berühmte «Route de Vignoble», über die im Herbst die Winzer ihre reiche Ernte zu den nächsten Kellern transportieren. In beiden Richtungen ist diese Weinstraße des Wallis durch das Signet einer stilisierten Traube gekennzeichnet. Die Route führt an manchen Weindörfern vorbei, deren Hotels und Restaurants zur Weinprobe oder einer der schmackhaften Walliser Spezialitäten verführen. Weindegustationen in größerem Maßstab organisiert die OPAV, das offizielle Propagandabüro der landwirtschaftlichen Produkte des Wallis (täglich außer Samstag und Sonntag: avenue de la gare 5, 1950 Sitten). Bei Martigny biegt die Rhone in scharfem Knick zum Genfersee ab. Von hier aus ist der Weg nach Chamonix hinauf, zum Mont Blanc und Monte Rosa nicht mehr weit. Bei **St. Gingolph** am Ufer des Genfersees endet das Unterwallis.

Doch sowohl in politischer Hinsicht als auch bezüglich des Rechts, in der Kantonsregierung vertreten zu sein, scheidet sich das Unterwallis in zwei Teile, so daß eigentlich nur das zwischen **Riddes/Leytron** und dem Genfersee gelegene Gebiet das Unterwallis bezeichnet. Die Region zwischen Siders und **Chamoson** hingegen bildet das Mittelwallis. Doch umgangssprachlich hat es sich eingebürgert, das ganze Gebiet vom Pfynwald (Siders) an bis zum Ufer des Lac Léman als Unterwallis zu bezeichnen.

Dabei wird der Reisende bemerken, daß der Landschaftscharakter zwischen St. Gingolph und Saint-Maurice noch keineswegs der landläufigen Vorstellung vom Kanton Wallis entspricht. Hier teilt die Rhone das Land zwei verschiedenen Kantonen zu: das rechte Ufer gehört dem Kanton Waadt und bildet zusammen mit beiden Uferlandschaften das *Chablais,* während das linke Rhoneufer zum Kanton Wallis zählt. Diese politische Teilung für ein Gebiet, das in geographischer Hinsicht eine vollkommene Einheit bildet, hat historische Gründe. Im 16. Jahrhundert besetzten die Berner das rechte Ufer, während die Walliser das linke bewachten, um weiterer Eroberung, wie sie es ausdrückten, durch die Berner vorzubeugen. Damit standen und stehen sich zugleich auch zwei Konfessionen gegenüber, die katholische der Walliser und die protestantische der Berner.

Die Berge, die hier niemals die Höhe von 2500 m überschreiten, bilden nur eine voralpine Kulisse, und selbst das Klima gibt sich weicher, milder. Dagegen besitzen die Bewohner dieser Landesstriche ein vehementes Temperament, dem aufrührerische, selbst separatistische Neigungen keineswegs fremd sind.

Was Kunst und Kultur betrifft, so steht das Unterwallis dem Oberwallis keineswegs nach. Das kleine Dorf **Saint-Pierre-de-Clages**, das zwischen **Ardon** und **Riddes** liegt, besitzt mit seiner ehemaligen Prioratskirche Saint-Pierre, vermutlich aus dem frühen 12. Jahrhundert, den schönsten romanischen Bau des Wallis und zugleich einen der schönsten der ganzen Schweiz. Ursprünglich zur Abtei Saint-Martin d'Ainay von Lyon gehörend, wurde das Priorat 1580 aufgehoben. Die Kirche besteht aus einem dreischiffigen Hallenbau mit eingezogenem Querschiff und drei halbkreisförmigen Apsiden. Über der Vie

rung erhebt sich ein architektonisches Wunderwerk, der oktogonale Glokkenturm mit schönen Zwillingsfenstern. Das Innere der Kirche wirkt streng und herb. Südlich der Kirche blieben die Prioratsgebäude erhalten.

Schon von weitem gewahrt man die mächtigen Rundtürme der alten Befestigung des Städtchens **Saillon,** das hoch auf einem Felsen über der Rhone thront. Saillon stellte unter der Herrschaft der Savoyer bis 1475 einen wichtigen Handels- und Militärstützpunkt dar. Vom Schloß den Savoyer künden noch heute Ruinen aus dem 11. Jahrhundert. Einen Gang durch Saillons altes Gemäuer bis hoch hinauf zur katholischen Pfarrkirche wird niemand bereuen. Den Durstigen sei ein Zweier Fendant «Saillon» in den

Das Unterwalliser Rhonetal

einfachen Pinten de la Poste, Union und Vieux Bourg empfohlen, und wer Glück hat, kann auch den «Caveau de la résistance» aus Farinets Zeiten bewundern. Dieser Farinet hat sich als größter und gerissenster Walliser Falschmünzer einen unsterblichen Namen gemacht. Neueste Attraktion des typischen Winzer- und Bauerndorfes aber ist sein 1983 eröffnetes «Bains thermaux» (Thermalzentrum), das nach Fertigstellung eines der größten Thermalbäder der Schweiz (mit Hotel, Restaurant, Freiluftanlagen) sein wird. Mit 25° C Wärme sprudeln 4000 Liter Wasser pro Minute aus einem Felsen — antike Anlagen in der Nähe der Quellen lassen bereits auf eine Nutzung in römischer Zeit schließen — und füllen mehrere Schwimmbassins. Haben Sie kein Badekostüm im Reisegepäck — hier können Sie es mieten!

Auch **Saint-Maurice**, das alte Agaunum, ist des Verweilens wert (mächtiges Schloß mit Museum — Uniformen und Waffen der Eidgenossen), sollen doch hier, der Legende nach, die Soldaten der Thebäischen Legion um 300 n. Chr. das Martyrium erlitten haben. Die Abtei ist eine Gründung (6. Jahrhundert) des Burgunderkönigs Sigismund. Bis in das 9. Jahrhundert war Saint-Maurice bevorzugte Residenz der merowingischen und karolingischen Könige. Die Abtei selbst bildet die älteste christliche Stätte der Schweiz. Seit dem 12. Jahrhundert wird sie von Augustiner Chorherren geleitet. Ihre große Sehenswürdigkeit ist der einzigartige Kirchenschatz mittelalterlicher Goldschmiedekunst, einer der reichsten über Schweizer Grenzen hinaus

(Sardonyxgefäß, Theoderich-Schrein, eine Emaillekanne, ein Geschenk Karls des Großen, Kopfreliquiar des Hl. Candidus).

Um den Eindruck reizvoller Städtebilder des Unterwallis abzuschließen — im Vordergrund dieses Reisehandbuches stehen vor allem die touristisch interessantesten Winter- und Sommersportstationen, denn im Wallis hat der Alpinismus seinen Anfang genommen — sei noch auf **Monthey** am Eingang zum lieblichen *Val d'Illiez* verwiesen, ein blühendes Handels- und Industriestädtchen. Besonders sehenswert ist das Neue Schloß (heute Museum) und seine umgebenden Gassen mit dem Blick zur Stadt hinab (Ausflug nach **Massongex** mit römischem Mosaik).

Für diese Sehenswürdigkeiten des Wallis treffen denn die fast schwärmerischen Worte Angelo Cesanas aus seinem Buch «Felix Helvetia» besonders zu: «Es ist das Rauheste und zugleich Vornehmste, was wir haben...»

Kopfreliquiar des Hl. Candidus

Turm des Viztumschlosses

Sirrum amoenum — «liebliches Siders» hieß dieser Ort (553 m, 13 050 Einwohner) schon, bevor je vom Fremdenverkehr die Rede war. **Siders'** Lage ist wahrhaftig schön. Eingebettet in ein grünes Weinlaubblättermeer liegt es leicht über die Rhone angehoben. Als weite und liebliche Mulde dehnt sich ringsum die Noble Contrée. Sanft steigt das Gelände an, und Stufe um Stufe heben sich die Dörfer und Weiler mit einer Kirche oder einem Schloß ab: **Muraz, Villa, Corin, Anchettes, Miège, Muzot, Venthône** bis hinauf nach **Montana,** das mit Siders durch eine Drahtseilbahn direkt verbunden ist.

Weinbau und Weinhandel bilden den landwirtschaftlichen Haupterwerbszweig.

Siders — eine Stadt der Sonne und des Weins. Im Jahresmittel sollen hier 25 cm Regen fallen. Vergleicht man Bern mit 95 cm, Zürich mit 114 cm oder St. Gallen mit 137 cm, so ahnt auch der Reisende die sengende Sommerhitze, den trockenen, steppenartig verdorrten Boden, dem die Reben allerdings noch allerbeste Tropfen abzutrotzen wissen. Siders, so erklären die Einheimischen stolz und immer wieder, zähle die meisten Sonnenstunden des ganzen Kantons. Ein goldenstrahlender, flammender Sonnenstern ziert denn nicht nur Siders' Wappen, sondern pflegt auch in und um die Stadt allgegenwärtig auf diesen Vorzug aufmerksam zu machen.

Die Sonne und das trockene, heilkräftige Klima sorgten für eine frühe

Besiedlung. Doch will man das «alte» Siders finden, so müßte man an vier verschiedenen Stellen suchen. Ein gewaltiger Bergsturz in prähistorischer Zeit schüttete diese ungeordnete Hügelkette auf, versperrte der Rhone mehrmals ihren ungehinderten Lauf, so daß auch die beiden Seen von Siders nichts anderes sind als zurückgebliebene Rhonearme.

Siders prägt heute der Charme eines nicht zu kleinen und nicht zu großen Landstädtchens, dessen altes Patriziertum noch immer stark auf manche Tradition, auf Brauch, Sitte und vor allem Kultur einwirkt. Als Bezirkshauptort einer vorwiegend katholischen, französischsprachigen Bevölkerung, mit deren älteren Bewohnern sich jeder ohne weiteres auch deutsch verständigen kann, ist es eine geschäftige, gepflegte Stadt, von der es heißt, daß hier der Süden beginnt. Selbst dem Feriengast bleibt nicht verborgen, daß ihre Menschen die Abenddämmerung in einer gelösten, von perlendem Wein und Lebensfreude angeregten Atmosphäre erleben. Die Stadtwanderung, an den sehenswerten historischen Baudenkmälern vorbei, vielleicht auch noch nach einem erfrischenden Bad im herrlichen Lac de Géronde, sollte man, erquickend bei Speis und Trank, im Hof des Schlosses «Manoir de Villa» (Gemäldegalerie) beschließen.

Es fällt auf, daß vor allem burgartige Profanbauten Siders' Ortsbild beherrschen. Markantester Bau ist der 4stöckige, mächtige Wohnturm des Viztumschlosses (Château des Vidomnes) aus dem 15. Jahrhundert mit seinen kleinen vorkragenden Ecktürmchen. Nur wenige Schritte entfernt erhebt sich die Pfarrkirche Ste-Catherine, ein Barockbau von 1649, dessen Inneres in klassizistischem Stil gehalten ist. Aufmerksamkeit verdienen auch das Palais des Bannerherren de Courten sowie, etwas außerhalb, der frei stehende wuchtige Gubingturm (13. Jhd.). Für das stattliche «Château de la Cour», 1658—1666 erbaut und 1885 zum «Hôtel Bellevue» umgewandelt, sollte ein wenig Zeit zur Verfügung stehen. Es beherbergt heute das Rathaus, in den Kellerräumen aber läßt sich eine ausgesuchte Zinnsammlung und in den oberen Räumen eine Rilke- und Rudolf Kassner-Gedenkstätte besichtigen. Wenn es Rilke in seinem Wohnturm **Muzot** nämlich zu beschwerlich wurde, suchte er dieses Hotel auf. Hier brachte er auch alle seine Freunde unter, empfing er Gäste und Besucher.

Weitere Schlösser grüßen von den Hängen: Schloß Mercier, Schloß Ravire (19. Jahrhundert). Hoch auf dem Hügel Géronde stand das im 6. Jahrhundert gegründete Kloster Géronde (Gerunden). Erhalten blieb nur noch die Kirche St-Martin aus dem 15. Jahrhundert. Die übrigen Gebäude gehören zu einer späteren Gründung, einem Frauenkloster. Östlich von Siders, am Ufer der Rhone, liegt **Chippis,** ein stattliches Industriedorf, bekannt durch seine wichtige Aluminiumindustrie, die rund 3000 Personen in weitem Umkreis und bis tief in das Val d'Anniviers hinein Arbeit gibt. Ihrer Größe und Bedeutung — eine Zweigniederlassung befindet sich in Steg (Oberwallis) — verdankt vor allem das Mittelwallis seinen wirtschaftlichen Aufschwung.

Val d'Anniviers Eifischtal

Zauberhaft im Frühling: Das Eifischtal

Das Rhonetal ist die Lebensader des Wallis, aber an landschaftlicher Schönheit und Eindrücklichkeit bleibt es weit hinter seinen Nebentälern zurück. Erscheint das Rhonetal flach, weit, heiß und industrialisiert, sind die Seitentäler eng, steil, kühl und ursprünglich. Sie sind sogar stark besiedelt, mitunter 40 km lang, bis zur Höhe von 1800 m wohnen Menschen, und jedes der 33 Täler prägt unverwechselbare Eigenart. Sie allerdings will aufgespürt sein.

Die meisten der linksseitigen Täler des Unterwallis führen nicht nur von der Rhone zu einem der spektakulärsten Gebirge der Schweiz, sondern sie sind über die sie abschließenden Pässe nach Savoyen bzw. dem Aostatal hin offen. Das gilt für die großen Verbindungswege wie den *Großen Sankt*

Bernhard und *La Forclaz,* für das *Val d'Illiez,* das *Val Ferret,* das *Val de Bagne* und das *Val d'Hérens.* Eine Sonderrolle aber spielt das letzte Walliser Tal vor der Sprachgrenze, das *Val d'Anniviers.* Zwar beträgt die Entfernung von Siders bis Zinal (in der Luftlinie) nur 20 km, aber von dort bis zur Landesgrenze ist es annähernd noch einmal so weit.

Zinal ist der Schlußpunkt des Val d'Anniviers, denn *Dent Blanche, Obergabelhorn* und *Zinalrothorn* bilden hier eine massive Schranke. Sie zu überwinden bedeutet schon ein bißchen mehr als nur auf einem Saumpfad bergan zu steigen. Denn die niedrigsten Paßübergänge zum Mattertal (Col de Zinal, Col Durand) sind erst bei ungefähr 3500 m zu überwinden und stellen somit schon überdurchschnittliche Anforderungen an den Paßgänger. So blieb das Tal nur schwer zugänglich und damit lange abgeschlossen. Auch vom Rhonetal her ins hochgelegene Val d'Anniviers vorzudringen, bedeutete lange ein beinahe tollkühnes Unternehmen. Nur über den Anstieg nach **Vercorin** oder — von der gegenüberliegenden Seite — von **Soussillon** aus ließ sich die Schlucht der wilden Navizence überqueren. Den Durchgang bei den Pontis («ponts» = Brücken) gibt es erst seit 1613, und selbst diese waren noch sehr abenteuerlich, denn sie bestanden aus aufgehängten Holzgalerien, die man mit Maultieren überquerte. Die Fahrstraße der steilen, vor- und zurückspringenden Schlucht der Navizence entlang stammt erst von 1840, als man nämlich die «Pontis» durch Tunnel ersetzte. Heute ist die Autostraße entschärft, wenn auch sehr kurvig und mitunter schmal. Sie beginnt breit und steigt gleichmäßig an.

Wer sich als Fußgänger aufmacht, wird sich als Ziel die Ruine der *Burg Beauregard* (bei Niouc) aussuchen und sich in die bewegte Geschichte des Tales zurückversetzt fühlen. Sie beginnt mit dem Mittelalter, und zwar mit der Dynastie der Herren von Anniviers, die Lehensherren des Bischofs von Sitten waren. Im Jahre 1380 ging ihr Besitz an die Herren von Raron über, die das Val d'Anniviers in ihre Kriege miteinbezogen. Peter von Raron war es, der am Talausgang die gewaltige Feste Beauregard erbaute, «die Uneinnehmbare», die aber dennoch zwei Mal bezwungen wurde. Der Macht des Bischofs von Sitten unterstellt blieb das Tal bis

zum Ende des Ancien Régime; den Talleuten räumte sie jedoch bestimmte Freiheiten und Vorrechte ein.

Lange herrschten im Val d'Anniviers Aberglaube und die Furcht vor Zirizui, dem unheimlich-phantastischen Vogel, der zur mitternächtlichen Geisterstunde, die hier «synagouga» heißt, die Gegend heimsuchte. Schauergeschichten von vollzogenen Menschenopfern, Legenden und Sagen von den Talbewohnern, die lange Heiden gewesen und haßerfüllt jedem Eindringling von draußen begegnet waren, hielten sich bis in die Gegenwart. Der unglaublichen Geschichte vom Zwerg Zacheo ist schließlich die Bekehrung der Bewohner zum Christentum zu danken. Als er ihnen den neuen Glauben nahebringen wollte, sollen sie ihn gepackt und in eine Gletscherspalte geworfen haben. Doch als Zacheo unversehrt wieder vor ihnen stand, nahmen die Anniviarden die fremde Religion an. Die Legende besagt: Die Talleute haben Charakter. Wie ausgeprägt er ist, verdeutlichte die Überschwemmung der Navizence im Jahr 1834, die große Schäden anrichtete. In der ganzen Schweiz wurde gesammelt. Die Anniviarden aber schickten die Spende mit folgenden Worten zurück: «Man lasse dieses Geld Unglücklicheren als uns zukommen, die sich nicht selbst zu helfen wissen!»

Auch was seine Sprache betrifft, macht das Anniviers eine Ausnahme, es wurde zu einer Sprachinsel. Noch heute spricht man hier einen frankoprovenzalischen Dialekt (Patois), der weich und singend klingt und sich seit dem 13. Jahrhundert seinen lateinischen Ursprung bewahrt hat.

Die Anniviarden bewiesen stets Fleiß, Sparsamkeit und Genügsamkeit. Sie trotzten dem harten Boden ab, was nur irgend möglich war und richteten früh ihren Blick ins Rhonetal und begannen dort schon im 13. Jahrhundert mit dem Anbau von Reben, bevor die Gegend zum typischen Walliser Weinanbaugebiet geworden war. Die Rebe, die sie pflanzten, hieß La Rèze. Den Wein, den sie ernteten, trugen sie in kleinen, ovalen Fäßchen («setiers») bis in die höchstgelegenen Dörfer und stellten verwundert fest, daß er dort oben herrlich ausreifte — seither gibt es den berühmten Gletscherwein!

Die Anniviarden waren Nomaden, die mehrmals jährlich ihren Wohnsitz wechselten, entweder zogen sie von ihrem Stammquartier im Tal hinab in die Rhoneebene oder hinauf auf die Maiensäße, je nach Jahreszeit. Doch durch den Bau der Straße und durch die Motorisierung beschleunigt, verlassen immer mehr junge Leute das Val d'Anniviers. Sie bilden heute die Schicht der Arbeiterbauern, die tagsüber in **Chippis** arbeiten und abends in ihr Dorf zurückkehren. Selbst die Förderung und der Ausbau des Tourismus in den letzten Jahrzehnten vermochten dieser Abwanderungsbewegung, die Sorge bereitet, nicht entgegenzuwirken.

Sagen und Märchen, Zwerge und phantastische Geschöpfe gehören zum Val d'Anniviers, und wer das Anniviers je erlebte, wird das verstehen; seine Natur ist selbst wie im Märchen — so schön. Die senkrechte Navizence-Schlucht, schwindelerregend ihre Tiefen, dazu wild und zerklüftet, wie geschaffen für atembe-

raubende Wildwestern, treten, je tiefer man ins Tal gelangt, auseinander. Sie werden flacher, grüner und nehmen allmählich weiche Konturen an. Kleine Dörfer kleben, wie hingewürfelt, an Hängen. Schwarzbraun die Häuser, schlank und weiß der Kirchturm. Dazu ihre Dächer aus Lärchenholzschindeln. Liebreiz ist plötzlich das treffende Wort für diesen Szenenwechsel, für die durchsonnten Wälder, für den intensiven Geruch von Holz und wildwachsenden Kräutern, für den hüfthoch stehenden Blütenzauber ihrer Wiesen, den Farben grün, gold und mauve. Sie werden es erleben, kurz vor **Vissoie**, bei **St-Luc** und **Chandolin,** in und um **Ayer** und beim Blick hinüber nach **Grimentz.** Die reizvollen Dörfer, geranienrotglühende Schmuckstücke, alt und von zersprungenem Holz. Eine Spur zu geleckt: Grimentz, doch den Touristen gefällt's.

Vissoie

Vissoie (rund 375 Einwohner) liegt auf 1202 m, 15 km von Siders entfernt. Es ist der Hauptort des Tales und Straßenknotenpunkt zugleich. Hier biegt der Autofahrer entweder nach Zinal, steil aufwärts nach St-Luc und Chandolin oder nach Grimentz ab. Der Ausbau der Verbindungswege aber erlaubt auch eine Talrundfahrt, auf der man alle diese Orte berühren kann (60 km).

Vissoie ist eine recht reizvolle Gemeinde mit einheimischer Handwerkstradition und altem Brauchtum. Imponierend wirkt der große, weit-

Der alte Wehrturm von Vissoie

räumige Dorfplatz, auf dem zwei riesige Pappeln wie Wächter stehen. Dicht neben ihnen erhebt sich die Pfarrkirche Ste-Euphémie, 1818 neu gebaut, doch ließ man ihr ihren alten Glockenturm. Jeden letzten August-sonntag versammelt sich eine stattliche Menge, um die Übergabe des «Primizkäses» mitzuerleben: Sennen überbringen dem Pfarrer den ersten Käse aus dem Ertrag der ersten Melktage nach dem Alpauftrieb.

253

Dort, wo sich einst die Burg der Herren von Anniviers erhob, steht heute eine Barockkapelle. Den mächtigen Wehrturm der Bischöfe von Sitten aus dem 13. Jahrhundert (oberhalb des Dorfplatzes) sollte man von nahem betrachten. Geschichte und furchtbare Geschicke spielten sich hier ab — noch 1480 wurden im Glauben an Hexerei zwei Ketzer verbrannt.

Zu den typischen Häusern dieser Unterwalliser Landschaft gehören außer dem Pfarrhaus und der Kaplanei noch eine ganze Reihe älterer Wohnhäuser (16. Jahrhundert), vertikal geteilt: halb Holz, halb Stein. Sie stehen oberhalb der Straße nach **Ayer** dicht und einander stützend zusammen.

St-Luc

Im Gegensatz zu Vissoie ist **St-Luc** mit nur 212 Einwohnern auf 1650 m Höhe ein recht lebhafter Touristenort. Man sieht es an den vielen Fremden — vorwiegend wird französisch gesprochen —, die durch das freundliche Dorf flanieren. St-Luc dehnt sich in reizvoller Lage auf sonnigen Matten, von dunklen Wäldern umgeben wie auf einem Balkon hoch über dem Val d'Anniviers, und hat als eindrucksvolles Gegenüber die Kette der Walliser Viertausender zu bieten. Geschickt ist die Hauptstraße mit erklärenden Panorama-Karten gespickt, so daß auch der Feriengast schnell die Namen der Gipfel findet.

St-Luc strebte stets nach Höherem. Den besten Beweis lieferte ein cleverer Hotelier, der aus dem schlichten alten Namen Louk (von der keltischen

Typisches Unterwalliser Dorf: St-Luc

Wurzel lucus = Wald) ein vornehmes St-Luc machte, was die Postverwaltung anerkannte. In die behaglich-dörfliche Siedlung mischt sich mancher große Bau aus Stein, Hotels, Gast-, Wohn- und Geschäftshäuser, denn durch zwei Dorfbrände im letzten Jahrhundert klug geworden, baute man seither nicht mehr mit Holz, sondern aus Stein. So gibt sich St-Luc einen leicht städtischen Anstrich, geht

Vergnügen bieten. Zwischen den Hängen des *Rotzé* bis zu denen am *Pointes de Tourtemagne* dehnt sich ein beachtliches Skikarussell. Vom Restaurant Tignousa, vom Chalet Blanc de Roua und vom Chalet Blanc de Tounot läßt sich direkt bis ins Dorf zurückgleiten. Das Gelände um *Tignousa* lockt durch seine breiten, baumfreien Hänge. Langläufer und Alpinskifahrer können sich in allen drei Bergrestaurants treffen, denn eine schöne, vom Parkplatz der Waldstraße systematisch ,zum Chalet Blanc de Tounot ansteigende Langlaufloipe zieht sich, etwas unterhalb der Waldstraße parallel zum Dorf entlang.

Im Sommer ist St-Luc mindestens ebenso schön wie im Winter, aber ruhiger. Dabei wäre die *Bella-Tola* (3025 m) wegen ihres leichten Zugangs ein wirklich imponierendes Gipfelziel, zumal ihr Panorama sie zum bekanntesten Aussichtpunkt der Alpen (auch «Walliser Rigi» genannt) macht; 232 Gipfel, Pässe und Gletscher — vom Mont Blanc bis zur Bernina — gibt sie frei. Als unvergeßliches Erlebnis (bei schönem Wetter) gilt ein Sonnenaufgang auf der Bella-Tola. Das Touristikbüro empfiehlt, von St-Luc oder der Bella-Tola-Hütte schon um Mitternacht aufzubrechen, um bei Sonnenaufgang auf dem Gipfel zu sein (warme Kleidung ist angemessen). Je nach Jahreszeit geht die Sonne zwischen drei und fünf Uhr auf. Aber das sind nur zwei Fixpunkte aus einer unendlichen Fülle von Bergerlebnissen, die dem Bergsteiger und -wanderer von St-Luc bevorstehen. Da der Massentourismus diese Gegend noch nicht in Beschlag ge-

aber um die Pfarrkirche mit dem alten Ortskern wieder eine nahtlose dörfliche Verbindung ein.

Ohne den Ausbau eines interessanten Skigebietes (bis an 2800 m) hätte St-Luc vermutlich nicht den Aufschwung genommen, den es heute verzeichnet. Ein Sessellift, sechs Skilifte sowie eine Waldstraße führen zu Pisten von über 50 km, die für talentierte Fahrer als auch für Anfänger

nommen hat, erscheint die herrliche Natur hier gewaltig und doch so still und unberührt, daß der Mensch ihre Größe und Übermacht fühlt und sich plötzlich anderer Dimensionen wieder bewußt wird.

Chandolin

Nur 6 km Bergstraße trennen St-Luc von **Chandolin**, der auf 2000 m höchstgelegenen, ganzjährig bewohnten Gemeinde der Schweiz. Seine einfachen, eher wie Berghütten wirkenden Chalets träumen, jedes für sich, in so prachtvoller, sonniger Höhenlage vor sich hin, daß die Erklärung unnütz erscheint, daß hier die bewohnte Welt des herrlichen Val d'Annivers nun wirklich zu Ende ist. Dabei ist das, was sich touristisch hier in den letzten 30 Jahren tat, eigentlich gar nicht so überraschend, wenn man bedenkt, daß es schon kurz nach dem Zweiten Weltkrieg Leute gab, die von diesem zauberhaften Fleckchen Erde wußten. Konrad Adenauer, ehemaliger deutscher Bundeskanzler, gehörte z.B. zu ihnen. Regelmäßig reiste er in diese Abgeschiedenheit und stieg im Grand Hotel, einem Haus aus dem vorigen Jahrhundert, ab. Er hat Chandolin allerdings nicht publik gemacht, denn er wollte sich diese Oase der Ruhe, des Friedens, der Sonne (3700 Sonnenstunden pro Jahr) und der unberührten Natur so lange wie möglich bewahren.

Tief beeindruckt zeigte sich auch der Walliser Maler Edmond Bille, spätabends angekommen, am nächsten Dezembermorgen 1899: «...dieses Erwachen im fahlen Morgenlicht,

Chandolin ist die höchstgelegene politische Gemeinde Europas, die das ganze Jahr bewohnt ist

um einen phantastischen Zug weißer Büßer zu sehen, die Kapuzen gesenkt, eine Tote auf den Kirchhof geleitend, während die Begräbnislitaneien sich im Schluchzen des Grabgeläutes und im Heulen des Windes verloren.» Nicht nur mit Worten, mehr noch mit seiner fast harten, prägnanten Malerei hat Bille Glauben und Lebensweise dieser Menschen festgehalten, eines stark traditions- und erdverbundenen Völkleins.

Kirche von Chandolin

Der intensiven Sonnenkraft verdankten die Menschen hier oben Jahr für Jahr ihr Überleben. Den steilen Hängen und Wäldern, den kleinen Äckern und Wiesen rangen sie ab, was sie brauchten. Der langsam aufkeimende Tourismus brachte neue Erwerbsmöglichkeiten. Trotzdem bereitete die zunehmende Abwanderung der ohnehin sehr kleinen Gemeinde (heute 118 Einwohner) große Sorge. 1955 beschloß man, das Tal voll dem Fremdenverkehr zu öffnen. 1957 wurde mit dem Bau der Autostraße begonnen. Kaum war sie fertig (1961), setzte sogleich ein beständig zunehmender Touristenstrom ein. Der Initiative eines Franzosen war der Bau des ersten Skiliftes zum *Illhorn* (2716 m) zu danken. Er wurde eine Attraktion und übertraf alle Erwartungen; Skifans entdeckten das winterliche Chandolin. Schon ein Jahr später kaufte die Gemeinde den Lift zurück, der noch heute den Triumph des weiten Skigebietes bildet.

Inzwischen haben sich die Aufstiegshilfen vermehrt, zum Skilift Illhorn kamen die von Etables, Parc und La Tza, und 1971 konnte der Sessellift Remointze (2000 Pers. pro Std.) in Betrieb genommen werden. Sie erschließen Pisten für alle Kategorien von Abfahrtsläufern, und, was diese besonders schätzen, es gibt an den Liften keine Wartezeiten. Für die nahe Zukunft plant Chandolin sogar einen Skilift, der das Wintersportgebiet von Chandolin mit dem von St-Luc verbindet. Auch an den Langläufer wurde gedacht, er kann sich bereits auf zwei Loipen (Pramarin, 5 km und La Tza, 2,5 km) bewegen.

Damit zu dem ohnehin schon sportlichen Publikum vor allem noch mehr Jugend nach Chandolin findet, eröffnet man 1985 eine Tennisanlage, die sich im Winter in eine Eisbahn verwandelt, während der Bau eines Schwimmbades noch geplant wird. Seit 1977 besitzt Chandolin aber bereits eine Jugendherberge, die etwa 100 Personen aufnehmen kann.

Das Chandolin von heute (mit seinen 2500 Gästebetten) besteht aus zwei Ortsteilen, dem «Alten Dorf» und der «Station Chandolin», ein auf dem Reißbrett konzipierter Touristenort ohne speziellen baulichen Charakter. In seinem Zentrum, einem weiten Platz, findet der Gast Parkplätze und ein geräumiges Parkhaus, Restaurants, Bars, Post, Geschäfte, das Touristikbüro. Zum viel schöneren Dorf hinab braucht er nicht einmal knapp 10 Minuten. In einem der hübschen Holzchalets zu wohnen, ist in Chandolin fast Ehrensache. Individuell leben will vor allem auch der Sommerferiengast, vielleicht frühstücken im Angesicht vom schneebedeckten Alpenkranz, vielleicht auch schon zu ungewöhnlich früher Morgenstunde zum Illhorn oder wenigstens bis zum Illsee wandern, einem natürlichen See, dessen Wasser schon 1623 zur Bewässerung gestaut wurden und der heute ein Elektrizitätswerk speist, die reiche Alpenflora oder die lebhaften Gemsen unterhalb des Illhorns beobachten, vielleicht aber auch nichts weiter als die himmlische Ruhe genießen — ganz für sich, denn das kann man noch in Chandolin.

Grimentz

Zu den kleinen, aber traulichen Ferienplätzen des Wallis zählt auch **Grimentz**. Die noch nicht einmal 300 Einwohner umfassende, auf 1570 m liegende Gemeinde gilt als eines der schönsten Walliser Bergdörfer. Gemeint ist damit auch das, was ein französischer Feriengast mit «la coquette» bezeichnete. Im Dorf selbst leben zwar die Einheimischen unter sich, aber sie führen ein Leben für die vielen Fremden, selbst wenn diese nur für zwei, drei Stunden kommen, staunen, fotografieren und per Bus wieder abreisen. Tatsächlich aber gibt es kaum ein anderes Dorf im Wallis, das durch und durch in seiner alten Bausubstanz so einheitlich und gut intakt und so liebevoll gepflegt ist wie Grimentz. Vor Fenstern, in Ecken, Winkeln und Türen leuchten Kaskaden purpurroter Geranien. Es scheint, als müßten sie den Charme dieses entzükkenden Walliser Bergdorfes noch unterstreichen.

Behäbig und in sich ruhend sonnen sich die schönen alten Häuser am Felshang, dazwischen ihr Mittelpunkt, die weiße Kirche mit dem obligaten Schindeldach. Die Leute kommen mit den Gästen gut zurecht. Grimentz, so heißt es, sei traditionsbewußt, gastfreundlich und idyllisch, und darauf setzt der Ort, seit 1930 schon, denn damals gründete man die Société de développement, die schon im ersten Jahr einen «concours des balcons fleuris» organisierte. Man schritt voran, signalisierte die Straßen und führte die Kurtaxe ein, doch zur Gründung eines Verkehrsbüros kam es erst 1969. Grimentz blieb von jeher autofrei, weil Autos gar nicht durch die schmalen Gassen passen. Einen entscheidenden Anstoß zur intensiven touristischen Aufwärtsentwicklung brachte der Bau des *Staudammes von Moiry* in den fünfziger Jahren. Er sorgte für Arbeit und neue Straßen. Heute führt eine achteinhalb Kilometer lange Naturstraße zum Stausee, dessen Fassungsvermögen 77 Millionen Kubikmeter Wasser beträgt und die Elektrizitätswerke von Motec, Vissoie und Chippis betreibt.

Als man 1957 den ersten Skilift eröffnete, war Grimentz bereit, vom Sommer- zum erfolgreichen Winterferienort überzuwechseln. Mit der Inbetriebnahme des Bendolla-Sesselliftes (1967), der auf 2100 m führt, erfüllte man dem Sommer- als auch dem Wintergast einen heißen Wunsch, und selbst für Nichtwanderer und Nichtskifahrer wurde der *Bendolla* zum gern besuchten Ausflugsziel.

In den folgenden Jahren wurde das Skigebiet immer weiter ausgebaut, die Erschließung der Hänge am *Roc d'Orzival* und an den *Becs-de-Bosson* besorgten neue Lifte, und zur Zeit befaßt man sich mit dem aufwendigen Projekt, dem Skifahrer von Grimentz auch noch die Region des *Lona* auf der *Torrent-Alp* zugänglich zu machen. Doch das ist Zukunftsmusik, zunächst freut man sich, daß man an den Liften kein Anstehen kennt.

Für Langläufer gibt es zwei Loipen in der Umgebung des Dorfes und eine neue Verbindung nach **Vercorin.** Nach **Zinal** führt ein 12 km langer Skiwanderweg. Eisläufer, Eishockey- und Curlingspieler kommen gleichfalls auf ihre Kosten.

Längst hat in Grimentz der Winter den Sommertourismus übertroffen. Dabei verschaffen die Sommermonate gerade im Val d'Anniviers einzigartig schöne Naturerlebnisse. In Grimentz genügt es, nur ein paar hundert Meter hinter dem Dorf hinauf zu steigen, um eine wunderbare Natur — lindgrüne Lärchenwälder und einen herrlich bunten Alpenteppich — zu erleben. Ideal ist der Monat Juni, wenn Margeriten und Glockenblumen, der zierliche Frauenschuh und das feingliedrige Alpenvergißmeinnicht blühen. Die Eigenart der Alpenflora läßt sich hier in voller Pracht beobachten. Wenn nämlich unten im Tal zuerst die Frühlings- und danach die Sommerblumen blühen, vollzieht sich in den Höhenlagen die Blüte von beiden zur gleichen Zeit. Das kieselhaltige Gestein von Gneis, Granit, Serpentin und Glimmer enthält die für Alpenrosen, Heidelbeeren, purpurfarbenen Enzian und Arven unentbehrliche saure Erde. Im Gebiet von Moiry findet sich außerdem der schwarze Serpentin, ein Gestein, das sich leicht bearbeiten läßt. Er heißt hier «der Stein des Schuhmachers», weil man ihn auf das Knie legte, um die Schuhsohlen darauf zu klopfen.

Entdeckenswertes Grimentz

An Spazier- und Wandermöglichkeiten fehlt es wahrlich nicht, und jede Jahreszeit verführt durch eigene Reize. Im Herbst beispielsweise kann sich der Pilzliebhaber einer mykologischen Exkursion anschließen und eifrig in die eigene Tasche sammeln, er muß nur wissen, was! Aber auch das Besteigen ungezählter Bergspitzen kann zusätzliche Hitze bringen, die ein leicht erfrischender Wind stets erträglich macht. So ragen die *Pointe-de-Tsirouc* (2778 m) und die *Garde-de-Bordon* (3310 m) über dem *Val de Moiry, Le Touno* (3017 m), die *Turtmannspitze* (3079 m) und die *Forclettaspitze* (3076 m) über dem Val d'Anniviers in einen wolkenlosen Himmel. Nicht allein, wohl aber unter kundiger Führung läßt sich auch der *Moirygletscher* begehen.

Nur eines muß der Gast in Grimentz akzeptieren, will er nämlich eine Unterkunft allerneuesten Zuschnitts, heißt es außerhalb des Ortes bleiben. Denn erst einige hundert Meter hinter dem Dorfausgang liegt das moderne Ferienquartier mit Mietchalets und Ferienwohnungen. Dafür hat der Gast dann aber Hallenbad und Tennisplätze gleich vor der Haustür. Insgesamt stehen dort 3500 Betten zur Verfügung, während komfortable Hotels und Pensionen noch einmal über 300 Betten verfügen.

Grimentz ist womöglich heute schöner als je — von penibler Reinlichkeit, die es früher, als man noch ausschließlich von der Berglandwirtschaft lebte, gar nicht geben konnte. Doch Grimentz suchte die Anpassung, und es gelang, altes Gut mit modernem Lebensstil harmonisch zu verbinden.

Zinal

Zinal, im Patois «Tsina», was soviel wie Bergbach heißt, liegt 1675 m hoch und ist selbst in heißen Monaten frisch und kühl. Von den berühmten Riesen, die Zinal fest umklammern, zeigt sich über dem Dorf keiner. Wer nur durch Zinal fährt, ist deshalb enttäuscht. Mindestens bis zur *Alpe de la Lé* (2452 m) muß man klettern, um die Zackenkronen zählen zu können, deren Namen jedoch in die Irre führen, denn das *Weißhorn* (4506 m) ist statt weiß aus graugrünem Gneis, dafür ist dann das *Rothorn* (4221 m) mit Ausnahme seiner Spitze weiß, der *Besso* (3668 m) aber düster und zerklüfteter als der teuflische *Diablon* (3600 m) und das *Obergabelhorn* (4063 m) verkriecht sich unter Eis. Sie alle bestimmen das Klima und die Stunden des Sonneneinfalls.

Zinal mit seinen heute rund 300 Einwohnern war ursprünglich als letzter Weiler im Tal nur ein Maiensäß, von der noch vereinzelte Überbleibsel zeugen.

Um sich für Zinal zu erwärmen, muß man es kennenlernen. Was zunächst beeindruckt, ist die von Gletschermilch getrübte Navizence, denn ein gutes Dutzend weißschäumender Bäche stürzen auf der einen Seite vom *Diablon-Massiv* zu ihr hinunter, und auf der gegenüberliegenden Seite kommen von *Sorebois* noch einmal so viele. Bis *Mottec* unterhalb Zinals kann der Fluß treiben, was er will. Erst dort wird das Wasser gefaßt und in den *Lac de Moiry* (südlich von Grimentz) gepumpt. Übrigens werden sie hier zusammen mit denen der *Turtmänna* aus dem *Turtmanntal* gestaut.

Die Unterwalliser Bergnomaden, die Anniviards, sind im Zinal vom 13. Jahrhundert an bezeugt. Viermal pro Jahr kamen sie hierher: im Mai vor dem Bestoßen der höhergelegenen Bergwiesen, im Hochsommer zum Heuen, im Herbst zum Viehabtrieb und noch einmal im Hochwinter, um das verbliebene Heu an die Tiere zu verfüttern. Als im 19. Jahrhundert aber immer mehr Bergsteiger, darunter viele Engländer, ins hochgelegene Bergtal fanden, wurde die erste Herberge gebaut. 1859 gab es das erste kleine Hotel. In der nur acht Wochen dauernden Saison verdingten sich die Bergler gern als Führer, Säumer oder im aufkommenden Gastgewerbe. Als kurz nach der Jahrhundertwende größere Hotels gebaut wurden, beispielsweise das «*Diablons*» oder das «*Durand*», entwickelte sich Zinal zu einem «*Klein-Zermatt*». Was heute als

Mit Entzücken auf eines Maultiers Rücken

In Grimentz haben Sie die Chance, ein Maultier zu besteigen und für ein paar Tage den Ferien Ade zu sagen. Dafür müssen Sie weder Reiter noch geübter Berggänger sein, denn das Ganze — eine «Maultier-Safari» — soll vor allem Freude und Vergnügen machen. Dazu braucht es nur: ein Herz für das Wallis, seinen Wein und seine Menschen!

Von einem Maultiertreiber und einer Begleitperson geleitet, werden Sie durch zauberhafte Wiesen, Wälder, über die eine oder andere Alp, durch winzige Gemeinden und auf stillen, einsamen Säumerpfaden reiten oder wandern. Denn immer zwei Personen betreuen gemeinsam ein Tier und werden sich auch seinen Rücken teilen.

Den ganzen Tag in der freien Natur lernen Sie das Wallis von einer seiner schönsten Seiten kennen. Strapaziös ist diese Safari nicht, eher gemütlich. In abgelegenen Orten werden Sie gestandene Köche landesüblicher Kost besuchen und am Abend ihre Habseligkeiten vor Bett und manchmal Bad wiederfinden. Beim Nachtmahl werden Sie zugreifen wie lange nicht und — zufrieden mit sich und der Welt — erquickenden Schlaf finden, durch den noch lange leise, helle Maultierglöckchen klingen.

Geheimtip gilt, war damals ein weltberühmter Höhenkurort. Der Erste
Weltkrieg setzte dem vielversprechenden Aufschwung ein abruptes Ende.
Die Touristen blieben aus, und die
einheimische Bevölkerung hielt mehr
und mehr im klimatisch angenehme-
ren Rhonetal nach Verdienst Ausschau. Der Exodus war unaufhaltsam. In den sechziger Jahren lebten in
Zinal nur noch sechs ständige Einwohner.

Eine entscheidende Wende brachte
der Bau des *Staudammes von Moiry*
(1955—1958). Es gab neue Arbeits-
möglichkeiten und damit Verdienst.
Die Männer im Dorfe erlernten neue
Berufe. Maler, Maurer, Zimmerleute,
Elektriker wurden aus ihnen, und als
sich Zinal wieder langsam zum Winterkurort entwickelte, gab es Arbeit
genug. Der Tourismus verwandelte
das sterbende Dorf in eine kleine, blü-
hende Gemeinde mit heute 160 Einwohnern. Die Entwicklung vollzog
sich nach durchdachtem Plan, der zunächst allerdings etwas zu großzügig
und zukunftsgläubig ausgefallen war.

Statt ein Kontingent von ursprünglich
10 000 Gästebetten zu erfüllen, hat
man sich inzwischen auf ein gutes
Drittel beschränkt und damit in etwa
das richtige Verhältnis für ein Bergdorf wie Zinal gefunden.

Die touristische Infrastruktur ist
seither sehr gut ausgebaut, und das
Dorf besitzt noch immer ursprüngliche Plätze, ein gutes Dutzend alter,
wettergeschwärzter Chalets, Ställe,
Heuschober und Speicher, sie bilden
das *«vieux village»*. Als besondere
Attraktion steht mitten an der breiten
Hauptstraße die alte, ganz aus Natur-
stein gemauerte «ferme», die Milch-
farm der alten Hotels. Sie birgt heute
Zinals Nobelrestaurant «La Ferme».
Doch nicht selten täuschen ihre einfachen Holztische und Bänke im Freien
einen Picknickplatz vor, auf dem
dann die Touristen nichtsahnend, ungeniert ihre Plastiktüten auspacken.
Diese große Straße bildet denn überhaupt den offiziellen Freilufttreff-
punkt mit modernen Häusern, Geschäften, den beiden Supermarchés
und der Talstation der Sorebois-

Per Luftseilbahn auf Sorebois

Die Skistation Sorebois

Schwebebahn. An leicht erhöhter Lage dominieren die größeren und großen alten Hotels, heute mit neuen Namen, unter ihnen der gewaltige 500 Betten-Komplex des Club Mediterranée mit seinem modernen Flachdachtrakt, der zu den Sünden des Baubooms zählt.

In Zinal muß man in die Luft

Das Skigebiet von Zinal ist ideal. Es liegt am Skiberg Sorebois. Seine gestaffelten, nicht allzu steilen Hänge, die weit über der Baumgrenze liegen, machen Sorebois zu einem erstklassigen Familienskigebiet. Hinzu kommen eine sozusagen garantierte Schneesicherheit sowie die sehr sonnige Lage. Auch in der Hochsaison gibt es kaum mehr als nur wenige Minuten Wartezeiten an den Liften. In zehn Minuten überwindet die Luftseilbahn den Höhenunterschied von 600 m, und oben stehen sieben Skilifte zur Verfügung. Von ihnen wird man auf

Zinal ist ideal für Alpinisten

annähernd 2900 m hochgezogen. Kaum zu glauben, aber bis tief in den Frühling hinein fährt man hier durch herrlichen Pulverschnee, und die «Descente de l'Aigle» schwingt in ausholendem Bogen bis ins Dorf hinunter. Nachdem der jüngste Skilift auch die Hänge von Singline erschloß, hofft man als nächstes Projekt über den Gipfel von Sorebois hinweg den Anschluß an das Skigebiet von Grimentz zu verwirklichen.

Ob Skifahrer, Bergwanderer oder nur Blitzbesucher, auf der Terrasse des Bergrestaurants von ' Sorebois muß man gewesen sein! Die Aussicht ist phantastisch! Über die Hausberge von Zinal, die Doppelgipfel des Schalihorns mit dem zum Col de Mominge führenden Gletscher hinweg geht der Blick bis weit in die Ferne zum Matterhorn. Es lohnt sich auch, von hier aus zur etwa einstündigen Wanderung bis zur «Corne» aufzubrechen und den extrem zerklüfteten Glacier de Mominge kennenzulernen.

Eine Extremklettertour ist nicht jedermanns Sache, aber Zinal bietet sich auch als vorzüglicher Ausgangspunkt für leichtere Hochtouren an, die auch Leuten ohne große Bergerfahrung Freude machen, zum Beispiel die Tour von der Cabane de Tracuit aufs Bishorn, dem «quatremille des dames» an der Nordflanke des Weißhorns. Drei Stunden etwa kostet der Aufstieg von der Cabane du Mountet auf das Trifthorn.

Die gleiche Hütte ist auch Ausgangspunkt für eine relativ leichte Tour zum Col Durand, und von dort läßt sich dann gleich weitermarschieren zur Schönbielhütte mit Abstieg nach Zermatt. Aber auch Extremalpinisten kommen hier auf ihre Kosten, beispielsweise in den *Aiguilles de la Lè,* an der *Couronne de Bréonnaz* oder auf dem Westgrat des *Besso.* Wer es noch anspruchsvoller mag, wählt die Pointes de Zinal, den *Grand Cornier,* das *Obergabelhorn,* die *Dent Blanche,* das *Weißhorn* und nicht zuletzt das *Zinalrothorn.* Wieder ein Erlebnis anderer Art vermitteln die Bergwanderungen zu den drei SAC-Hütten, die im Einzugsgebiet Zinals liegen: *Tracuit, Ar Pitetta* und *Mountet,* denn sie bilden nicht nur die Sprungbretter für den Aufstieg zu den erwähnten Viertausendern, sondern ermöglichen auch dem in der Ebene lebenden Städter einen tiefen Eindruck von der grandiosen Bergwelt rings um Zinal.

Vercorin, Ferienoase der Schweizer

Vercorin

Zwei Wege gibt es nach **Vercorin** (1341 m, etwa 300 Einwohner), der eine führt durch die Luft (Luftseilbahn von Chalais aus), der andere über die Autostraße, an Weinbergen, Feldern und Föhrenwäldern vorbei. Dann überrascht das Dorf, «das so hübsch auf dem Bergkamm dahinsegelt, den Kirchturm als Bug voran» (A. Beerli).

Vercorin flößt Sympathie ein. Allgegenwärtig das Bemühen, das Überkommene treu zu bewahren; sauber und gepflegt die schönen alten Häuser, die Ecken und Winkel in den Straßen, der Kirchplatz mit einem herrlichen Blick tief ins Tal hinunter. In Vercorin läßt es sich leben, auch wenn der Tourismus, wie in so vielen anderen Walliser Dörfern, die Land-

wirtschaft verdrängt hat. In dem Dorf, in dem einst ausschließlich Bergbauern lebten, gibt es heute nur noch einen einzigen Landwirt.

Bis 1933 war Vercorin noch auf keiner Straße erreichbar, man kam per pedes. Als erste wurde die Straßenverbindung nach **Chippis** gebaut, 1941 wurde Chalais ihr angeschlossen. Erst seit 1946 existiert die offizielle Postautoverbindung, der dann 1950 der Bau der Kabinenbahn folgte, die von **Chalais** bis Vercorin nur vier Minuten braucht.

Vercorin ist längst «entdeckt». Viele Walliser und Miteidgenossen besitzen hier ihr Wochenend- und Ferienchalet, und fleißig wird zu Füßen des Dorfes weiter gebaut, so daß man fürchten muß, daß diese Bodenspekulation dem Dorf mehr schaden als nützen kann. In den drei Hotels «Hostellerie d'Orzival» «Hotel des Mayens» und «Hotel Victoria» — stehen allein 95 Betten zur Verfügung, hinzu kommen noch zwei Pensionen mit je zehn Betten und das Appartement-Hotel «La Maya» mit seinen 48 Betten. Doch die Parahotellerie mit 2200 Übernachtungsmöglichkeiten hat die Hotels weit übertroffen.

Vercorin weiß seinen Gästen einiges zu bieten. Die Schönheiten des Val d'Anniviers liegen unmittelbar vor der Tür, Spaziergänge und Wanderungen gibt es in alle Himmelsrichtungen, und beliebt sind Ziele wie die kleinen Gemeinden **Pinsec** und **Mayoux**, die sich gut in 2½ Stunden erwandern lassen. Der Hausberg, die *Crêt du Midi* (2231 m), erfordert zu Fuß einen Marsch von rund drei Stunden, schneller geht's mit der Gondelbahn, sie schafft den Höhenunterschied in einer Viertelstunde. Seit Jahren ist das Bergrestaurant Treffpunkt ernsthafter Spieler, die hier ihren «Concours de pétanque» durchführen und mehr Augen für ihre Kugeln als die eindrucksvolle Landschaft haben. Tennis, Minigolf und ein zweieinhalb Kilometer langer Vita-Parcours sorgen dagegen für sportliche Abwechslung im Tal, und will sich gar ein Gast die Nacht ein wenig um die Ohren schlagen, dann muß er in die «Godille», die von der Dorfjugend heißgeliebte Diskothek.

Die Leute von Vercorin schätzen ihre Gäste und suchen das Gespräch, ohne sich anzubiedern oder aufzudrängen — Gesellschaft wird gern gepflegt. Wozu gäbe es sonst eine ganze Reihe heimeliger Restaurants und Cafés, die Charbonnade — kleine magere Fleischstücke, die auf einem Tischgrill zubereitet werden, oder den Champagne à l'abricot? Sie besitzen sogar ein schönes altes Haus mitten im Dorf, «Grenier» genannt, in dem man sich zu Vorträgen oder Ausstellungen trifft, und sie gedachten sogar ihres Dorfgenossen Edouard Vallet und brachten eine Gedenktafel an seinem Hause an. Während des Ersten Weltkrieges lebte Vallet hier als Bauer und zog auf eigenem Druckstock seine eindrücklichen Schilderungen des Val d'Anniviers ab. 1982 führte das centre d'animation Fontany in Vercorin zum erstenmal Musiktage durch.

Auch im Winter wird die Zeit in Vercorin nicht lang. Die schneesichere Saison für das bis auf 2300 m liegende Skigebiet dauert von Mitte Dezember bis Ende April. Bei Curling, Schlittschuhlaufen, Langlauf und natürlich Abfahrtslauf findet der Wintergast, was er braucht. Als besonders schön müssen die Loipen und die Skiwanderwege gelten. Sie beginnen bereits am Ortsausgang und ziehen sich teilweise dicht am Abhang des Felsplateaus entlang. Ihre Lage läßt sie zu herrlichen Panoramawegen werden. Die alpinen Fahrer tummeln sich auf der Crêt du Midi und ihren weiten, freien Schneefeldern, die in Richtung Ort in einen Waldgürtel münden, der breit geschlagene Pisten und nur vereinzelte Engpässe aufweist. Also alles in allem: Vercorin verfügt über leichte Pisten. Ein Schlepplift sorgt für die Verbindung zwischen Crêt du Midi und dem Nachbargipfel *Mont Major.* Hier nun, auf der Tracuit-Abfahrt, kommt auch der Könner zum Zuge, denn hier kann er in einem landschaftlich herrlichen und vom Gelände her abwechslungsreichen Gebiet ungehemmt zu Tale wedeln.

Crans-Montana auf 1500 m Höhe ist der internationalen mondänen Skiwelt ein Begriff — es zählt zu den großen Schweizer Top-Ferienorten. Wer Vergleiche zieht, das ursprünglich gewachsene Walliser Dorf, ein verkehrsfreies Zentrum sucht, der ist hier fehl am Platz. Crans-Montana ist nicht nur hinsichtlich des Après-Ski, sondern auch bezüglich himmelwärtsstrebender Hotel- und Appartementsilos und seines Verkehrs alles andere als ein Dorf — die winterliche Hochsaison macht es zur mittelgroßen Alpen-Stadt (30 000 Gästebetten, 5000 Einwohner). Da gibt es die berüchtigte Rush-hour, in der sich die Autos nur langsam, im Schrittempo, Abgase verbreitend, durch die menschenwimmelnden Straßen und den strikten Einbahnverkehr bewegen. Da muß man rechts und links verstopfte Seitenstraßen akzeptieren, bekommt dafür aber kostspielige Auslagen an langen Ladenfronten angeboten. Viel Pelz wird spazieren getragen; Rassehunde, Range Rover oder Jaguar, freche, kecke Mode, Wintersport in allen Farben will bewundert sein. Nach Crans-Montana kommt man nämlich, um zu leben, worunter das ganze Drum und Dran eines extravaganten Skiorts zu verstehen ist. Das gebotene Pistenvergnügen pflegen viele Gäste erst in zweiter Linie auszu-

Crans-Montana besitzt im Dezember das sonnigste Skigebiet des Wallis

kosten. Dazu die Touristikmanager des Verkehrsbüros: «Das wissen wir alles, doch im übrigen kommen viele Montana-Gäste aus den Städten — die könnten gar nicht in einem kleinen Ferienörtchen leben!»

Die Hochebene von Crans-Montana ist verkehrsmäßig gut zu erreichen. Von **Siders** aus fahren täglich mehr als 25 Züge einer Zahnradbahn nach Montana (Fahrzeit: 30 Minuten). Das

ontana

«Funi» (Funiculaire) unterteilt sich in zwei Sektionen. 1. Siders—Saint-Maurice de Laques; 2. Saint-Maurice de Laques—Bluche—Montana (1000 Meter Höhenunterschied).

Der «Cisalpin», der komfortable TEE-Zug, bringt die Reisenden in 2½ Stunden von Milano und der TGV in 5½ Stunden von Paris nach **Sitten.** Von Sitten, der größten Postautostation der Schweiz, gibt es stets eine Postautoverbindung zur Hochebene.

In Siders (Sierre) halten nahezu alle auf den internationalen Strecken verkehrenden Züge. Darüberhinaus wird Crans-Montana mit Siders auch durch eine Buslinie der SMC verbunden, die auf das Hochplateau hinauf über eine malerische Alpenstraße führt. Es verkehren täglich etwa 20 Autobus-Kurse, die sich nach den Zügen richten.

Die in den Rebhängen liegenden Dörfer sind ebenfalls untereinander durch gutausgebaute Straßen verbunden. Von Bern aus kann man auf der N12 und N9 via Vevey und Sitten Crans-Montana heute schon in knapp zwei Stunden erreichen.

Die internationalen Flughäfen von Genf-Cointrin, Zürich-Kloten und Basel-Mulhouse sind in wenigen Stunden erreichbar. Sitten verfügt über einen eigenen Flugplatz, der in täglichem Verkehr mit dem Genfer Flughafen steht.

Der sonnigste Balkon des Wallis

Der sonnigste Balkon des Wallis, das ist **Crans-Montana**, und das ist wahrlich nicht wenig. Darum ist es nicht nur Winter-, sondern auch ein berühmter Sommerferienort. Als phantastisch rühmen darf man seine Lage auf einem Hochplateau über dem Walliser Rhonetal. Auf der ersten und zweiten Bodenterrasse des Plateaus breiten sich die Landschaften der Noble Contrée («vornehme Gegend») aus, auf der dritten liegt der Kurort. Er erfreut sich der längsten Sonnenbestrahlung der Schweiz und weist die geringsten Niederschläge auf. Lage und Klima sind für eine entspannende Ferienambiance geradezu ideal. Will man sein Auto am einmal eroberten Parkplatz belassen und dennoch die Szene wechseln, vielleicht ein wenig Kultur auftanken, dann reist man eben mal schnell mit der Zahnradbahn (30 Minuten) nach Siders ins Tal. Von dort läßt sich bequem auch die Metropole des Wallis,

Sitten (Sion), erreichen. Auf der Fahrt von oben nach unten entfalten sich der tiefe dunsterfüllte Taleinschnitt, die Höhe der Berge und allenthalben an den Hängen die Dörfer. Die Mayens von Sitten und Riddes wurden zu Kristallisationspunkten für neue, moderne Skiorte: **Anzère, Nendaz, Thyon 2000, Veysonnaz** und, gerade gegenüber, das trauliche **Vercorin.** Eine weitere Etage darüber erheben sich die Eisriesen des Wallis: stumm, schön, unnahbar fern. Als Sonnenbalkon aber, vom Morgen bis zum Abend der strahlenden Sonne ausgesetzt, erweist sich die Hochterrasse von Crans-Montana. Die Dreitausender des westlichen Berner Oberlandes, *Wildhorn* und *Wildstrubel,* halten diesem Sonnenerker auch noch die Nordwinde fern.

Sonnenscheindauer
(Zeitabschnitt: von 1936 bis 1976)

Tagesdurchschnitt	Dez.—Febr.	im Jahr
Crans–Montana	4 h. 06'	5 h. 33'
Davos	2 h. 58'	4 h. 57'
Zürich	1 h. 44'	4 h. 37'
Paris	2 h. 11'	4 h. 50'
Bruxelle	1 h. 51'	4 h. 20'
London	1 h. 44'	4 h. 02'
Berlin	1 h. 32'	4 h. 56'

Für den Fremden ganz unmöglich, herauszufinden, wo **Crans** aufhört und **Montana** anfängt — oder umgekehrt, was es mit **Vermala** auf sich hat und wohin nun eigentlich **Aminona** gehört, der kleine Stern am großen Montaner Tourismushimmel. Dabei sind alle die genannten Zentren keine in Jahrhunderten organisch gewachsenen Orte, keine Dörfer mit Landwirtschaft und bodenständiger Bevölkerung. Die bäuerlichen Gemeinden, denen alles Land bis hoch hinauf zur *Plaine Morte* gehört, liegen weiter unten, auf halber Höhe: **Randogne** (1220 m) und **Montana Village** (1207 m), **Chermignon** (1197 m) und **Lens** (1128 m), das Ramuz sich als zweite Heimat auserkoren hatte, und **Icogne** (1026 m). Noch immer, so darf man wohl behaupten, sind einige der Einwohner so etwas wie Nomaden und ziehen von den Äckern unten hinauf auf die Maiensäße, und wenn es die Natur befiehlt, dann wieder hinunter zu den Weinbergen, die noch immer ihren wertvollsten Besitz ausmachen.

Kranken bleibt zu danken

Die ersten, die man auf die Sonnenterrasse schickte, waren Kranke. Heilung ihrer Bronchial- und Lungenleiden versprachen Sonne und Höhenluft. 1892 wurde das erste Hotel eröffnet, das «Grand Hôtel de Crans» (ab 1902 Hôtel du Parc genannt). Im Herbst 1897 kam Dr. Stephani nach Montana, der zum Begründer des weltbekannten Höhenkurortes werden sollte. Er kaufte sich ein Stück Terrain, auf dem er ein Chalet errichtete, das später zum «Hotel Mirabeau» wurde. Das «Grand Hôtel» diente die ersten zwei Jahre als Sanatorium, mit Ausnahme im Sommer, da kamen nämlich die Gäste, die nicht mit den Kranken unter dem gleichen Dache wohnen wollten. 1899 öffnete das erste Sanatorium, Beauregard genannt, seine Pforten. Hierauf folgten verschiedene neue Bauten, so das Sanatorium Dr. Stephani, das

«Forest Hotel» in Vermala, das Genfer Volkssanatorium Clairmont, das «Chalet de la Forêt», das «Chalet Genziana» und die Villa «Lumière et Vie», die 1912 vom Grafen de la Boëssière-Thienne errichtet wurde, um die jungen, kranken Belgier zu beherbergen. Montana-Vermala war lanciert. Dr. Stephani fügte dem Ort Montana noch die Bezeichnung «Vermala» bei, damit die so zahlreich an ihn gerichteten Anfragen und Briefe nicht nach Amerika in den Staat Montana — USA gingen.

Ab 1920 wird Montana zum beliebten Zentrum für den Wintersport, und neue Hotels und Sanatorien entstanden.

In die gleiche Periode fällt der Aufstieg eines der Benjamine der Walliser Ferienorte, nämlich Crans, von dem A. Mudry sagt, «ce n'est pas une création: c'est une résurrection!» In der Tat, die Hotels (keine Sanatorien) wurden in einem Zeitraum von knapp 18 Jahren sozusagen aus dem Boden gestampft: du Golf et des Sports, Alpina & Savoy, Beau séjour, Pas de l'Ours, Royal, Carlton, Eden, Bristol. Die ersten Jahre nach dem Ersten Weltkrieg brachten für Montana und Crans keinen Rückgang, eher das Gegenteil. Der Ruf vom beliebten Höhenluftkurort sorgte weiterhin für Gäste, und soweit es ihr Gesundheitszustand erlaubte, spielten sie mit Eifer Tennis und Golf. Damals schon schien angelegt, wovon heute die Golfer auf der ganzen Welt träumen, vom schönsten Alpengolf Europas. Zu ihm gehören der Golfplatz Plan-Bramois (18 Löcher) sowie der Platz Xirès (9 Löcher). 1919 schon traf man sich hier zum ersten Flugmeeting der

Schweiz. Reitveranstaltungen, Konferenzen — auch solche politisch-parlamentarischer Natur — und große Kongresse wurden abgehalten. In Crans-Montana traf sich die Welt. Das ist heute kaum anders, denn an Attraktionen hat der Walliser Sonnenbalkon noch einige dazugewonnen.

Aber auch seinem alten guten Ruf als Sanatoriumsort ist Crans-Montana treu geblieben. An Ärzten aller Fachrichtungen, an Kliniken und sogar an «Sanitätsstellen» mangelt es wahrhaftig nicht.

In den letzten 30 Jahren hat Crans-Montana — seit 1968 marschieren beide Orte gemeinsam — jedoch seinen stärksten touristischen Aufschwung erfahren. Ein ungeheurer Bauboom zeichnete sich ab und hinterließ mahnmalartige Baudenkmäler, die vor herrlichem Bergpanorama schon weit vom Tal her wie ein Dreigestirn in den Himmel ragen, schade. Die erste bauliche Entfaltung geschah schon 1929, doch wurde der damalige Bauboom von demjenigen seit Beginn der sechziger Jahre weit übertroffen. Hotels und Chalets schossen wie Pilze aus dem Boden, ganz neue Straßenzüge mit Geschäften und Lokalen wurden angelegt und selbstverständlich auch die touristische Infrastruktur weitblickend ausgebaut. Der Immobilienhandel floriert, und so darf man sich nicht wundern, daß ein Teil der Besucher auch Mitbesitzer des Ortes ist. Sie sind zu beneiden, denn mit dem Erwerb eines Stückchens Walliser Alpen erhalten sie ein nobles Feriendomizil und eine krisensichere Kapitalanlage. Bevor die Lex Furgler eingriff, blühte der Verkauf an Ausländer. Mehr als 40% des Wohnungseigentums dieses ausgedehnten Ferienreviers befindet sich in Händen von Ausländern. Verständlich, daß bei einer solchen Nachfrage die Grundstückpreise beachtlich sind.

Skizirkus perfekt

Der Skizirkus von Crans-Montana spielt sich auf 1500—3000 m Höhe ab. Die Hänge liegen alle dem Süden zugewandt, was zum Bräunen praktisch, für den Skifahrer nicht immer sehr erfreulich ist. Doch als schneesicher darf man dieses herrliche Pistenareal bis in den Frühling hinein bezeichnen.

Obwohl der Wintersport auf *Cry d'Err* und *Bella Lui* erst nach dem Zweiten Weltkrieg seinen Aufschwung nahm, war das erste Skirennen im Jahre 1911 von Montana dazumal in aller Munde. Lord Kandahar schrieb nämlich am 17. Januar 1911 ein Abfahrtsrennen vom *Plaine-Morte-Gletscher* bis nach Montana hinunter aus. Die Strecke, heute noch der eigentliche Pistentriumph, überwindet 1500 m und erstreckt sich über 15 km Länge.

Der Super-Skizirkus von Crans-Montana entfaltet sich in erstaunlicher Vielfalt zwischen den Stationen *Bella Lui, Cry d'Err, Chetseron, Violettes* und *Petit Mont Bonvin,* und man verweist mit Stolz auf sechs Großkabinenbahnen, zwei Luftseilbahnen, fünf Doppelsessellifte, 25 Schlepplifte, die mit einer Beförderungskapazität von 25 000 Personen pro Stunde wahrhaftig imponieren.

Crans-Montana ist weit in den Frühling hinein schneesicher

Die Zufahrt zu den teilweise recht weit auseinanderliegenden Bodenstationen besorgen Skibusse, deren Benutzung im Skipaß inbegriffen ist. Das Pistenvergnügen hier ist nicht, wie man meinen könnte, besonders teuer. Es hält sich in Grenzen und bietet einen erstaunlichen Pistenluxus zu akzeptablen Preisen.

Bella Lui (2543 m) ist der Ausgangspunkt für die weltberühmte «Piste nationale». Mit einer Länge von 3,7 km — das betrifft die Herrenstrecke, die Damenstrecke ist nur 2,6 km lang — und bei einem Höhenunterschied von nur knapp 1000 m gilt sie immer noch als eine der schönsten Rennstrecken der Schweiz. Sie ist die einzige Abfahrt, die schneidiges Können voraussetzt, ansonsten darf man sämtliche Pisten in Crans-Montana dem guten Mittelklasseläufer ohne weiteres empfehlen.

Beliebt: Sommerski

Mit dem Winterangebot gab man sich jedoch noch nicht zufrieden. Bella Lui, Chetseron, Grand-Signal und Les Violettes lockten zwar schon genug Skigäste an, doch auch bezüglich Sommerski wollte Crans-Montana mitzureden haben. Plaine Morte war geeignet, auch Sommerskilauf anzubieten. Er fiel nicht überdimensional aus, trotzdem gibt es zwei Skilifte, einen am Gletscher und einen am *Tothorn* (2933 m), hinzu kommt eine große Rundloipe auf dem Ewigschneefeld der Plaine Morte, auf dem der Sage nach die übermütigen Sennen und Hirten mit Butterkugeln Kegel spielten und sich so die Zeit vertrieben.

Um das Skigebiet aber auch noch nach Osten auszuweiten, kam als letztes das Gelände oberhalb des neu entstandenen Hoteldorfs **Aminona** zum Ausbau. Schließlich wollte man seinen Gästen nicht nur mit dem Rundumservice in den drei Himmelspfeilern größtmöglichen Komfort bieten, sondern auch noch Pisten unmittelbar vor der Haustür. So brauchen Aminona-Gäste nur wenige Schritte bis hinüber zur Gondelbahnstation zurückzulegen und können von hieraus auf den Petit-Bonvin (2411 m) entschweben. Was auch in Aminona der Durchschnittsfahrer zu begrüßen weiß, ist eine weiträumige, überaus skifreundliche Pistenlandschaft mit durchwegs leichten, hindernis- und buckelfreien Schneeautobahnen, die in ihrer Art und Beschaffenheit zu den schönsten und angenehmsten Skirevieren des ganzen Wallis gehören.

Ein Nobelort, der Unterhaltung bietet

Ohne zu übertreiben, man muß mindestens eine gute Woche bleiben, um wenigstens die wichtigsten Abfahrtsstrecken kennenzulernen und die dazugehörenden Seilbahnen und Pisten auszuprobieren. Der Sportliche kann also in Crans-Montana ein recht anspruchsvolles Skiprogramm absolvieren. Die wenigsten Gäste trifft man beispielsweise auf der schwarz markierten Waldabfahrt «Noire de Chetseron» oder auf der Tourenpiste Bella Lui—Violettes, die aufgrund ihrer langen Querfahrt ohnehin nicht viel Abfahrtsvergnügen bringt, jedoch den Reiz des Abenteuerlichen bietet. Was man immer wieder betonen darf und muß, die Waldabfahrten von Crans-Montana sind das Non plus ultra an prächtigen, genußreich zu fahrenden Skigleitwegen, die sogar dem Skianfänger Freude bringen. Sie sind breit ausgeholzt, mit ausnehmend sanftem Ge-

fälle und ohne schwierige Kurven oder Kehre. Für den, der zum ersten Mal seine Bretter ausprobiert — oder für Kinder, gibt es in unmittelbarer Ortsnähe ebenfalls bestimmte Hänge mit kleineren Liften (am Golfplatz, beim Lac Moubra und beim Parc-Hotel) zum Lernen.

Ein Hinweis noch für echte Renner: außer der «Piste nationale» bietet der riesige, südwestlich orientierte Steilhang von La Toula eine schnelle Abfahrt nach Aminona, die man natürlich auch auf Umwegen befahren kann, indem man zunächst nach La Tza abschwenkt und schließlich auch noch den Petit Mont-Bonvin berührt. Allerdings, in einer Skimetropole wie Crans-Montana bleiben zur Hochsaison Wartezeiten an den Talstationen und Liften kaum aus. Da hilft nur eines, möglichst azyklisch zu fahren, d.h. die Zeit des Tafelns mit der des Fahrens zu vertauschen. Eine andere Möglichkeit wäre, für einmal zum Skilangläufer oder zum Spaziergänger zu werden, zumal die Loipen sehr gut gepflegt werden (beim Golfplatz, Lac Moubra im Dorf, auf halber

Höhe in der Waldregion Les Plans Mayens—Marolires) oder auf 3000 m auf der Plaine Morte. Skibobfahren wird ebenfalls seit Jahren betrieben. Drei Pisten stehen den Anhängern dieses Sportes zur Verfügung — sogar eine eigene Skibobschule! Rodeln läßt sich gleichfalls auf verschiedenen Bahnen unterschiedlicher Schwierigkeitsgrade und selbstverständlich Eislaufen, so viel man will, auf der Kunsteisbahn und den zugefrorenen Seen. Für Insider stets das Höchste, der Kampf mit den steinernen «Bettflaschen».

. . . und im Sommer Golf

Mit Beginn des Sommers reisen die Golfer an. Wer selbst zur golfenden Elite zählt, weiß, welche Rolle dann Crans-Montana spielt. Die beiden herrlich gelegenen und mustergültig gepflegten Golfanlagen sind selbstverständlich jedem Golfer ein Begriff. Mit Beginn der Golfsaison — für gewöhnlich Anfang Juli — steht

Sommer-Pause

der grüne Court im Mittelpunkt der sportlichen Diskussion. Höhepunkt jeden Sommers ist dann das internationale Golf-Turnier Swiss Open, zu dem sich Champions aus aller Welt ein Stelldichein geben. Sie leihen der Alpenmetropole dann ihr besonderes Flair.

Aber im Sommer nach Crans-Montana reisen heißt nicht nur, sich unter Golfer mischen, schließlich trifft sich hier auch gern, was reiten, schwimmen, surfen, ballonfliegen oder tennisspielen will, denn auch auf rotem Court werden Jahr für Jahr internationale Turniere ausgetragen. Andererseits wäre falsch, die wunderbare Gegend um Crans-Montana dem Wanderer und Bergsteiger zu unterschlagen, denn seiner Wanderlust werden von seiten der Natur kaum Grenzen gesetzt. Es empfiehlt sich, die Ausflugs- und Wanderkarten (nebst Wandervorschlägen) des Verkehrsbüros zur Hand zu nehmen und sich mit ihrer Hilfe auf den Weg zu machen und jene Spazier- oder Wanderwege zu entdecken, auf denen Sie möglichst wenig Mitmenschen, dafür aber so manche leichtfüßige Gemse, das possierliche Murmeltier, Hasen und Füchse oder manches seltene Alpenfloraexemplar entdecken. Im Sommer können Sie rund 100 km und im Winter 50 km gepfadete Wanderwege unter die Füße nehmen, im Herbst dürfen Sie Steinpilze, Morcheln und Pfifferlinge suchen. Der Schweizerische Alpenclub (SAC) besitzt auf den Violettes sogar eine sektionseigene Alpenhütte. Sie ist von Vermala oder Cry d'Err aus oder mit der Seilbahn der Violettes leicht zu Fuß zu erreichen.

Für die internationale Golf-Welt sind die Anlagen von Crans-Montana ein Begriff

«Petri Heil» wünschen sich jene Jünger, die sich zum Wettfischen am Moubra-See treffen. Von 7 bis 11 Uhr dürfen sie am Ufer hocken und Fische locken. Dabei gibt es nur eine Einschränkung, wer nämlich sechs oder mehr Fänge macht, muß für den Rest des Tages seine Angelrute an den Nagel hängen. Natürlich läßt es sich im Moubra-See auch herrlich schwimmen oder «oben ohne» in der Sonne sinnen.

Nach der Ski- die Zivilkluft

Zum Abend ein mehr oder weniger aufwendiger Tenuewechsel, das ist nicht jedermanns Sache, aber wer in Crans-Montana «dazugehören» will, wird mitmachen (müssen). In beiden Touristenorten gibt es zum Après-Ski genug Beschäftigungen. Allerdings ist Crans um ein weniges moderner und mondäner als das ältere Montana, das dafür etwas mehr Gemütlichkeit bietet. In Crans, so behaupten die Kenner, fände man eher den Schick, in Montana mehr Familien. Nach Crans-Montana jedenfalls kommen, grob gesprochen, drei Besucher-Gruppen: die Sportler, die sich vor allem des Golfs, der Pisten, Loipen und Eisbahnen bemächtigen, dann die Kranken, die schlußendlich immer wieder in ihre Sanatorien und Kliniken zurückkeilen, und zuletzt der große Rest, die bummelnden Erholung-suchenden und Spaziergänger. Für sie wurden die Promenaden mit ihren Auslagen, die Cafés, die Spitzenlokale und exklusiven Boutiquen geschaffen. Sie werden, eines nach dem anderen, absolviert, als habe man regelmäßig Visite zu machen. Dabei zeigt man, was man hat — der Herr in Pelz und dicker Brieftasche, die Damen aber spielen mit dem gewissen Raffinement beim Anbruch der Nacht. Angst vor Gangstern oder Raubüberfällen, die kennt man im Schweizer Nobelort nicht. Und die Gäste «mit dem guten Portemonnaie aus Paris und Mailand», so der Vize-Verkehrsdirektor, schwören darauf, denn «Kriminalität gibt es hier oben nicht». Darum trägt man ungeniert, was funkelt und blitzt.

Dieses nicht nur wettermäßig sichere, sondern auch gesellschaftlich anregende Klima beschert denn auch Dauer-Gäste wie Gilbert Bécaud, Catherine Deneuve, Jacqueline Kennedy-Onassis, Gina Lollobrigida, Charles Aznavour und Omar Sharif. Während sich Showman Sharif mit Elan dem Pistenrausch ergibt, pflegt «Doktor Schiwago» regelmäßig das bequemere Bridgespiel.

Doch auch die Zeit für einen Ausflug sollte man sich nehmen. Bei der Fahrt nach Siders hinunter bietet sich Gelegenheit, die Walliser Tallandschaft zum ewigen Gedenken — mit oder ohne Apparat — einzufangen. Die Straße führt vorbei an **Venthône** mit seiner spätgotischen Kirche und dem ehemaligen Schloß der Viztume aus dem 15. Jahrhundert. Kurz vor Siders heißt es dann «Achtung» und in eine kleine Seitenstraße abbiegen,

an der dann gleich ein Wohnturm, das berühmte *Schloß Muzot* (13. Jahrhundert), liegt. In diese kleine Steinfestung zog 1921 der Dichter Rainer Maria Rilke ein, und es störte ihn keineswegs, daß es damals weder eine Wasserleitung noch elektrischen Strom gab. Hier hatte er den «Turm für die Vergangenheit» gefunden. Bis 1926 sollte er ihm Heimat bieten. Im einfachen Schlößchen vollendete der Dichter die «Duineser Elegien», und hier übersetzte er die «Sonette an Orpheus» und Paul Valerys Gedichte und Oden. Seinen tiefen Dank ans Wallis stattete Rilke mit seinen «Quatrains Valaisans» ab, die 1926 in Paris erschienen.

Rilke liebte das Wallis, seine Landschaft, seine Menschen und «sein» Muzot so sehr, daß er auch im Wallis bestattet werden wollte. In seinem Testament hieß es, daß er es vorzöge, «auf dem hochgelegenen Kirchhof neben der alten Kirche von Rarogne zur Erde gebracht zu sein. Seine Einfriedung gehört zu den ersten Plätzen, von denen aus ich Wind und Licht dieser Landschaft empfangen habe, zusammen mit allen den Versprechungen, die sie mir, mit und in Muzot, später sollte verwirklichen helfen.»

Wen inzwischen hungert, der sollte den kleinen Weiler **Corin** ansteuern, um im Restaurant «La Côte» raffiniert zu speisen.

Hochburg der Tafelfreuden

Von allen anderen Traditionen einmal abgesehen, hat das Wallis auch

Die französische Kochkunst feiert in Crans-Montana wahre Triumphe. Dennoch wird auch eine ausgezeichnete Schweizer und Walliser Küche geboten. Die Esslust ist hier so groß, daß Reservation zu empfehlen ist

leistenden Walliser Küchen geblieben ist.

Die Aufgabe fällt schwer, denn man müßte schon ein über alle Maßen aufnahmefähiger Esser sein, um sich durch das geradezu überwältigende Angebot von 28 «grandes restaurations» und 16 «petites restaurations» durchzuessen, die allein der Informationsprospekt des Offices du Tourisme bereit hält. Aber das wäre noch nicht einmal alles, denn in ungezähl-

Ohne Kochmützen oder Sterne verteilen zu wollen, die Kreationen der «Rotisserie de la Reine» verdienen beste Komplimente. Verantwortlich ist ein Franzose, der schon seit Jahren für eine auserwählte Stammkundschaft sein Bestes gibt

gastronomisch Tradition. Über den Alpenpaß des *Großen Sankt Bernhards* sind die Feldküchen der Römer gezogen und die der napoleonischen Grenadiere. Wer heute in **Bourg-St-Pierre** eine Pause einlegt, darf jenen Lehnstuhl bewundern, auf dem der französische Kaiser sein Dejeuner einnahm — in einem Wirtshaus, das seitdem historisch geworden ist und Napoleon statt des ersehnten Feldherrenruhms kulinarischen Nachruhm bescherte. Auch die Augustiner Mönche vom Bernhard-Hospiz haben nicht allein dank ihrer Bernhardiner verlaufene, verdurstende und verhungernde Irrläufer gerettet, sondern auch durch alkoholische Soforthilfe — mittels Cognac. Was wäre das «Ritz» ohne Ritz in Paris, wenn nicht der Walliser gekommen wäre und eine neue kulinarische Generation eingeleitet hätte. Aber das ist lange her, und es wäre an der Zeit, beispielsweise in Crans-Montana, zu prüfen, was von diesen Vorbildliches

ten Hotels böte sich weitere Gelegenheit, die kochende Mannschaft auf die Probe zu stellen, nicht gerechnet die 11 Cafés und Tea Rooms mit ihren hausgebackenen Leckereien. So ist das Folgende lediglich als unvorbelasteter Versuch, mal hier, mal dort den Magen zu verwöhnen, zu verstehen. Denn als großes Handikap erwies sich, nicht zu wissen, daß in allen guten bis sehr guten Restaurants Tischreservation unbedingt vonnöten ist, und zwar in den Hochsaisonwochen, am besten schon ein bis zwei Tage vor dem großen (Fr)Essen.

Ganz gleich, ob Sie nun ihre kulinarische Reise in Montana oder in Crans beginnen — eins ist sicher, Sie werden nicht enttäuscht. Angenommen Sie haben einen anregenden Morgenspaziergang hinter sich und befinden sich gerade an den Seen, der Grenze zwischen Montana und Crans, dann sollten Sie Ihre Schritte schnurstracks ins «Greni» lenken, ein

Eines der einladenden und gemütlichen Restaurants mit vorwiegend Schweizer Gerichten ist das «Hotel Post». Auf Schiefer findet der Gast empfehlenswerte Tages-Spezialitäten angeschrieben

Auch für den schnellen Imbiß zwischendurch ist in Crans als auch in Montana reichlich gesorgt. In diesen Lokalen trifft sich vor allem die hungrige Jugend. Was sie sucht ist der Snack, flinke Bedienung, Zwanglosigkeit

hübsches, intimes Lokal. Rustikal das große Cheminée, denn es verheißt Grilladen, von denen man einander später erzählt. Wollen Sie es noch spezieller, feiner, dann genügen wiederum nur wenige Meter Fußwanderung, um sich an den Tischen der Hôtel-Residence «Jeanne d'Arc» wiederzufinden. Hier wird Ihnen zunächst die Entscheidung nahegelegt: Restaurant oder Grill — meine Empfehlung «Restaurant». Sollte es die Jahreszeit erlauben, plazieren Sie sich draußen

auf der Terrasse und lassen Sie sich solange vom Anblick des Alpenpanoramas bezaubern, bis ein vorzügliches hors-d'œuvre in Form von Entenleberschnitte an Weinessigsauce, Ihre Aufmerksamkeit in Anspruch nimmt. Ob Sie dann, freundlich umsorgt, mit Krebspfännchen an Whisky, Entenfilet an Honigsauce oder einem zarten Fisch-Assortiment an Safransauce weiterfahren, ist Geschmacksache. Zu empfehlen wäre, wer es noch würdigen kann, ein Dessert vom Wagen oder — wofür das Wallis schließlich prädestiniert ist — Käse. Sollten Sie sich schließlich fragen, wem die auserlesenen Speisespezialitäten in ungewöhnlichen Kombinationen zu verdanken sind, dann werden Sie hören, daß ein französischer Koch und Schüler des großen Bocuse für Sie am Herd stand. Seinen Namen dürfen Sie sich merken: Bernard Simon. Übrigens ist dies das einzige Montaner Restaurant, dem die gestrengen Herren Gault und Millau in Ihrem Guide

Schweiz 1983 eine Würdigung einräumten und 14 von 20 möglichen Punkten zuteilten.

Unabhängig von derartigen, oft sogar umstrittenen Würdigungen läßt sich in Montana auch in weiteren Häusern vorzüglich speisen. Raclettes à l'ancienne oder Fondue «la Trappe» sorgen dafür, daß Sie das Restaurant «La Trappe» in bester Erinnerung behalten.

Ohne Zweifel ist Feinschmeckerei für viele Zeitgenossen zum Statussymbol geworden — war sie übrigens zu allen Zeiten. Wer nun aus diesem oder besonderem Grund sich das Beste vom Besten leisten kann und möchte, wird unbedingt auch Crans einen oder sogar mehrere Besuche abstatten müssen. Die Bettenburg empfiehlt sich nämlich auch als Hochburg ausgezeichneter Küchen und bester Köche. Die Wahl wird zur Qual, denn in Crans konzentrieren sich nicht nur die edelsten Geschäfte, die meisten Banken und der Immobilienhandel, die teuersten Pelze und die meisten gut betuchten Gäste, schlichtweg ein wohlsituiertes und sogar noch besser gestelltes Publikum, sondern auch die größte Bereitschaft, für das abendfüllende Menu einige Franken über die Klinge springen zu lassen. Keineswegs soll das aber heißen, daß die Firstclass-Restaurantpreise außerkantonal in die Höhe schnellen. Die Kosten entsprechen den Künsten, die man sich einverleibt und bleiben durchaus in Relation zu Preisen in vergleichbaren Lokalen anderer Schweizer Kantone.

Vorsicht allerdings sei dem Unwissenden angeraten, der sich von der Kreideschrift am gläsernen Eingang «6 Austern frisch + 1 dl Fendant für Fr. 15.—» verführen läßt, einen echten Gourmettempel zu betreten, denn mit 15 Franken regt er einen Appetit an, der ihn dann doch wesentlich teurer zu stehen kommt. Die «Rôtisserie de la Reine» blickt nämlich unter kundiger Hand von Max Léonhard, einem Franzosen aus Toulouse, schon auf 20jährige Tradition zurück. Das bedeutet, daß seine vornehm ausgestatteten Speiseräume, die von außen jedoch so wenig hermachen, daß man glatt an ihrer Bedeutung zweifeln kann, eine dem ausgezeichneten Ruf des Meisters entsprechende Kundschaft nicht nur beglückt, sondern geradezu in den siebenten Himmel hebt. Wie wohl man sich fühlt, beweist, daß man nach dem ausgiebigen Mahl verweilt und bleibt und somit der Küche einen zweiten Service erspart und Gäste, die auf diesen hofften, enttäuscht. Was Maître Léonhard über jede Konkurrenz erhaben macht, ist die Zubereitung von frischen Schalentieren — vor kurzem erwarb er ein zweites Meerwasserbecken — und Couscous nach Art des Hauses. Ob es zutrifft, daß seine große Menuauswahl auch kleinere Einkommen berücksichtigt?

Nicht weit von ihm kocht Max Bagnoud für «La Channe» unter Berufung auf den eigenen Gout qualitätsvoller Rohprodukte am liebsten Walliser Fleische vom Hochplateau. Seine gegrillten Spezialitäten genießen denn auch besten Ruf. Seine Bar, gleich am Eingang, ist dazu da, um das Neueste vom Ort und prominenten Gästen zu hören und — mit oder ohne Kommentar — weiter zu geben.

Als ausgesprochene Pizzeria darf «Au vieux Moulin» mit seinem offenen Pizza-Ofen gelten. Selbst der erfahrene Pizzafreund wird angesichts der ausgeschriebenen Variationen bei der Bestellung um Bedenkzeit bitten

Im Restaurant «Jeanne d'Arc» des gleichnamigen Hotels darf sich der Gast mit hohen Erwartungen zu Tische setzen. Hier pflegt ein Schüler des großen Paul Bocuse mit Leckerbissen seinem Lehrer alle Ehre zu machen

Von hier sind es nur ein paar Stufen hinauf, einige Meter Straßenkreuzung und wieder Stufen hinab, um vor der Tür des «Cave» zu stehen, aus dem es weniger fein duftet als deftig «schmeckt» — nach Fondue aus Käse! Die Ambiance in diesem schmalbrüstigen Lokal ist heiter, gelöst. Man sitzt an vielen langen Tischen dicht beieinander, was keineswegs stört — ein Lokal für jung und alt, das nicht nur das Alter, sondern auch die Geschlechter zwanglos zusammenführt.

Für die Familie mit ihren pizzaliebenden Kindern empfiehlt sich «Vieux Moulin» (in Montana) aufgrund seiner nonstop zubereiteten Pizzen, die außerdem sehr gut sind. In gemütlicher Atmosphäre am offenen Pizza-Ofen können auch die Jüngsten verfolgen, wie schnell und gewandt das Teigrund geformt und belegt wird, um dann in der Wärme den speziellen Geschmack zu entfalten. Wer Après-Ski-, Gaumen- und Kunstgenuß unter einem einzigen Dach erleben will, der muß das Grand Hotel «Rhodania» besuchen und sich dort zum Spezialitätenlokal durchfragen. Vielleicht erleben auch Sie die Überraschung, den Eingang, die Visitenkarte des Hauses, mit Tannennadeln übersät zu finden, was sich jedoch vergessen läßt, wenn man in der perfekten Art Déco-Umgebung, unten an der Bar, einen Apéritif nimmt und sich unter leisen Pianoklängen auf ein lukullisches Nachtmahl einstimmt. Im mit neuen hölzernen Balken geschmackvoll auf Alt dekorierten Speisesaal läßt es sich herrlich schmausen. Schön wie die Ausstattung, so verführerisch und reich in der Auswahl sind Wein- und Speisekarte, und selbst die Preise entsprechen einem Budget, mit dem rechnet, das aber nicht überfordert. Und das Fazit: Crans-Montana wahrt kochend, grillend, brutzelnd, backend Tradition, mitunter durch Franzosen, die jedoch wissen, daß man im Wallis ausgesprochen gern speist und Bestes zu würdigen weiß.

Anzère

Anzère liegt 16 km von Sitten entfernt auf 1500 m Höhe am Nordhang des Rhonetals. Das zur politischen Gemeinde **Ayent** gehörende Plateau ist in acht Quartiere eingeteilt.

Anzère gehört nicht zu den natürlich gewachsenen Orten — es wurde auf dem Reißbrett entworfen — stellt also einen Ferienort aus der Retorte dar. Das Wallis besitzt zum Glück nicht allzu viele dieser konstruierten, künstlich geschaffenen Touristenorte, die einerseits zwar Vorteile bieten, doch andererseits auch mit Nachteilen fertig werden müssen. Anzère, isoliert vom typischen Walliser Dorf- und Dörflerleben, verfügt heute über 225 Chalets, in denen rund 600 Gäste Unterkunft finden. Hinzu kommen noch 6 Hotels mit insgesamt 500 Betten.

Schweizer Feriengästen sind Retortendörfer nicht unbedingt ans Herz gewachsen, darum stammen die meisten Besucher von Anzère aus der Bundesrepublik Deutschland, aus Belgien, Holland und Großbritannien. Für Reisende im Privatauto stehen im zentralen, autofreien Dorfteil «Village» über 550 gedeckte Parkplätze (kostenpflichtig) zur Verfügung. Außerhalb dieses Parkings bietet Anzère seinen Besuchern nochmals 700 Parkplätze, doch zu Spitzenzeiten in der Hochsaison bedarf es schon einer gewissen Findigkeit, um seinen Wagen geschickt in Zentrumsnähe abzustellen.

Die Ferienwohnungen selbst sind sehr modern und sehr schön ausgestattet. Sie befinden sich größtenteils in den riesigen Chalets — es gibt tatsächlich bis zu acht Stockwerken — rund um den Dorfplatz. In weit gestreutem Umkreis des ansprechenden «Zentrums» liegen inmitten majestätischer Nadelbäume noch weitere, unzählige kleine Einheiten verstreut. 80—90 Prozent der Chalets und Ferienwohnungen gehören in- und ausländischen Besitzern, werden aber in der Mehrzahl durch lokale Agenturen vermietet.

Freunde des alpinen Skisport können Anzère durchaus Vorzüge abgewinnen, denn auf den Höhen oberhalb des Ortes lassen sich recht gute Bedingungen finden. Das Skigebiet befindet sich zwischen 1800 und 2400 m Höhe auf der Sonnenseite des Rhonetals. Eine Gondelbahn führt den Skifan auf den 2362 m hohen *Pas de Maimbré,* Ausgangspunkt für verschiedene Abfahrten. 8 Skilifte — die drei längsten 1300, 1100 und 870 m lang, mit Höhenunterschieden zwischen 410 und 270 m — und 3 Sessellifte — 2270, 1070 und 610 m lang, mit Höhendifferenzen von 480 bis 160 m — schaufeln insgesamt 5600 Personen pro Stunde in die Höhe. Wartezeiten sind gelegentlich an der Talstation der Gondelbahn sowie hin und wieder an der tiefstgelegenen Skiliftstation einzuplanen. Allgemein ist das Skigebiet von Anzère dem mittleren bis guten Skifahrer zu empfehlen. Für Kinder gibt es auf Höhe der Bergstation zwei kleine Lifte, an denen auch die Jüngsten, bei herrlicher Sonne, erste Versuche unternehmen können. Zwei Pisten führen direkt bis nach Anzère hinunter, eine mittelschwere und eine schwarze, also auch eine schwierigere Strecke.

Anzère — ein moderner Ferienort aus der Retorte

Zwar wurde außerhalb des Dorfes, von der Gondelbahnstation aus, eine kurze Langlaufloipe angelegt. Eine zweite, länger und geländemäßig abwechslungsreicher, befindet sich 2,5 km unterhalb des Dorfes. Doch ein gewisser Nachteil, sie zu benützen, liegt darin, daß der Postautobus nicht in regelmäßigen Abständen dorthin fährt und Parkplatznot die Zufahrt mit dem Privatauto erschwert. Winterwandern läßt sich oberhalb von Anzère, vorausgesetzt, man kennt die Gegend und ist nicht unbedingt auf Beschilderung angewiesen. Beliebt ist unter den Wanderwegen vor allem die Strecke, die nach **Pralang** führt (ausgedehnte Wanderung auch Richtung Rawilpaß).

Auf dem Dorfplatz werden im Winter zwei Curlingbahnen gepflegt, und gleich daneben kann man sich auf einer kleinen Schlittschuhbahn vergnügen. Das Hallenbad ist fast zu klein, dafür bietet jedoch die Sauna Entschädigung.

Am Abend wird es still in Anzère. Zunächst kauft man ein, schleppt Cheminéeholz «heim» und bereitet sich allenfalls mit einer Einladung in die eigenen vier Wände auf so etwas wie Nachtleben vor. Selbstverständlich gibt es auch im Zentrum Restaurants, mindestens ein gutes Dutzend, außerdem ein Kino und selbst drei Diskotheken, doch im wesentlichen kommen Familien mit noch kleinen Kindern, und die bleiben viel lieber zuhaus. Wer unkomplizierte Ferien schätzt, sich auf mittelschweren Schneehängen bestätigt fühlt und im Schoße der Familie Ferien-Erfüllung sieht, der wird in Anzère das Richtige finden.

Sitten/Sion

Sitten ist Kantonshauptstadt

Sitten ist eine Stadt, die durch ihre Geschichte, ihre Kämpfe, ihre Kirchen und Patrizierhäuser, ihre unverwechselbare Atmosphäre fesselt. Kein Reisender, der nicht fragen würde, was es mit diesen das Rhonetal beherrschenden, spitzen Burghügeln für eine Bewandtnis habe, die sich so schroff und unvermittelt aus der flachen Talsohle zum Himmel heben. Niemand, den nicht der eigenartige Reiz dieser Landschaft gefangen nähme, die in ihrer Trockenheit an die spanische Meseta erinnert und durch ihre Farben — braunrot bis gelb, sonnenversengt — so überaus fasziniert.

Diese Stadt läßt sich nicht im Handumdrehen erobern. Interessant ist sie zu jeder Jahreszeit, doch am schönsten, wenn sich das Südliche, das Lockende seiner nächtlich belebten Gassen und Avenuen auch dem Fremden mitteilen, sich miterleben lassen. Dann gemahnt sie tatsächlich ein wenig an gewisse Kleinstädte Kastiliens oder der Estremadura, die über Mittag in lautlose Stille versinken, um erst abends zu erwachen und sich mit fortschreitender Stunde immer mehr zu beleben. Richtet man den Blick über die Dächer, so blendet funkelndes, flimmerndes Sonnenlicht die Augen. Es liegt auf den braunen Feldern, den grauen Felsen und auf dem weißen Firn der Gipfel. Goethe ist wohl der einzige, der Sitten auf seiner Schweiz Reise 1779 in gar keinem Lichte sah: «Die Stadt ist schwarz und hat ein widerliches Aussehen!»

Dabei ist Sitten nicht nur die unvergleichliche, ritterlichste Stadt, sondern auch die größte, die Hauptstadt des Kantons Wallis auf 508 m Höhe gelegen, Sitz der Kantonsregierung, des Großen Rates, des Kantonsgerichtes, des Bischofs und von 25 000 (1983) Menschen bewohnt. Eine Stadt deren Weichbild, in unserem Jahrhundert mit moderner Architektur durchsetzt, gelitten hat. Dabei ist Sitten größte Postautostation der Schweiz. Doch wer durch das Gewirr von Gassen, winzigen Plätzen, an den schönen und prächtigen Barockhäusern vorbei, durch geschäftige Straßen schlendert, am verlockenden Tisch im Freien einen Goron probiert, wird gern hier sein und mehr als einen Tag bleiben müssen, um Sitten kennenzulernen: als Studienort, als landwirtschaftliches Produktionszentrum, als Weinbau- und Weinhandelsstadt, dazu das Stadtzentrum, die Rue de Conthey, die Rue du Rhône, die nördlich in die Rue du Grand-Pont übergeht, mit dem prächtigen Renaissance-Rathaus und dem Löwenbrunnen aus dem 17. Jahrhundert, wo die alte Fürstbischofsstadt ihren Adel bekundet.

Zum Besuch Sittens gehört der Aufstieg zu den trutzigen Burgfelsen von Tourbillon und Valère. Auf dem Weg hinauf schließt man Bekanntschaft mit dem Lombardie-Viertel, und am Ende der steilen Gasse Tous-

Vents teilen sich die Wege. Links geht es nach Tourbillon hinauf, dem ehemaligen Sommersitz der mächtigen Fürstbischöfe. Tore der alten Wehrmauer durchsteigend gelangt man zum zinnenbekrönten Alkazar empor, der nackt, fast ohne jede Pflanze, eindringlich an Kastilien erinnert. 180 m über der Stadt wurde Tourbillon im 13. Jahrhundert erbaut und verfiel, 1788 von den Franzosen in Brand gesteckt, inzwischen zur Ruine. In der Mulde zwischen beiden Felsen erhebt sich schlicht und bescheiden, ganz aus grauem Stein erbaut, die romanische Kapelle zu Allerheiligen. An ihr vorbei führt der Weg zur Kathedrale Valère hinauf. Der deutsche Name «Valeria» spricht für römische Herkunft. Sicher scheint allerdings nur zu sein, daß dieser Hügel im 11. Jahrhundert Sitz der *chanoines*, der Domherren war. Von der Burgterrasse bietet sich ein herrlicher Ausblick weit in die Ebene des Rhonetals und zu den sie umschließenden Alpenzügen sowie hinunter zu den nahen Hängen, an denen wohlgepflegte kleine Rebenflächen kleben.

Wie Tourbillon ist auch Valeria eine stark befestigte Burganlage, die aus vier Gebäudekomplexen besteht: Maison de la Caminata, Salle des Gardes, Domherrenhaus und Kirche (12./13. Jahrhundert). Die gesamte Anlage wurde sorgfältig restauriert, und in den einstigen Wohnbauten befindet sich heute das Valeria-Museum mit wertvollem Inventar. Noch immer spürt man in ihren Räumen die Würde geistlicher Repräsentation. Die diesen Adlerhorst krönende Kirche war gleichfalls befestigt, ihr Kirchturm diente zugleich als Bergfried. Die Stiftskirche Notre-Dame zählt zu den bedeutenden romanisch-gotischen Bauwerken des Wallis. Es ist eine dreischiffige Anlage, deren Lettner zugleich den romanischen Chor vom gotischen Schiff trennt. Einzigartige Zeugnisse romanischer Steinmetzkunst sind die skulpierten Säulenkapitelle aus dem 12. Jahrhundert. Die an der Westwand befindliche Orgel gehört zu den kostbarsten Schätzen der Schweiz, sie ist die älteste heute noch spielbare Orgel der Welt (1390). Im 17. und 20. Jahrhundert restauriert erhält sie alljährlich im Hochsommer ihre Weihe durch ein *Festival international de l'orgue ancien*.

Sitten soll die älteste Stadt der Schweiz sein. Dies geht aus einer Studie der anthropologischen Abteilung der Universität Genf hervor, die kürzlich in der Kantonshauptstadt Grabungen unter der Planta durchführte. Danach lebten bereits 4500 Jahre v. Chr. Menschen in dieser Gegend. Bis anhin hatte man die Stadt auf 3500 v. Chr. datiert. Aber auch bronzezeitliche Funde wurden gemacht. Ein zweifaches *oppidum,* Hauptort des Keltenstammes der Seduner, entstand in vorrömischer Zeit. In den Jahren 10 bis 8 v. Chr. wurde das Wallis nebst *Sedunum* (Sitten) unter der Herrschaft des Kaisers Augustus dem Imperium einverleibt. Ende des 4. Jahrhunderts war das Christentum schon in Sitten heimisch, im 6. Jahrhundert wurde Sitten zur Bischofsstadt (Aufgabe von Octodurum) und damit politische und kirchliche Hauptstadt des Wallis bis auf den heutigen Tag. Die erste Bischofskirche entstand zu Füßen des Valeria-

Reizvoll und heiß ist der Sommer in Sitten

Hügels, ihr folgte die noch heute bestehende Kirche auf Valère. Die jetzige Bischofskirche steht auf weiträumigem Platz, wurde im 15. Jahrhundert durch einen Brand zerstört und wieder aufgebaut. Erhalten blieb der kolossale, romanische Frontalturm mit seinen schönen Rundbogenfenstern. Die daneben stehende Kirche St-Théodule, im Flamboyantstil des 16. Jahrhunderts errichtet, wurde erst 200 Jahre später vollendet. Als letzte Barockkirche der Schweiz gilt die 1815 vollendete Eglise du Collège.

Der alte Stadtkern Sittens wird geprägt von einer Fülle stattlicher, barocker Herrensitze: Maison de la Diète (Haus des Landrats), Haus de Platea (16./17. Jahrhunderts, Innenhof mit Holzgalerien), Haus der Spitalschwestern, alte Apotheke (1547),

Haus Penaudier (spätgotisch), Haus Riedmatten (19. Jahrhundert), Haus Ambuel, Haus Barberini, Haus Wolff, Haus de Courten (1538). Das Haus Supersaxo von 1505 mit seinem Prunksaal im zweiten Geschoß sticht aber als Zeuge des ehemals mächtigen Walliser Geschlechtes besonders hervor. 1788 wütete ein großer Brand in der Stadt, dem auch viele Patrizierhäuser zum Opfer fielen. An ihrer Stelle wurden neue gebaut, groß und repräsentativ genug, um der «Baronie von Sitten», der bürgerlichen Gesellschaft von Sitten, für ihre Empfänge und Bälle den entsprechenden Rahmen zu bieten.

Doch die Sehenswürdigkeiten der alten Bourgade haben sich noch längst nicht erschöpft. An der Rue des Châteaux liegt die archäologische Sammlung, die keineswegs leichten Herzens ihr Prachtstück, den berühmten dreigehörnten Stierkopf aus Octodurum, erst kürzlich an **Martigny** zurückgeben mußte. Gleichwohl ist sie reich mit einmaligen, kostbaren Funden aus dem ganzen Wallis ausgestattet. Gegenüber liegt die wehrhafte Majorie, einst bischöfliche Residenz, die heute das Musée cantonal des beaux-arts beherbergt und den besten Einblick in die Malerei des Wallis vermittelt. Außerdem besitzt Sitten an der Avenue de la Gare ein bedeutendes naturgeschichtliches Museum.

Sitten war von mehreren Ringmauern umschlossen. Von der mächtigen Wehrmauer des Mittelalters steht noch heute im Nordwesten der Stadt ein Zeuge, die Tour des Sorcières, der Hexenturm, in dem einst furchtbar gefoltert wurde. Allein 1428 wurden 200 Hexen und Hexenmeister verbrannt. Spitzbedacht und unheildrohend kündet er noch heute vom kriegerischen Geist der Schiner, Supersaxo, de Kalbermatten, de Riedmatten und wie alle jene mächtigen Geschlechter hießen, die in der bewegten Geschichte eine so bedeutende Rolle spielten. Man rückt ihm nicht zu nahe und bestaunt ihn von weitem wie man auch dem Betongehäuse des «Temple protestant» respektvoll die gebührende Aufmerksamkeit gewährt, sich aber lieber des reizvollen Portikus der St. Georgs-Kapelle von 1672 erfreut, der deutlich daran erinnert, daß Sitten, umgeben von ausgedehnten Weinbergen und trotz Firn, Eis und Schnee auf den Alpengipfeln dennoch geographisch, klimatisch und atmosphärisch zur Südschweiz gehört.

Keine Frage, daß in dieser Stadt auch manches schöne Gasthausschild zum Eintritt in ein Geborgenheit vermittelndes Restaurant verführt. Wer wüßte nicht, daß auch die Walliser Küche ihre Spezialitäten besitzt und eine vorzügliche Mixtur französischer und italienischer Ingredienzien und Zubereitungsarten kennt. Einfache Häuser, in denen man ein Touristen-Menu findet, einen erfrischenden Trunk nimmt, gibt es in einer breiten Streuung und dabei von so erfreulicher Güte, daß der Reisende kaum enttäuscht wird, selbstverständlich dürfen Sie Ihre Bestellung auch auf deutsch vornehmen. Doch von welchen Küchen der Gaumen excellent verwöhnt wird, das muß man einfach wissen! Für einen heißen Sonnentag wählt man am ehesten das schattenspendende Laubdach des intimen Gärtchens des «Enclos de Valère». Es liegt auf halbem Wege zu den hohen

Burgen. Ein Meisterkoch französischer Schulung tut hier sein Bestes, seiner Empfehlung dürfen Sie sich hoffnungsvoll anvertrauen. Nur ein paar Schritte weiter kann man rechter Hand in ein anheimelndes Kellerrestaurant «Caves de Tous-Vents» hinabsteigen und Walliser Spezialitäten bei ausgezeichneten Weinen genießen. Sollten Sie Ihren Wagen jedoch mitten in der Stadt im unterirdischen Parkhaus abgestellt haben, dann ist der Weg zur Avenue de la Gare ins «La Planta» die nächstliegende empfehlenswerte Adresse. Dort ließe sich überlegen, ob Sie lieber in der Brasserie oder im komfortablen Restaurant Platz nehmen wollen. Auf jeden Fall werden Sie von den gebotenen Leckerbissen angetan sein und als Krönung auch noch einen ausgesuchten Wein der Region wählen dürfen. Als ein Haus mit über 20jähriger Tradition wäre «Les Mayennets» (Chez Tschett-Chett) ein unerläßlicher Tip. In diesem schlichten Restaurant wird ehrlich gekocht und appetitlich serviert. Vor allem die Fischspeisen trugen dem Chef seinen guten Ruf ein, nicht zu vergessen die attraktiven Preise.

Kaum vonnöten zu erwähnen, daß nach kräftigender Speise ein Ausflug in die nähere oder weitere Umgebung jetzt das Richtige wäre. Schließlich liegt Sitten inmitten des Rhonetals und am Ausgang des *Val d'Hérens.* An ein wunderschönes, entlegenes Plätzchen brächte Sie eine kleine «Pilgerreise» (über Brämis/Bramois hinaus) zur *Einsiedelei von Longeborgne,* wo bis vor wenigen Jahren einer der letzten Eremiten des Wallis in einer Felsenhöhle lebte, und die

kinderlosen Frauen von weit her kamen und noch kommen, um für Kindersegen Rosenkränze zu beten. Ein Erlebnis ganz anderer Art bieten Besuch und die Bootsfahrt auf dem unterirdischen *See von St-Léonard.* Von der jenseits der Rhone liegenden Sommerfrische der Sittener Bürger **Mayens-de-Sion** war schon die Rede (siehe Val d'Hérens), doch auch ein Abstecher in entgegengesetzter Himmelsrichtung nach **Savièse** und seine typische Unterwalliser Landschaft und seinem ursprünglichen Dorfbild wäre zu empfehlen. Um die Jahrhundertwende bildete Savièse das Refugium für eine Reihe Walliser Künstler, die als «Maler von Savièse» in die Schweizer Kunstgeschichte eingingen.

Der Rathausturm

Ovronnaz

Jeder Schweizer Sportler kennt den Namen **Ovronnaz** (1400 m), weil sich hier ein großzügig angelegtes Sportzentrum, das «kleine Magglingen», befindet (oberhalb des Dorfes). Im Oktober 1982 weihte man das imponierende Sport- und Freizeitzentrum ein, dessen Einrichtungen so gut wie alles bieten, was ein Sportlerherz begehren oder wünschen kann. Darum ist es seit seinem Bestehen zum bedeutenden Anziehungspunkt der Schweizer Bewegung «Jugend und Sport» geworden.

Müßig zu erwähnen, daß Ovronnaz gar noch um die Jahrhundertwende nichts als ein Maiensäß war, das nur durch einen Maultierpfad mit **Leytron** im Rhonetal verbunden war. Das erste Hotel wurde 1914 erbaut. Es besteht heute noch und gilt als Tip dank einer hervorragenden Küche und einer Gaststube, in der man mit Ambiance gern über das Speisen hinaus sitzt. Nach und nach vergrößerte sich der Ort, und in lockerer Streubauweise entstanden zahlreiche Chalets, so daß man heute 5000 Gästebetten zählt.

Der Reiz von Ovronnaz: Es liegt inmitten eines zur Rhoneebene offenen Felszirkus, dessen Grenzen die *Dent-de-Morcles,* der *Petit-Muveran,* der Grand-Muveran und der *Haut-de-Cry* bilden. Im Westen und Nordwesten bezeichnen diese Gipfel zugleich die Grenze zwischen *Wallis* und *Waadt.* Topographisch eine Kuriosität ist das ganz im Westen liegende, völlig abgeschlossene Tal, in dem — künstlich aufgestaut — *Lac de Fully* und *Lac de Devant* überraschen. Geologisch eine Seltenheit stellt die 1982 beim Bahnhof Ovronnaz entdeckte Moränen-Grotte mit ihrem unterirdischen See dar, die einzige Grotte dieser Art in Europa! Wunderschöne Wander- und Bergsteigemöglichkeiten (Tour zum *Grand-Chavalard* vorbei an der neuen *Fenestrel-Hütte)* bietet die Umgebung. Als klassische Tour wird jeder Gebirgsnarr die Wanderung zur *Rambert-Hütte* unter die Füße nehmen. Die Flora, auf die man am Wegesrand trifft, umfaßt so viele verschiedene Arten, die eigentlich erst viel weiter im Süden, z. B. in der *Camargue,* heimisch sind. Dank des milden Mittelmeerklimas und eines feuchten Boden wachsen hier so gut wie alle Bäume Europas.

Trotz seiner herrlichen Umgebung hat Ovronnaz heute vor allem als Winterkurort einen Namen. Diese Entwicklung ist neu, denn der erste Skilift wurde erst 1955 erstellt. Seit den sechziger Jahren erfolgte der systematische Ausbau von Ovronnaz mit der Errichtung von Appartementhäusern. Recht gut erschlossen sind inzwischen die nordwestlichen Hänge (sechs Lifte mit einer Kapazität von 5000 Personen pro Stunde), die bis *Tsantonnerre* und *Euloi* auf 2500 m führen. Auch an den Langläufer wurde gedacht. Er kann, immer etwa auf einer Höhe von 1400 m bleibend, eine 5 km lange Loipe zwischen *Mayens-de-Chamoson* und Ovronnaz absolvieren. Von der Eröffnung des neuen Thermalbadezentrum in **Saillon** hofft auch Ovronnaz in Zukunft zu profitieren.

Alte Dorfstraße

Val d'Hérens Eringertal

Eines der schönen Unterwalliser Täler

*Evolène
Les Haudères
Arolla*

Das Unterwallis besticht durch seine lieblichen, fast lyrisch anmutenden Täler und verblüfft durch ausgefallene Naturwunder wie den Urwald von **Derborence,** den 1943 entdeckten größten unterirdischen See Europas von **St. Leonhard** (St-Léonard) oder die berühmten Erdpyramiden von **Euseigne.** Sie bilden an der Route ins *Val d'Hérens (Eringertal)* die Eingangspforte.

Von weitem scheint kaum vorstellbar, daß sich die Felsbarriere von Euseigne passieren läßt. Steht man dicht davor, erkennt man das poröse Moränenmaterial des ehemaligen Gletschers, der schmolz, die Moränen aber zurückließ. Regen wusch und meißelte das Gestein zur steilen, zakkigen Wand, deren Spitzen erratische Blöcke krönen — wo sie fehlen, stürzten Erdbeben sie hinunter.

Dem Fluß *Borgne* entlang öffnet

sich bald das kesselartiger grüne Hochtal, eingerahmt von großartigem Gipfelkranz und überstrahlt von der überragenden und mächtigen *Dent Blanche* (4356).

Im *Val d'Hérens* lebt ein besonders stolzer Menschenschlag, der bis in die Gegenwart jeder Nivellierung widersprach. Woher er stammt, darüber ist noch nicht das letzte Wort gesprochen. Gewiß ist, daß auch diese Menschen, fleißig und genügsam, sich von dem ernährten, was sie mit ihrer Hände Arbeit dem Boden abrangen. Auch sie zogen wie die Nomaden der Nachbartäler regelmäßig mit den wechselnden Jahreszeiten von den Alpen hinunter zu ihren Rebbergen bei **Ayent**. Noch bedienen sie sich ihres eigenen Idioms, das zur franko-provenzalischen Sprachgruppe gehört, und dabei unterscheiden sie noch immer streng zwischen ihrer eigenen Sprache, Patois, deren Würde sie bewahrten, und dem Französischen, das sie mit Grazie und gewähltem Ausdruck beherrschen.

Erinnert sei daran, daß bis in die Mitte des letzten Jahrhunderts die Mehrheit der Westschweizer nicht Französisch, sondern Mundart oder Patois zur Muttersprache hatte. Mundart war die Umgangssprache, Französisch lernten sie in der Schule. Die Westschweizer Dialekte sind nämlich die direkten Erben des Spätlateins, das die römischen Legionen den keltischen Völkern im Raum der heutigen Westschweiz übermittelten. Daraus entwickelte sich dann die romanische Sprache des Mittelalters. Doch in den letzten anderthalb Jahrhunderten gerieten die gallorömischen Dialekte in der Westschweiz

praktisch außer Gebrauch. Umso bemerkenswerter ist daher die Tatsache, daß nur noch in den Seitentälern des französischsprachigen Wallis Patois lebendig blieb, und zwar bei den Jungen ebenso wie bei den Alten.

Die Leute von **Hérens** sind mehr als nur ein einfaches Bergvolk. Vermutlich pflegten sie in alter Zeit rege Beziehungen über ihre Pässe mit dem *Valpellina-Tal* und dem *Piemont*. Mochten sie auch wandern und ihrerseits Fremde aufnehmen wie manche Zermatter, die über den *Col d'Hérens* herüber kamen, sie selbst gińgen jedoch stets den Weg ins heimatliche Tal zurück. Ihr Talort **Evolène** bewahrt ein kostbares Stück *Val d'Hérens* und seiner starken, selbstbewußten Bevölkerung.

Evolène (1373 m) umfaßt als Hauptort der gleichnamigen politischen Gemeinde insgesamt zehn Ortschaften, in denen zusammen etwa 1500 Menschen leben. Der Weg von **Sitten,** der einst mühsame fünf Gehstunden in Anspruch nahm, dauert heute auf der inzwischen gut und breit ausgebauten Straße knapp eine halbe Stunde, nur das Postauto braucht etwas länger.

Der erste Eindruck von Evolène verwirrt fast, denn nirgends sonst, auch im Wallis nicht, wirkt ein Bergdorf noch so natürlich und unverfälscht, kommt es so sehr der Vorstellung des «alten *Wallis*» der Jahrhundertwende nahe. Die Sprache der Leute versteht man nicht, und sie benehmen sich, als gäbe es die neugierigen Blicke der Besucher nicht, die sich erstaunt an ihre alten Trachtenkleider heften. Ob im Haus oder im

Garten, die Evolènerin hält auf sich und trägt das Kleid der Ahne.

«Große Anmut waltet hier und zugleich ein intimer Reiz. Wir wissen nicht, was wir zuerst bewundern sollen: die Berge, die sehr schönen Wohnbauten in einem Stil, der sich harmonisch mit der Natur verbindet, den rassigen Menschenschlag, die immer noch getragenen hübschen Trachten, die auch im Wallis seltener werden, die sehr alten Volksbräuche oder die Kirche, die bereits aus dem Jahre 1446 stammt und von einer langen Besiedlung dieser Gegend durch den Menschen zeugt...» (E. Morand)

Ein Spaziergang durch das Dorf, fernab der Hauptstraße, macht mit dem Charakter bäuerlicher Scheunen und Ställe sowie schöner, hochaufgeschossener Wohnhäuser vertraut. Zierliche Holzgalerien bis zum höchsten Geschoß hinauf, steinerne Rahmungen an Türen und Fenstern, Malereien an Fassaden fallen auf. Evolène ist keine armselige Bauerngemeinde, es ist ein Ort von gewissem Wohlstand, von Kultur, reich an Tradition.

Unter den Einheimischen begegnet der Besucher vor allem Frauen. Ihnen obliegt nämlich noch immer ein großer Teil der landwirtschaftlichen Arbeit. Das Heuen — «far lo fin» — an den steilen Berghängen war schon immer ihre Sache, und nun, seit die meisten Männer in der *Société Grand Dixence* beschäftigt sind, erst recht. Nebenbei leisten sie aber auch einen beträchtlichen Teil Heimarbeit, von dem die kleinen Souvenirläden leben. Den erstaunlich großen volkskundlichen Schatz des *Val d'Hérens* erhalten allein die fleißigen Hände der Evolènerinnen. Ihnen obliegt auch,

Charakteristische Fassadenmalerei in Evolène

für die sommerliche Blumenpracht an Fenstern und Veranden zu sorgen. Alljährlich belohnt ein Wettbewerb die geschickteste Blumenpflegerin.

Die Frauentracht gehört zur schönsten im ganzen Wallis, sie geht bis in das 16. Jahrhundert zurück. Zum langen, schwarzen Rock mit dem schwarzen Mieder gehört eine weiße Spitzenbluse. Um den Hals wird ein rotes Leinentuch gebunden, und den Kopf ziert eine schwarze Haube — im Patois «tsapé» (von chapeau). Auch auf dem Feld tragen die Frauen dieses Trachtenkleid, denn es schützt gleichermaßen vor Hitze wie vor Kälte, vor Stichen wie vor Kratzern.

Noch bis vor wenigen Jahrzehnten gehörte das Val d'Hérens zu den abgeschlossenen Tälern des Wallis. Wie

Ursprünglich gebliebenes
Evolène

den Schritt ins Tal wagten, hatten es ihnen · nicht nur die weißbekrönten Gipfel, sondern auch die Idyllik der heimeligen Dörfer und Chalets angetan. Sie waren schon um die Mitte des vorigen Jahrhunderts die ersten Gäste. Sie kamen, um ihren alpinistischen Hunger zu stillen. Schon 1857 hatten sie ihren «Alpine Club» gegründet.

Die Evolénards sind nicht nur höflich, sie schätzen die Besucher. Ein Geistlicher lobte sogar, daß der Umgang mit ihnen auch zur Höflichkeit untereinander beigetragen habe. Doch in erster Linie brachte der Tourismus einen spürbaren Aufschwung in wirtschaftlicher Hinsicht. Um den Verlust ihrer Eigenständigkeit und ihrer eigenen Kultur sorgen sich die selbstbewußten Leute nicht. Denn ihr traditionelles Kunsthandwerk, ihre geschnitzten Truhen, handgewobenen Tischtücher, geklöppelten Bänder und gehäkelten Spitzen finden die zahlende Begeisterung der Touristen. Die Frauen bleiben schon aus diesem Grunde ihrem handwerklichen Können treu.

hart vor allem das Leben der Frauen in dieser Bergeinsamkeit war, schilderte die erst 1979 verstorbene alte Evolèner Weberin Marie Métrailler in «La poudre du sourire», einem ebenso eindrücklichen wie einfühlsamen Dokument lokalen Brauchtums, traditionellen Geisterglaubens, reichen Sagenschatzes, unerträglicher Bigotterie und männlicher Vorherrschaft. Daß die nichts beschönigende Wahrheit dieser eigenwilligen Frau im Tal selbst auf Ablehnung stieß, zeigt, wie tief mancher Evolénard noch heute in überkommenen Vorstellungen befangen und wie stark die Macht der Tradition ist.

Das auf Prospekten angepriesene «la vallée du vrai Valais» verdanken wir englischen Entdeckern. Als sie

Längst hat man auch hier im Tal begriffen, daß es nicht allein die Bergesgipfel, die Schönheiten einer bezaubernden Natur, die seltene Alpenflora und -fauna allein sind, die Fremde anziehen. Neben der Ruhe schätzt der Tourist heute mehr denn je ein intaktes Ortsbild, eine weitgehend reine und unverfälschte Volkskultur. Das ist zugleich auch ein Grund, daß die einen in Evolène einen Ausbau des Wintertourismus ablehnten, die anderen ihn weiterhin fördern wollen. Flächenmäßig ist Evolène nämlich die drittgrößte Gemeinde der Schweiz, und die Landschaft um den alten Dorfkern soll zu einem Super-Winterkurort «entwickelt» werden. Früher kamen 60% der Gäste des Alpinismus wegen, und bis in die 60er Jahre zählte das Val d'Hérens nur als Sommerstation. Doch allein drei Monate Saison vermochten die Bevölkerung nicht mehr zu erhalten, so entschloß man sich, ebenfalls auf den Wintertourismus zu setzen. Seit 1967 begann er sich langsam zu entwickeln. Zwischen **La Sage** und **La Forclaz** wurde zuerst der téleski du Tsaté eröffnet. Evolène selbst hat erst sehr spät ein Konzept für den Ausbau eines Skigebietes entwickelt. Das Projekt des *Pic d'Artsinol,* 1981 verwirklicht, erfüllt jedoch weitgehend alle Wünsche des Wintersportlers. Es verbindet *Lannaz* mit *Chemeuille* und in einer zweiten Sektion *Noûva* mit dem *Mont-Rouge,* so daß ein herrliches Skigebiet auf 2000 m Höhe erschlossen wurde.

Von Mitte Dezember bis Mitte April sind hier 1 Sessellift und 6 Skilifte in Betrieb, die 45 km Pisten zugänglich machen. Aber auch dem Skilangläufer bietet das Tal vier verschiedene Loipen an, die Längen von 4, 6, 8 und 12 km umfassen. Trotz dieses Angebotes, trotz eigener Skischule und einer natürlichen Eisbahn (in Les Haudères) eignet sich das schöne Tal vor allem für den Sommertourismus und für Besucher, die Einsamkeit, Stille, Ruhe und eine noch weitgehend unberührte Landschaft suchen.

Les Haudères, das zweitgrößte Dorf des Tales, enttäuscht keineswegs. Auf 1436 m gelegen, bildet es den südlichen Endpunkt im Val d'Hérens und zugleich den Kreuzungspunkt zweier kleiner Seitentäler, von dem aus eines nach **Ferpècle,** das andere nach **Arolla** führt.

Les Haudères ist ein ansehnliches Dorf, das, abseits der breiten Durchgangsstraße, noch eine ganze Reihe schöner alter Holzhäuser besitzt. An der Straße zeigt es jedoch sein neuzeitliches Gesicht mit vielen Steinbauten, mit Geschäften, Restaurants. Auch in Les Haudères tragen die Einwohnerinnen noch ihr typisches Trachtengewand.

Die *Borgne* wird von den Wassern gespeist, die die Gletscher beider Seitentäler zu Tale schicken, der *Arollagletscher* und der *Ferpèclegletscher.* Unter letzterem soll, der Sage nach, eine ganze Stadt begraben liegen. Einstmals bildeten beide Bäche einen wilden Fluß, bis endlich zwei Staumauern, 1963 und 1964 gebaut, sie zügelten.

Reizvoll ist vor allem der Besuch des Dorfes im Sommer. Dann lassen sich zahlreiche Ausflüge und Bergtouren unterschiedlicher Schwierigkeitsgrade unternehmen. Der Blick vom Tal zum Bergkreuz hinauf verlockt zur Klettertour — die *Dent Blanche* dominiert im Süden, die beiden Dreitausender der *Dents de Veisivi* im Westen, der *Mont Collon* bewacht **Arolla,** und der *Dent d'Hérens,* hat hier eigentlich nichts zu suchen, denn er steht auf Zermatter Boden.

Unter sieben Hotels und einer ganzen Reihe von Chalets kann der Tourist wählen, ein kleiner Campingplatz steht ebenfalls zur Verfügung, und in den beiden Sportgeschäften lassen

Viele Frauen tragen ihre Tracht täglich

geblieben ist, der sollte **La Sage** und die sich dorthin zurückgezogenen Künstler entdecken: Es lohnt sich. Schon seit Jahrzehnten ist dieser entzückende kleine Weiler auf dem Sonnenbalkon hoch über Les Haudères zum Refugium für manchen Künstler geworden.

Arolla liegt tief hinten im *Val d'Hérens,* dafür aber am höchsten (auf 2000 m). Parallel dazu dehnt sich das Tal von *Ferpècle,* das ebenfalls den Abschluß eines Haupttales bildet. Eine Stunde braucht der Autofahrer von **Sitten,** und er muß auf der Hut sein, um hinter **Les Haudères** die Abzweigung nicht zu verpassen. Die Straße nach Arolla ist noch nicht alt (ganzjährig befahrbar). Bis gegen Ende der vierziger Jahre galt es, das Gepäck in Les Haudères auf Maultiere umzuladen und die letzten 11 km per pedes zurückzulegen.

Auch **Arolla** selbst läßt sich leicht übersehen. Zum Glück gibt es ein

sich kundige Bergführer unter Vertrag nehmen.

Les Haudères ist besonders stolz auf eine Attraktion, die nicht einmal Evolène zu bieten hat, auf ein kleines Dorfmuseum, das «Musée montagnard et pictural», das in drei Kellerräumen über 600 Objekte — typisch für Landschaft und Dorf — ausstellt: Trachten, Hausrat, geschnitzte Truhen und Kästen, Werkzeug.

Für botanisch Interessierte bilden die Wiesen und Matten, beispielsweise in Richtung Ferpèclegletscher mit ihrer reichen Alpenflora ein lohnendes Ausflugsziel. Hier blühen in wildem Durcheinander Iris, Soldanellen, Huflattich, Wegwarte, Erika und Rittersporn. Wer durstig ist, wird sicher die versteckt liegende «Buvette» aufspüren und mit Freunden frischem Fendant und herzhafter Knoblauchwurst zusprechen.

Wer aber trotz greifbarer Nähe von so viel Bergen und bezaubernder Natur ein Verehrer der schönen Künste

Alpinisten-Station Arolla

Ortsschild, das glauben macht, daß die Dutzend Chalets und sonstigen Bauten, die sich im Arvenwäldchen verstecken oder an den Steilhang des *Montagne-d'Arolla* drücken, eben dieses, in Bergsteigerkreisen durchaus bekannte Arolla bilden.

Doch was die Siedlung nicht bietet, besitzt die Landschaft — eine der schönsten auf der Welt, überragt von einer spektakulären Beinahe-Viertausender-Kette: geradeaus der *Mont-Colon,* rechts die sanfteren Konturen des *Pigne-d'Arollo,* davor die schwarzen Felsen des *Vuibé* und jeweils dazwischen schroff abfallende Gletscher, deren Spalten im Abendlicht tiefviolette Schatten werfen.

Arollas Bedeutung liegt in seiner besonderen Eignung als «Bodenstation» für Alpinisten. Zu sehen oder zu besichtigen, geschweige denn Abendunterhaltung, ein Luxusrestaurant, eine Disco oder auch nur eine einzige Bar — das gibt es nicht! Ob man will oder nicht: Arolla ist zum Schlafen da — und das ist es, was die meisten Gäste, Alpinisten und Bergsteiger hier vorhaben, ehe sie sich vor dem ersten Morgengrauen zur Tour bereitmachen. Was sie schätzen, das bietet Arolla: modern-rustikalen Komfort, gutbürgerliche Kost, absolute Ruhe, reine Luft und Quellwasser — frisch vom Gletscher. Das war es auch, wovon Bischöfe und Engländer schwärmten. Denn den Bischöfen von Sitten gehörte noch bis vor hundert Jahren das gesamte *Val d'Arolla.*

Den Mini-Dimensionen des Dorfes stehen Maxi-Möglichkeiten in der Bergwelt offen, die vom Tal her zunächst verborgen bleiben. Einige der schönsten Bergtouren des gesamten Alpenraumes lassen sich von hier aus unternehmen. Und gerade weil Arolla sich selbst treu geblieben ist (rund 150 Einwohner, etwa 350 Hotelbetten, 400 Betten in der Parahotellerie, großzügiger Campingplatz), zieht es jene Feriengäste an, die aktive Ferien in einer wenn auch nicht mehr unberührten, so doch anscheinend urtümlich gebliebenen Natur mehr als den Touristenrummel lieben.

Der Wintertourismus in Arolla ist noch jung. Zur *station de ski* wurde es erst 1968, als gleich drei Skilifte aus der Taufe gehoben wurden, zwei für Anfänger und einer, der zunächst nur bis auf 2600 m Höhe führte, inzwischen aber ein Skiareal bis zur Höhe von 2900 m erschließt. Leichte, mittlere und schwierige Abfahrten findet der Skifahrer vor, viele Gäste lieben die Gegend wegen ihres reichen Tiefschneegeländes oder sie huldigen der besonderen Attraktion Arollas, dem Hubschrauberservice. Auf Wunsch kann man sich also in die Höhe fliegen lassen, um dann jene Strecken abzufahren, die das besondere Vergnügen von Einsamkeit und jungfräulichem Weiß vereinen. Als besonders reizvoll gilt auch die großartige Langlaufloipe (12 km), die parallel zur Borgne über flache Hänge auf Höhen zwischen 1800 und 2040 m verläuft. Auch für Skitourenanhänger ist Arolla ein beliebtes Ziel. Ab Mitte März starten unter der Führung erfahrener Bergführer viele Gruppen zur *Haute Route.* Daneben gibt es noch eine ungemeine Fülle weiterer Skihochtouren. Bevorzugt wird auch die Tour zur Schönbielhütte im Matterhorngebiet.

Val d'Hérémence

Imposant ist die Kirche von Hérémence (1967—1971)

Das kleine Tal, obwohl dem *Val d'Hérens* so dicht benachbart, weist nicht nur landschaftlich ganz andere Züge, sondern auch überwältigende, und zwar von Menschenhand geschaffene Sehenswürdigkeiten auf. Ob es die Kirche von **Hérémence** oder die gewaltige «künstliche Moräne» — die *Grande Dixence* ist, das Erstaunen der Fremden hat seine Berechtigung, denn auf nur wenigen Ki-

lometern akzeptiert der Walliser hier Gegensätze, die in seiner traditionsbestimmten Umwelt alles andere als selbstverständlich sind.

Dank der fleißigen Walliser Straßenbauer ist das Tal problemlos zu befahren. Über **Vex** erreicht man Hérémence, das vor gut zehn Jahren in ganz Helvetien Schlagzeilen machte. Der Grund: eine hypermoderne Kirche — ein Wagnis und zugleich der tollkühnste Walliser Kirchenbau, der das alte, verschachtelte Bergbauerndorf wie mit einem einzigen Paukenschlag in die Gegenwart hinüber riß. Unbeirrt schuf ihr Architekt, Walter Förderer aus Basel, ein phantastisches, absolut kompromißloses und in sich geschlossenes Bauwerk.

Das *Val d'Hérémence* fasziniert. Nur hat man hier, wie in manchem anderen Tal, nicht den Eindruck, als walte darüber eine unsichtbar ordnende Hand, die Dörfer und Weiler, Berge, Blumen und Flüsse so arrangiert, daß sie uns bezaubern. Das Val d'Hérémence ist anders. Hier setzt sich der wilde, ungezügelte Charakter der schroffen, harten Gebirgsnatur durch, und die starken, elementaren Gewalten haben das Sagen. Sie verleihen dem Taleinschnitt einen einzigartigen, wild-romantischen Charme und nehmen vorweg, was Maler wie Alexandre Calame in ihren Bildern bewahrten: vom Sturm gestürzte Tannen, gebrochenes Geäst, sperrige Sträucher in wildem Durcheinander.

Gegen Ende des Tales, schon auf dem Weg ins *Val des Dix,* windet sich die Straße in steilen Serpentinen empor. Ihr Endpunkt beschert zugleich eine neue Überraschung — die gewaltige Staumauer der Grande Dixence. Sie ist mit 284 m Höhe und einer Kronenlänge von 700 m die höchste der Welt. 6 Millionen m³ Beton wurden benötigt, um die gefaßten 400 Millionen m³ Wasser zu stauen. Sie speisen die Elektrizitätswerke von **Fionnay** und **Riddes** und erzeugen pro Jahr rund 1½ Millionen Kilowattstunden Strom. Planung und Bauausführung nahmen fast 10 Jahre in Anspruch.

Am eindrucksvollsten erlebt der Besucher dieses Wunderwerk der Technik, wenn er vom «Hotel Ritz» (ehemaliges Dienstgebäude während der Bauzeit) zu Fuß bis zur Staumauer aufsteigt — schneller geht es natürlich mit der Seilbahn. Interessant und mühelos ist die Wanderung den 5 km langen Stausee entlang.

Thyon 2000

Über die **Mayens-de-Sion** und den Ferienort **Les Collons**, der sich im Winter in ein ausgedehntes Skifeld verwandelt, gelangt man nach **Thyon 2000**, einer reinen Touristenburg, die im Ausland einen besseren Ruf als im eigenen Kanton genießt. Zu ihren Vorzügen zählen eine maximale Sonnenscheindauer und — da selbst auf einem Hochplateau gelegen — ein phantastisches Rundpanorama, und der Höhenlage von 2000 m entsprechend ein besonders gesundes Mikroklima in «einer Luft wie Seide» (C. Zuckmayer). Dazu kann man sechs Monate mit Schnee rechnen und das in einer Skiregion, die kaum ihresgleichen hat. Mit den Stationen **Veysonnaz, Nendaz,** die **Mayens von Riddes** und **Verbier** verbindet sie vier Täler untereinander.

Was die sportlichen Belange, ob im Winter oder im Sommer, betrifft kommt jeder sportlich aktive Gast auf seine Kosten, sei es beim Schwimmen drinnen oder draußen, beim Reiten, Tennis, Eislaufen oder Kegeln, bei Sauna, Bridge oder Schach, beim Fitneß-Training, Wandern, Bergsteigen oder Spazierengehen. Selbstverständlich steht Skilaufen bei den meisten Gästen an erster Stelle, sie lassen sich vom Reiz der 60 Abfahrtskilometer unmittelbar vor der Tür betören oder den insgesamt 360 Pistenkilometern, die die vier Täler bieten. 88 Bergbahnen, Sessellifte und Schleppseile befördern stündlich 7000 Personen ohne langes Schlangestehen zum *Greppon Blanc,* zur Tortin-Hütte, *Mont-Fort, Mont-Gelé,* den *Rouinettes* und den *Attelas.* Auch bei Schneehöhen von bis zu zehn Metern hat es hier noch nie Lawinen gegeben. Als die Abfahrtstrekke Nr. 1 gilt die «Bärenpiste» mit 3,5 km Länge, 100 m Breite und einem Höhenunterschied von 1000 m. Auf die Skipässe gibt es für Teens unter 20 Jahren Ermäßigung, Kinder unter 16 Jahren erhalten ebenfalls einen weiteren Rabatt. 32 Skilehrer stehen allein in **Thyon** zur Verfügung, selbstverständlich auch für Kinderskikurse. Schließlich kommen auch die Langläufer zu ihrem Recht: 20 km lang ist die am «Dorfplatz» beginnende Rundpiste.

Thyon 2000 hat also etwas zu bieten. Außerdem ist es gut (ganzjährig) zu erreichen, nur 24 km trennen es von Sitten (der Bus braucht 30 Minuten), der Hauptstadt des Wallis. Sitten selbst ist Haltestation der internationalen TEE-Züge. Von **Zürich** dauert die Bahnfahrt etwa drei Stunden, von **Mailand** zwei, von **Frankfurt** etwa acht Stunden und ebenso viele braucht man von **München.** Etwa gleiche Zeiten muß man auch für die Autofahrten rechnen, dabei beginnt das landschaftliche Urlaubserlebnis bereits ab **Bern.** Vom Flughafen **Genf** benötigt man anderthalb Stunden mit Bahn oder Auto bis **Sitten,** man kann

sich aber auch mit einem Kleinflugzeug der Firma «*Air Glacier*» in Sitten abholen und zum Ziel fliegen lassen, das gilt dann «als Spitze». Der normale Feriengast aber wird von Sitten mit dem Omnibus direkt zum «Empfangszentrum» in Thyon befördert. Dort wird er wie an einer Hotelrezeption empfangen.

Zwecks Übernachtung kann man wählen und entweder eine komfortable Wohnung von zwei bis sechs Betten, Bad und Küche mieten oder sich für Halb- bzw. Vollpension entscheiden. (Die Station verfügt über 440 Appartements und Studios mit 1700 Betten, 4 Restaurants, 3 Bars, 1 Disco.)

Die Leute drehen sich im Kreise, was sie brauchen — Coiffeur, Boutique, Läden, Geschäfte, Papier- und Buchhandlung, Snack-Bar, Restaurants, Disco, Bar — finden sie ringsum zu ebener Erde. Wenn es regnet oder schneit, brauchen sie nicht einmal einen Schirm. Nach kaum zwanzig Minuten Wanderung sind sie schon tief im Wald und dürfen hier nach Herzenslust Beeren oder Pilze suchen. (Wanderungen, Exkursionen, Ausflüge organisiert das zuständige Büro.)

Das große Plus einer solchen Komfort-Station: alles liegt unmittelbar vor der Haustür, angefangen vom täglichen Bedarf bis zur erholsamen, wunderschönen Landschaft; die Organisation wird dem Gast abgenommen, er muß lediglich Entscheidungen treffen. Er kommt an und holt den Wagen erst wieder zur Abreise aus der Tiefgarage. Auf diese Art bildet Thyon 2000 eine ideale, aber etwas isolierte Ferienoase.

Die vier Täler

Verbier,
Haute-Nendaz, Super-Nendaz,
Veysonnaz

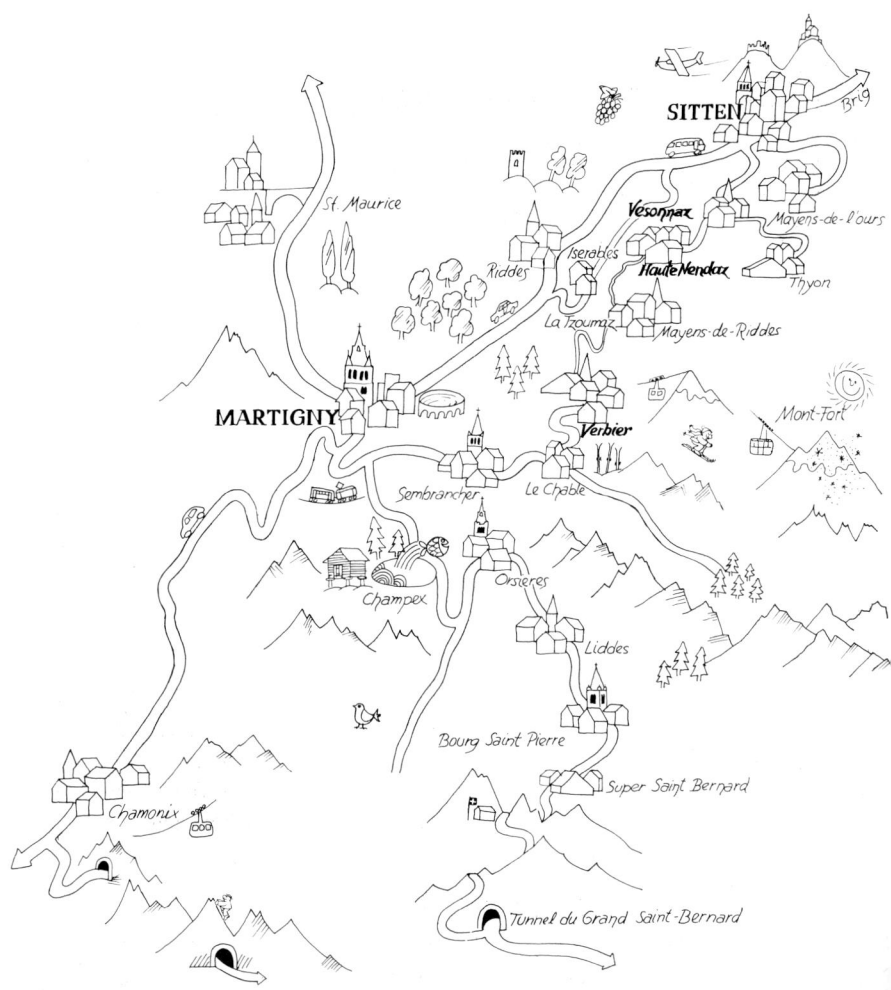

Einer der großen, attraktiven Wintersportorte des Wallis

Parallel zueinander gruben sich die 4 Täler quer zum großen Rhonetal in die Walliser Bergwelt ein und bilden heute — touristisch gesehen — eine zusammengehörende Touristenregion. Am bedeutendsten der 4 Täler und ein Ort von internationalem Bekanntheitsgrad ist **Verbier** (1500 m). Es gehört zum *Val de Bagnes,* einem Tal, dessen Oberfläche größer ist als der gesamte Kanton Genf. Ein Drittel bilden Wiesen und Wälder, zwei Drittel aber Berge und Gletscher, die bis auf 4300 m hinaufreichen.

1983 benannte «La Stampa», die zweitgrößte italienische Tageszeitung, die 30 «Königinnen» unter den Skiorten Europas. Dabei sprach sie **Zermatt** im Oberwallis den 2. Rang hinter dem französischen **La Plagne** zu,

St. Moritz plazierte sie auf Rang 4 und **Verbier** auf den 7. Platz, mit der treffenden Bemerkung: «funktionellster Skiort der Schweiz». Nimmt man beispielsweise die Zufahrt, so erweist sie sich das ganze Jahr über als problemlos (Großer St. Bernhard und Simplon). Der internationale Flughafen von **Genf-Cointrin** liegt nicht weiter als 130 km entfernt. Autofahrer wählen die Strecke **Basel—Zürich—Bern—Vevey** und gelangen dann über **Martigny** direkt hinauf nach **Verbier**. Die Fahrt im Privatauto ab **Zürich** dauert 3 Stunden, mit dem Zug ab **Zürich** über **Biel** oder **Bern—Lausanne—Martigny** 3 Stunden 15 Minuten. In der Saison fährt ab Bahnhof **Martigny** ein Direktbus der PTT nach **Verbier** und zurück, oder man reist mit dem Zug **Martigny—Orsières** bis nach **Le Châble.** Dort angekommen, besteigt man entweder den Autobus oder die Gondelbahn **Châble—Verbier.** (Dank der Zusammenarbeit der zuständigen Behörden kann Ihr Skiabonnement direkt im Preis für Ihr Zugbillet eingeschlossen werden. Die Ski-Tages- und Wochenkarten berechtigen auch zur freien Fahrt der Busse in Verbier.) Für Autotouristen stehen unmittelbar am Ortseingang von Verbier rund 1400 bis 1500 Parkplätze zur Verfügung.

Die Reise führt zwangsläufig über **Le Châble,** Eingangstor und Hauptort des *Val de Bagnes,* das von dem zum *Großen St. Bernhard* verlaufenden *Val d'Entremont* abzweigt. Das Val de Bagnes hat eine große Popularität erlangt durch seine «Fromages de Bagnes», die vor allem als Raclettekäse verwendet werden und die man als ganze Räder auf dem Markt von **Martigny** direkt vom Erzeuger erstehen kann. Dabei hat der Name des Tales eher etwas mit Bädern — abgeleitet von «*Vallis Balnearum*» — zu tun, da in dieser Gegend einst eine schwefelhaltige Quelle genutzt wurde. Von «stark besuchten Bädern» erzählen denn auch alte Quellen. Sie fielen allerdings, zusammen mit dem Hauptmarktflecken von Bagnes, 1545 einer Überschwemmungskatastrophe zum Opfer.

Weit bis in die Jahre nach dem Zweiten Weltkrieg führte das Val de Bagnes ein vergessenes Dasein. Seine Einwohner ernährten sich von Landwirtschaft und Viehzucht. Erst mit dem allmählich aufblühenden Tourismus und dem Bau von Kraftwerken veränderte sich ihr Leben. Heute wird die Landwirtschaft nur noch als Nebenerwerbswirtschaft betrieben, und die meisten Talbewohner arbeiten im Gast- und Baugewerbe. Diesbezüglich spielte der Aufstieg Verbiers zu einem der großen Walliser Touristenorte, der zur politischen Gemeinde von Bagnes gehört, eine entscheidende Rolle. Seit 1975 ist Le Châble mit Verbier durch eine Gondelbahn verbunden.

Umsorgt in der Kinderskischule

Noch bis vor ein, zwei Jahren war das *Val de Bagnes* ein Naturparadies für Wanderer und Naturliebhaber, für Individualisten und Ruhesuchende. Inzwischen aber wird auch dieser liebliche Flecken immer mehr touristisch erschlossen. Den Anfang machte **Bruson-les-Forêts** mit seinem Mammutprojekt, eine geplanten Retortenstation von drei Dörfern mit Appartementhäusern, Chalets und einem Hotel mit insgesamt 6000 Betten. Auch **Fionnay,** einst ein pittoreskes Bergnest und beliebter Ausgangspunkt für Bergtouren, ist entstellt. Doch gleich dahinter präsentiert sich die Landschaft wieder heiter und findet erst an der gewaltigen Staumauer von *Mauvoisi* (mit 237 m die zweithöchste der Welt) ein Ende. Der Abstecher von Verbier aus ins sommerliche, schöne Val de Bagnes mit Besuch des Heimatmuseums von **Villettes** (zwei kuriose Wurstmaschinen) lohnt sich jedoch noch immer. Eigenartig fremd erklingt auch hier die Sprache der Bagnards, und es gehört dazu, die typischen Eringerkühe anzusehen, die die Milch zum berühmten Bagnes-Käse liefern, oder auf einer der prächtigen Alpen an einem Ringkuhkampf teilzunehmen.

Manchen wird es verwundern zu hören, daß auch Verbier ein Touristenort ohne große Vergangenheit ist. Vor mehr als 36 Jahren bauten Studenten für die «armen Bergbauern» von Verbier einen Alpweg nach *Les Planards,* nördlich des Dorfes. Der Weg durchschnitt unberührte Alpweiden bis hinauf gegen *Croix de Cœur* — heute befindet sich hier ein Helikopterlandeplatz. Die Landschaft hat sich grundlegend verändert. Am selben Ort erheben sich nunmehr 1450 Chalets, Hotels, Villen, Zweckgebäude: Verbier-Station, Wintersportort für die höher klassierten Steuerzahler, mit 320 km Pisten und 80 Liften. «Skifahren à go-go» nennen das heute die farbenfrohen Touristenprospekte.

1948 waren es nicht mehr als 300 Menschen, die in dem winzigen kleinen Bergdorf lebten, und im Sommer fanden sich einige Feriengäste aus der Westschweiz ein. Doch als 1949 die erste Straße von **Verbier-Village** zur heutigen **Verbier-Station** gebaut wurde, änderte sich das mit einem Schlag. Eine regelrecht stürmische Entwicklung setzte ein, und schon 1950 wurde der erste Sessellift erbaut, und zehn Jahre später waren *Mont-Gelé* und **Tortin** bereits erreichbar. Zugleich erbaute man das erste Freibad und sogar eine Kläranlage. Ein zweiter Entwicklungsschub setzte 1972 ein. Er brachte einen wohl geplanten Bauzonenplan — der erste stammte aus dem Jahre 1960 —, der manche Verbesserung aus kluger Einsicht brachte. 1978 hob dann eine dritte Entwicklungsphase an; sie ist immer noch im Gange. Auf jeden Fall ist man stolz, ein einheitliches Baureglement entworfen zu haben, das dem Ort wildwuchernde Betonklötze ersparte und trotz zahlreicher Neubauten einen einheitlichen Chaletstil mit doppeltem Giebel, schwarzem Eternit oder Ziegeldächern und mindestens 2/3 Holzverkleidungen für Fassaden vorschrieb. So macht Verbier als modernes Touristenzentrum trotz seiner erstaunlichen Ausdehnung baulich einen geschlossenen Eindruck. Auch lagemäßig profitiert Verbier von klimatischen Vorzügen, im Februar scheint bereits acht Stunden lang die Sonne. Durch seine geschützte Lage auf einer großen Südterrasse ist es sogar wärmer als Zermatt oder Chamonix. Die Infrastruktur ist mit dem neuen Centre Polysportif (1983 eröffnet mit 1 Eisstadion, 4 gedeckten Curlingbahnen, 1 Schwimmbad, 8 Tennisplätzen, 2 Squashplätzen, 2 Saunas, 2 Whirlpools, 1 Restaurant) breit ausgebaut, so daß, vom Schlangestehen an der Tortin-Gondelbahn in der Hochsaison einmal abgesehen, die 25 000 Touristen in der Hauptsaison, zu denen noch 1179 Ganzjahresbewohner kommen, das Gewünschte unternehmen können. Mit 50% aller Gäste überwiegen die Schweizer (aus der Westschweiz, Bern, Basel und Zürich), die übrigen 50% setzen sich aus Gästen aus der Bundesrepublik Deutschland, aus Großbritannien, den Benelux-Ländern und aus Frankreich zusammen. Auch die Skandinavier kommen bevorzugt nach Verbier, sie fallen mehr durch ihre Trinkfreudigkeit als durch ihre -festigkeit unter den Gästen auf, wobei die Schweden die ersten waren, die Verbier entdeckten.

Turbulenz zur Hochsaison

Verbier ist beliebt, ist sportlich, mitunter ein wenig mondän. Verbier bietet Abwechslung und Unterhaltung, es ist nicht billig und doch zur winterlichen Hauptsaison stets ausgebucht. Das heißt, Verbiers Bedeutung liegt vor allem im Winterbetrieb. In der Zeit zwischen Weihnachten bis Ende der Schweizer Skiferien geht es turbulent zu, während Vor- und Nachsaison ruhiger verlaufen und auch noch für Kurzentschlossene Unterkünfte bereit stehen, ganz zu schweigen von den Sommermonaten.

Eines fällt sofort ins Auge, Verbier ist Treffpunkt eines sportlich sehr aktiven Publikums, das nicht immer das jüngste sein muß, obwohl sich gerade viel Jugend in Verbier wohl fühlt.

Verbier-Station ist großzügig angelegt, trotzdem läßt sich bei Schneehaufen und Straßen, vollgestopft mit Autos, nur mühsam spazierengehen. Einen Einkaufsbummel können Sie auf jeden Fall machen, allerdings gehören dazu gefüllte Brieftaschen. Denn die ansehnlichen Boutiquen sind keineswegs zimperlich im Aufstellen von zünftigen (Preis-)Etiketten. Immobilienbüros, Restaurants, Bars und Nachtlokale fristen durchaus kein kümmerliches Dasein, sondern wissen, was sie zahlungskräftigen Gästen wert sind, schließlich gilt keineswegs als Geheimnis, daß die Nachkommen der «armen Bauern» wohlhabend geworden sind. Fast schon als Legende zählen jene Zeiten, in denen Einheimische und Gäste einander vertraut auf die Schulter klopften und den Coup de vin im bescheidenen «Touristes» nahmen. Da aber auch Familien ihre Skiferien in Verbier verbringen, reicht das Angebot von Migros, Coop bis zum Gault/Millau-Lokal. Wer nicht gewillt ist, über seine Verhältnisse zu leben, findet aber ebenso Gefallen an Verbier, und viel abendliches Amüsement im Freundes- und Familienkreis spielt sich denn auch in den durchaus günstig zu mietenden Appartements ab.

In Verbier dominieren nicht Chinchilla, Yorkshire-Terrier oder Rolls-Royce auf den Straßen; wer sie trotzdem hat, gibt sich zurückhaltender. Das heißt jedoch noch lange nicht, daß der internationale Jet Set diesen attraktiven Walliser Skiort nicht entdeckt hätte. Nur artikuliert sich hier der Reichtum auf andere Weise, man sieht es an der geschmackvollen Eleganz und am de-

zenteren Auftreten sowie an der Größe und Güte der Ferienchalets. Zur
Prominenz gehört u. a. der schwedi-
sche König Carl Gustav mit seiner Familie. Wer erstklassiges Skifahren
liebt, besucht durchaus die schneesichere Arena der vier Täler und reist
erst später zum Partyrummel nach
St. Moritz oder **Gstaad.**

Verbier, erst vor knapp 30 Jahren
aus dem Nichts nach Plan entworfen,
besitzt inzwischen so magische Anziehungskraft, daß nicht einmal Fülle
und Gedränge an Bahnen, Liften und
auf Pisten den in Verbier Vernarrten
von diesem zum Glück nur auf wenige Wochen begrenzten Hochsaison-
rummel abhalten können.

Für Sommer- und Wintersport ist reich gesorgt

Alp- und Abfahrtsträume

Perfekte Schwünge auf dem Hang,
erhabene Haltung auf den Brettern,
die die Ski-Welt bedeuten, all das ist
nichts für eine spezielle Kategorie von
Skifahrern, die ein gefährliches Gefallen am Gefälle finden: Schußfahrt
mit höchster Geschwindigkeit. Diese
auf ihren Brettern absolut sicheren
Leute treffen sich auf dem *Mont Gelé*
(3020 m) und nehmen den prächtigen
Naturausschnitt als selbstverständlich, um die steile Bergflanke entlang
in die Tiefe zu schießen. Sie wissen,
daß das keine präparierte Piste ist,
sondern eine mitunter recht steile
Tourenabfahrt, die bis nach **Tortin**
führt. Daß diese Strecke ausgezeichnete Sicherheit verlangt, sollte allerdings jeder wissen. Selbst echten Könnern nötigt sie Respekt ab, denn es ist
eine ausgesprochen schwierige Abfahrt.

Andererseits brauchen aber auch
Anfänger und mittelgute Fahrer in
Verbier nicht auf weit gestreutes Abfahrtsvergnügen zu verzichten. Es
kann sogar passieren, daß Ihnen der
ehemalige Schweizer Skiheros Roland
Collombin als Skilehrer zugeteilt
wird. Zudem sind die Schneehänge
hier so geräumig, daß Abfahrten
durch Tiefschnee die ganze Saison
über möglich sind.

Der Skizirkus findet heute in einer
Arena statt, die den Vergleich mit den
französischen Giganten Lac de Tignes
oder Courchevel/Méribel längst nicht
mehr zu scheuen braucht. Über **Lac
de Vaux** und **Tortin** ist **Verbier** an die
Schneefelder von **Nendaz** und **Thyon**

2000 gekoppelt, daher rührt auch die werbende Bezeichnung für den Ski-Superlativ «*Les 4 Vallées*» — *die 4 Täler.* Zur Rhone hinunter grenzen die hübschen Bergdörfer **Veysonnaz, Haute-Nendaz** und **La Tzoume** den Pistenzirkus ein, und im Südwesten dehnen sich die phantastischen Gletscher des *Grand Combin* (4314 m). Als atemberaubend beschreiben Kenner auch die abendliche Abfahrt vom *Col des Mines,* wenn *Mont-Blanc-Massiv* und *Großer Sankt Bernhard* in den letzten Sonnenstrahlen aprikosenfarben erstrahlen.

Das Skiparadies der 4 Täler ist phantastisch und das absolute Nonplusultra, was auch noch die Luftseilbahn *Col des Gentianes — Mont-Fort* (3307 m) unterstreicht. Vom Gipfel des *Mont-Fort* bis **Tortin** und bis **Le Châble** kann der Skifahrer nämlich Abfahrten von rund 1300 und 2500 m Höhenunterschieden unter die Latten nehmen. Die 1982 eröffnete Luftseilbahn befördert 550 Personen pro Stunde. Somit hat auch Verbier sein Sommerskigebiet, das zugleich auch von **Nendaz** aus erreichbar ist. Von Mitte Juli bis Mitte August kann man dort unter Anleitung der ehemaligen Rennläufer Lise-Marie Morerod und Philipp Roux den letzten Schliff des Skisports erlernen. Die durch die Transportanlagen miteinander verbundenen Orte geben ein Pauschalabonnement für alle Bahnen und Lifte aus, was sehr bequem ist. Nicht nur für die Skifahrer praktisch ist der in Verbier bestehende Busbetrieb, der für Skiabonnementeninhaber gratis ist.

Einen Engpaß bildet jedoch noch immer die Strecke *Médran—Les Rui-*

Moderne Seilbahnstation

nettes, doch soll es für diesen Zubringer ab Wintersaison 1984/85 eine Gondelschnellbahn mit Sechserkabinen geben, die die bisherige Beförderungskapazität verdoppelt.

Nur die Langläufer haben in Verbier ein wenig das Nachsehen. Doch steht im Talgrund ab **Le Châble** eine bekannte Loipe von 20 km Länge zur Verfügung, die mit der Gondelbahn ab Verbier in neun Minuten erreicht werden kann. Eine kleine Loipe von 4 km gibt es direkt in Verbier und eine ebenso lange noch einmal in **Bruson.** Selbstverständlich für einen Wintersportort vom Range Verbiers sind Skibob und Curling, obwohl nach wie vor das alpine Skifahren an der Spitze steht.

Mit Anbruch des Frühlings trifft man sich hier zu Skihochtouren, am berühmtesten ist die *Haute-Route Verbier—Zermatt,* die 4 Tage dauert.

Sechs Tage muß man für das Unternehmen *Chamonix—Zermatt* sowie die Region *Dents-Midi* rechnen. Von *La Croix de Cœur* starten die verschiedenen Gletschertouren.

Der Sommer zieht längst nicht so viel Feriengäste an wie das einzigartige winterliche Skigelände — eines der schönsten und weiträumigsten ganz Europas, sogar der Welt —, trotzdem muß sich auch der Sommergast nicht langweilen. Von Bergtouren, Wanderungen, Schwimmen im geheizten Schwimmbad, Tennis (11 Plätze), Approach-Golf über Reitschule und Minigolf gibt es fast alles, was der Gast an sportlicher Betätigung sucht, für Kultur sorgt ein Kino und natürlich der Besuch kulturhistorisch interessanter Stätten im Rhonetal.

Fasten oder Schlemmen?

Diese Frage wird in Verbier kaum zum Problem, denn erstens sorgen Walliser Höhenluft und sportliche Betätigung für einen gesteigerten Appetit und zweitens kochen Verbiers Köche teilweise so gut, daß man hierher reisen könnte, nur im ihrer Kunst zu huldigen.

Unter 38 Restaurants und 30 Hotels, darunter vier 4-Sterne-Häuser, findet sicher jeder, was er sich zum Schlafen oder Essen vorstellt. Nur zum kleinen Zwischen-Imbiß trifft man sich schnell in einem Hamburger-Lokal, was nicht weiter von Bedeutung ist. Zur wohlüberlegten Entscheidung hingegen wird, wo man abendfüllend Delikates speisen soll.

Für Verbiers ausgezeichneten Küchen-Ruf bürgte vor Jahren schon ein Schüler der französischen Küchenpäpste Troisgros und Bocuse, und das war Michel Arthaud, der den örtlichen Marktplatz zum kulinarischen Mittelpunkt machte. Nur echte Gourmets wagen zu entscheiden, wem

Im Restaurant «Farinet» mitten im Zentrum von Verbier fühlt sich jeder Gast wohl. Beliebt ist die Terrasse bei ihrem Stammpublikum, auf der auch Snacks serviert werden

heute welche Auszeichnung gebührt. Dem weniger Berufenen genügt, was vor ihm auf dem Teller liegt. Da sollte man sich zum Beispiel über den superben Milkensalat, die rosa Goldbrasse in Salzkruste oder einen ebenso schlichten wie köstlich schmeckenden Lauchgratin mit Kartoffeln neigen, deren Düfte allein schon verführen, so bald als möglich ins kleine, rustikale Restaurant «L'Ecurie» (im Hotel «Ermitage») zurückzukehren.

Die Welschschweizer Gäste schätzen eine gepflegte Gastronomie, was hier natürlich auch dem Eidgenossen aus anderen Kantonen zugute kommt. So strömt, wer es sich leisten kann, in eines der besten Häuser ganz

Helvetiens, ins «Rosalp». Das schöne Chalet des gleichnamigen 4-Sterne-Hotels, das in unmittelbarer Nähe der Bergbahnen liegt, wo man übrigens auch auf der Terrasse leckere, kleine Snacks serviert bekommt, wurde in der französischen Küchen-Bibel Gault/Millau Guide Schweiz 1983 mit «Deux toques» (zwei roten Kochmützen) verziert, was allerhand beweist. Die verwöhnten Test-Esser schwärmten von frischen Hummern und Austern, von Steinbutt mit Krebsen, also

Das «Rosalp» ist weit über Verbier hinaus bekannt und eine der besten Walliser Eß-Adressen. Hier kocht der Wirt selbst mit Hingabe. Oben befindet sich das erstklassige Hotel-Restaurant, zu ebener Erde «La Pinte», etwas rustikaler

Nächtliches Vergnügen kommt in Verbier nicht zu kurz. Die «King's Bar» ist einer der Treffpunkte für Ausgelassenheit zu später Stunde

kommt. Das Restaurant wird schon deshalb gern besucht, weil es unmittelbar im Zentrum liegt, Gemütlichkeit ausstrahlt und vor allem noch Spezialitäten aus dem *Val de Bagnes* zubereitet. Allerdings hält man sich hier wie überall streng an bestimmte Essenszeiten. Man tut übrigens gut daran, in den bekannten Toplokalen per Telefon Platz zu reservieren.

Zu den anheimelnden Restaurants zählt das «Vieux Verbier». Es duftet nach Raclette und wird wegen seiner urchigen Atmosphäre geschätzt

dem Besten vom Besten, aber auch von einer Poularde an Kerbel sowie den Jagd-Trophäen des gelobten Küchenchefs Roland Pierroz, der als Grundvoraussetzung für seinen Erfolg auf frische Güte seiner verwendeten Produkte schwört. Hervorragend außerdem die Qualität der Weine. Nur muß man in seinem Hause tief in die Tasche greifen (das Menu dégustation kostet zwischen 120 und 150 Fr.). Ein Tip ganz anderer Art heißt «Vieux Valais», weil man hier weniger versnobte Gäste zu Gesicht be-

Zum beliebten Treffpunkt alter Stammgäste des Ferienortes ist auch das «Farinet» geworden (Hotel mit Restaurant, Dancing, Bar), auf dessen Terrasse man ungezwungen zusammen kommt und das Weitere für den Abend plant. Mitunter zieht man jedoch zunächst noch ein Stückchen weiter, ins «Carrefour» am Waldrand. Hier pflegen Insider und solche, die unbedingt dazu gehören wollen oder müssen, mit erstaunlichen Mengen von Fendant oder Dôle auf Laure Gulielmina, die resolute Chefin dieser Goldgrube, anzustoßen. Doch dann fängt die Nacht erst richtig an, denn immerhin haben 3 Dancings und weitere Nachtlokale in Verbier sogar bis 3 Uhr morgens offen. Das «Fer à Cheval», wo es schon seit Nachmittag belebt und bewegt zugeht und sich ein kunterbuntes, internationales Publikum mit kräftigen Wallisern mischt, läßt wohl niemand aus. Der Rest des Abends wäre dann der persönlichen Entdeckung überlassen.

Zum Après-Ski gehört zuerst das gute Essen und anschließend der Besuch im stimmungsvollen Dancing

Schöne Wanderungen führen an den alten Wasserfuhren entlang

Etwas Seltsames ereignete sich im 19. Jahrhundert in Haute-Nendaz. Beim ersten Schneefall im Jahre 1850 näherte sich eine heruntergekommene menschliche Gestalt den schwach beleuchteten Fenstern der Bauernhäuser von Haute-Nendaz. Es war Charles-Frédéric Brun aus Frankreich, auf alle Fälle gab er sich als solchen dem gutmütigen und gastfreundlichen Gemeindepräsidenten von Nendaz zu erkennen. Nach langen Irrfahrten wußte er nicht mehr weiter und bat hier um Obdach, damit er nicht weiter verfolgt werde. Es wurde ihm gewährt, und als Gegenleistung versprach er die Anfertigung eines Gemäldes, was er dann auch prompt besorgte. Es war der später durch seine naive Malerei berühmt gewordene Künstler «le Déserteur», der Flüchtling, genannt. Bis auf den heutigen Tag weiß niemand, um wen es sich eigentlich handelte. Nur eines wissen wir: er hat das Gold seiner Palette gegen Brot und Wein eingetauscht und uns eine herrliche Sammlung von Gemälden aussagekräftiger Volkskunst hinterlassen. Sie wurde inzwischen dem Kantonsmuseum in Sitten durch letztwillige Verfügung zugesprochen.

Als bleibendes Denkmal hinterließ der 1871 verstorbene «Deserteur» den schon damals sehr gastfreundlichen und zuvorkommenden Nendards in der aus dem 15. Jahrhundert stammenden St. Michaelskapelle eine sehenswerte Wandmalerei.

Die Bewohner von **Sitten** sind zu beneiden. In nur wenigen Autominuten können sie der ärgsten Sommersonnenhitze auf ihre *Mayens von Sitten,* ihre klassischen Sommeraufenthalte, auf der gegenüberliegenden Rhoneseite entfliehen und sogar, von **Super-Nendaz** aus, Sommerskilauf betreiben. 16 km müssen sie nur fahren, um **Haute-Nendaz** (1300 m) zu erreichen. In sanften Schleifen zieht sich die Straße bis zu einem Hochplateau empor, das wie ein Balkon über dem Rhonetal hängt und Tag wie Nacht einen der schönsten Ausblicke hinunter ins Tal gewährt: gegenüber die weiße Zackenlinie der *Berner Alpen,* tief unten das geschwungene Bett der Rhone und darüber, im Flußnebel leicht verschwommen, die trutzigen Burgen von Sitten, der Kantonshauptstadt.

Wer zum ersten Mal hierher kommt, wird kaum glauben, daß noch vor rund 25 Jahren hier Kühe friedlich weideten. Inzwischen ist aus dem entlegenen idyllischen Plätzchen ein lebhafter Touristenort geworden. Alte und neue Wohn-, Ferien- und Appartementshäuser staffeln sich in zwanglosem Durcheinander die Hän-

ge hinauf und gipfeln in **Nendaz-Station,** einer Touristenburg, in der weniger Hotels als vielmehr eine Fülle von Appartements, «immeubles» genannt, vorherrschen. Häßlich sind sie nicht, schön aber auch nicht. Es sind zwar keine Hochhäuser, aber hoch genug sind sie doch. Licht- und Leuchtreklamen an Straßen und Ekken und zur winterlichen Hochsaison parkende Autos, wohin das Auge blickt. Das ergibt eine allen modernen Komfort bietende, kleine Welt für sich — mit Geschäften, Boutiquen, Kiosken, Bars, Restaurants für Familienbedürfnisse — blühend und belebt zu den Ferienstoßzeiten, stiller, fast verträumt in den Monaten dazwischen. Kaum zu glauben: **Nendaz** erstreckt sich über 8611 Hektar, grenzt an 14 Gemeinden, und die 4600 Einwohner verteilen sich auf 15 Dörfer und Weiler. Die beiden größten sind **Basse-Nendaz** und **Haute-Nendaz,** die von den echten Nendards «Bass-

Ideale Hänge für jedermann

nänd» und «Ohtnänd» — jedenfalls phonetisch — ausgesprochen werden.

Das herrliche Skigelände mit Anschluß an **Veysonnaz** und vor allem **Verbier**, die Attraktion des Skilaufs auch im Sommer auf dem Gletscher von *Tortin/Mont-Fort* hat Nendaz vor allem den Ruf eines ausgezeichneten Winterkur- und -sportortes eingebracht, zumal es selbst im Herzen der «4 Täler» liegt. Und vor allem, an den Aufstiegshilfen gibt es keine berüchtigten Wartezeiten! Die Pisten an *Dent-de-Nendaz, Mont-Fort, Greppon-Blanc* und *Plan-de-Fou* dürfen dank ihrer Nordlage als schneesicher bis in den Sommer gelten.

Der rasante Aufschwung von **Haute-Nendaz** ist vor allem dem 1958 erfolgten Bau der Gondelbahn nach *Tracouet* zu verdanken. Heute verfügt das einstige Bergbauerndorf bereits über 13 000 Gästebetten, über 60 Appartementshäuser und mehr als tausend Chalets, ein großes Einkaufszentrum, eine Vielfalt von Kabinenbahnen, Sessel- und Schleppliften und ein breit gefächertes Sport-Angebot. Im Sommer locken vor allem das romantische *Val de Nendaz* oder das viel verzweigte Netz der Suonen oder «bisses», der künstlich angelegten Wasserfuhren, von denen die sehenswerteste der Bisse von **Saxon** ist. 1000 Sekundenliter Wasser passieren sie auf schwierigen Umwegen bis nach **Sapinhaut** über eine Strecke von 32 km, um sich dann schließlich in drei Sturzbächen nach **Saxon** hinunter zu stürzen. Auf den schmalen Weglein, die die Wasserläufe begleiten, ursprünglich für die Kontrollgänge der Bissewächter angelegt, lassen sich noch heute die verschwiegensten

Wanderungen unternehmen. Im Juli und August wird Nendaz' Umgebung zum herrlichen Himbeerparadies, und die köstlichen Himbeerdesserts sollte niemand versäumen!

Belgisches Kapital hat viel zum Aufblühen dieses Ferienortes beigetragen, und die zahlreichen Ferienwohnungen und Studios ließen sich mühelos an Ausländer verkaufen, bis die Lex Furgler diesem Ausverkauf der Heimat einen Riegel vorschob.

Bei heute 1500 Einwohnern von Haute-Nendaz und der Nachbarschaft der übrigen Dörfer von Nendaz mit 4600 Einwohnern ist inzwischen auch das abendliche Après-Ski-Vergnügen in Schwung gekommen (Discotheken). Dennoch überwiegen die Familien mit Kindern unter der großen Gästeschar, die schon am Morgen als unternehmungslustiges Skivölklein auf Brettern stehen und mit Vorliebe nach *Lac Tracouet* entschweben, denn auf dem weiten, baumfreien Gelände erfüllen sich so manches Skiläufers Träume, ganz abgesehen von dem herrlichen Panoramablick. Besondere Anziehungskraft besitzt aber auch die *«Piste Nationale»*, berühmt durch jenen sensationellen Sieg, den der nun schon legendäre Collombin mit seinen 60-Zentimeter-Waden dazumal errang. Die Piste ist so gut gepflegt, daß sie jeder routinierte Läufer mit Genuß fahren kann. Sollte ein Skifahrer vielleicht einmal auf Loipenkunst umsteigen wollen, so stehen die Chancen auch für ihn gut, denn Haute- und Super-Nendaz verfügen zusammen über 5 Loipen von 20 km Länge, die sogar einen Rundlauf ermöglichen.

Super-Nendaz wurde zu «Hyper»-Nendaz

Wer in Haute-Nendaz weilt, wird auch **Super-Nendaz** (1700 m) kennenlernen wollen, schließlich liegen **Nendaz-Station** und **Super-Nendaz** nur 7 km auseinander, und seit Weihnachten 1984 verbindet eine Seilbahn beide Orte miteinander. Kostenlos kann die Strecke im Skibus hin und her pendeln, wer im Besitz eines Skipasses ist. So spielt es nun auch überhaupt keine Rolle mehr, ob der Feriengast in Haute-Nendaz oder höher Logis bezieht. Zusätzlich wird ab 1985 eine Großkabinenbahn eine weitere Direktverbindung zwischen Haute- und Super-Nendaz bringen.

Super-Nendaz liegt am Fuße des *Mont-Fort* und ist mit der ehemaligen Alpe *«Siviez»* identisch. In zehn Minuten läßt sich die Seilbahn *Tortinal des Gentianes* erreichen. Die auch im Hochsommer hier oben stets frisch und kühl wehende Luft wird vor allem geschätzt, wenn im Tal das Thermometer auf über 30° C klettert, und so zog sie schon deshalb in früheren Zeiten immer wieder erholungsuchende Sommerfrischler an.

Dank der günstigen Lage zwischen Verbier, Veysonnaz und Haute-Nendaz ist auch Super-Nendaz als Ausgangspunkt zur gigantischen Skischaukel der «4 Täler» zum Winterhit geworden. Ohne Rücksichten erstand ein bauliches «Hyper-Nendaz» mit Beton-Appartementshäusern und einem Architekturarrangement, das sich trotz aller Zweckdienlichkeit befremdlich in der herrlichen Natur ausnimmt. Mit über 1000 Betten in Hotels, Apparthotels, Residenz und Ferienkolonie, mit Hallenbad, Sauna, vier Tennisplätzen, Einkaufszentrum, mehreren Restaurants und 1 Disco kann Super-Nendaz den Wünschen seiner Besucher gerecht werden, die in erster Linie des Sportes wegen hierher reisen. An Wochenenden gibt es einen lebhaften Tagesbetrieb zu berücksichtigen, denn die günstigen Verbindungen und minimalen Entfernungen nach Sitten (23 km) und Umgebung pflegen an sonnigen Wintertagen zusätzlich Skibegeisterte hinauf zu locken. Doch auf den ausgedehnten Schneefeldern angelangt, verteilt sich die Menge schnell auf die verschiedenen Talgebiete. Während des fünfzehnminütigen Gleitens auf den Schleppliften zum **Tortin** (2044 m) kann man in Ruhe entscheiden, ob man weiter zum *Col de Chassoure* hinauf will, um sich dort der riesigen schneegefüllten Mulde des *Lac des Vaux* anzuvertrauen, von dessen Mitte sternförmig die Sessellifte abgehen, die auf lauter sonnigen, problemlosen Pisten auch dem Durchschnittsfahrer Freude und Genuß bereiten. Wer es sich zutraut, darf höher in die Luft gehen und die anspruchsvolle, unbedingt sicheres Können voraussetzende Abfahrt vom *Mont-Gelé* unter die Skier nehmen.

Der perfekte Skizirkus mit seinem intelligent angelegten Bahnensystem ist der Initiative des «Löwen von Nendaz» zu verdanken — Maître Michel Michelet, Advokat und Großaktionär in Immobilien. Bekannt als der wichtige und heimliche Herrscher der Gemeinde, der stets noch höher hinaus wollte und erst befriedigt schien, als sich, auch dank der Initiative von Rodolphe Tissières, Advokat in Martigny, dem Verbier seinen meteorhaften Aufstieg zuschreibt, der Traum seines Unternehmerlebens erfüllte, nämlich der Zusammenschluß der «4 Täler» zum einzigartigen und größten Skigebiet der Schweizer Alpen.

Veysonnaz

Von malerischem Reiz: Veysonnaz

Veysonnaz (1300 m) bietet, sollten Sie gerade aus Verbier kommen, seinen eigenen und, im Vergleich mit dieser Super-Station, bescheidenen Charme. Von **Beuson** oder **Solins** aus über Sitten (15 Minuten Entfernung) eignet es sich als lohnendes Ausflugsziel. Schon bei einer Stippvisite werden seine Vorzüge deutlich: eine eindrucksvolle Rundsicht über das Rhonetal und ein unendlich scheinendes Skiareal. Denn **Veysonnaz** bildet mit **Thyon 2000, Nendaz, Mayens-de-Riddes** und **Verbier** eine zusammenhängende Skischaukel, deren Attraktivität weitbekannt ist. Immerhin zählt Veysonnaz heute zu den gern besuchten Familienferienorten und verfügt über 2800 Betten (100 davon in Hotels). Es unterhält sogar eine eigene alpine und Langlauf-Skischule, Schwimmbad, Sauna, Fitneß-Möglichkeit und Tennis.

Die berühmt-berüchtigte «Bärenpiste» von Veysonnaz wurde im Hinblick auf die (erfolglos gebliebene) Kandidatur Sittens für die Olympischen Winterspiele 1976 angelegt. Sie sorgte infolge der erforderlichen Waldrodung seinerzeit für Schlagzeilen, erfreut sich jedoch bei den Skifahrern großer Popularität und bildet die «Eingangspforte» zum größten zusammenhängenden Skigebiet Helvetiens. Rennfahrer betrachten sie als eine der schönsten Abfahrtsstrecken Europas, die Spitzengeschwindigkeiten von 130 Kilometern pro Stunde ermöglicht. Den Startpunkt bilden die *Crêtes de Thyon* auf 2380 m. Bis 1982 war die Bärenpiste nur indirekt über die Gondelbahn Veysonnaz-Thyon 2000 erschlossen. Von der Zielgeraden aus mußte man über einen Forstweg nach dem etwa drei Kilometer entfernten Veysonnaz zurückfahren. Seit 1982 ist sie aber durch eine Hochleistungs-Kabinenbahn direkt erschlossen, die 700 Personen pro Stunde in knapp acht Minuten befördert. Dabei überwindet sie eine Streckenlänge von 2100 m und eine Höhendifferenz von 650 m.

Martigny

Die Stadt mit einem Hauch Midi

In einer weiten Ebene, unmittelbar am Rhoneknie und an der Mündung der Drance in die Rhone, liegt **Martigny** (471 m, 11 309 Einwohner), eine lebhafte Stadt mit viel Durchgangsverkehr, da hier die Alpenstraßen zum *Großen St. Bernhard* und zur *Forclaz* beginnen und zugleich Straßen und Autobahn nach **Montreux, Lausanne, Genf** und über **Sitten, Siders** zum Simplon sowie elektrische Bahnen bis **Orsières** und nach **Chamonix** führen. Durch Aluminium-Dünger- und holzverarbeitende Industrien erlebte Martigny seit dem 19. Jahrhundert einen beachtlichen wirtschaftlichen Aufschwung. Wer aber den Fuß auf den Boden dieser Stadt setzt, wird noch immer etwas vom Geist ihrer großen Vergangenheit spüren, und wer sie kennenlernen will, wird zwangsläufig zur langgezogenen Place Centrale finden, dem grünen Herz der Stadt, wo unter stämmigen, gestutzten, hundertjährigen Platanen eine stark südlich geprägte Atmosphäre herrscht — ein Hauch Midi oder Provence. Unter Laubdächern an winzigen Tischchen sitzen die Einwohner mit der Zeitung bei einem Dôle oder Fendant. Hier trifft sich die Jugend bis spät in die Nacht, und hier lassen sich nur zu gern auch dürstende Touristen nieder. Cafés, Restaurants auf der einen Seite der doppelten Allee, auf der anderen Geschäfte, Büros, Hotels. Nirgends ist das Martigny von heute so quicklebendig wie an der Place Centrale. Plötzlich versteht man, daß sich so mancher Literat über dieses einladende Städtchen lobenswert äußerte. Goethe weilte hier und badete seine Füße in mit Kleie vermischtem Wein, Alexandre Dumas' Vater aß schaudernd und doch voll Neugier ein

«Beefsteak» von einem Bären, «der noch die Hälfte des Jägers aufgefressen hatte, der ihn tötete». Vom Verfasser des «Letzten Mohikaners», Fenimore Cooper, geht die Rede, daß er jedesmal einen Hahnenschrei ausgestoßen habe, wenn er eine Omelette bestellen wollte, denn der Arme sprach kein Französisch.

Nur ein paar Schritte um zwei Ekken und man steht im historischen Kern von **Martigny-Ville**, vor der katholischen Pfarrkirche Notre-Dame-des-Champs (jüngst restauriert) mit ihrem schönen Eingangsportal, ein Barockbau, der über mittelalterlichen Fundamenten errichtet wurde. Am Chor außen findet sich, eingemauert, ein römischer Meilenstein.

In Martigny braucht man keinen Fremdenführer, denn die historischen Gebäude tragen kleine Tafeln, die das Wichtigste über ihre Bedeutung aussagen. So steht an der Propstei, unmittelbar bei der Kirche, zu lesen, daß hier, auf dem Wege nach **Marengo,** der große Korse residiert habe. Durch das Viertel um die Kirche sollten Sie schlendern und die stattlichen Gebäude des «Hôtel de Ville» (Rathaus) aus dem 19. Jahrhundert, das Kollegium aus dem 17. Jahrhundert, die bedeutenden Stadtbauten Haus Supersaxo, das älteste Haus Martignys (16. Jahrhundert), und La Grande Maison aus dem 17. Jahrhundert entdecken, das seinerzeit geschätzte Gasthaus, in dem, wer Rang und Namen hatte, abgestiegen war.

Auf spitzem Hügel im Nordwesten Martignys überwacht die imposante Ruine des mittelalterlichen Schlosses La Bâtiaz Stadt und Landschaft. Am besten erhalten blieb der wuchtige,

aus dem 13. Jahrhundert stammende runde Donjon.

1983 feierte Martigny sein 2000jähriges Bestehen als antikes Octodurum, von dem Cäsar in seinem «Gallischen Krieg» als erster berichtete. Damals, 57 v. Chr., wohnten im Oberwallis die Uberer, in der Gegend von Sitten die Seduner, bei Martigny die Veragrer und von St-Maurice bis zum Genfersee die Nantuaten, lauter keltische Stämme. Cäsar aber beschloß, den heute St. Bernhard genannten Paß zu sichern, und schickte den Feldherrn Galba mit der 12. Legion an Drance und Rhone. Der Kampf der Römer gegen die Veragrer und Seduner endete mit der Niederlage der «Walliser». 10—15 v. Chr. eroberten die Römer das ganze Wallis und 41—54 n. Chr. wird der Vicus Octodurum als Forum Claudii Vallensium zum kaiserlichen Marktflecken erhoben, von dem einige sehr qualitätvolle römische Kunstwerke zeugen, die heute zum Teil in Sitten und im Gallorömischen Museum der Stiftung «Pierre Gianadda» Martignys ausgestellt sind. Die römische Stadt mit ihrem Forum wurde zum wirtschaftlichen Mittelpunkt und sogar zum Hauptort des Wallis, wenn auch ihre Prachtentfaltung nicht so gewaltig war. Die römische Siedlung lag vermutlich zwischen **Martigny-Ville** und **Martigny-Bourg,** wo in Le Vivier als eindrücklichstes Baumonument das ehemalige Amphitheater erhalten blieb. In **Les Morasses** wurde im 19. Jahrhundert das Forum mit Verkaufsläden, Tempel und Basilika entdeckt (nicht freigelegt). Zerstörungen und Überschwemmungen der Drance löschten Octodurum aus. Seit 1974 werden in Martigny, veranlaßt durch das Wachstum der modernen Stadt, systematisch weitere Ausgrabungen vorgenommen.

Vom 4. bis zum 6. Jahrhundert war Martigny Bischofssitz. Doch von Langobarden und Alemannen bedroht, verlegten die Bischöfe ihre Residenz nach Sitten.

1260 von den Bischöfen von Sitten als Stadt gegründet, unterstand Martigny in der Folgezeit sowohl bischöflicher als auch savoyischer Herrschaft. Erst im späten Mittelalter entwickelte sich wieder eine größere Siedlung. 1964 vereinigten sich **Martigny-Ville, Martigny-Bourg** und **La Bâtiaz** zum Bezirkshauptort.

Kulturell ein Mittelpunkt: das Gallorömische Museum der Stiftung «Pierre Gianadda». Es liegt etwas außerhalb des Zentrums, wer aber der guten Beschilderung folgt, wird von der hervorragenden Präsentation in diesem modernen Museum überrascht sein. Im Untergeschoß befindet sich das originelle Automuseum

Das kleine Saillon eröffnete 1984 eine großzügige Thermalbad-Anlage. Dazu gehören Innen- und Außenbäder, Hotel und Restaurantbetrieb. Die 30° C heiße Natur-Quelle nutzten schon die Römer

Champex

Einen Seitensprung wert ist **Champex** (1468 m). Von Martigny aus zweigt man in die Täler der drei Dransen Richtung Großer St. Bernhard ab, durchquert **Orsières** (romanischer Glockenturm des 13. Jahrhunderts), anschließend **Som-la-Proz**, bewältigt steile Haarnadelkurven, die herrliche Weitblicke ins *Val d'Entremont* und ins *Val Ferret* freigeben, und erreicht endlich Champex, eine freie, lieblich hingestreute Siedlung. Ihr besonderer Reiz: ein zauberhafter See — der schönste Walliser Bergsee. Ringsum, ohne daß er dieses Naturidyll beeinträchtigt, ein voll ausgebauter Kurort mit Hotels, Chalets und Ferienwohnungen (1500 Gästebetten), empfehlenswertem Campingplatz und allem, was der Gast für aktive Ferien in abgeschiedener, ruhiger Umgebung benötigt. Zum Fitneßtraining braucht hier niemand Berge zu ersteigen oder Kilometermärsche zurückzulegen (dafür gäbe es den Alpengarten, *La Breya, das Val d'Arpette, la Pointe des Chevrettes),* sondern nur ein Pedalo oder Ruderboot zu mieten.

Um den Tagesausflug abzuschließen, wähle man für die Rückfahrt die Route über *Les Valettes.* Allerdings stellt diese hochkarätige Kurvenstrecke an den Autofahrer hohe Anforderungen. Dafür aber belohnen die 1 km entfernt liegenden malerischen *Dutnand-Schluchten,* die verführen, über Galerien und hölzerne Stiegen in eine unvergleichliche Wunderwelt von Stein, Fels und sprühenden Fontänen einzudringen.

Val de Trient

Ideal für Ruhesuchende und Naturfreunde

An Martigny, rhoneabwärts vorbei, biegt die Kantonsstraße zunächst nach **Vernayaz** und dort zum *Val de Trient* ab. Das Tal durchfließt der Trient, der auch der kleinen Ortschaft **Le Trétien** seinen Namen gab und sich von den Eiswassern des *Glacier du Trient* speist. Schon allein der Besuch der Trient-Schlucht ist eine Reise wert. Auf an Felsen klebenden Holzstegen kann man durch das schaurig schöne, tiefe und wilde Felsgefüge wandern, dem bald tobenden, bald träumenden Trient entlang.

Das *Val de Trient* ist, denkt man an die erschlossenen Oberwalliser Seitentäler des Rhonebeckens, geradezu einsam und still. Seine Felsen sind hoch und steil, dabei stark zerklüftet. Wie ein langer schmaler Keil stößt sich das *Val de Trient* als Ausläufer der westlichen Kalkalpen in den Granit des Mont Blanc-Massivs. Weite Matten oder größere bebaubare Flächen gibt es nicht, so daß die Berg-

landwirtschaft hier nur als mühsame Ernährungsgrundlage diente. Das bedeutete, daß die Bevölkerung ein dürftiges, karges Dasein führte. Ein seltener Reichtum aber entsproß dem kalkhaltigen Boden insofern, als er die besten Voraussetzungen für eine ungewöhnlich reiche und vielfältige Flora schuf, die neben prachtvollen Kletterzielen in den Felsen nicht nur bergbesessene Touristen, sondern auch Botaniker von weit her anzog.

Tourismus hieß denn auch das hoffnungsvolle Wort, auf das die Talbewohner schon lange vor 1900 setzten. Als nämlich 1858 ein Maultierpfad **Vernayaz** und **Le Châtelard** verband, stand dem Einzug von Touristen nichts mehr entgegen. Das Fremdeninteresse wuchs, als man am 20. August 1906 als aufsehenerregende Pioniertat die knapp 20 km lange Bahnstrecke *Martigny—Le Châtelard* einweihen konnte — «une ligne incomparable d'audace», wie noch heute ein Hinweis auf dem Bahnsteig von Martigny verkündet. Damit war bis auf den heutigen Tag eine recht eigentümliche Situation geschaffen, die bedeutet, daß man mit dem Auto zwar sehr schnell die Schlucht von Vernayaz überwindet und nach **Salvan** und **Les Marécottes** gelangt, diese Straße aber plötzlich hinter **Le Trétien** im Nichts endet. Umso lohnenswerter ist es, sich vielleicht einmal eine Bahnkarte zu lösen und mit der *Martigny-Châtelard-Chamonix-Bahn* durch ein geheimnisvoll wirkendes Tal und knapp vierzig Minuten lang an mitunter schwindelerregenden Abgründen von 400 m Tiefe, den Mont Blanc vor Augen, nach **Finhaut** fahren zu lassen. Um mit dem Auto Finhaut (bescheidene touristische Infrastruktur) zu erreichen, muß man über den *Col de la Forclaz* (1526 m) und einen Umweg bis fast nach Châtelard machen.

Auf dieser besonderen Verkehrssituation — einerseits das Fehlen des Durchgangsverkehrs, andererseits die gute bis sehr gute Zugänglichkeit — scheint man in letzter Zeit im unteren Teil des Tales — was Salvan und Les Marécottes betrifft — aufzubauen. Allerdings hat hier der Erste Weltkrieg der damals gerade in Hochblüte stehenden Hotellerie so schweren Schaden zugefügt, daß sie sich bisher nicht davon erholte. Wenn gute, reine Luft vielleicht im Augenblick noch nicht das neue touristische Schlagwort ist, so wird es das mit Sicherheit in naher Zukunft werden, und dann muß man auf dieses Tal aufmerksam werden. Denn gerade das Fehlen des überbordenden motorisierten Verkehrs beschert dieser Gegend eine so

gute Luft, von der die Lungen schon auf kleinem abendlichen Spaziergang zehren.

Es überrascht, daß auch die sekundären Transportanlagen sehr bescheiden ausgebaut sind. Allerdings führt eine Kabinenseilbahn hinauf nach **La Creusaz**. Nur wenn man sich im Einzugsgebiet des *Stausees von Emosson* befindet, muß man fast lächeln über das «Überangebot» an funiculaire, petit train panoramique und monorail, die sich hier plötzlich konzentrieren und dabei auf ihre ursprüngliche Zweckbestimmung des reinen Baumaterialtransports aufmerksam machen.

Eine unvergeßliche Reise zum Lac d'Emosson

Zum *Lac d'Emosson* (1930 m) kann man von **Finhaut** auf breiter, bequemer Straße hochfahren oder in etwa 2½ Stunden hochsteigen. Mit der Bahn läßt sich bequem bis **Châtelard** fahren, wo man sich dann allerdings einem Gefährt überantwortet, das als «steilste Drahtseilbahn Europas mit Zweiwagenbetrieb» wohl terminologisch korrekt, aber psychologisch nicht annähernd umfassend beschrieben wird. Denn was diese Zweiwagen-Reise an Abenteuerlichem vermittelt, wünscht man jedem aufgeschlossenen, mutigen Reisenden! In 22 Minuten wird nämlich eine Höhendifferenz von 700 m auf einer Betriebslänge von 1300 m bei einer stärksten Neigung von 87% überwunden. Wer Glück oder Pech hat — wie man's nimmt — darf erleben, daß die Bahn plötzlich mitten auf der Fahrt stehen bleibt und die Wagen dabei abwärts kippen, was jedoch, außer höchster Spannung, keinerlei Folgen hat, denn auf die ausgezeichneten Sicherheitsvorrichtungen darf man sich verlassen.

Wer will, kann an der Zwischenstation **Giétroz** (1357 m) aussteigen und an der Bergstation Château d'Eau die unbeschreibliche Reise mit dem «Petit train panoramique» fortsetzen, der dann langsam bis zur großen Staumauer zuckelt. Eine Viertelstunde dauert es bis zur Staumauerkrone, vorausgesetzt man verzichtete auf die Fortsetzung der Reise mit dem «Monorail», einem Einschienenfahrzeug, auf dem man sich rittlings festklammert, um auf diese ungewöhnliche Weise die «größte Steigung der Welt für eine Zahnradbahn» (80%) gesund

und munter durchzustehen.

Das Unternehmen krönt ein phantastisches Panorama, das sich von der Staumauer bietet: vom Mont Blanc im Süden geht der Blick über die *Aiguilles du Midi, du Géant, du Dru, Verte, du Chardonnet, d'Argentière, du Tour* bis weit in die Runde zu den *Aiguilles Dorées,* landschaftlich und alpinistisch ungemein eindrucksvolle Höhepunkte.

Ein Tip für Hobby-Forscher: Hoch über dem *Lac du Vieux Emosson* entdeckte 1976 ein französischer Geologe auf 2400 m Höhe auf einer Felsplatte rund 800 Abdrücke, die sich eindeutig als Dinosaurierspuren erwiesen. Die mehrere hundert Meter lange, über zweihundert Millionen Jahre alte Sandsteinplatte aus der mittleren Trias ist jedoch nur in sehr heißen Sommern schnee- und eisfrei, was ihre späte Entdeckung erklärt.

Je abseitiger die Täler, umso ursprünglicher das dörfliche Leben

Les Marécottes

Les Marécottes und seine Nachbardörfer **Salvan, Les Granges** und **Le Bioley** (auf Höhen zwischen 934 bis 1058 m) sind «vier einladende Dörfchen, am Hang hoch über dem Val de Trient, für Ferien und Sport» geeignet wie der Touristenprospekt verkündet, und sie sind es wahrhaft wert, sich mit ihnen zu befreunden. Anzumerken blieb ihnen bis heute, daß sie, ursprünglich gänzlich auf Sommertourismus eingestellt, einst bessere Zeiten erlebten und sich nicht leicht tun, auf Wintergäste umzustellen.

Les Marécottes gelang am ehesten Anschluß und Umstellung. Der Sommer- und Winterferienort ist mit der Bergbahn (Martigny-Chamonix-Linie) oder mit dem Auto auf der neuen, ganzjährig offenen Alpenstraße (10 km von Martigny) gut zu erreichen. Unterkunftsmöglichkeiten bieten einfache Chalets bis gediegene Familienhotels. Aushängeschild aber ist das 1978 vollständig neu ausgebaute Vier-Stern-Hotel «Aux Milles Etoiles» (66 Betten zu vernünftigen Preisen in behaglich-rustikaler Atmosphäre), dessen Küche mit ihren Walliser Rezepten (Tarte saviésanne, Gâteau au vin oder Gigot de chamois) Begeisterung bei den Gästen findet. Ein Tip, den man am liebsten für sich behielte. Das Haus bietet erstaunlichen Service sowie Hallenbad, Sauna, Fitneß-, Spiel- und Aufenthaltsräume, Hauskino, Bibliothek, Unterhaltung. Auch auf kinderfreundliche Ambiance (Kinderhort) wird großen Wert gelegt. Skischule und Seilbahn auf der Höhe von **La Creusaz** auf 1800 m befinden sich unmittelbar beim Hotel. Die Skilifte von Golettaz, Luisin und Vélarel bieten jedem Könner Auslaufmöglichkeiten.

Mit besonderer Hingabe widmeten sich drei junge Leute der Sanierung des Alpenzoos von Marécottes, zu dem auch ein erstaunlich geschickt in die natürliche Landschaft eingefügtes künstliches Schwimmbad mit unvergleichlichem Charme gehört. (Finhaut hat im Sommer 1982 ein großes Hallenschwimmbad eröffnet.)

Dreimal im Jahr wird in Les Marécottes der «four banal», der Holzbackofen der Gemeinde («banal» bezeichnet hier noch seine Herkunft von «ban», zur Gemeinde gehörig, bevor es die alltägliche Bedeutung von abgedroschen, banal erhielt) angezündet und Brot für Einheimische wie Gäste gebacken. Durch solche und ähnliche Aktivitäten will man die natürlichen Möglichkeiten sinnvoll in einen neu anzukurbelnden Tourismus einbauen, der auf lange Sicht erfolgversprechender sein wird als die Ausrichtung auf oft überdimensionierte Großprojekte.

Les Portes du Soleil bieten ein monumentales Skigebiet, das die Schweiz mit Frankreich verbindet

Hinter **Monthey** (alte savoyische und neuzeitliche Industriestadt mit Schloß und klassizistischer Pfarrkirche) führt eine steile, komfortable Autostraße nach **Troistorrents,** die, je höher man kommt, die sieben Zacken der Dents-du-Midi immer prächtiger vor Augen führt. Als gewaltige und wuchtige Körper steigen sie aus dem tief unten liegenden Talboden auf und bilden einen überaus reizvollen Kontrast zu den grünen, saftigen Mini-Weiden und -Matten, die zu Seiten der Straße Platz haben. In Troistorrents ist zu entscheiden, ob das Ziel **Morgins** oder **Val d'Illiez** heißen soll.

Wer sich für die Fahrt ins Tal entscheidet, gelangt zunächst zur gleichnamigen kleinen Ortschaft **Val-d'Illiez** und ist überrascht, daß die Berglandschaft hier zum Teil regelrecht liebliche Züge trägt. Für die Erhaltung dieser Landschaft von seltener Schönheit setzen sich Umweltschützer und Naturfreunde in besonderem Maße ein. Sie wollen verhindern, daß das 18 Hektar umfassende Gebiet mit seinen seltenen Pflanzen und Vögeln touristischen Vorhaben zum Opfer fällt. Vor allem geht es ihnen um die unter dem Namen **Les Moilles** bekannte Gegend in der Nähe des Kurortes **Champoussin** auf 1500 m Höhe, das eines der interessantesten Sumpfgebiete der Schweiz umfaßt. Entsprechend vielfältig sind Flora und Fauna: Etwa hundert Arten von Sumpfblumen, darunter auch Orchideen, finden dort die ideale Umgebung.

Das kleine Tal von **Morgins** und **Champéry** verbindet ein Paß, *Portes du Soleil* genannt, dessen Begehung als mühelose Wanderung beliebt ist. Unter seinem Namen haben sich vor etlichen Jahren die Förderer des Wintersports in diesem weitläufigen Gebiet zusammengetan, so daß «*Portes du Soleil*» (die «Sonnenpforten») zur gemeinsamen Bezeichnung für ein ausgedehntes schweizerisch-französisches Skigebiet (1050—2300 m) wurde, dem auf Schweizer Boden **Champéry-Planachaux**, **Champoussin** und **Les Crosets** angehören, die sowohl vom Dorf **Val-d'Illiez** als auch von **Morgins** und **Torgon** aus angesteuert werden können.

Als Werbeslogan wählten sie «Ski ohne Grenzen», da dem Skisport in beiden Grenzländern ohne administrative Einschränkungen oder Vorschriften gehuldigt werden kann und die einzelnen Stationen durch ein breit gefächertes Netz von Aufstiegshilfen miteinander verbunden sind. Das bedeutet für den Skifahrer, daß er sich in einem Revier von 13 Kurorten, 12 Tälern, 160 Bahnen und Liften mit 650 km Pisten und einer Beförderungskapazität von 130 000 Personen pro Stunde frei bewegen kann. Portes du Soleil stellt damit eine der größten zusammenhängenden Wintersportregionen der ganzen Welt dar. Laut Vorschrift müssen Ausweispapier und Verpflegung für einen Tag mitgeführt werden, wenn grenzüberschreitende Gebiete befahren werden. Auch sollte man nicht ohne Streckenführer auf die Pisten gehen, denn in Anbetracht der vielen Bahnen und Lifte läßt sich mitunter die Übersicht verlieren. Das große Plus: ein

Skipaß für alle Anlagen zu einem wahrhaft erschwinglichen Preis! Auch die Anzahl der Skilehrer übertrifft jede übliche Norm: 450. Nur der Langlaufsport steht weit hinten an, denn es gibt nur 4 Loipen mit insgesamt 19 km Länge, weitere sind jedoch geplant. Dafür ist Skibobfahren teilweise erlaubt, und ansonsten hilft ein vielfältiges Angebot an weiteren Sportmöglichkeiten über diese Einschränkung hinweg.

Allein ein Blick auf den Plan der Skigebiete der Portes du Soleil und ihrer Beförderungsanlagen genügt, um einen Eindruck von den geradezu phantastischen Dimensionen dieser Skiregion zwischen Genfer See und Mont Blanc zu erhalten. Die Abfahrten fordern den Pistenflitzer ebenso heraus wie sie andererseits den Romantiker auf Brettern erfreuen. Zwei Abfahrten haben so etwas wie einen magischen Namen: Die fast 40% Gefälle aufweisende Mur Suisse oberhalb Les Crosets und die Piste Jean Vuarnet, die Weltcup-Abfahrtsstrecke von Morzine—Avoriaz.

Unabhängig von den oben genannten Einrichtungen verfügt selbstverständlich jeder einzelne Skiort über ein spezielles touristisches Angebot, blickt auf eine kürzere oder längere Fremdenverkehrsgeschichte zurück und wahrt sein eigenes Cachet. Der Zusammenschluß von 13 Skistationen zu einer der weltgrößten Skiregionen brachte für jedes einzelne Dorf einen bewundernswerten wirtschaftlichen Aufschwung, ohne den manches von ihnen heute kaum Überlebenschancen hätte. Vom Sommertourismus allein kann die Bevölkerung auch im Val d'Illiez längst nicht mehr existieren.

Champéry

Namhaftester Touristenort auf Schweizer Seite ist zweifellos **Champéry** (1064 m) und zugleich einer der ältesten des Wallis. Seine Attraktion: der prächtige Rundblick mit dem Hintergrund der *Dents du Midi* und der *Dents Blanches*. Wurden die meisten Walliser Bergdörfer von Außenstehenden, d. h. vielfach von englischen Alpenpionieren entdeckt, waren es in Champéry Einheimische, die hier die Initiative zur Förderung des Tourismus in die Hand nahmen, was den Vorteil brachte, daß sie selbst Herr ihres Bodens und der fortschreitenden Entwicklung blieben.

Champéry blickt auf eine lange und interessante Vergangenheit zurück. Es war schon, bevor die Gallo-Römer kamen, in der Steinzeit besiedelt. Nach dem Sieg der Franken über die Burgunder 534 setzte sich fränkischer Einfluß durch. 999 gab Rudolph III. von Burgund das Land bis Martigny an den Bischof von Sitten und das alte **Chablais** an Savoyen. 1017 aber vermachte er das Tal der Abtei von St-Maurice. Champéry aber bildete eine eigene Gemeinde. 1839 wurde es zur unabhängigen Commune, 1857 eigene Pfarrei. Noch im gleichen Jahr wurde das erste Hotel erbaut, und interessanterweise machten vom 14. bis in das 19. Jahrhundert in Champéry immer dieselben Namen «Geschichte»: die Marclay, die Exhenry, die Avanthey, die Défago, die Berra. Zwischen 1683 und 1818 gelang es der Gemeinde, sich von allen feudalen Lasten zu befreien, und als das Wallis 20. Kanton der Eidgenossenschaft wurde, zählte man in **Illiez-Champéry** bereits 1220 Einwohner.

Die Champérolains aber schienen schon damals lebenslustige Leute gewesen zu sein, denn bereits 1445 sah sich Wilhelm von Raron genötigt, den Gastwirten an Sonn- und Festtagen den Ausschank von Wein schon vor der Messe zu verbieten!

Das Jahr 1857 wurde zur Geburtsstunde des Tourismus. Bis zu diesem Zeitpunkt lebte die Bevölkerung von Land- und Forstwirtschaft. Zunächst bedeutete die Anwesenheit von Sommergästen und ihre Betreuung einen erfreulichen Nebenverdienst, bis er schließlich zur Haupterwerbsquelle wurde. 1890 baute Champéry bereits seine Kanalisation, und 1900 wurde es elektrifiziert. Das erste Hotel hatte 1857 — vorher bestanden nur zwei bescheidene Gasthäuser — seine Pforten geöffnet, wenig später wurde es unter dem Namen Hôtel Dents-du-Midi geführt. Mehrfach umgebaut und erweitert mauserte es sich 1905 zum Grand-Hôtel (400 Betten), wurde aber nach dem Zweiten Weltkrieg abgerissen, weil die entsprechende Kundschaft für ein solches Hotel aus der Pionierzeit fehlte. 1861 kam das zweite größere Haus hinzu, das Hôtel de la Croix-Fédérale, 1918 in Hôtel Suisse umgetauft, das bis in der dritten Generation von der Familie Défago betrieben wurde, heute in den Händen der Toga S.A. 1890 folgte das Hôtel des Alpes, 1894 das Hôtel de Champéry, 1916 eröffnete das Hôtel Beau-Séjour, seit 1904 als kleine Pension geführt, heute ein Drei-Stern-Hotel (Beauséjour).

Champéry hatte um diese Zeit bereits einen wohlklingenden Namen und entsprechende Gäste. Kamen die Fremden bis zum Jahre 1854 noch zu Fuß ins Tal, holten die Hoteliers sie in der ersten Blütezeit des Tourismus mit Kaleschen von **Monthey** oder der Station der zu Beginn des Jahrhunderts erbauten Bahnlinie *Aigle-Ollon-Monthey-Champéry* ab. Unter ihnen waren so berühmte Gäste wie Victor Hugo, Théophile Gautier und Henri Bordeaux. Als 1865 die neue Straße nach Champéry gebaut wurde, brachte dieser Fortschritt einen spürbaren Zustrom von Gästen, der sich vor allem aus Engländern zusammensetzte, die damals die Japaner Europas waren. Um die Jahrhundertwende gab es auch beachtliche vornehme russische Kundschaft. Zur gleichen Zeit aber begann man langsam die große Konkurrenz von **Zermatt** und **Saas-Fee** zu spüren, die damals als neue Sterne am Touristenhimmel des Wallis aufgingen.

Auf dem *Col-de-Brétolet,* der das *Val d'Illiez* abschließt und der sich auf einer sehr schönen dreistündigen Wanderung «erobern» läßt *(Les Crosets — Col de Coux — Col-de-Brétolet — Berroi — Barme — Champéry)* lohnt die Besichtigung der Beringungs- und Vogelbeobachtungsstation, die hier von der Schweizerischen Vogelwarte Sempach (Kanton Luzern) eingerichtet wurde, da der Brétolet-Paß zu den wichtigen Vogelzuggebieten der Alpen gehört.

Champérys Anziehungskraft liegt aber nicht allein in seiner Zugehörigkeit zu den «Portes du Soleil», sondern auch in seinem besonderen bergdörflichen Charme, den es sich trotz intensiven Ausbaus zum attraktiven Wintersportort (Gondelbahnen nach Planachaux, 16 weitere Aufstiegshilfen vermitteln hier den Anschluß an den Zweiländer-Zirkus) bewahren konnte und zu dem auch die umgängliche Art seiner Bewohner gehört. Im Sommer bezaubert es durch den Liebreiz seiner Landschaft und durch seine Tal- wie Ortsbild bestimmenden Holzchalets, die noch immer den Eindruck einer fitgebliebenen Sommerfrische aus der Zeit der Jahrhundertwende aufkommen lassen, als auch durch sein Winterkleid, wenn luftige Schneekissen den idyllischen Dorfcharakter noch unterstreichen. Den Charme des nahen Südens aber kündet der barocke Glockenturm der alten Kirche von 1759, den man stehen ließ, als 1966 eine neue Kirche gebaut wurde.

Viele junge Gäste fühlen sich in der anheimelnden Atmosphäre Champérys wohl, was aber auch Familien mit noch kleinen Kindern sowie bejahrte, trotzdem sportliche Ehepaare nicht hindert, ebenfalls Champéry als Feriendomizil zu wählen. Bedenkt man das vielseitige Angebot auch bezüglich Sommerkur und -urlaub, dann kann Champéry wahrhaftig stolz sein: Tennis, Schwimmen, Fitneß-Strecke, Alpinschule, Bergtouren (über 200 km Wanderwege), Golf, Reiten, Fischen, Boggia, Deltafliegen, Pétanque weiß es zu bieten. Im modernen, ganzjährig geöffneten Sportzentrum lassen sich Wintersportarten auch den Sommer über ausüben wie Curling, Eishockey und Eislaufen.

Anheimelnde und gutgeführte Restaurants («Des Alpes»), Rotisserien, Carnotzets, Diskotheken und Dancings sorgen für ein anregendes abend- bis mitternächtliches Après-Ski-Amüsement.

Des weiteren sei erwähnt, daß *Val d'Illiez* die eigentliche Drehscheibe dieses Skizirkus bildet, da **Champoussin** und **Les Crosets** zu dieser Gemeinde zählen. **Les Crosets** bietet verschiedene Möglichkeiten, um in das französische Gebiet zu gelangen, z. B. die Abfahrt von der Pointe des Mossettes nach Les Lindarets. **Champoussin** hingegen, auf Initiative eines belgischen Finanziers zum Touristenort geworden, stellt die Verbindung zwischen Champéry und Les Crosets mit **Morgins** her. Les Crosets, 10 km oberhalb von *Val d'Illiez* auf 1650 m, schätzt der Schweizer Tagesgast als beliebtesten «Einstiegsort» in die weiße Arena «Portes du Soleil».

Port-Valais

bildet mit den Orten **Bouveret** und **Les Evouettes** die Gemeinde **Port-Valais** mit insgesamt 1272 Einwohnern. Der Anker im Wappen beglaubigt, daß Port-Valais einen Hafen besitzt, der einzige des Wallis, und darauf ist man besonders stolz.

St. Gingolph, schon zur Hälfte auf französischem Boden (Zollstation), und Bouveret liegen als einzige Walliser Orte direkt am Genfersee und sind daher stark an Fischerei und Schiffsverkehr interessiert. Schließlich bildete der See, die «grande bleue», für die von Bergen umschlossenen Walliser seit je ein «Tor zur Welt». Diese Pforte durchquert der Autotourist, kommt er von Norden, bereits bei Les Evouettes, wo sich plötzlich Fels und Schloß Porte-du-Scex fast berühren und einst sogar durch einen Torbau verbunden waren. Darum heißt diese Stelle heute noch Porte-du-Scex.

Die Walliser blieben trotz aufeinanderfolgender Kriege stets eng mit Frankreich-Savoyen über den Pas de Morgins und die Seeuferstraße nach Evian verbunden. Selbst wer zu Fuß durch die Gegend der Cornettes de Bise und Grammont wandert, wird nirgends einen Schlagbaum, allenfalls einen Zöllner treffen.

Hier am Genfersee, wo sich die Rhone in den See ergießt, endet oder beginnt das Wallis. Am einladenden Ufer des Sees wird jeder gern den Bergstiefel mit dem Badekleid vertauschen, Strand- und Wasserfreuden (Tennisanlagen, Schwimmbad, Campingplatz, Segel- und Rudersport, Wasserski, Angeln, Unterwassersport) genießen und zur Abwechslung ein Ausflugsboot besteigen und mal schnell nach Frankreich hinüber reisen. Wem es gelingt, vom seltenen Wein von Les Evouettes (zu frischem Fisch aus dem Genfersee) zu kosten, der wird vom sanften, lieblichen Charme auch dieses Wallis eingenommen sein.

Entlang der Rhone reisen, um zu speisen

Top-Tips der Gastlichkeit

Wer meint, nur in Frankreichs Nobelrestaurants göttergleich zu speisen, irrt. Zumindestens hat er niemals von der Chance Gebrauch gemacht, eine Fahrt durchs Rhonetal mit der Entdeckung teils namhafter, teils verschwiegen gelegener oder nur als Flüstertips bekannter Walliser Küchen zu verbinden. Daß sich selbst eine Wallis-Reise unter dem profanen Gesichtspunkt des Speisens lohnt, dafür verbürge ich mich.

Allein schon die Vielzahl der gastronomischen Häuser wird den auf mundendes Behagen Eingestimmten freuen. Doch objektiverweise muß jeder Anhänger Lukulls einräumen, daß die Tatsache, wie er sich selbst nach gehabtem Mahl fühlt, wie seine Zunge Wirkungen des Gereichten registriert, im Grunde nur individuell zu beurteilen ist. Wohl lassen sich die empfangenen Düfte und Gerüche, die zart Gegrilltes verheißenden Schwaden glühenden Holzkohlenfeuers, das

Schmelzen eines Sorbet-Kristalls oder die perlende Frische eines Walliser Weißen preisen, doch wie sensibel Ihr Gaumen auf gelobte Leckerbissen reagiert, das läßt sich nicht durch fremde Worte beschreiben.

Was liegt daher näher, als sich selbst zu einer kulinarischen Reise ins Rhonetal zu entschließen? Vor allem, wenn Sie meinen, in einem alten Berglerkanton gäbe es nur derbe Hausmannskost oder währschafte Küche nach Art «Bergbauernhof», dann wird Sie nämlich schon der erste Blick in die Speisekarte eines der im folgenden genannten Lokale eines Besseren belehren. Schließlich wäre es geradezu absurd, wenn in einem Kanton, der als «Kalifornien der Schweiz» Ruhm genießt und besonders aromatisches Obst und Gemüse hervorbringt, man sich nicht zugleich auch auf eine delikate und spezielle Zubereitung dieser Produkte verstünde.

Selbstverständlich erlernte mancher Walliser Chef-de-cuisine sein Handwerk unter der Ägide französischer Meister oder wanderte im Hinblick auf Perfektion weit im In- und Ausland herum. Sicherlich führt auch mancher Nicht-Walliser in mancher berühmten Walliser Küche das Zepter, doch vermag das alles nicht über eine ganz wesentliche Tatsache hinwegzutäuschen, daß nämlich die Söhne, die auszogen, vielfach gern zurückkehrten, um in der Heimat die Tradition der Gastlichkeit fortzuführen und sich dem Urteil ihres eigenen Kantons zu stellen. Und diese Könner wissen, daß sie gebraucht und zugleich hoch geschätzt werden, nicht von Banausen, sondern eben von Gourmets.

Nicht nur der Feriengast liebt gern gutes Essen und angenehme, gepflegte Gastlichkeit, sondern auch der Walliser geht recht gern und oft essenshalber aus, schon aus Gründen der Geselligkeit. Dort, wo *er* sich zu Tisch setzt, essen *Sie* richtig!

Angenommen Sie kommen vom Rhonegletscher und wollen nach dem Genfersee weiterreisen, dann müssen Sie dem Verlauf des Rotten folgen und, wie er, in **Fiesch** um die Ecke biegen. Natürlich können Sie auch eine Pause einlegen und im «Restaurant Schmitta» die mächtige Speisekarte studieren. Dort steht zu lesen, daß die Walliser Küche von vielem etwas hat. «Vorab das Eigene» — natürlich, und «aus dem Stadel das Getrocknete: Speck, Rohschinken, Trockenfleisch und Hauswurst». Dieses Quartett, angereichert mit Käse und Wein, werden Sie stets und sogar bis tief in die Nacht überall im Wallis bestellen können. Im «Schmitta» empfiehlt es sich, mit einer «Gommer Minestra» (Gemüsesuppe) zu beginnen und mit einer «Fiescherhexe» — sie erwärmt vor allem kühle Herzen — zu enden (**Restaurant «Schmitta», Fiesch,** Tel. 028/71 13 46).

Restaurant «Schmitta», Fiesch
Ein Restaurant mit einer typischen Walliser Küche, deren französische und italienische Spezialitäten aber ebenso zu empfehlen sind

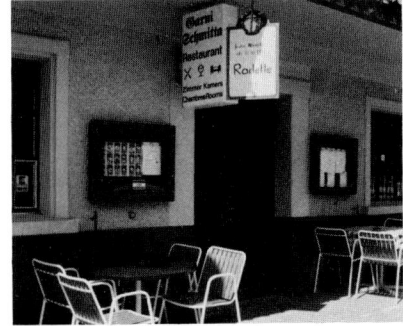

Hotel «Relais Walker», Mörel
Im renommierten Restaurant sollten Sie unbedingt einmal die Spezialitäten des Hauses probieren. Ob eines der sieben ausgezeichneten Fischgerichte oder ein Fleischgang — Sie werden diese Einkehr zu den bemerkenswerten Ihrer Reise zählen

In **Mörel** heißt es aufgepaßt. Ein leuchtendes Triumvirat Walliser Fahnen lädt zum Aufenthalt ins «Hotel Relais Walker» ein. Was Sie auch wählen, frische Fische — im Ort gibt es *den* findigen Zulieferanten des ganzen Oberwallis — oder das flambierte Rindsfilet «Pouschkine» (für zwei Personen); hier spürt der Gast, daß mit Liebe gekocht, sehr aufmerksam serviert und das Ganze auch noch sehr preiswert berechnet wird. Ein Haus, das Schule kennt: eine Überraschung für die Wartezeit und ein Traum-Pralinée zum abschließenden Kaffee (**Hotel «Relais Walker», Mörel,** Tel. 028/27 24 45).

Wenn der Spargel reift, schwören viele Leute auf Elsässer Köche. Vermutlich aber haben sie noch nie im Wallis dem schlanken Aristokraten zugesprochen. Leider: Billig ist Spargel nirgends. Schon im Altertum als Luxus begehrt, mußte Kaiser Diokletian feste Preise einführen, damit die Händler in der Spargelzeit nicht allzu reich wurden.

Als edle Delikatesse wird das herrliche Gewächs des Wallis im Briger «Schloßkeller» zubereitet. Die perfekte Harmonie dazu bildet ein Walliser Johannisberg — probieren Sie! Ob Küche oder Keller, Spargel- oder Wildsaison, am Wochenanfang oder -ende — den «Schloßkeller» verlassen dankbar leuchtende, oft vom Wein gerötete Gesichter — Zeichen glücklicher Zufriedenheit (**Restaurant «Schloßkeller», Brig,** Tel. 028/23 33 52).

Brig als Stadt verfügt natürlich über zahlreiche gute Speiselokale. Wer hungrig und eilig ist, darf getrost jede dieser Schwellen überschreiten,

Restaurant «Schloßkeller», Brig
Die reichhaltige Menu-Karte zeugt von der beeindruckenden Leistungsfähigkeit dieser Küche. Der Gast speist in gepflegter Atmosphäre, umgeben von auserwählten Originalen des Walliser Malers Alfred Grünwald

ohne in tiefe Enttäuschungen zu stolpern. Doch da zum Reise- immer mehr auch das Speisevergnügen gehört, soll dem, der sich bewußt auf Speis und Trank vorbereitet, mit aus-

Note, das ist dann Ihre Sache. Auf jeden Fall, die Qualität sorgt für den guten Ruf (**Restaurant «Steak-House», Brig,** Tel. 028/23 50 20).

Auf der Route zum Simplon, gar

Restaurant «Channa», Brig
Im Zentrum von Brig, an der Furkastraße gelegen, bietet dieses Restaurant die Gewähr, reell und gut bedient zu werden. Italienische und französische Küche sowie einheimische Spezialitäten. Im Sommer wird der hübsche, ruhige Garten hinter dem Haus zu einem stets willkommenen Treffpunkt

Restaurant «Zur Mühle», Ried-Brig
Etwas außer- und oberhalb von Brig besticht dieses Restaurant durch die anheimelnde Gediegenheit und warme Atmosphäre seiner Gasträume. Den ausgezeichneten Verlockungen des Küchenchefs und Herrn des Hauses darf man sich bedenkenlos anvertrauen

gewählten Top-Restaurants oder mit einfachen, aber originellen Küchen — auch an versteckten Plätzen — zu einem unerwarteten Genuß verholfen werden. Der Rhonelauf bildet dabei eine Art Leitlinie, denn nur wenige Kilometer abzubiegen lohnt sich, wenn man sicher ist, dabei auf ein kulinarisches Wallis zu stoßen, dessen Vorzüge auch der Einheimische nur im Flüsterton weitergibt.

Aber zurück nach Brig. Auch in der weitläufigen und vielräumigen «Channa» wird kein Gast enttäuscht. Die Auswahl ist groß, die Portionen sind reichlich bemessen (**Restaurant «Channa», Brig,** Tel. 028/23 65 56).

Wen es aber nach blutigem Fleisch gelüstet, der findet im «Steak-House» kräftigende Nahrung. Grammgewicht und pfeffrig-feurige oder pikante

nicht weit, steht in **Ried-Brig** ein gemütlich-rustikales Haus, das Restaurant «Zur Mühle». Wer sich einen Fensterplatz bestellt, genießt ganz nebenbei Brig im letzten Abendsonnenschein. Hier würde ich ein gutes, zartes Stück Fleisch oder Wildbret wählen. Ohne Bedenken darf man auch der persönlichen Empfehlung des Hauses Vertrauen schenken (**Restaurant «Zur Mühle», Ried-Brig,** Tel. 028/23 43 13).

Naters, mit Brig zusammengewachsen, pflegt Kultur. Den Dorfplatz zieren eine wunderschöne alte Kirche, ein Beinhaus, voll mit ausgehöhlten Totenschädeln sowie ein kleines Häuflein schöner alter Walliser Häuser. In letzter Zeit entdeckten auch die Natischer die Lust am Essen, darum wird Ihnen jeder gern verraten, wo sich das einladende Restaurant «Rhodania», das Restaurant «Touring» oder «Bar und Restaurant Lötschberg» befinden.

Mit **Gamsen,** etwa sieben Kilometer hinter Brig, konnte ich lange keinerlei Vorstellungen verbinden. Bis, ja bis ich eines Tages vom «Boccalino» hörte und beschloß, es aufzuspüren. Biegen Sie dort, wo die Zufahrtsstraße endet, scharf nach rechts und steigen Sie dort aus, wo sich die parkenden Autos häufen. Vielleicht haben Sie auch das Glück, daß die kleine, im Bau befindliche Terrasse vor dem Haus schon fertig ist, dann sehen Sie das «Boccalino» auch von der hier dreispurig ausgebauten Rhonetalstraße aus. Erschrecken Sie nicht, denn zuerst betreten Sie die Dorfschenke, und nichts in ihr deutet darauf hin, daß sich über den Gang eine weitere Tür zu einer gepflegten, kleinen Speise-Oase öffnet — eine wirkliche Überraschung, ein «heißer» Tip, individuell bedient und mit spürbarem Bemühen fürs leibliche Wohl umsorgt zu werden. Der Name verrät es: Italien huldigt hier die Kochstube! (**Restaurant «Boccalino», Gamsen-Brig,** Tel. 028/23 15 58).

Restaurant «Boccalino», Gamsen
Zwischen Brig und Visp liegt Gamsen, in dem es einen Geheimtip gibt, das «Boccalino» mit einer mundenden, typisch italienischen Küche

Das «Bahnhofbuffet» von Gampel-Steg
Wer nicht weiß, daß auch hier ein Könner am Herd steht, fährt vorbei. In der ersten Etage befindet sich das Restaurant Riedbergstube, das viele schätzen

In Stimmung versetzt, läßt sich die erst angebrochene Nacht im nahen Night-Club und Dancing «Tambourin» (gleich vor den Toren Brigs) auf beliebig amüsante Weise zu Ende bringen — übrigens der einzige Oberwalliser Ort, an dem ein (gepflegter) Strip über die Bühne geht. Der zivile Eintritt von fünf Franken erlaubt sogar eine Schnupperschau. Doch das nur nebenbei, denn je weiter die Reise nach Westen geht, umso näher rücken jene Tempel, zu denen Gourmets von weither reisen und sich mit ihrem Lieblingstisch mitunter auch ihr Lieblingsgericht bereithalten lassen. Aber eben, das alles muß der Feriengast erst einmal wissen!

In **Visp** allerdings, das sei nur nebenbei bemerkt, bleibt alles beim bewährten Alten. Darum kehrt der Visper vielleicht auch so gern im «Bahnhofbuffet» von Gampel ein. Es liegt unmittelbar an der Rhonedurchgangsstraße und macht rein äußerlich gar nichts her. Steigt man aber in die erste Etage hinauf, entdeckt man sauber aufgedeckte Tische, auf denen anspruchsvolle Gerichte zu entsprechenden Preisen verzehrt werden können — immerhin erhielt der Chef 1975 vom «Cercles de Chef des cuisines» in Bern die Goldmedaille (**«Bahnhofbuffet», Gampel-Steg,** Tel. 028/42 12 68).

Im hübschen Städtchen **Siders/ Sierre** gibt es zwei Empfehlungen, die nicht unmittelbar «an der Straße» liegen. Aber keine Sorge, wer in schöner, ruhiger Lage pausieren will, wird beide finden. Das Restaurant «Château de Villa», ganz früher wirklich ein echtes Schloß, heute zur Edelbeiz umfunktioniert, stellt in seinem hübschen Innenhof nicht mehr als knapp zehn Tische auf. Im Sommer sollte man hier draußen, kühl überschattet von herrlichen Bäumen, und nicht drinnen sitzen und zu den Leckerbissen der erfahrenen Küche den Walliser Weinen zusprechen. Es wäre schade, bei einer Kostprobe nur eines Weines zu bleiben, denn hier befindet sich der Gast zugleich im «Centre de propagande et dégustation des vins du Valais», und das bedeutet, daß hier eine besonders reiche Auswahl von Walliser Weinen zu Gebote steht **(Restaurant «Château de Villa»,** Si-ders, **Rue Sainte-Catherine 4,** Tel. 027/55 18 96).

Zum **Lac de Géronde** (Gerundensee), einem idyllischen Stück Natur, zu finden, fällt nicht schwer. Je heißer die Sonne, umso schöner blitzt und funkelt dieses kleine Walliser Meer. Springen Sie, kurz entschlossen, in die Fluten. Erfrischt und hungrig werden Sie sich glücklich preisen, wenn kurz darauf warme, feine Düfte in Ihre Nase steigen, zum Beispiel von himmlisch frischen Fischen groß und klein, die im **Hotel-Restaurant «De la Grotte»,** gleich nahebei, auf Ihrem Teller liegen. Außerdem hebt es das allgemeine Wohlbefinden, in einer so originellen, in den Fels geschlagenen Stätte zu Gast zu sein.

Superbe Köche und junge Frauen soll man meiden, sagen die Franzosen, denen doch beides täglich begegnet. Denn, so meint das Sprichwort, beiden verfällt man ständig. Halten Sie es also wie die lebensfrohen Franzosen und reisen Sie weiter rhoneabwärts. Inmitten der Weinterrassen zwischen Siders/Sierre und Sitten/ Sion sollten Sie sich unbedingt von den Vorzügen eines schlichten Hauses

Château de Villa, Siders
Schön und malerisch in Architektur und Ambiance, lädt dieser «Keller» zu köstlichen Walliser Spezialitäten ein: Käsespeisen und Trockenfleisch in vielen Varianten. Dazu wird eine überaus reiche Auswahl von Walliser Weinen geboten

bezaubern lassen. Es steht im winzigen Dörfchen **Corin sur Sierre,** und nur die Vielzahl nobler Pkws spricht dafür, daß Sie es hier mit einem der edlen Eßtempel des Wallis zu tun haben werden. Ich bin sicher, daß die unmittelbare Nähe zu Crans-Montana mit seinem bekanntermaßen hohen gastronomischen Niveau für die Ambitionen Monsieur Georges Burguets eine wichtige Rolle spielt, denn was nur wenige hundert Meter höher geboten wird, vermag auch das Restaurant «La Côte» hier unten aufzutischen. Die Ambiance der Räume ist vornehm-dezent. Am gemütlichsten sitzt es sich im kleinen Restaurant, wo ein edler Herr aus dem 18. Jahrhundert an toniger Wand als Blickfang hängt.

Zum Verweilen vor oder nach dem Mahl schließt sich, gepflegt und elegant, ein grüner Salon an. Im großen Stil wird also im kleinen Corin genossen, werden des Lebens schöne Seiten mit Würde ernst genommen.

Aus der vielversprechenden Karte ein individuelles, harmonisches Menü zusammenzustellen, ist eine Lust, zumal sich die gebotenen Delikatessen nicht so leicht anderswo finden lassen. Die Wachtel, die ich wählte, dezent mit Muskat abgestimmt, war wundervoll. An Weinen sollte man die besten wählen. Käseplatte und Dessertwagen wissen die seit Jahren gerühmte Qualität zu wahren. Was für Monsieur spricht: ehrgeizig ohne nervös und originell ohne zwanghaften Kreationsdrang zu sein. Dazu ein Restaurant von erstklassigem Rahmen, und eine besondere Empfehlung an den Gast, denn hier wird für verhältnismäßig wenige Franken ein vorzügliches Feinschmeckermenü geboten. Allerdings, für den Abend ist un-

«Restaurant de la Côte», Corin
Das ist eines der erstklassigen Restaurants des Wallis. Darum ist, vor allem am Abend, unbedingt Tischreservation zu empfehlen. Schon allein aus den Leckerbissen ein Fest-Menu zusammenzustellen, wird Genuß bereiten

Restaurant «L'Enclos de Valère», Sitten
Am steilen Weg zur Burg «Valeria» trifft man, versteckt in der Altstadt, auf ein vorzügliches Haus mit schattenspendendem Garten. Die einladende Gastlichkeit und die Qualität der Speisen werden Sitten — beinahe — unvergeßlich machen

bedingt Reservation zu empfehlen («**Restaurant de la Côte», Corin s. Sierre,** Tel. 027/55 13 51).

Selbstverständlich gebührt auch **Sitten/Sion,** der Metropole des Wallis, großes Lob für hervorragende Küchen. Zu den mächtigen historischen Burgen wird vermutlich jeder Besucher finden und dabei gleich an der rue des Châteaux das Restaurant «L'Enclos de Valère» passieren. Ein reizendes Lokal, dazu ein hübscher schattiger Garten für das Sommermahl. «Phantasievoll, wenn auch ein wenig manieriert» beschrieben die französischen Testesser vor einem Jahr die Genüsse dieser Küche. Doch um das festzustellen, braucht man schon eine hoch sensible Zunge. In Sitten esse ich dennoch dort oben am liebsten (**Restaurant «L'Enclos de Valère», rue des Châteaux, Sitten,** Tel. 027/23 32 30).

Das Restaurant «Chez Tchetchett» wird im Vorbeifahren schnell übersehen. Im Sommer erweckt ein bißchen Grün vor der Fassade, unter dem ein paar Tischchen stehen, den Eindruck eines ganz normalen Stra-

ßen-Cafés. Aber da täuscht man sich. Hier nämlich treffen sich die Genießer der Stadt, die wissen, wo man in gelockerter, persönlicher Atmosphäre eine feine Spezialitätenküche serviert bekommt. Zu den berühmten Spezialitäten gehören «Geschnetzeltes», Meerestiere und sogar eine Bouillabaisse (für zwei Personen, aber nur in der Saison), und das sogar im Alpenland! (**Restaurant «Chez Tchetchett», Avenue de Tourbillon 31, Sitten,** Tel. 027/22 18 98).

Restaurant «Chez Tchetchett», Sitten
Einer der beliebtesten Treffpunkte der Sittener Bevölkerung, die eine vorzügliche Küche mit französischem Einschlag und eine persönliche Atmosphäre zu schätzen weiß

Für Sitten viele Tips zu geben, wäre durchaus möglich, doch lähmt es die eigene Entdeckungsfreude in einer Stadt, die auch kulinarisch manches zu bieten hat. Dennoch, vergessen werden sollte nicht das «La Planta» (im Zentrum), wo man auch draußen sitzen kann, leider aber auch den Verkehr mit in Kauf nehmen muß («**Restaurant de la Planta», Avenue de la Gare, Sitten,** Tel. 027/22 60 34). Andere empfehlen ebenso gern das

«Restaurant de la Planta», Sitten
In der Nähe des großen, unterirdischen Parkhauses inmitten der Stadt bietet dieses Restaurant Speisen in gekonnter Zubereitungsart

Restaurant «Château de Brignon», Brignon-Nendaz
Auf dem Weg zu den bekannten Ferienplätzen Haute-Nendaz und Veysonnaz/Thyon 2000 grüßt von einem sonnigen Felsplateau ein reizvolles «Schloß», dessen auserlesene Haus- und Gaumenkultur wahrhaftig einen kleinen Abstecher wert sind

Restaurant-Motel «Mon Moulin», Charrat
Schon von weitem sind an der alten Landstraße nach oder von Martigny die Wahrzeichen dieses Restaurants zu erblicken, die großen Flügel einer kuriosen Mühle. Im kleinen Restaurant wird feine Küche geboten

«**Continental», (Rue de Lausanne 116,** Tel. 027/22 46 41).

Wer einen kleinen Ausflug (etwa zehn Minuten von Sitten) in Richtung **Nendaz** nicht scheut, sollte sich zunächst vergewissern, ob das «Château de Brignon» wirklich geöffnet ist. Der Besuch im hübschen, sympathischen und antik eingerichteten Schloß würde sich wegen der phantasievollen Kreationen lohnen, sei es Geflügelleber an Himbeeressig oder Petersfisch in Orangensaft (**Château de Brignon, Brignon-Nendaz,** Tel. 027/88 21 09).

Doch noch ist die kulinarische Rhonefahrt nicht zu Ende. Kurz vor **Martigny** gilt es, sich entweder diesseits oder jenseits der Rhone weiterzubewegen. Da wäre einmal in Charrat «L'Abricotier» im «Mon Moulin» zu nennen, dessen reizender kleiner Speisesaal einer kuriosen Mühle durch seine überzeugende Nouvelle-Cuisine von sich reden machte. Inzwischen, so hört man jetzt, hat der Koch gewechselt (**Restaurant-Motel «Mon Moulin», Charrat**, Tel. 026/ 5 32 92).

Auf der anderen Seite, in **Fully**, versucht seit sechs Jahren Familie George-Keller ihr Bestes. Äußerlich wenig einladend, verspricht die anheimelnde Gaststube Wohlgefühl bei,

Wer nach der Devise lebt: «Essen wie ein Fürst — wohnen wie ein Bettler» wird nach Fully reisen müssen, denn hinter einer unscheinbaren Fassade wird der Gast wohltuend überrascht

wie der reichhaltigen Karte zu entnehmen ist, löblichem Essen (**Restaurant «Fully», Martigny-Fully**, Tel. 026/5 33 59).

Auch bei einem Besuch **Martignys** bewährt sich, wenn man Kenntnis der

«Restaurant du Léman», Martigny
Mitten in der Stadt und zugleich an den Ausfallstraßen liegt dieses moderne Restaurant, das die Einheimischen wählen, die eine sehr gute Küche zu soliden Preisen schätzen

kulinarischen Szene besitzt. Im «Restaurant du Léman» (an der Landstraße nach St-Maurice) geben sich die Mitglieder des Rotary Clubs gern ein Stelldichein, ein Beweis dafür, daß man hier mit Freude Teller und Platten genießt (**«Restaurant du Léman», Martigny**, Tel. 026/2 30 75).

Zu den gepflegten Häusern für gehobene Ansprüche gehört auch das

Hotel-Restaurant «Forum», Martigny
Richtung Süden, auf den Großen St. Bernhard zu, lohnt sich ein Besuch im festlichen Speisesaal des «Forum», denn hier werden ausgesuchte Tafelfreuden bei beflissenem Service und gutem Preis geboten

Restaurant «Rôtisserie du Bois-Noir», Evionnaz
Wer sich hier zum Mahle trifft, weiß, was er erwarten darf, denn er betritt ein Spitzenlokal. Die exquisite französische Küche mit berühmten Leckerbissen steht hier an der Spitze

«Hotel Forum» mit seinem festlichen Speisesaal. Gerichte wie Froschschenkel in Blätterteig an Schnittlauchrahmsoße oder Rindsmedaillon nach Weinhändlerart werden Sie nicht so schnell vergessen **(Hotel «Forum», Martigny,** Tel. 026/2 18 41).

Evionnaz mit seiner «Rôtisserie du Bois-Noir» weiß nicht nur Zunge und Gaumen, sondern auch das Auge durch seine Dekorationen im gepflegten Lokal zu beeindrucken. Geflügel aus der Bresse (Truthahn und Ente) und erlesene Meeresfrüchte sorgen hier für die stete Wiederkehr passionierter Feinschmecker. Die Ambitionen des Hauses spiegelt eine Speisekarte mit auserlesenen Entrées und vielfältigen Hauptgerichten. Die Preise bewegen sich allerdings auf demselben Niveau, doch war es schon immer etwas teurer, einem besonderen, ausgefallenen Geschmack zu huldigen **(«Rôtisserie du Bois-Noir», St-Maurice,** Tel. 026/8 41 53).

Spezialität des «Manoir du Vigneron» ist die Raclette, die von morgens bis abends genossen werden kann

Restaurant «Manoir du Vigneron», Vionnaz
Ein Haus, bis hoch in den offenen Dachstuhl ausgebaut, von besonderem Charme. Hier werden, durchgehend, vor allem Käsespeisen und kalte Platten mit Landspezialitäten und dazu eine erstaunlich vielfältige Auswahl von Walliser Weinen angeboten

In **Vionnaz,** nur noch wenige Kilometer vom Genfersee, dürfen Sie vom Walliser Nationalessen «Raclette» Abschied nehmen. Denn dieses spezielle Haus, innen als offene Holzgerüstscheune ausgebaut, bietet von 9 bis 23 Uhr duftende Käse-Spezialitäten. Ein Blick in die Weinkarte wird den Kenner vor Neid erblassen lassen. Allein 20 verschiedene Fendants und 15 verschiedene Johannisberg werden angeboten. Wie das «Château de Villa» von Siders gehört auch das originelle «Manoir du Vigneron» dem «Centre de propagande et de dégustation des vins du Valais» an **(Restaurant «Manoir du Vigneron», Vionnaz,** Tel. 025/81 22 64).

Am westlichen Ende des Kantons, in **Vouvry,** stellt die «Auberge du

Vouvry» eines der Spitzenlokale im ganzen Rhonetal dar. Perlhuhn an Estragon, Ente in rotem Humagne oder Kaninchenkeule mit Kerbel galten und gelten als einige der Wahrzeichen dieser exquisiten Küche. Martial Braendle weiß hundertfach bewährte Köstlichkeiten stets durch (s)ein gewisses Etwas zu bereichern. Dabei verfällt er nicht auf Extravaganzen, sondern weiß den Gout frischer Naturprodukte durch einfallsreiche, harmonische Ergänzungen aufs Feinste zu intensivieren. Um tiefe Enttäuschung zu vermeiden, heißt es auch in Vouvry, sich telefonisch anzumelden. In der familiären Ambiance wird sich jeder willkommen fühlen und zugleich ein Walliser Kleinod der Gastlichkeit erleben (**«Auberge du Vouvry», Vouvry,** Tel. 025/81 11 07).

Wo Sie im Wallis auch speisen, das Gefühl, als persönlicher Gast willkommen zu sein, wird Sie von Restaurant zu Restaurant als äußerst an-

Restaurant «Auberge du Vouvry», Vouvry
Außen wie innen strahlt diese vorzügliche Eßadresse, eine der besten im ganzen Kanton, gediegene Vornehmheit aus. Was der Koch hier kreiert, hat Seltenheitswert

genehme Beobachtung begleiten. Sie wird, unbeabsichtigt, dazu beitragen, diesen ebenso sympathischen wie farbigen Schweizer Kanton als eine schöne, vielleicht ferne Erinnerung im Gedächtnis zu behalten — auf Wiedersehen!

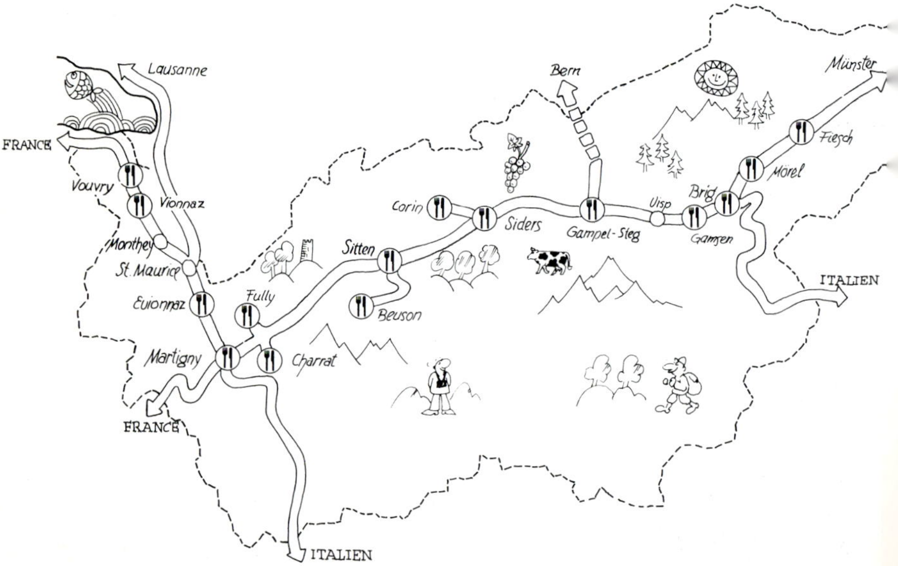

Wallis - Information

- Fläche in km^2:   5 225
- Wohnbevölkerung: 218 000 (1980)
- Zahl der
  Übernachtungen: 12 711 000
  davon Schweizer: 6 118 000
  Ausländer: 6 593 000
- Ein Viertel der schweizerischen Beherbergungskapazität wird im Kanton Wallis angeboten, das sind 1,2 Ferienbetten pro Einwohner.
- Jede dritte Ferien- oder Zweitwohnung der Schweiz befindet sich im Kanton Wallis.
- Ein Viertel aller Seilbahnen und Skilifte der Schweiz ist im Wallis installiert.
- Von den 82 000 Ganzzeitbeschäftigten im Rhonetal sind über 25 000 vom Tourismus abhängig. (10 000 arbeiten im Tourismus selbst, 15 000 werden von ihm induziert, davon 8000 im Baugewerbe).
- Seit 1982 erleichtert die wintersichere Verbindung des Autoverlades durch den Furkatunnel den Zugang zum Wallis. Er bildet die ideale Ergänzung zum Lötschberg. Vorteilhaft ist die Wahl durch den Furkatunnel für die Region östlich der Achse Luzern—Zug—Zürich—Waldshut, für die Gäste des Aletschgebietes und des Goms auch aus dem Gebiet Zentralschweiz, Basel.
  «Park in Realp und Ride im Goms» — Realp sind für den Automobilisten Parkplätze vorgesehen.
  Autoverlad Realp—Oberwald oder umgekehrt, inklusive Mitreisende, pro Personenwagen 30 Franken.
- Das Wallis ist bequem und sicher zu erreichen. Die Autobahn ist bereits von Basel bis nach Riddes, einem kleinen Winzerort 15 km vor der Kantonshauptstadt Sitten, durchgehend befahrbar. Die Autobahn über den Simplon ist geplant. Im Wallis selber führen gut ausgebaute Zufahrtsstraßen, aber auch zahlreiche Berg- und Nebenbahnen, sowie Postautokurse in reizvoller, kurzweiliger Fahrt zu den eigentlichen Ferienorten.

Alpen- und Rettungsflüge

Flughafen Sitten
Mittelstreckenflugzeuge zugelassen. Alpenflüge, Gletscherlandungen, Segelfliegen, regelmäßige Direktflüge nach Genf, Tel. 027 22 24 80.
Air Glacier, Sitten
Alpenflüge und Flugrettung, Tel. 027 22 64 64.
Air Zermatt, Zermatt
Alpenflüge und Flugrettung, Tel. 028 67 34 87.

Bauernhofferien

Buchungszentrale, Ferien auf dem Bauernhof, Postfach 432, 6030 Ebikon,
Tel. 041/36 87 80

Berghütten

Information durch: Schweizer Alpen-Club, Helvetiaplatz 4, 3005 Bern,
Tel. 031/43 36 11

Freizeitangebot

Sommer: 58 Tennisplätze, 1 Golfplatz (18 Hotels), 1 Golfplatz (9 Hotels), 19 Minigolfanlagen, 12 offene Schwimmbäder (ungeheizt), 27 offene Schwimmbäder (geheizt), 3 Thermalbäder, 3 Soleschwimmbäder, 38 Hallenschwimmbäder, 24 Reitbahnen, 49 Fitneß-Parcours, 87 Campingplätze, 18 Bergsteigerschulen, 8500 km markierte Wanderwege.

Sommerski: La Chenalette/Bourg-St-Pierre (Großer St. Bernhard), 2469 — 2800 m, Juni—Mitte August ganzer Tag
Plaine Morte/Crans-Montana 2400 — 3000 m, Juni—Oktober morgens
Felskinn/Saas-Fee 2600—3250 m, Mai—Dezember morgens
Klein Matterhorn/Plateau Rosa/Theodulgletscher/Zermatt 2929—3899 m, Mai—Oktober morgens

Winter: Vergleiche Touristik-Stationen.
Wintersport auf Walliser Pässen: Simplonpaß (2005 m); Verkehrsverein 3901 Simplon, Tel. 028/29 11 34
Super-St-Bernhard (1930 m); Verkehrsverein Bourg St-Pierre/Super-St-Bernhard.

Hotels für Behinderte

Schweizerischer Invalidenverband, Frohburgstraße 4, 4600 Olten 1,
Tel. 062/21 10 37
  Schweiz. Arbeitsgemeinschaft für Körperbehinderte (SAK) c/o Pro Infirmis, Feldeggstraße 71, 8032 Zürich,
Tel. 01/251 05 31.

Radwanderweg Oberwallis

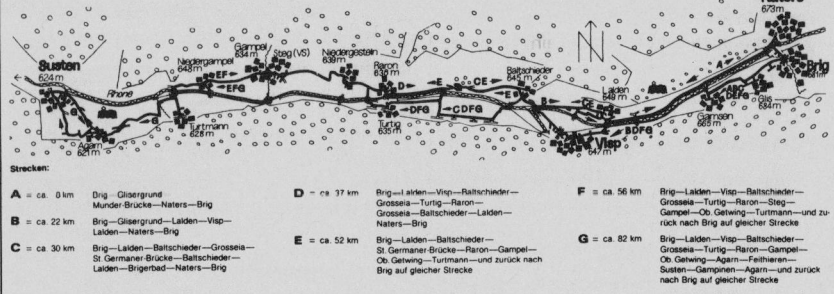

Strecken:

A = ca. 0 km
Brig - Glisergrund
Munder-Brücke—Naters—Brig

B = ca. 22 km
Brig—Glisergrund—Laiden—Visp—
Laiden—Naters—Brig

C = ca. 30 km
Brig—Laiden—Baltschieder—Grosseia—
St. Germaner-Brücke— Baltschieder—
Laiden—Brigerbad—Naters—Brig

D = ca. 37 km
Brig—Laiden—Visp—Baltschieder—
Grosseia—Turtig—Raron—
Grosseia—Baltschieder—Laiden—
Naters—Brig

E = ca. 52 km
Brig—Laiden—Baltschieder—
St. Germaner-Brücke—Raron—Gampel—
Ob. Getwing—Turtmann—und zurück nach
Brig auf gleicher Strecke

F = ca. 56 km
Brig—Laiden—Visp—Baltschieder—
Grosseia—Turtig—Raron—Steg—
Gampel—Ob. Getwing—Turtmann—und zu-
rück nach Brig auf gleicher Strecke

G = ca. 82 km
Brig—Laiden—Visp—Baltschieder—
Grosseia—Turtig—Raron—Gampel—
Ob. Getwing—Agarn—Feilhieren—
Susten—Gampinen—Agarn—und zurück
nach Brig auf gleicher Strecke

Radwandern

Seit 1980 ist Radwandern auch im Oberwallis möglich. Der Radwanderweg zwischen Susten und Brig erstreckt sich über 82 abwechslungsreiche und dem Radfahrer reservierte Kilometer.

Verkehrsverband Wallis

Union valaisanne du tourisme, rue de Lausanne 15, 1951 Sion, Tel. 027/22 31 61.

Wandern

Informationen über Wanderwege und -möglichkeiten durch die Vereinigung der Walliser Wanderwege, rue de Lausanne, 1951 Sion, Tel. 027/22 20 17.

Wohnungstausch

Intervec - SLV, Reherstraße 6A, 9016 St. Gallen, Tel. 071/24 50 39
Holiday Exchange Service, A. Hassler + Co., Internationaler Haus- und Wohnungstausch, Dahliastraße 9, 8008 Zürich, Tel. 01/47 91 66.

CH im Überblick

Das Land

Lage: Die Schweiz liegt zwischen dem 45. und 48. Grad nördlicher und dem 5. und 11. Grad östlicher Breite. Die Landesgrenzen stoßen an die Bundesrepublik Deutschland (346 km), an Frankreich (572 km), Italien (734 km), Österreich (165 km) und Liechtenstein (41 km).
Fläche: Umfaßt 41 293 km^2, davon sind 30 715 km^2 produktives Land (11 685 km^2 Wiesen- und Ackerland, Obst- und Rebbau, 8 510 km^2 Weiden und 10 520 km^2 Wald).
Höchster Punkt: Dufourspitze des Monte Rosa mit 4634 m ü. M.
Tiefster Punkt: Ufer des Lago Maggiore mit 193 m ü. M.

Das Klima

Die Alpen bilden eine deutliche Klima- und Wetterscheide. Da die Winde an den hohen Gebirgsketten gestaut werden, weist der Alpenrand starke Niederschläge auf. Die Täler aber bleiben sowohl vor heftigen Windeinfällen als auch vor übermäßigen Niederschlägen geschützt, wie das Tessin und das als besonders sonnig und trocken bekannte Wallis.

Herrscht im Norden der Alpen ein Tiefdruckgebiet und im Süden ein ausgeprägtes Hoch, so kommt es zur charakteristischen Föhnwetterlage. Über dem Bergkamm bildet sich eine Wolkenwand, die sich beim Abstieg auflöst: Der Föhn fegt als warmer Fallwind zu Tal. Von ihm werden besonders die nördlichen Alpentäler betroffen. Der Föhn kann mitunter das Wohlbefinden beeinträchtigen, da unter seinem Einfluß die Lufttemperatur plötzlich bis um mehr als 10° C ansteigen kann. An Föhntagen erscheint die Alpenlandschaft besonders klar und nimmt südliche Farbstimmungen an. Im Frühjahr bewirkt der Föhn oft eine starke Schneeschmelze, die Bäche und Flüsse anschwellen läßt. Eine typische Föhngasse bildet das Rheintal.

In den Hochtälern im Inneren der Gebirge herrschen ein besonders intensives Strahlungsklima, staubfreie Luft, geringe Luftfeuchtigkeit und kühle Temperaturen. Ihre ausgesprochen günstige heilklimatische

Wirkung wurde denn auch bald erkannt, so daß vor allem im Engadin zahlreiche Sanatorien errichtet wurden. Dieser klimatische Vorrang kommt vor allem im Winter zur Geltung, wenn in tieferen Lagen ein feuchtes und unfreundliches Klima herrscht.

Bevölkerung und Wirtschaft

Die Schweizer stellen zwei Promille der Erdbevölkerung, mehr nicht. Unter den etwa 6 300 000 Einwohnern, die 1978 geschätzt wurden, lebt etwa eine Million Ausländer. Der Lebensstandard der Schweizer gilt als hoch, und die Schweiz ist, bezogen auf ihr Bruttosozialprodukt, nach Kuwait das zweitreichste Land der Erde. Der Schweizer ist der meistversicherte Bewohner des Erdballs.

Die Schweiz besitzt keine Rohstoffe. So gab es, da sie mehr Waren einführen als ausführen kann, immer nur eins: Fremdenverkehr, Anlagen im Ausland, Dienstleistungen, Lizenzen, Transit und Warenexport, und zwar stets unter dem Gütesiegel Qualität und Präzision. Dazu kam das Kapital. Die Schweizer Banken genießen Weltruf. Auf etwa 1400 Einwohner kommt ein Geldinstitut. Der Goldschatz der Nationalbank beträgt 10 Milliarden Franken und deckt zum großen Teil die Banknoten, die sie ausgibt.

Auch in der Schweiz entvölkern sich die Städte. Die größten **Agglomerationen** (1978) sind Zürich (707 500), Basel (367 000), Genf (322 900), Bern (283 600), Lausanne (227 200), Luzern (156 500), Winterthur (106 600).

Landessprachen: Deutsch (65%), Französisch (18%), Italienisch (12%) und Rätoromanisch (1%). Mit Ausnahme des Rätoromanischen sind alle Amtssprachen, d. h. auch amtliche Erlasse werden in diesen Sprachen verfaßt.

In der deutschsprachigen Schweiz bedient man sich im Alltag der alemannischen Mundarten. Die Welschschweizer oder Romands benutzen das Schriftfranzösische als Umgangssprache, Mundarten aber werden noch im italienischsprachigen Tessin und in den südlichen Tälern von Graubünden (Misox, Calanca, Bergell, Puschlav) gesprochen. Wenig bekannt ist, daß das Rätoromanische drei Schriftsprachen kennt: Das Surselvische im Vorderrheintal, das Sutselvische (Mittelbündnerisch) an Hinterrhein, Albula und Julier und das Ladinische, das im Engadin und im Münstertal gesprochen wird, wobei noch zwei weitere Formen unterschieden werden.

47,8% der Bevölkerung sind evangelisch, 49,4% katholisch.

Schweizerische Eidgenossenschaft

So lautet die amtliche Bezeichnung des schweizerischen Bundesstaates, französisch: Confédération Suisse, italienisch: Confederazione Svizzera, lateinisch: Confoederatio Helvetica, kurz Helvetia.

Die Bezeichnung «Eidgenossen» trat zum ersten Mal im deutschgeschriebenen Bundesbrief von 1315 auf. Die Verwendung der lat. Bezeichnung «Confoederatio Helvetica» auf Münzen, Briefmarken, die Abkürzung CH auf Autoschildern und im internationalen Postverkehr wurde gewählt, um keine der Landessprachen zu bevorzugen.

Der Name «Helvetia» leitet sich von den keltischen Helvetiern ab, die um 100 v. Chr. aus Süddeutschland in das schweizerische Mittelland vordrangen. Seit 1850 taucht die «Mutter Helvetia» als Symbol auf Münzen, von 1854—1940 auch auf Briefmarken auf.

Die Schweizerische Eidgenossenschaft besteht aus 26 **Kantonen,** 23 «souveränen» Kantonen und drei Kantonen, die in **Halbkantone** unterteilt sind: Obwalden (OW), Nidwalden (NW), Basel-Stadt (BS), Basel-Land (BL), Außerrhoden (AR) und Innerrhoden (IR). Die Halbkantone gelten jedoch als vollwertige selbständige Staatsglieder, dürfen aber nur einen Ständerat entsenden, und ihre Stimme zählt nur halb bei Verfassungsänderungen. Die Kantone spielen im Bewußtsein der Bürger eine außerordentlich bedeutende Rolle, und zwar auf Grund der Tradition, im politischen Alltag, als politische Zentren und als Kulturträger.

Die Schweiz stellt also einen Bund von Demokratien (Kantone) dar. Der Bund an oberster Stelle, dann Kantone und schließlich die Gemeinden bilden den Staat. Die **Gemeinde** ist autonom, sie hat eine Verfassung, die Gemeindeordnung. Sie untersteht dem Kanton. Auch der **Kanton** ist selbständig, verfügt über eine eigene Verfassung und kann bei bestimmten Bundesabstimmungen seine Stimme abgeben. Die höchste Ebene im Staat verkörpert der **Bund** (Monopole für Zoll, Post, Telefon und Herausgabe von Banknoten).

Die **Bundesversammlung** setzt sich aus zwei Kammern zusammen, dem **Nationalrat** (200 Volksvertreter) und dem **Ständerat** (46 Abgeordnete der Kantone). Die oberste ausführende Behörde ist der **Bundesrat,** die richterliche das **Bundesgericht**.

Die **Regierungen** bilden die Gemeinderäte, Stadträte, Regierungsräte und Bundesräte. Sie sind Mitglieder der verschiedenen Parteien. Sie fassen ihre Entschlüsse gemeinsam und vertreten sie nach außen. Die Regierungsweise ist kollegial und pragmatisch. Wenn der Bundesrat im Parlament eine Niederlage erfährt, wird ihm das Vertrauen nicht entzogen. Die Regierung kann nicht gestürzt werden, sie wird periodisch neu gewählt.

Das **Wappen** der CH: weißes Kreuz auf rotem Grund. Das **Bundesheer** der CH ist ein Milizheer, dessen allgemeine Wehrpflicht alle Wehrtüchtigen vom 20. bis 50. Lebensjahr erfaßt. (Der Wehrpflichtige versorgt seine Ausrüstung in seinem privaten Domizil.)

Feste und Bräuche

Die Schweiz ist reich an schönen und eigenartigen Festen und Bräuchen, von denen heute noch viele ihre Ursprünglichkeit bewahrt haben. Ihre Zahl ist deshalb so groß, weil viele Kantone oder einzelne Ortschaften ihre eigenen Feste feiern. Die offiziellen Feiertage unterscheiden sich jedoch kaum von denen in Deutschland, doch kommen in den katholischen Gebieten noch die von Lokalheiligen hinzu. Nationalfeiertag ist der 1. August eingedenk des Rütlischwurs 1291 («Bundesfeier»). In einigen Orten der Kantone Appenzell, Nidwalden und Glarus wird noch immer die **Landsgemeinde** unter freiem Himmel abgehalten, die Abstimmung erfolgt durch Handzeichen. Zu den allgemein verbreiteten Festen zählen vor allem die **Schützen-** und **Älplerfeste** mit Jodeln, Fahnenschwingen und Alphornblasen. Diese Anlässe vereinen vielfach sportliche und musikalische Veranstaltungen. Hin und wieder, wie im Wallis oder in Greyerz, werden dazu noch die typischen Trachten getragen.

In den Bergkantonen begeht man noch immer **Alpauf-** und **Alpabtrieb** mit feierlichen Zügen, und die Beteiligten erscheinen im traditionellen Älplerkleid. Mit der herbstlichen Alpabfahrt verbunden ist aber auch der Brauch der **Kästeilete**, z. B. im Justital oberhalb Meilingen. Dort wird der im Sommer gewonnene Ertrag an Käselaiben den Bergrechtsbesitzern durch Los zugeteilt. Im Kanton Wallis spielen die **Kuhkämpfe,** aus denen das Leittier für die Alpzeit hervorgeht, eine große Rolle. Zur Weinlese veranstalten viele Weinanbaugebiete am letzten Sonntag im September oder dem ersten im Oktober **Winzerfeste,** die zum Teil mit großem Aufwand begangen werden, wie das nur alle 25 Jahre stattfindende Fest von Ve-

vey. Bekannt ist aber auch die Weinlese von Russin (Kanton Genf), das Weinfest von Lugano (Kanton Tessin) oder Sierre/Siders (Kanton Wallis).

Weit verbreitet sind noch immer die **Fasnachtsbräuche**. Die «Rölli» im Kanton Schwyz toben sich in wilden Tänzen aus und verteilen Eierringe an die Jugend, ein Symbol auf die bevorstehende Fastenzeit. Ihr breiter Gurt ist dicht mit «Rollen» (Schellen) besetzt. Im Tal von Schwyz treten die sogenannten «Rotten» auf, zu denen die «Nüßler» gehören, die Brötchen und Orangen verschenken. Sie tragen ein dezentes einheitliches und harmonisches Kostüm. Wild und ungebärdet erscheinen dagegen die holzgeschnitzten Masken der «Roitschäggättä» im Walliser Lötschental. Sie ziehen in kleinen Gruppen umher und erschrecken durch ihre mit Ruß geschwärzte Erscheinung die Bevölkerung.

Vielfältig und weit verbreitet sind aber auch **Vorweihnachtsbräuche**. In Fribourg reitet der heilige Niklaus, der zugleich Patron des Münsters ist, durch die Straßen der Altstadt. In anderen Kantonen besucht der Samichlaus (Nikolaus) als würdige Erscheinung mit Mitra und Abtstab die kleinen Kinder zu Hause, begleitet von 4 bis 6 «Schmutzlis», in schwarze Kleider gehüllte und mit Ruß verschmierte Gestalten, die den Ungehorsamen mit ihrer Rute noch schnell eine milde Züchtigung erteilen. In Oberägeri (Kanton Zug) gehört zum Brauch des Chlauselns, daß der heilige Nikolaus nicht nur von einer Rotte, sondern auch vom «Chlauselsel» begleitet wird. An einer langen Stange befestigt man einen Eselskopf mit einem roten Säckchen statt der Zunge, in welches eine Spende geworfen wird. Andernorts sind «Klausjagen» und «Geißlechlöpfe» verbreitet. Zum «alten Silvester» (13. Januar) bekennen sich die phantastisch geschmückten **Appenzeller Silvesterkläuse**. Ihre Gewänder aus Reisig und Laub, Moos, Baumästen, Hobelspänen und Tannen stellen Lebenssymbole uralter Zeit dar.

Zu den religiösen Festanlässen gehören aber auch die **Fronleichnamsprozessionen**. Berühmt ist die prächtige Prozession von Beromünster unter Teilnahme von Reitern, und im Wallis legt man weitgehend das Trachtenkleid an.

Das Engadin feiert seinen «Chalanda Marz» (Märzbeginn). Die Schuljugend verjagt mit Kuhschellen und Peitschen die Dämonen des Winters.

Historischen Ursprungs dagegen ist das Fest der **Genfer Escalade,** während die im

Kanton Tessin übliche Risottata auf einen alten sozialen Brauch zurückgeht. Zur Fasnacht wird auf öffentlichem Platz in überdimensionalen Kesseln Risotto zubereitet und an die Bevölkerung verteilt.

CH Reisevorbereitung

Bei der Planung eines Schweiz-Urlaubs empfiehlt es sich in jedem Fall, die Schweizerische Verkehrszentrale (SVB) in Zürich oder ihre Vertretung in Frankfurt oder München anzuschreiben und seine Wünsche mitzuteilen.

Alle drei stellen mehr als 130 Reiseführer, Wanderbücher, Kunst- und Gastronomieführer, Landkarten, detailliertes Informationsmaterial über jeden gewünschten Ferienort oder bestimmte Schweizer Landschaften kostenlos zur Verfügung. Sie erfahren alles Wissenswerte über Sommersportmöglichkeiten, Pauschalarrangements, über 20 schweizerische Heilbäder, über Erziehungsinstitute, Pensionate, Kinderheime, Handels- und Haushaltungsschulen, Ferienund Sprachkurse, Ferienlager, Kinderbetreuung am Ferienort, kinderfreundliche Hotels, Ferien im Sattel, 28 Golfplätze, 12 Kunsteisbahnen mit Sommerbetrieb, Sommerskigebiete, 180 Hotels mit eigenen Tennisplätzen, 13 Bergsteigerschulen, über Fischen in Seen und Flüssen, über 2000 Sommerveranstaltungen, über 250 Vita-Parcours, Fallschirmspringerschule, Segelkurse.

Ebenso gründlich wie ausführlich informiert man Sie über die Winterangebote: über 1500 Bergbahnen, Skilifte und Sessellifte, rund 850 verschiedene Skipässe, 83 Kunsteisbahnen und rund 300 weitere Eislaufplätze, über Skiakrobatik, Curling in 75 Orten, Rodeln in 100 Orten, über 180 Skischulen und spezielle Skiwochen, Skibobfahren in 100 Orten, Kinderhütedienst, über Reitmöglichkeiten im Winter in 15 Orten, über Tennishallen in 34 Feriendörfern. Das kulturelle und sportliche Winterprogramm bietet über 1500 Veranstaltungen.

Es ist am einfachsten, Sie bestellen die kostenlose Übersicht «Reiseliteratur Schweiz» bei einer der drei Informationsstellen.

Auskünfte/Informationen

Schweizer Verkehrsbüro, Kaiserstr. 23, 6000 Frankfurt/M. 1, Tel. 23 60 61.
Schweizer Verkehrsbüro, Leopoldstr. 33, 8000 München 40, Tel. 34 74 09.
Schweizerische Verkehrszentrale (SVZ) Bellariastraße 38, CH-8027 Zürich, Tel. 202 37 37, Telex 53 115
Amtliche Vertretung des SVB und der Schweizerischen Bundesbahnen (SBB): 6000 Frankfurt a. M. 1, Kaiserstr. 23, Tel. 23 60 61, Telegr. Swisturist, Telex 412 021, oder: 2000 Hamburg 1, Speersort 8, Tel. 33 70 72 oder: 4000 Düsseldorf, Graf-Adolf-Str. 100, Tel. 36 43 22 oder: in Österreich: 1010 Wien, Kärntner Str. 20, Tel. 52 74 05.
Außerdem unterhält die SVB Agenturen in sämtlichen Hauptstädten der europäischen und außereuropäischen Ländern. Für die Information einzelner Gebiete oder Ortschaften empfiehlt sich, die jeweiligen Fremdenverkehrsbüros direkt anzuschreiben.

Deutsche Konsulate in der Schweiz

3000 Bern, Willadingweg 78 und 83 (Botschaft), Tel. 44 08 31. 4000 Basel, Steinenring 40 (Generalkonsulat), Tel. 39 08 15. 1200 Genf, 49, ch. Petit-Saconnex 28 C (Generalkonsulat), Telefon 33 50 00. 6900 Lugano, via Ariosto 1 (Konsulat), Tel. 22 78 82. 8001 Zürich, Kirchgasse 48 (Generalkonsulat), Tel. 32 69 36.

CH Reiseinformationen

Einreise

Staatsbürger der Bundesrepublik Deutschland benötigen einen gültigen Reisepaß oder Personalausweis bzw. deutsche Staatsangehörige aus West-Berlin einen gültigen «Behelfsmäßigen Personalausweis».
Für Kinder bis 10 Jahre: Kinderausweis ohne Foto; bis 16 Jahre: Kinderausweis mit Foto oder Eintragung im Familienpaß bzw. für West-Berliner Kinder: Bescheinigung des Polizeipräsidenten in Berlin mit Personalien und Foto.

Die Mitnahme von Hunden und Katzen

erfordert ein tierärztliches und ein Tollwut-impfzeugnis. Letzteres ist erst 30 Tage nach der Impfung und nur für 1 Jahr gültig.

Devisen

Bei Ein- und Ausreise dürfen ausländische Banknoten nur im Gegenwert von 20 000 Franken pro Person und Quartal mitgeführt werden.

Währung

Ein Schweizer Franken (sFr.) =
100 Rappen (Rp.)

Das Schweizer Geld besteht aus **Münzen** zu 5, 10, 20 und 50 Rappen sowie zu 1, 2 und 5 Franken. Noten zu 10, 20, 50, 100, 500 und 1000 Franken.

Geldwechsel

Sämtliche ausländischen Zahlungsmittel sowie Reiseschecks werden von Banken, Wechselstuben, in Reisebüros und Hotels, auf Bahnhöfen und Flughäfen umgetauscht.

Mit dem deutschen Postsparbuch können Schweizer Franken bis höchstens 2000 DM (je Postsparbuch) innerhalb von 30 Tagen abgehoben werden. Euroschecks nehmen die meisten Banken entgegen. Auch in Hotels, Geschäften, Kaufhäusern und Restaurants kann mit Euroschecks bezahlt werden.

Zoll

Über die Zollbestimmungen sollte sich jeder Einreisende informieren. Seit Besserstellung des Franken- zum DM-Kurs prüft der Schweizer Zoll bei persönlichen Besuchsreisenden genauer, da Fleisch- und Wurstwaren und Alkoholika in der Bundesrepublik günstiger als in der Schweiz angeboten werden. Außer den persönlichen Gegenständen darf Reiseproviant für den Tagesbedarf je einer Person, alkoholische Getränke bis 15 Grad je 2 Liter, über 25 Grad je 1 Liter, an Tabakwaren 200 Zigaretten oder 50 Zigarren oder 250 Gramm Tabak zollfrei eingeführt werden. Alkohol- und Tabakmengen gelten nur für Personen über 17 Jahre. Für Fleisch- und Wurstwaren gelten besondere Bestimmungen, Butter darf nur bis 125 g, und Geschenke dürfen bis zum Wert von 200 sFr. pro Person mitgeführt werden. Benzin: der volle Tank und 10 Liter Reserve.

CH für Autotouristen

Der Autoreisende benötigt zur Einreise neben dem Paß oder dem Personalausweis seinen Kraftfahrzeugschein und den nationalen Führerschein. Die grüne Versicherungskarte ist nicht erforderlich.

Bei **Unfällen** hilft die «Zürich», Allgemeine Unfall- und Haftpflichtversicherungs-AG, Zürich, Mythenquai 2, Tel. 205 21 21.

Erlaubt ist auf allen Landstraßen die Höchstgeschwindigkeit von 100 km/h, auf Autobahnen (grün ausgeschildert) 130 km/h, innerhalb der Ortschaften 60 km/h.

Das Fahren mit Spikes-Reifen ist nur bis Ende März/Anfang April, je nach Wetterverhältnissen, zulässig. Auskunft erteilen die Automobilklubs. Für Spikes-Reifen beträgt die Höchstgeschwindigkeit 80 km/h, das Benutzen von Autobahnen und besonders gekennzeichneten Autostraßen ist nicht erlaubt. Kindern bis zum vollendeten 12. Lebensjahr ist das Mitfahren auf Vordersitzen untersagt.

Für Motorräder, Mopeds und Wohnwagen gelten dieselben Bestimmungen. Anschnallpflicht (Gurtenobligatorium) gilt in der ganzen Schweiz.

Auf blaugekennzeichneten Zonen vieler Ortschaften darf nur mit Parkscheibe (bei Tankstellen, Hotels, Kiosken, Verkehrsbüros erhältlich) geparkt werden.

Die **Verkehrsvorschriften** entsprechen im allgemeinen den in Deutschland üblichen. Zu beachten ist, daß die Straßenbahn generell Vorfahrt hat. Auch im Kreisverkehr hat stets der von rechts Kommende Vortritt. Nebelscheinwerfer dürfen nur zusammen mit dem Standlicht eingeschaltet werden. Parken ist nur in Fahrtrichtung erlaubt; auf durchgezogenen gelben Linien am Straßenrand gilt Halteverbot, für unterbrochene Parkverbot.

Beim Überqueren von **Alpenpässen** ist trotz gut ausgebauter Paßstraßen noch immer Achtung und vor allem Disziplin geboten, man halte sich vor allem in unübersichtlichen Kurven rechts am Straßenrand. Dem bergaufwärts fahrenden Fahrzeug ist der Vorrang einzuräumen, und auf den mit einem Posthorn signalisierten Strecken hat der Postautobus Vorfahrt.

Überraschungen unliebsamer Art kann der Autofahrer immer wieder bei Paßfahrten erleben, denn auch in den Sommermonaten macht die Witterung es mitunter erforderlich, kurzfristig einen Paß zu schließen. Darum ist es stets ratsam, sich vor Fahrtantritt über den jeweiligen **Straßenzustand** zu informieren: Tel. 163 (gilt für die ganze

Schweiz), Vorwahl aus der BRD: 0041/1.
Über das **Wetter** gibt Auskunft: Tel. 162.

Wer im Winter in die Schweiz reist, sollte auf Schneeketten nicht verzichten. Den entsprechenden Hinweisschildern am Straßenrand dürfen Sie Glauben schenken. Auf verschiedenen Bergstrecken unterhält der ACS und der TCS einen «SOS-Hilfsdienst» mit Streckentelephon und Wasserstellen: Tel. 111.

Notrufzentrale: TCS Genf, Tel. 35 80 00
Automobil-Club der Schweiz (ACS)
Zentralsitz: Wasserwerkgasse 39,
3000 Bern 13, Tel. 22 47 22
Touring-Club der Schweiz (TCS) Zentralsitz: 9, rue Pierre Fatio, 1211 Genf 3, Tel. 36 60 00.

ACS und TCS unterhalten Geschäftsstellen in allen größeren Schweizer Städten.

Alpenpässe

Ganzjährig geöffnete Pässe sind: Bernina, Brünig, Forclaz, Jaun, Pillon.

Die Schweizer Reisepost verkehrt auch in den Wintermonaten über Julier, Maloja, Mosses, Ofen und Simplon. Die Überquerung des Flüela kostet vom 1. 11. bis 30. 4. eine geringe Gebühr (1979/80 fünf Franken), wenn der Paß geräumt werden muß. Alle übrigen Pässe sind normalerweise von Mai/Juni bis in den Spätherbst offen.

Alpentunnel — Autoverladung

Das ganze Jahr über können Autos durch die Alpentunnel Simplon, Lötschberg, Furka und Albula befördert werden.
Simplon: Verladestation Brig und Iselle. Verladung und Verzollung müssen 10 Minuten vor Abfahrt des Zuges beendet sein.
Lötschberg: Verladestationen Kandersteg, Goppenstein und Brig (Iselle).
Albula: Verladestationen Thusis, Tiefencastel und Samedan. Voranmeldung 1 Stunde. (Gebühren Thusis—Samedan 67.—; Mitreisende extra: 14.80). Die Kosten entsprechen dem Stand von 1981.
Furka: Seit 1982 verkehrt der Autotransportzug durch den längsten Schmalspurtunnel der Welt, den Furka-Tunnel zwischen Oberwald und Realp (beides Verladestationen).

Alpen-Straßen-Tunnel

Großer St. Bernhard (Wallis), San Bernardino (Graubünden), Gotthard (Uri), Seelisberg (Uri).

Autoreisezüge

Zwischen der Schweiz und Deutschland verkehren folgende Züge:
Bremen/Hamburg/Hannover—Lörrach (bei Basel)
Hamburg/Hannover/Neu Isenburg—Chur/Samedan (Engadin)
Hamburg/Hannover—Chiasso
Düsseldorf/Köln—Lindau (Bodensee)
Düsseldorf/Köln/Neu Isenburg—Domodossola/Mailand
Düsseldorf/Köln—Lörrach (Basel) Berlin—Lörrach (Basel).

Autofähren

Bodensee: Romanshorn—Friedrichshafen. Fahrtdauer 50 Minuten
Meersburg—Staad/Konstanz. Fahrtdauer 20 Minuten
Vierwaldstätter See:
Gersau—Beckenried. Fahrtdauer 15 Minuten
Zürichsee: Meilen—Horgen. Fahrtdauer 10 Minuten.

Pannendienst

Hilfe erlangen ausländische Autotouristen über die einheitliche Telefonnummer 140.

Gratishilfe wird Besitzern von Automobilclub-Schutzbriefen durch die TCS-Straßenwachtfahrer zuteil. Notruftelefone befinden sich auf den Autobahnen auf allen 1,6 km. Auf Paßstraßen oder abgelegenen Routen befinden sich ACS- und TCS-Notruftelefone.

Bei Unfällen mit Personenschäden muß die **Polizei** gerufen werden. Über Telefon 117 erreichen Sie die Polizei in der ganzen Schweiz.

Telefon 144 alarmiert Rettungsfahrzeuge (Sanitätsnotdienst).

Camping und Caravaning

Campieren ist nur auf Campingplätzen erlaubt. Rund 430 von insgesamt 624 sind durch Organisationen klassifiziert. 75% liegen an See- oder Flußufern. Die Hälfte aller Campingplätze ist nur für Touristen reserviert. 59 Plätze sind auch im Winter geöffnet. Nähere Auskünfte gibt das Verzeichnis «Campingferien in der Schweiz», gegen Gebühr erhältlich beim SVB oder dem Schweizerischen Camping- und Caravaning-Verband, Habsburgerstr. 35, 6000 Luzern, Tel. 23 48 22.

Für Wohnanhänger bestehen folgende Vorschriften: maximale Breite 2 m, maximale Länge 6 m. Das Totalgewicht des Wohnwagens darf nicht höher sein als das des leeren Zugfahrzeuges, anderenfalls muß ein spezielles Bremssystem vorhanden sein. Ausnahmebewilligungen erteilen die Zollämter.

Tankstellen

Die meisten schließen um 20 Uhr; vor allem in abgelegenen Berggegenden sollte man rechtzeitig den Tank füllen. Am preisgünstigsten tankt man an Freien Tankstellen (Migrol).

CH für Bahnreisende

Die Schweizerischen Bundesbahnen (SBB) verfügen über ein ausgezeichnet ausgebautes und organisiertes Streckennetz. Es ist ratsam, sich bei der Wahl des günstigsten **Bahnbilletts** beraten zu lassen; die SBB bieten eine Fülle von Ermäßigungen und Möglichkeiten außer den billigten Rund- und Rückfahrkarten an. Für Kinder von 6 bis 16 Jahren wird die Hälfte des Fahrpreises erhoben.

Der Reisende kann wählen zwischen Familienermäßigung, Ferienbillett, Schweizer Ferienkarte (Netzkarte), Halbtaxabonnements (Reisen zu halben Preisen), Postauto-Ferienabonnement, Regionalem Ferienabonnement (Netzkarte), Seilbahnabonnement, Gesellschaftsermäßigungen.

Die **Intercity-Züge** oder die **Kurswagen** der verschiedenen Züge verbinden Deutschland und die Schweiz. Während in Zügen in die Schweiz Sitz-, Liege- oder Schlafwagenplätze reserviert werden können (2 bis 3 Monate vor Reiseantritt), sind Reservierungen im Innerschweizer Verkehr nicht möglich, Ausnahme bilden einige TEE-Züge. Allerdings können verschiedene Kurs-Autobusse der Schweizer Reisepost nur mit Platzkarten benutzt werden (z. B. Busverbindung Visp — Saas-Fee). In jedem Postbüro der Schweiz kann die Reservation (kostenlos) erfolgen.

Eine Bahnreise innerhalb der Schweiz ist zu empfehlen. Die Züge verkehren pünktlich, sind sauber und gepflegt, und viele Ferienorte lassen sich einfacher mit der Bahn als mit dem eigenen Wagen erreichen, und dabei kann man den Reiz der malerischen Landschaft uneingeschränkt genießen.

Kein Problem bedeutet die Beförderung von **Reisegepäck**. Von allen größeren deutschen Bahnhöfen kann das Gepäck direkt aufgegeben werden. Haben Sie eine «Zollerklärung für Reisegepäck» ausgefüllt, verzichtet der Zoll weitgehend auf Kontrolle des Gepäcks.

CH für Flugpassagiere

Die Schweiz verfügt über drei Flughäfen: Zürich-Kloten, Genf-Cointrin und Basel-Mulhouse. Sie sind ans Weltflugnetz angeschlossen. Flughafengebühren werden nicht erhoben. Zwischen Zürich-Kloten und Bern sowie von Genf nach Lausanne verkehren Busse.

Am 1. Juni 1980 wurde die **Flughafenbahn** der SBB eröffnet, sie schließt den Flughafen Zürich direkt an das Netz der SBB an. Zugleich schuf sie eine neue Pendelzugverbindung zwischen dem Flughafen Zürich-Kloten und dem Hauptbahnhof Zürich, welche diese Strecke in knapp 10 Minuten zurücklegt, Züge verkehren ca. alle 30 Minuten.

CH Wanderer/Bergsteiger

Die Schweiz bietet dem Naturfreund ideale Wandermöglichkeiten. Auf rund 50 000 km markierten Wanderwegen (Kennzeichnung: schwarze Schrift auf gelbem Grund,) erschließt sich das Land in alle Himmelsrichtungen: Die Alpenrandroute (vom Bodensee zum Genfersee entlang dem Alpennordfuß), die Alpenpaßroute (überwindet 14 Alpenpässe), die Rhein-Rhone-Route (durchquert die Längstäler Vorderrhein, Rhonetal, Genfersee) und Nord-Süd-Route (von Basel über den Gotthard nach Lugano).

Wer nur wenige Tage Zeit hat, ziehe den «reka Wanderpaß» zu Rate (Pauschalarrangement). Er bietet 2-Tages-, 4-Tages- und 7-Tagestouren an und führt durch typische Landschaftsregionen: Appenzell, Emmental, Jura, Kanton Schwyz und Toggenburg. Der Schweizer Juraverein markierte 600 km Jurahöhenwege. Verkaufsstellen und Informationen: Auskunfts- und Reisebüros der SBB: Baden, Basel SBB, Bern, Biel, Genf, Lausanne, Luzern, St. Gallen, Schaffhausen, Winterthur, Zürich.

Anregendes Informationsmaterial zum Wandern in der Schweiz stellen der SVB sowie die Arbeitsgemeinschaft für Wanderwege (SAW), Hirshalm 49, 4125 Riehen, kostenlos zur Verfügung.

Übernachtet werden kann in den rund 156 Hütten und Biwaks des Schweizerischen Alpenclubs (SAC) und den 95 Häusern der Organisation der «Naturfreunde». Besonders geeignete Jahreszeiten sind Frühsommer und Frühherbst (in jeder Buchhandlung zu bestellen: Klubhüttenverzeichnis des SAC-Verlages mit Adressen und Telefonnummern).

Immer größeren Zuspruch findet das winterliche Skiwandern, dem die Schweiz bisher mit zahlreichen Skiwanderloipen in 160 Orten und z. T. auch nachts beleuchteten Strecken gerecht wird.

Auch dem Winterwanderer stehen in keinem anderen Land so viele geräumte Winterwanderwege zur Verfügung wie in der Schweiz, gut 3000 km Wanderwege werden in 200 Orten geräumt.

Bei Bergunfällen hilft sofort:
Die Schweizerische Rettungsflugwacht (SRFW) Zürich: Tel. 47 47 47.

Reisen mit Bergbahnen und Schiffen

In der Schweiz gibt es rund 400 Zahnrad-, Luftseil- oder andere Bergbahnen, mit denen Gipfel von über 3000 m ü. M. erreicht werden.

Jungfraubahn, 3457 m (Interlaken/Kleine Scheidegg—Jungfraujoch), Gornergratbahn, 3407 m (Zermatt—Gornergrat).

Auf fast 20 Schweizer Seen gibt es, namentlich im Sommer, fahrplanmäßigen Schiffsverkehr. Auch bestimmte Flußstrecken werden regelmäßig befahren (Rhein, Aare u. a.).

CH Bankschalter

9 Uhr bis 12 Uhr, 13.30 bis 16.30 Uhr, samstags geschlossen. Geldwechsel ist auch an den Bahnhöfen größerer Städte außerhalb der Bankzeiten möglich.

CH Bargeldlose Ferienorte

In Savognin, in Films und Engelberg kann der Gast bargeldlose Ferien machen. Das einzige was er braucht, ist eine Kreditkarte des American Express, und dann genügt eine Unterschrift, um im Hotel, in Restaurants, in Geschäften, im Hallenbad, beim Friseur oder der Skischule Rechnungen zu begleichen.

CH Fahrradvermietung an Bahnhöfen

Ferien-Radlerei ist seit 1979 auch in klassischen Urlaubsgebieten der Schweiz möglich. Mehrere Orte zwischen der Ostschweiz und dem Wallis bieten z. T. für das ganze Jahr Radler-Arrangements an, wie Lau-

sanne, Lenzerheide—Valbella (Graubünden), Weggis und Zug/Walchwil in der Zentralschweiz, Frauenfeld im Kanton Thurgau. Informationen durch die SVB oder durch das Schweizer Verkehrsbüro in Frankfurt, Kaiserstraße 23.

Darüberhinaus hat der Schweizerische Touring-Club (TCS) verschiedene Radfahrzentren eröffnet. Die Routen liegen abseits des großen Verkehrs. Fahrräder können an jedem Radfahrzentrum des TCS gemietet werden. Jedes Zentrum verfügt über eine Broschüre mit allen Radfahrwegen und -routen.

CH Gastronomie und Hotellerie

Angaben über Preise, Vergünstigungen und Sonderleistungen in Hotels bietet der «Schweizer Hotelführer» (in Reisebüros oder beim SVB erhältlich). Taxen und Bedienungsgelder sind in den Beherbergungs- und Restaurationspreisen auch bei Coiffeuren bereits enthalten.

«Ferien für Kinder und Familien in der Schweiz» heißt u. a. ein ausführliches Angebotsverzeichnis mit Hobby-Kursen für Kinder und Erwachsene. Kostenlos zu beziehen durch den SVB. Hotel- und sonstige Unterkünfte bieten die regionalen oder örtlichen Verkehrsbüros an. Über ein reiches Angebot an Ferienwohnungen und Chalets (Ferienhäuser) verfügt «Swiss Chalet», Elsastr. 6, 8040 Zürich.

CH Jugendherbergen

Schweizerischer Bund für Jugendherbergen, Postfach 132, Hochhaus 9, 8958 Spreitenbach, Tel. 71 40 46, Telex 55 244 sjh ch, Bürozeit 08.00—12.00, 13.00—17.00 Uhr. Samstag geschlossen.
Die über 119 Schweizerischen Jugendherbergen mit 8824 Betten stehen allen Mitgliedern offen, die eine gültige Mitgliedskarte besitzen, auch Jugendlichen über 25 Jahren und selbst Familien, sofern Platz vorhanden ist. Ein komplettes Jugendherbergsverzeichnis erhalten Sie vom SJH oder SVB. Voranmeldungen sind vor allem für die Ferienwochen zu empfehlen.
Internationale Jugendherbergsausweise benötigen alle Ausländer, sie sind nur bei den Kreisgeschäftsstellen erhältlich, ihre Adressen vermittelt der SJH.

CH Museen

Die Schweiz besitzt bedeutende und großartige Museen und Sammlungen. Ihre Öffnungszeiten sind jedoch nicht einheitlich geregelt. Die meisten Museen bleiben am Montag geschlossen, manche am Mittwoch. Es ist ratsam, sich vor dem Besuch eines bestimmten Museums telefonisch zu erkundigen. Einmal pro Woche sind die Museen von 20.00—22.00 Uhr geöffnet. Vielfach ist Mittwochnachmittag oder Sonntag der Eintritt frei.

CH Post und Porto

Öffnungszeiten: Montag — Freitag 7.30—12.00 Uhr, 13.45—18.30 Uhr, samstags nur bis 11.00 Uhr.
Posttarife: Inland: normaler Brief Fr. 0.50, Postkarte Fr. 0.50, Ausland: normaler Brief Fr. 0.90, DDR Fr. 0.90, Postkarte Fr. 0.70, (inkl. DDR).

CH Souvenirs und Shopping

Der Reisende liebt Souvenirs, und gerade in der Schweiz lebt eine ganze Industrie von kauffreudigen Touristen. Das Angebot der «GIFT-Shops» reicht von der schellenden Kuhglocke über Mini- und Maxi-Tells bis hin zur Schweizer Luxus-Uhr. Zum beliebten Mitbringsel gehört das klingenreiche Schweizer Militär- oder Offiziersmesser. Wer gutes Kunsthandwerk schätzt, findet eine gediegene Auswahl an Holzgeschnitztem, schönen Keramikgegenständen, Schmuckwaren aus Halbedelsteinen, Handgewebtem, Mineralien und Spielsachen in den «Schweizer Heimatwerk»-Geschäften, aber auch Textilien aus Leinen, St. Galler Spitzen sowie eßbare Souvenirs (Käse, die typischen Hartwürste).

Geschäftszeiten: 8 oder 9 Uhr bis 12 Uhr, 13.30 Uhr bis 18.30 Uhr (außer Montagvormittag und Mittwochnachmittag). Samstags sind die Geschäfte bis 16.00/17.00 Uhr geöffnet. In größeren Städten halten Kaufhäuser auch über die Mittagszeit offen. In vielen Großstädten sind an einem Tag pro Woche (meistens donnerstags oder freitags) die Geschäfte der Innenstädte bis 21 Uhr geöffnet.

CH Tourist Information

Dieses Signet, weiße Schrift auf farbigem Grund, kennzeichnet in jeder größeren Stadt den Weg zum örtlichen Verkehrsbüro.

Was man sonst noch wissen sollte

Die **Netzspannung** in der Schweiz ist überall 220 Volt, Wechselstrom.

Die Schweiz kennt **Groß-** und **Kleintaxis**. Die kleineren sind billiger, befördern aber höchstens drei Personen. Wenn das Trinkgeld nicht im Fahrpreis enthalten ist, zahlt man zusätzlich 15%.

Allgemein sind **Trinkgelder** heute bei den meisten Dienstleistungen enthalten. Wenn nicht, gibt man noch 15%. Benzin- und Tankstellenbedienung etwa 5%.

Telefonieren kann man in der Schweiz bei allen Postämtern oder in öffentlichen Telefonkabinen, aber auch in Restaurants und Cafés. Die Gebrauchsanleitung ist an den Telefon-Automaten angeschlagen. Taxauskünfte gibt Nr. 115. Innerhalb der Schweiz kann jede Verbindung direkt gewählt werden, das gilt auch für europäische Staaten, mit Ausnahme der Ostblockstaaten. Anderweitige Verbindungen stellt das Fernamt, Tel. 114, her.

Einige Schweizer Städte geben während der Sommerferien an jugendliche Besucher sogenannte **Jugendpässe** (Paßfoto erforderlich) mit besonderen Vergünstigungen aus, z. B. Zürich, Luzern (Informationen bei der Schweizerischen Verkehrszentrale in Zürich).

Welche Vorwahl hat die Schweiz?

Wer vom Ausland in die Schweiz telefonieren will, hat zuerst die internationale Vorwahlnummer einzustellen, danach die nationale Vorwahl ohne die Null und schließlich die gewünschte Teilnehmernummer.

Die internationale Vorwahlnummer der Schweiz ist nicht überall dieselbe. Am häufigsten aber gilt die Zahlengruppe 004 (aus der Bundesrepublik Deutschland, Italien, Belgien, Luxemburg, Griechenland, Zypern, Ungarn und Israel), aus Spanien und Portugal erreicht man die Schweiz unter 0741, aus Frankreich unter 1941, aus Jugoslawien unter 9941, aus den Niederlanden unter 0941, aus Großbritannien unter 01041, aus Österreich unter 050.

Ferienorte nach dem ABC

Anzère

Verkehrsbüro
1972 Anzère
Tel. 027 38 25 19
Durchgehender Telefondienst
38 18 21

Bahnen-Auskünfte

Bahnhof Sitten, Tel. 027 22 20
35
Auskünfte für alle Aufstiegshilfen, Tel. 027 38 14 14 — 38 14
15

Bergsteigerschule

Tel. 027 38 25 19

Curling/ Kunsteisbahn

Auskunft und Reservation:
Verkehrsbüro, Tel. 027 38 25
19

Dancings

La Diligence, Constantin frères,
Tel. 027 38 27 41;
King-Kong, M. Moos, Tel. 027
38 34 40;
Masque de Bois, Tel. 027 38 18
45

Fischen

Sportfischen am kleinen See
Anzère und St-Romain. Auskunft Verkehrsbüro, Tel. 027 38
25 19

Hallenschwimmbad

(Sauna, Solarium, Massage,
Physiotherapie).
Betrieb: Novagence Anzère S.
A./Place du Village, Tel. 027 38
28 87, geöffnet: täglich von
10.00 — 12.00 Uhr, 16.00 —
21.00 Uhr

Kindergarten

Für Kinder von 2 bis 10 Jahren.
Der Kindergarten befindet sich
im Gebäude AV 11 obere Galerie. Geöffnet von 9.00 — 12.00
Uhr und von 14.00 — 17.00
Uhr

Mini-Golf

beim «Restaurant de la Poste»,
Auskunft dort, geöffnet: 8.00
— 21.00 Uhr

Skischulbüro

Tel. 027 38 27 44 (Skikindergarten den ganzen Tag mit Mittagessen)

Taxis

Savioz André, Tel. 027 38 26
26;
Taxi-Anzère, Tel. 027 38 35 45

Tennis

Auskunft und Reservation:
Verkehrsbüro, Tel. 027 38 25
19

Extras

Begleitete botanische Wanderungen, Walliser Weinbergbesichtigung, jeweils Anmeldung
im Verkehrsbüro, Tel. 027 38 25
19;
Schwimmwettbewerbe für Kinder, Curling-Wettkämpfe für
Gäste, Samstag-Markt auf dem
Dorfplatz;
Alpenmuseum (Hotel Zodiaque), geöffnet: 14.00 — 22.00
Uhr

Arolla

Verkehrsbüro
1961 Arolla
Tel. 027 83 13 78

Bahnen

Auskunft: Téleski de Fontanesse, Tel. 027 83 15 63;
Téleski de Guitza, Tel. 027 83
13 89

Alpines Zentrum für junge Bergsteiger

Tel. 027 83 14 64

Centre Alpin

Tel. 027 83 16 45

Colonie de vacances

Maurice Anzévui, Tel. 027 83
11 65;
Joseph Pralong, Tel. 027 83 17
06;
Bruno Braci, Tel. 027 83 11 66;
Michel Rong, Tel. 027 83 12 18

Skischulbüro

Tel. 027 83 15 50

Taxi

Anzévui Frères, Tel. 027 83 11
65

Belalp

Verkehrsbüro
Belalp/Blatten/Naters
3901 Blatten/Naters
Tel. 028 23 13 85.
Rettungsstation: Blatten-Belalp, Naters, Tel. 028 23 58 74;
Blatten, Tel. 028 23 30 70.
Feriendorf: Feriendorf Tschuggen, Tel. 028 23 60 61

Bahnen-Auskünfte

Talstation Luftseilbahn, Tel.
028 23 20 68

Bergführerbüro

Auskünfte Tel. 028 23 18 85

Fischen

im Kelchbach, in der Massa
und in der Rhone, alle in der
Region Naters-Blatten-Belalp.
Das Patent kann bei der Kantonspolizei bezogen werden.
Tel. 028 23 62 55

Hallenschwimmbäder und offene Bäder

Feriendorf Tschuggen, Tel. 028
23 60 61;
10 Autominuten von Naters in
dem Thermalbad Brigerbad, erstes Thermal-Grotteschwimmbad mit Unterwasserbeleuchtung und Klimaanlage, Tel. 028
46 46 88;
10 Autominuten von Naters im
Soleschwimmbad Breiten/Mörel, Tel. 028 27 18 17

Kegeln

vollautomatische Kegelbahnen
Restaurant Aletsch, Naters Tel.
028 23 76 16;
Restaurant des Alpes, Naters
Tel. 028 23 75 37

Sauna/Solarium

Naters: Ursula Grandi, Kosmetiksalon, Tel. 028 23 83 91.
Blatten: im Appartementhaus
Floralpina, Wyden Josef, Tel.
028 23 22 34;

Residenz Simplonblick, Naters, (auf Vorbestellung), Tel. 028 23 68 60;
Feriendorf Tschuggen (auf Vorbestellung), Tel. 028 23 60 61

Skischulbüro

Belalp Tel. 028 23 73 13

Tennis

2 Plätze: Schweibmatten in Blatten. Anmeldung im Verkehrsbüro, Tel. 028 23 13 85 oder Hotel Massa; Anlage geöffnet: Mai — November, 7.00 — 22.00 Uhr

Vita-Parcours

in Geimen 3,2 km lang, 20 Stationen 1000 m ü. M. im Naturschutzgebiet Blindtal zwischen Naters und Blatten

Bellwald

Verkehrsbüro
3981 Bellwald
Tel. 028 71 16 84

Bahnen-Auskünfte

2 Sesselbahnen und 3 Skilifte mit einer Gesamtlänge von 5150 m. Höhe Bergstation: 2560 m. Auskünfte: Tel. 028 71 19 26

Skischule

Tel. 028 71 16 73

Bettmeralp

Verkehrsbüro
3981 Bettmeralp
Tel. 028 27 12 91

Bergführerbüro

Auskunft Verkehrsbüro Tel. 028 27 12 91 (Kletterkurse im Klettergarten oberhalb des Bettmersees; Klettertouren)

Fischen

im Bettmersee (Forellen), Tagespatent — Wochenkarte. Auskunft Verkehrsbüro, Tel. 028 27 12 91

Eisbahn

(Schlittschuhlaufen und Eisstockschiessen)

Öffnungszeiten: 10.00 — 12.00 Uhr, 15.00 — 17.00 Uhr, 20.00 — 22.00 Uhr. Sportgerätevermietung auf dem Platz

Gepäcktransporte

mit Pferdekutsche, Tel. 028 27 24 29 (Vorverkauf von Gepäckscheinen Mo — Do bei der Luftseilbahn — Bergstation)

Kegeln

Kegelbahn Restaurant Golmenegg Riederalp, Tel. 028 27 10 55

Kinder-Kutschenfahrten

Bei genügender Anmeldung Kinder-Kutschenfahrten nach Riederalp. Auskunft: Verkehrsbüro oder Pferdetaxi: Tel. 028 27 12 91/27 24 29

Kinderhort

Montag — Freitag: 14.00 — 16.00 Uhr, Zentrum St. Michael, Auskunft und Anmeldung: Verkehrsbüro, Tel. 028 27 12 91/27 24 01

Kleinkaliberschießen

Auskunft: Alois Eyholzer, Tel. 028 27 15 56

Minigolf

Auskunft und Anmeldung: Verkehrsbüro, Tel. 028 27 12 91

Parkplätze Betten FO

Parkplatz Guldersand, Parkhaus Guldersand, Auskünfte und Reservationen, Tel. 028 27 10 26

Passagiergut

Schalter Luftseilbahn Betten-Bettmeralp. Abfertigung: Montag — Freitag 11.00 — 18.00 Uhr, Samstag 8.00 — 18.00 Uhr. Wichtig: Vorverkauf von Gepäckscheinen: Montag bis Donnerstag Kasse Bergstation

Pferdetaxi

Tel. 028 27 24 29

Rudern

Bootsverleih Bettmersee

Schwimmen

Hallenbad Valesia, Art Furrer Hotels Riederalp, täglich 9.00 — 12.00 Uhr, Tel. 028 27 21 21;
Sole-Hallenbad Breiten Mörel, Tel. 27 13 45, Montag — Samstag 8.00 — 12.00 Uhr und 15.00 — 21.00 Uhr, Sonntag 15.00 — 21.00 Uhr;
Hallenbad Feriendorf Fiesch, Tel. 028 71 14 02;
Grottenschwimmbad und Thermalschwimmbäder in Brigerbad, Tel. 028 46 46 88;
Freiluftbäder: Bettmersee, Blausee;
Hallen-Schwimmbad (ausschließlich für Hotelgäste), Sauna, Whirl-Pool, Solarium im Hotel Aletsch, Tel. 028 27 15 56

Taxi

Funktaxi Cathrein, Garage Simplon, Naters, Tel. 028 23 15 51

Touristenlager

Matterhornblick, Tel. 028 27 11 68;
Möriken, Tel. 028 53 12 70;
Seilbahn und Venus, Tel. 028 27 23 51/27 13 96

Skischulbüro

Tel. 028 27 22 20

Extras

Aletsch-Wanderwochen, Sonnenaufgangsfahrten zum Bettmerhorn, Ski-fit-Wochen, Pulverschnee-Wochen, Firnwochen, Gletscherwanderwochen
Ab Sommer 1985: Sportzentrum mit Tennishalle und Schwimmbad

Binn

Verkehrsverein
3981 Binn
Tel. 028 71 14 20

Bouveret

Verkehrsverein
1897 Le Bouveret
Tel. 025 81 29 09

Breiten

3983 Breiten-Mörel, Tel. 028 27 13 45, Telex 38 652

Bäder in Breiten

Sole-Hallenbad 9.00 — 12.00,
15.00 — 21.00 Uhr, sonntags
15.00 — 21.00 Uhr;
Offenes geheiztes Schwimmbad 8.00 — 18.00 Uhr

Camping

Camping Felsheim, Berchtold
Leo, Mörel, Tel. 028 27 14
46/27 14 61;
Camping Tunetsch, Zinner
Yvonne, Filet, Tel. 028 27 25
25

Brig

Verkehrsbüro
Simplonstraße
3900 Brig
Tel. 028 23 19 01
Gemeindepolizei, Tel. 028 23 32
58;
Kantonspolizei (Unfall), Tel.
028 23 62 55;
Polizei (Unfall), Tel. 027 22 56
56
TCS/ACS: Touringhilfe, Tel.
140;
Touring-Club, Tel. 027 23 13
21;
TC-Auskunftstelle Brig, Tel.
028 23 28 19;
Automobil-Club, Tel. 027 22 11
15

Bahnen-Auskünfte

Auskunft SBB, Tel. 028 23 15
27;
SBB Schweiz. Bundesbahnen,
Tel. 028 23 62 82;
BLS Bern-Lötschberg-Sim-
plon, Tel. 028 23 15 27;
BVZ Brig-Visp-Zermatt-Bahn,
Tel. 028 23 13 33;
GGB Gornergratbahn, Tel. 028
23 13 33;
FO Furka-Oberalp-Bahn, Tel.
028 23 66 66;
Fundbüro SBB, BLS, Tel. 028
23 62 82

Camping

Brig (Geschina) beim
Schwimmbad, 1. Klasse, Tel.
028 23 26 98, ca. 20 000 m^2;
Stromanschluß für Wohnwa-
gen. Öffnungszeiten: Anfang
Mai bis Ende September
Brigerbad 1. Klasse, Tel. Sommer 028 46 46 88; Winter 028 23
14 09, ca. 50 000 m^2, moderne,
hygienische Anlage; Stromanschluß für Wohnwagen. Öff-

nungszeiten Anfang Juni bis
Ende September.
Ried-Brig: 2. Klasse, Tel. 028
23 33 17. Öffnungszeiten: Anfang Juni bis Ende September.
Glis (Grund): 2. Klasse, Tel.
028 23 36 55, ca. 4000 m^2. Öffnungszeiten: Anfang Mai bis
Ende September

Fischen/Sportangeln

In Dutzenden von Bergbächen,
Flüssen und Bergseen sowie in
der über 100 km fischbaren
Rhone. Auskunft: Kantonspolizei Brig, Tel. 028 23 62 55

Kellertheater Oberwallis

Auskünfte und Billet-Vorver-
kauf: Papeterie Zur alten Post,
Furkastraße. Tel. 028 23 80 10,
Abendkasse ab 19.45 Uhr

Kinos

Capitol, Tel. 028 23 16 58
Apollo, Tel. 028 23 10 31

Reitsport

Im naheliegenden, 10 Autominuten entfernten Visp und in
der romantischen Waldgegend
bei Ulrichen im Obergoms.
Auskunft: Tel. 028 23 19 01

Sauna

Finnische Sauna, Massage, Or-
navasso, Tel. 028 23 89 36

Schwimmen

Schwimmbad Geschina, Ther-
mal- und Grotten-Schwimmbä-
der in Brigerbad (Distanz: 5 Autominuten). Öffnungszeiten
Schwimmbad Geschina: 9.00
— 20.00 Uhr bei schöner Witterung vom Mai bis Ende September
**Sole-Hallenbad, 23°, Breiten-
Mörel,** Öffnungszeiten: Montag
bis Samstag von 8.00 — 12.00
Uhr; 15.00 — 21.00 Uhr; Sonntag 15.00 — 21.00 Uhr

Skischule

Brig/Simplon: Hans Gemmet,
Tel. 028 23 35 24/23 23 00

Stockalperschloß

Heimatmuseum, Besuchszei-
ten: Mai bis Oktober, Führung
täglich morgens 9.00, 10.00

und 11.00 Uhr, nachmittags
14.00, 15.00, 16.00 und 17.00
Uhr, ausgenommen Montag

Taxis

am Bahnhofplatz, Tel. 028 23
60 60

Tennis

Tennis-Club Brig, Tel. 028 23
12 73. — Tennis-Club «Simplon», Glis-Brig. Platzvermie-
tungen im Verkehrsbüro.
Stunden- und Wochenabonne-
mente, Tel. 028 23 53 41

Extras

Mitte Oktober: traditioneller St.
Gallus-Markt.
Schloßkonzerte, Auskunft:
Tel. 028 23 19 01

Brigerbad

Kur- und Verkehrsverein Brigerbad, 3900 Brig, Postfach
139
Tel. Sommer 028 46 46 88
Tel. Winter 028 23 14 09

Thermal-Camping Brigerbad

Grotten- und Thermal-
schwimmbad. Öffnungszeiten:
7.00 — 12.00 Uhr, 14.00 —
21.30 Uhr

Bürchen

Verkehrsverein
3931 Bürchen
Tel. 028 44 17 16

Champéry

Verkehrsbüro
1874 Champéry
Tel. 025 79 11 41
Telex 456 263
7000 Betten in Hotels, Pensionen, Chalets und Ferienwohnungen. Mittelpunkt der «Portes du Soleil; im Winter: 700
km markierte Pisten, davon 190
km durch Aufstiegshilfen erschlossen. 80 Bergbahnen; 1
Skipaß. Im Sommer: 350 km
signalisierte. Wanderwege

Bergführerbüro

Tel. 025 79 16 15

Berghütten

Cabane de Planachaux, Tel. 025 79 16 13; im Sommer: Cabane de Susaufe, Tel. 025 79 16 46 oder 025 79 16 94
Auberge de Salaufe, Tel. 026 614 38 oder 025 79 14 30

Camping

Camping du Grand-Paradis, Information Verkehrsbüro, Tel. 025 79 11 41

Hallenschwimmbad

und geheiztes Freiluftbad

Kletterschule

Tel. 025 79 16 15

Reiterzentrum

Tel. 025 71 61 34 und 025 79 11 41

Skischulbüro

Tel. 025 79 16 15

Sportzentrum

Information: Tel. 025 79 15 11; Direktion, Tel. 025 8 41 41; Kasse, Tel. 025 842 24; Restaurant, Tel. 025 8 45 44; Telex, 25 980 CH

Extras

Forellenangeln und Golf: Information Verkehrsbüro, Tel. 025 79 11 41;
Sommer- und Winterpauschalwochen;
Bergsteiger- und Kletterwochenkurse

Champex

Verkehrsbüro
1938 Champex-Lac
Tel. 026 4 12 27

Chandolin

Verkehrsbüro
3961 Chandolin
Tel. 027 65 18 38

Berghütten

Cabane Illhorn
Besitzer: Schweizer Alpenclub,

Sektion Siders; Anzahl Betten: 45 (Massenlager); Reservation: Augustin Rion, Tel. 027 65 10 39;
Cabane Remointzette
Besitzer: Ski-Club, Veyras; Anzahl Betten: 80 (Massenlager); Reservat.: J.-P. Favre, Veyras, Tel. 027 55 04 31;
Herberge Les Choucas, Anzahl Betten: 90 (Massenlager); Auskunft: Marcel Mathier, route de Sion, 3960 Siders, Tel. 027 55 09 48 oder 027 65 17 83

Skischule

Augustin Rion, Direktor, Tel. 027 65 10 39;
Verkehrsbüro, Tel. 027 65 18 38

Extras

Pauschalferienangebot Auskünfte: Verkehrsbüro Tel. 027 65 18 38

Crans-Montana

Verkehrsbüro
3963 Crans sur Sierre
Tel. 027 41 21 32 — 41 21 33
Telex 473 173
Verkehrsbüro
3962 Montana
Tel. 027 41 30 41 — 41 30 42
Telex 473 203
Automatique Tel. 027 41 33 35
Kantons-Polizei Crans, Tel. 027 41 24 50 Polizei Crans, Tel. 027 41 56 23
Polizei Montana, Tel. 027 41 81 81
Feuer, Tel. 118/027 41 30 69
Ambulanz, Tel. 027 41 23 69

Bahnen-Auskünfte

Bahnhof, Tel. 027 41 23 48;
Gepäck-Auskunft, Tel. 027 41 27 30;
Bahnen:
Tel. Crans-Cry d'Err—Bellelui, Tel. 027 41 16 18;
Tel. Violettes—Plaine—Morte, Tel. 027 41 60 62; Tel. Grand-Signal, Tel. 027 41 25 46; Tel. Aminona, Tel. 027 41 33 82

Camping

Östlich vom Moubrasee, gut ausgerüstete Anlage
Badestrand und Vita-Parcours
Information: Tel. 027 41 21 32 und Tel. 027 41 30 41

Club de Vacances

Marigny Club Gestion S.A., Tel. 027 41 60 55.
CAS Club Alpine Suisse
Cabane des Violettes, Tel. 027 41 39 19

Garagen

Bonvin Jean-Pierre et Géo, Tel. 027 43 21 97;
Continental, F. Bonvin, Tel. 027 41 51 51;
du Lac, P. Bonvin, Tel. 027 41 18 18;
du Nord, A. Bagnoud, Tel. 027 41 13 48;
des Orzières, Mme Robyr, Tel. 027 41 13 38;
Grand Garage, SMC, Tel. 027 41 27 30;
D'Ycoor, L. Zufferey, Tel. 027 41 23 69;
Chermignon, R. Barras, Tel. 027 43 21 45

Hallenschwimmbäder (öffentlich in Hotels)

Montana:
Hotel Supercrans
Hotel Crans-Ambassador
Hotel Beau-Regard
(offenes Schwimmbad)
Hotel Curling
(offenes Schwimmbad)
Hotel de la Forêt
Club-Hotel Valaisia (öffentl.
Solbad/Fitneßzentrum
Sauna, Solarium, Tennis)
Crans:
Hotel Alpina + Savoy
Hotel Beau-Séjour
Hotel Elite
Hotel Etrier
Eurohotel Christina
Hotel Golf + Sports
Hotel Continental

Institute

Ecole privée internationale
Le Chaperon Rouge, Tel. 027 41 25 00;
Haus «Les Gentianes», Tel. 027 41 23 34;
Hotel- und Tourismus-Schule, Tel. 027 41 12 23;
Ecole internationale «Les Coccinelles», Tel. 027 41 24 23;
Centre La Mombra, Internationales Sommer-Camp, Tel. 027 41 23 84, Tel. 027 41 18 97

Kindergarten

Plans-Mayens Crans, Tel. 027 41 56 92

Bergbahnen und Skilifte Crans-Montana-Aminona

	Höhe/m	Länge/m	Höhendiff. m	Fahr- zeit	Stunden- kapazität
Bella-Lui	2.543	1.347	280	4'	650
Glacier de la plaine morte	3.000	3.200	750	10'	500
Chetzeron	2.100	2.050	620	12'	480
Cry-d'Err	2.267	3.165	725	18'	900
Grand Signal	1.700	560	200	3'	500
Cry-d'Err	2.267	2.400	743	12'	500
Les Violettes	2.250	2.500	750	15'	700
Petit-Bonvin	2.400	2.410	864	13'	700
La Barmaz	2.250	710	300	6'	600
Plumachit	2.190	1.440	440	10'	900
Cabane de Bois	2.250	1.207	359	7'	920
Pas du Loup	2.260	750	185	5'	1.100
Colorado	2.100	962	300	5'	1.200
Chetzeron T.1	2.267	1.350	167	8'	600
Cry-d'Err Bellalui T.3	2.543	1.510	403	9'	650
Cry-d'Err T.2	2.267	300	127	2'	850
Pas de Loup	2.267	780	186	4'	600
Arnouvaz	2.267	2.000	567	10'	600
Corbyre	1.950	560	200	4'	600
Verdets I	1.890	720	165	4'	600
Verdets II	1.880	710	160	4'	900
Nationale	2.267	961	307	6'	750
De Zabona	2.530	538	132	4'	900
Pepinet	2.060	680	260	4'	600
Glacier 2	2.950	562	105	3'	900
Lac	2.927	500	140	3'	800
Glacier	2.930	880	150	4'	800
Toula	2.570	1.595	607	8'	650
TSA I	2.465	2.080	263	5'	700
TSA II	2.465	1.080	263	5'	700
Petit-Bonvin	2.400	502	120	2'	800
Petit-Bonvin 2	2.400	498	126	2'	800

Kino

Casino, Montana, Tel. 027 41 27 64;
Le Cristal, Crans, Tel. 027 41 11 12

Post/PTT

Crans, Tel. 027 41 25 91;
Montana, Tel. 027 41 42 61.
3963 Crans-sur-Sierre/3962 Montana-Vermala.
Öffnungszeiten: Täglich 08.00 — 12.00 und 14.00 — 18.30 Uhr. Samstag 08.00 — 11.00 Uhr.
Telegraph:
Crans:
Öffnungszeiten: Mo—Fr (Saison)
08.00 — 12.00 und 14.00 — 19.00 Uhr,
Samstag: 08.00 — 12.00 und 15.00 — 18.00 Uhr.
Zwischensaison: Postschalter.
Telephon: offizielle Kabinen
Telegramm: Auskunft, Tel. 027 41 63 03.
Telex: 38 430 TXCAB CH offizielle Kabine.

Montana:
Öffnungszeiten: Mo—Fr (Saison)
08.00 — 12.00 und 14.00 — 19.00 Uhr
Samstag: 08.00 — 12.00 Uhr.
Zwischensaison: Postschalter.
Telephon: 10 offizielle Kabinen.
Telegramm: Auskunft, Tel. 027 41 19 78.
Telex: 38 501 TXCAB CH, offizielle Kabine

Reisebüro

Agence Les Grillons, Tel. 027 41 41 71, Tel. 027 41 41 61;
Forest Voyages, Tel. 027 41 42 27;
Wasteels, Tel. 027 41 60 20

Rettungsdienst

Cry-d'Err, Tel. 027 41 16 18;
Les Violettes, Tel. 027 41 60 62;
Gl. Plaine Morte, Tel. 027 41 36 26;
Aminona, Tel. 027 41 33 82

Skischulbüro

Crans: Tel. 027 41 13 20;

(Skikindergarten;
Skibob-Lektionen)
Montana: Tel. 027 41 14 80;
Violette: Tel. 027 41 24 70;
Aminona: Tel. 027 41 33 34

Sportmöglichkeiten

Winter: 150 km Pisten, 40 km Langlaufloipen, 2 Luftseilbahnen, 6 Gondelbahnen, 5 Sessellifte,m 25 Skilifte 2 Eisbahnen, 7 Curlingrinks, 50 km Wanderwege, Schlittenbahn, Reithalle, Heißluftballonflüge, Fitneß-Center
Sommer: 2 Golfplätze (9 und 18 Löcher), 9 öffentliche Tennisplätze, Kunsteisbahn, Sommerski (2 Skilifte), Sommerlanglauf (12 km), Schweiz Skischule, 280 km Spazierwege, 4 Mini-Golf-Anlagen, Reithalle, Vita-Parcours, Vermietung von Elektrowagen für Kinder, Vermietung von Elektrobooten, Fussballplatz, 2 Luftseilbahnen, 5 Gondelbahnen, öffentliches Schwimmbad und Strandbad, Fischen in 4 Seen, Heißluftballonflüge, Kinderspielplätze

Bowling, Albert 1er, Bonvin Michel, Tel. 027 41 49 56; «Club der 3000 (Montfolgières), Tel. 027 41 36 65;

Curling d'Ycoor, Tel. 027 41 43 75;

Fitneß-Club, Sauna/Massagen, Tel. 027 41 47 87;

Golf von Crans, Tel. 027 41 21 68;

Kunsteisbahn, Tel. 027 41 30 55;

Minigolf
Ycoor, Tel. 027 41 20 87;
Chaperon Rouge, Tel. 027 41 25 00;
Le Parisien, Tel. 027 41 20 56;
Hôtel du Golf, Tel. 027 41 42 43

Reiten
Manège de la Noble Contrée Cercle Hippique + Club Equestre, Tel. 027 41 15 31

Tennis
Tennis d'Ycoor, Tel. 027 41 43 91;
Tennis du Sporting, Tel. 027 41 40 61

Yoga
Ecole de Yoga, Tel. 027 43 21 50

Extras

Pauschalskiwochen «Ski-Sonne»;
Pauschalwochen: Golf, Tennis, Ski, Langlauf;
Intern. Golf-, Tennis-, Curling- und Bridgeturniere; Eiskunstlauf-Revuen, Hockey-Matchs; Musikwochen; Heißluftballonflüge

Taxis

Artuso Claudio, Tel. 027 43 11 43;
Bonvin Francis, Tel. 027 41 51 51;
Agence Wasteels, Tel. 027 41 60 20;
Bruttin René, Tel. 027 41 12 66;
Cordonier M., Tel. 027 41 36 36;
Dolt, Tel. 027 41 27 27;
Emery Jean, Tel. 027 41 44 55/41 19 19;
Forest Voyages, Tel. 027 41 42 27;
Mittaz & Fils, Tel. 027 41 21 28;
Pott César, Tel. 027 41 13 13;
Pott Michel, Tel. 027 41 71 71;
Zufferey Laurent, Tel. 027 41 23 69

Unterhaltung

Bars — Carnotzets:
Aïda, A. Bestenheider, Tel. 027 41 27 81;

La Grange, E. Hammes, Tel. 027 41 12 65;
La Potinière, Tel. 027 41 20 87;
Pub Georges and Dragon, Tel. 027 41 54 59;
Au Rendez-Vous, Tel. 027 41 19 65;
Le Vénus, Tel. 027 41 26 92;

Bars — Dancings:
Aux 400 Coups, Tel. 027 41 16 08;
Le Mazot, Tel. 027 41 36 65;
Gipsy-Club, Tel. 027 41 23 73;
Sporting-Casino, Tel. 027 41 11 77;
Valentino, Tel. 027 41 42 23;
Whisky à Gogo, Tel. 027 41 12 61;
Le Noctambule (cabaret), Tel. 027 41 68 06;
Kasino

Eischoll

Verkehrsverein
3941 Eischoll
Tel. 028 44 24 43

Ernen

Verkehrsverein
3981 Ernen Mühlebach
Tel. 028 71 15 62
Sportbahnen Erner Galen, 3981 Mühlebach, Tel. 028 71 24 16/17

Evolène

Verkehrsbüro
1968 Evolène
Tel. 027 83 12 35
Verkehrsbüro
1961 La Sage s/Sion
Tel. 027 83 12 80
(auch Auskünfte über die Orte Villa, La Forclaz, Ferpècle)
Ambulanz: Hauptzentrale Sitten, Tel. 027 22 61 61;
Garage: Garages des Alpes, Les Haudères, Tel. 027 83 15 27

Bergbahnen

1 Sessellift, 6 Skilifte

Bahnen-Auskünfte

Talstation des Sesselliftes, Tel. 027 83 10 80;
Schweizerische Bundesbahnen Sitten, Tel. 027 22 20 35

Bergführerbüro

Tel. 027 83 12 35

Berghütten

Tsa, Tel. 027 83 13 78;
Vignettes, Tel. 027 83 13 22;
Dix, Tel. 027 81 15 23;
Rossier, 027 83 16 51;
Berthol, 027 83 19 29;
Aiguilles Rouges, 027 83 11 66

Camping

Sommer und Winter-Camping in 961 Vex/Sion, Tel. 027 22 19 84/22 54 79;
Camping in Evolène: Tierre Métrailler, Tel. 027 83 15 09

Fischen

Im Berggebiet ist das Fischen von Mitte Juni bis Ende Oktober erlaubt. Sie können Forellen fangen in der Nähe der Station im Bach oder im Blausee (in der Nähe von Arolla). Das Patent kann bei der Kantonspolizei in Vex eingelöst werden oder in der Pension du Lac Bleu in La Gouille (für den See). Dienstag und Freitag: Fischereiverbot

Massenlager

La Clevettaz, Chevrier Frères, Tel. 027 22 57 01;
Le Ranch, Sylvain Fauchère, Tel. 027 83 13 15;
La Péniche, Pierre Métrailler-Maître, Tel. 027 83 15 09;
La Cordée, Pierre Regad, Tel. 022/96 56 83;
Le Camp, René Métrailler, Tel. 027 22 03 63 oder 027 83 13 61

Rettungsdienst

Tel. 027 22 56 56

Schlittschuhbahn

Natürliche Schlittschuhbahn in Les Haudères, 4 km von Evolène entfernt. Geöffnet: ab Mitte Dezember

Skilanglauf

Gespurte und unterhaltene Pisten: Evolène — La Tour 4 km, Evolène — Molignon, 6 km, Evolène — Les Haudères 8 km, Evolène — Les Haudères 12 km. Beginn an der Straße Evolène — Lannaz

Skischulbüro

Direktion Jean Gaudin, Tel. 027 83 13 20

Bergrestaurant Hannigalp, Tel. 028 56 23 81;
SJH Schweiz. Jugendherberge, Tel. 028 56 17 14;
Lagerheim zum See: Ruedi Schaffner, Pilatusblick 3, 6232 Geuensee, priv. Tel. 045 21 43 92; geschäftl. Tel. 045 21 35 35;
Lagerheim Riedbach: Paffer Gallus Bechtiger, Landshuterstr. 41, 3427 Utzenstorf, Tel. 065 45 39 39

Hallenschwimmbad (mit Gegenstromanlage und Sauna)

Villa Alex, beim Hotel Beau-Site, Tel. 028 56 26 56
geöffnet: 9.00 — 18.00 Uhr
Beim Sportzentrum entsteht ein neues Hallenbad mit Sprudelbad, Sauna und Solarium (Beschluß vom Mai 1983)

Kegeln

2 vollautomatische Kegelbahnen im Hotel Grächerhof

Öffnungszeiten

08.15 — 12.00/14.00 — 18.30 Uhr;
Sonntag:
Molkerei: 7.30 — 8.30/18.30 — 19.30 Uhr;
Bäckerei: 7.30 — 12.00 Uhr

Parkmöglichkeiten (Reservationen)

Parkhaus City, Josy Andenmatten, Tel. 028 56 12 52;
Gemeindeparkhaus, Tel. 028 56 11 75;
Parkhaus Terminal, Fam. Anton Walter, Tel. 028 56 11 22

Polizeiposten

Tel. 028 56 18 14

Post/PTT

Tel. 028 56 11 47

Rettungsdienst (Bergrettung)

Hans Georg Gruber, Tel. 028 56 17 73

Samariterdienst

Tel. 028 56 13 31

Sauna-Fitneß

Sportzentrum Fitneß, Tel. 028

56 28 28;
Villa Alex, Sauna, Tel. 028 56 26 56;
Hotel Hannigalp, Fitness, Sauna, Solarium, Tel. 028 56 25 55

Skischulbüro

Tel. 028 56 17 77;
Leiter: W. Gruber, privat, Tel. 028 56 23 31

Sportzentrum

Auskünfte und Reservationen, Tel. 028 56 28 28;
Folgende Anlagen befinden sich im Sportzentrum: **Indoor-Tennis** (2 Plätze); **Squash-Trainingsanlage, Super-Fitneß.** Die Anlagen im Fitneßraum stehen zur freien Benützung zur Verfügung von 9.00 — 22.00 Uhr
Spielsalon
Verschiedene Spielautomaten sowie Tischfussball und Musikbox stehen zur freien Verfügung von 9.00 — 22.00 Uhr
Natureisbahn
Curling, geöffnet; (2 gedeckte Rinks)
Taxi
Franz Zenklusen, Tel. 028 56 12 95;
Tel. 028 56 24 56
Tischtennis
(7 Plätze, auf Anfrage und Reservation)
Restaurant
Ein kleines, gemütliches Restaurant mit Blick auf Tennis- und Eisbahnanlage steht zur Verfügung
Umkleide- und Duschmöglichkeiten stehen zur Verfügung

Unterhaltung

Bars/Dancings:
«Walliser Spycher», Hotel Bellevue, Tel. 028 56 24 44;
«Sporting», Hotel Grächerhof, Tel. 028 56 25 15;
«Mascotte», Hotel Walliserhof, Tel. 028 56 11 22

Grimentz

Verkehrsbüro
3961 Grimentz
Tel. 027 65 14 93

Bergführer

Gérard Genoud, Tel. 027 65 19 79;

Vital Salamin, Tel. 027 65 11 44;
Alain Vouardoux, Tel. 027 65 10 23

Berghütten und Gruppenunterkünfte

Les Flaches, Tel. 027 65 23 23;
L'Ecole, Tel. 027 65 19 79;
Le Chalet Bleu, Tel. 027 65 23 23

Discothek

«Lona», Tel. 027 65 10 50

Skischule

Tel. 027 65 21 25/65 14 84

Taxi

Serge Abbé, Café des Alpes, Vissoie, Tel. 027 65 11 21

Extras

Maultiersafari, Auskunft Verkehrsbüro, Tel. 027 65 14 93;
direkte Buchung bei Veranstalter: Welcome Swiss Tours, Av. Benjamin — Constant 7, 1003 Lausanne

Haudères

Verkehrsbüro
1961 Les Haudères
Tel. 027 83 10 15

Bergführerbüro

Tel. 027 83 12 26

Camping

Camping de Molignon, Henri Trovaz, Tel. 027 83 12 96

Colonie

Colonie de vacances La Forêt, Jean Quinodoz, Tel. 027 83 15 21

Skischulbüro

Les Haudères — La Sage — La Forclaz, Tel. 027 83 10 10

Taxis

Anzérui Henri, Tel. 027 83 11 55;
Tridondane Herrmann, Tel. 027 83 11 20

Hérémence

Verkehrsbüro
1961 Hérémence
Tel. 027 81 14 63

Lötschental

Verkehrsbüro Lötschental
3903 Kippel
Tel. 028 49 13 88;
150 km markierte Wanderwege, 1 Luftseilbahn (im Sommer Zubringer zum Lötschentaler Höhenweg), 30 km präparierte Skipisten, 25 km maschinell gespurte Langlaufloipen, gepfadeter Wanderweg «Blatten-Weissenried», 1 Luftseilbahn (Lauchernalp), 4 Skilifte (3 Lauchernalp, 1 Blatten), 1 Sessellift (Lauchernalp), 2 Bergrestaurants (Lauchernalp).

Skischulbüro

Tel. 028 49 13 88

Sportzentrum Steg

Hallenbad, Fußballplatz, Trainingsplatz, 2 Tennisplätze, Restaurant, Tel. 42 10 50

Extras

«Lötschentaler Museum» in Kippel, 6. Juni — 30. September geöffnet täglich (außer montags) 10.00 — 12.00 Uhr, 14.00 — 17.00 Uhr. Geführte Hochgebirgs-Touren (Juli, August und Anfang September); alpine Grundausbildung (Klettern) auf der Fafleralp, geführte Gletschertouren. Individuelle Hochgebirgs-Touren, Frühlings-Skitouren, Sommerkonzerte, Aufzug der Herrgottsgre-

Garage Les Marécottes

Garage du Trient, Tel. 026 6 16 74/6 10 64 (Pannendienst)

Hallenschwimmbäder (öffentlich in Hotels)

und Sauna im Hotel «Aux Mille Etoiles» Tel. 026 6 16 66, geöffnet: täglich von 9.00 — 21.00 Uhr

Skischulbüro

Seilbahngebäude, Tel. 026 6 15 52

Sportmöglichkeiten

Freiluftbad, Hallenbad, Vita-Parcours, Sauna, Tennis, Wandern im Sommer; 1 Seilbahn, 4 Skilifte (La Creusaz), 1 Skilift im Dorf, Hallentennis in Marti-

Bergbahnen und Skilifte

	Länge	Höhendifferenz	Förderleistung
Luftseilbahn Wiler — Holz	1079 m	550 m	500 P/h
Téléphérique Wiler — Holz			
Cable Car Wiler — Holz	730 m	150 m	600 P/h
Skilift Holz — Lauchernalp	1020 m	430 m	800 P/h
Skilift Lauchernalp — Märwig	694 m	220 m	800 P/h
Skilift Märwig — Gandegg	3523 m	1350 m	2700 P/h

Bahnen-Auskünfte

Bahnhof Goppenstein, Tel. 028 49 17 02;
Luftseilbahn Wiler/Lötschental AG, Auskunft Talstation, Tel. 028 49 11 22

Banken/ Schalterstunden

in Kippel und Wiler

Bergführerbüro

Auskünfte Tel. 028 49 13 88

Camping

in Kippel

Ferienwohnungen/ Chalets

Auskunft und Information Verkehrsbüro, Tel. 028 49 13 88

Hallenschwimmbäder

Hallenbad in Steg (Rhonetal)

nadiere (Prozessionen an religiösen Festtagen)

Les Marécottes

Verkehrsbüro
1923 Les Marecottes
Tel. 026 6 15 89

Bergführer

Salvan, Tel. 026 6 13 54;
Le Bioley, Tel. 026 6 17 18;
Les Marécottes, Tel. 026 6 17 75

Camping

Les Marécottes/La Médettaz, Familie Gross, Tel. 026 6 18 30/2 35 95

Dancing

«Etoile Filante», geöffnet ab 22.00 Uhr, Information Hotel «Aux Mille Etoiles», Tel. 026 6 16 66

gny, Route du Levant 126, Tel. 026 2 75 27

Extras

Alpiner zoologischer Park (beim Bahnhof), Tel. 026 6 17 18 (im Winter geschlossen), Skipauschalwochen

Leuk

Verkehrsverein Leuk/Susten
3953 Leuk
Tel. 027 63 16 33

Leukerbad

Kur- und Verkehrsverein
3954 Leukerbad
Tel. 027 61 14 13/61 14 14
Telex 38 413
28 Hotels mit 1470 Betten, 1500 Chalets und Ferienwohnungen mit 4500 Betten, 3 Kuranstalten mit 230 Betten, EDV-Zimmernachweis.

Apotheke
Apotheke Ritter, auf dem Dorfplatz, Tel. 027 61 11 54,

Bergbahnen/Skilifte

	Höhe m	Länge m	Pers./Std.
Sessellift Jorasse	1400 — 1940	1600	800
Skilift Jorasse	1760 — 2150	1050	800
Skilift Bougnonne	1870 — 2140	850	800
Skilift Combe/dimanche	1930 — 1980	300	300
Skilift de Tsantonnaire	2080 — 2500	1600	800
Skilift du Petit-Pré	1998 — 2218	1200	1200
Skilift de Loutze	1450 — 1700	1000	1000
Skilift de La Chaux	1660 — 1960	1100	650
Trainerlift en station	1350	200	100

Auskünfte: Télévronnaz SA,
Tel. 027 86 45 49/
86 35 53

(Vorbehalten dem Verband Jugend + Sport)

Fischen

Bach: Salentze, See: Lac de Fully, Wasserbehälter: La Colline aux oiseaux

Skischulbüro

Tel. 027 86 13 74 (Pendelbus vom Ort zu den Skistationen)

Sportmöglichkeiten

Schlittenbahn: in der Nähe des Hotels Grand-Muveran
Langlauf: 12 km Loipe von Loutze nach Patier, Natureisbahn

Taxis

I. Mariaux, 1920 Martigny, Tel. 026 2 32 31;
M. Lantheman, 1950 Sion, Tel. 027 22 44 55;
J. Mabillard, 1915 Les Vérines/Chamoson, Tel. 026 86 34 50

Tennis

(sowie Tischtennis und Boccia), 2 Tennisplätze beim Café-Restaurant La Promenade, Tel. 027 86 32 04

Vita-Parcours

Auskunft Verkehrsbüro, Tel. 027 86 42 93

Extras

im Sommer wöchentlich geführte Wanderungen, Kuhkämpfe, Weinproben

Raron

Verkehrsverein
3942 Raron
Tel. 028 44 11 27

Riederalp

Verkehrsbüro
3981 Riederalp
Tel. 028 27 13 66/65

Ärzte/Apotheken:

Tel. 028 27 21 17

Fly-Gepäck

Brig, Schweizerische Bundesbahn, Tel. 028 23 15 27

Fundbüro

Polizeiposten (15. 12. — 15. 4.)
Chalet Primeli 16.00 — 18.00 Uhr, Tel. 028 27 25 15

Bahnen-Auskünfte

Riederalpbahnen: Mörel Direktion und Verwaltung, Tel. 028 27 22 29;
Riederalp Mitte, Tel. 028 27 12 39;
Riederalp West, Tel. 028 27 17 50;
Ried-Mörel, Tel. 028 27 11 89;
FO-Station: Mörel, Tel. 028 27 11 80;
Bahnhof Brig: Zentrale und Auskunft, Tel. 028 23 62 82;
Verkehrsbetriebe Riederalp: Verwaltung, Tel. 028 27 22 67;
Sesselbahn Moosfluh, Tel. 028 27 12 74;
Sesselbahn Hohfluh, Tel. 028 27 24 16

Bergsteigerschule

E. Venetz, Märzenhof, Tel. 028 27 24 07;
M. Nellen, Haus Holiday, Tel. 028 27 18 38

Garage

Olympia A. Walpen, Mörel, Tel. 028 27 22 55

Gepäcktransport

Pferdetaxis: Berghaus Toni, Tel. 028 27 16 56;
Restaurant Galmenegg, Tel. 028 27 10 55;
Hotel Adler (nur für Hausgäste), Tel. 028 27 10 10;
(Gepäckabfertigungspapiere im Vorverkauf, nähere Auskünfte: Großkabinenbahn, Tel. 028 27 12 39

Hallenschwimmbäder (öffentlich in Hotels)

Hotelhallenbad Valaisia, Art Furrer Hotels, Tel. 028 27 21 21; täglich von 9.00 — 19.00 Uhr öffentlicher Zutritt, Kinder nur in Begleitung von Erwachsenen;
Sole-Hallenbad Salina 33°C in Breiten-Mörel, Tel. 028 27 13 45; Montag — Samstag, 8.00 — 12.00 Uhr, 15.00 — 21.00 Uhr, Sonntag 15.00 — 21.00 Uhr; Kinder 10.00 — 12.00 Uhr, 15.00 — 17.00 Uhr nur in Begleitung. Freibad im Sommer in Breiten-Mörel

Naturschutzzentrum Aletschweld

Villa Cassel-Riederfurka
Tel. 028 27 22 24; Öffnungszeiten: Mitte Dezember — Mitte April, Dienstag und Donners-

tag 13.30 — 16.30 Uhr; Mitte
Juni — Mitte Oktober, täglich
ohne Mittwoch 10.00 — 17.00
Uhr; Winteradresse: Sekretariat SBN, Postfach 73, 4020 Basel, Tel. 061 42 74 42

Sauna

Art Furrer Hotel, Tel. 028 27 21
21;
Hotel Riederhof, Tel. 028 27 22
77;
Hotel Walliser Spycher, Tel.
028 27 22 23

Skischulbüro

Tel. 028 27 10 01

Taxis

Riederalp-Service, Tel. 028 27
21 40

Tennis

(2 Plätze), Riederalp, Informa-
tion: Tel. 028 27 13 65;
Bettmeralp, Information: Tel.
028 27 12 91/27 04 01;
Blatten-Belalp, Information:
Tel. 028 23 13 85;
Fiesch «Aelmi», information:
Tel. 028 71 14 66;
Breiten, Information: Tel. 028
27 13 45

Touristen- und Matratzenlager

Naturfreundehaus, Familie W.
Biderbost, Betten 42, Tel. 028
27 11 65;
Riederfurka, Familie F. Marin,
Betten 43, Tel. 028 27 21 31;
Villa Cassel, Naturschutzzen-
trum, Betten 60, Tel. 028 27 22
44;
nur im Sommer offen, Tel.
061/42 74 42;
Schulhaus Ried, Gemeinde
Ried-Mörel, Betten 80, Tel. 028
27 14 07;
Talstation Mörel, Riederalp-
Bahnen, Betten 100, Tel. 028
27 18 21

Vita Parcours

unterhalb vom Hotel-Restaurant Adler, 20 Posten auf 2 km

Extras

Spazierfahrten mit Pferdetaxis,
Tel. 028 27 21 40;
Skiwochen, Skitourenwochen,
Ausbildungswochen im Fels

und Eis, Hochgebirgs-, Kletter-
und Wanderwochen

Saas-Almagell

Verkehrsverein
3905 Saas-Almagell
Tel. 028 57 26 53

Saas-Fee

Verkehrsbüro
3906 Saas-Fee
Tel. 028 57 14 57
Telex 38 230
Sportsekretariat
Tel. 028 57 14 57 oder 028 57 24
54 (Abwart des Sportzen-
trums).
8000 Betten in 50 Hotels und
1400 Ferienwohnungen.
(Auskünfte durch das Ver-
kehrsbüro; Computer-Vermitt-
lungsdienst)

Bergbahnen

Strecke	Länge	Höhendifferenz
Saas-Fee—Plattjen	2005	767
Saas-Fee—Felskinn	3650	1152
Saas-Fee—Längfluh 1. + 2. Sektion	3400	1070
Saas-Fee—Spielboden 1. Sektion	2450	650
Spielboden—Längfluh 2. Sektion	950	420
Saas-Fee—Hannig	1120	520

Sesselbahnen und Skilifte von 2000–3250 m ü. M.

Längfluh	1100	280
Plattjen	780	237
Kanonenrohr	1190	350
Egginer I	1310	260
Egginer II	1100	240
Egginerjoch	730	230
Hinterallalin	540	230
Mittaghorn	980	238
Spielboden	250	100
Hannig I	550	225

Bahnen-Auskünfte

Luftseilbahn Saas-Fee-Plattjen
und Längfluh, Tel. 028 57 14
14;
Luftseilbahn Saas-Fee-Fels-
kinn, Tel. 028 57 27 17;
Luftseilbahn Saas-Fee-Hannig,
Tel. 028 57 26 15;
Telefonischer Auskunftsdienst,
Tel. 028 57 12 72

Polizei
Tel. 028 57 22 45/027 22 56 56.
Polizeiposten
täglich von 08.00 — 12.00 und
14.00 — 18.00 Uhr. Sonntag
geschlossen.
Arzt, Tel. 028 57 19 32;
Autopost Terminus, Tel. 028 57
19 45.
Bibliothek
täglich von 07.30 —
12.00/13.30 — 18.00 Uhr.
Samstag geschlossen.
Carausflüge
PTT: Tel. 028 57 19 45 — Zer-
zuben: Tel. 028 57 26 66.
60 Restaurants, Bars und Dancings;
80 km gutausgebaute Skipisten
Gästekindergarten, 8 km Langlaufloipe;
grosses öffentliches Hallenbad
mit Sauna, Liegewiese, Sonnenterrasse;
öffentlicher Fitneßraum mit
Tischtennis;
280 km Wanderwege;
Sommerskilauf (2 Skilifte)

Gletscherbus auf Längfluh: Dezember bis Juni in Betrieb, Tel.
028 57 14 14. Automatischer In-
formationsdienst, Tel. 028 57
12 72

Banken/ Schalterstunden

Hochsaison: täglich von 8.30
— 12.00/15.00 — 18.30 Uhr,

Bahnhofs-Auskünfte

CFF (chemins de fer fédéraux), Simplon-Linie, Tel. 027 55 15 30;
SMC (funiculaire et autocars Sierre-Montana-Crans), Tel. 027 55 15 72;
PTT (Postbusse Val d'Anniviers), Tel. 027 55 16 27

Bars

Bellevue, Place de l'Hôtel-de-Ville, Tel. 027 55 18 03;
La Channe, Place Beaulieu, Tel. 027 55 54 46;
Le Puck, Café des Amis, patinoire de Graben, Tel. 027 55 12 92

Camping

«Swiss Plage» (Camping-Caravaning), Tel. 027 55 66 08, Tel. 027 55 26 67, Privat Tel. 027 41 60 23;
Restaurant und Selbstbedienungsladen; ganzjährig geöffnet. «Le Robinson», Tel. 027 58 16 01;
Camping TCS (Bois-de-Finges, Pfynwald), Tel. 027 55 02 84, offen Mitte Mai — Mitte September;
Camping Sierre — Ouest, Tel. 55 06 55, Privat Tel. 027 55 71 94, offen 1. April oder Ostern — 31. Oktober

Dancings

Le Bourg, avenue Max-Huber, Tel. 027 55 08 93;
La Locanda, route de Salquenen, Tel. 027 55 18 26;
L'Ermitage, Bois de Finges, route du Simplon, Tel. 027 55 11 20

Galerie

Galerie Châteaux de Villa, rue Ste-Catherine 4, Tel. 027 55 12 96;
Galerie Isor, Tea-Room des Châteaux, rue de Bourg 16, Tel. 027 55 98 98;
Galerie du Torsin, ch. du Monastère, Glarey, Tel. 027 55 38 60

Hallenschwimmbäder

Piscine de Guillamo (Hallenbad und Freibad), Tel. 027 55 95 59, geöffnet Juli und August: 10.00 — 21.30 Uhr; Samstag:

10.00 — 19.00 Uhr; Sonntag: 10.00 — 17.00 Uhr; Montag: geschlossen

Kino

Le Bourg, Tel. 027 55 01 18;
Casino, Tel. 027 55 14 60

Museen

Hotel de Ville: (Musée des Etains — R.M. Rilke und Kassner-Saal), geöffnet: tägl. 10.00 — 12.00 Uhr, 15.00 — 17.00 Uhr; Montag — Donnerstag melden an der Rezeption, Samstag und Sonntag beim Polizeiposten.
Manoir de Villa: Pfeifenmuseum, Weinmuseum, Numismatisches Museum

Sport

Schwimmen: Géronde-See (Natursee), geöffnet 9.00 -18.00 Uhr; Schwimmbad Hotel Atlantic, geöffnet: 9.00 — 21.00 Uhr; Swiss-Plage (Camping); Hallenbad de Guillamo;
Reiten: Tel. 027 55 45 32 und Centre équestre et manège des Bernunes, Tel. 027 55 12 97;
Golf: in Crans;
Angeln: Géronde-See, Auskunft Verkehrsbüro, Tel. 027 55 85 35;
Vita-Parcours: Bois de Finges (Pfynwald);
Tennis: Bois de Bellevue / Alusuisse / Château Mercier

Extras

Juni: Trödler- und Antiquitätenmarkt, av. Général-Guisan;
St-Léonard: größte unterirdischer See Europas, zugänglich vom 1. März bis 31. Oktober, Tel. 027 31 22 66

Sitten/Sion

Verkehrsbüro
1950 Sitten
Rue de Lausanne 6
Tel. 027 22 28 98
Stadtpolizei, Tel. 027 21 21 91 (rue de Lausanne 23);
Kantonspolizei, Tel. 027 22 56 56 (Avenue de France 71);
SOS-Autohilfe, Tel. 027 23 19 19;
TCS — (Touring Club der Schweiz), Tel. 027 22 15 24;
ACS — (Automobil Club der Schweiz), Tel. 027 22 11 15;
Ambulanz, Tel. 117

Bahnen-Auskünfte

Chemins de fer fédéraux suisses, Billete und Auskünfte, Tel. 027 22 20 35

Camping

«Batza» (TCS), ganzjährig geöffnet, in: 1963 Vétroz, Tel. 027 36 19 40 / 22 31 82;
Camping des Iles, Tel. 027 22 10 47;
Valcentre, 1967 Bramois, Tel. 027 31 16 42 (1, Klasse);
Sedunum-Bois d'Aproz, Tel. 027 22 04 68

Flughafen

Mittelstreckenflugzeuge zugelassen. Alpenflüge, Gletscherlandungen, Segelfliegen, regelmäßige Direktflüge nach Genf, Tel. 027 22 24 80

Jugendherberge

Centre scolaire du Sacre-Coeur, Tel. 027 21 21 91; geöffnet vom 24. 6. bis 30. 8.

Kunstgalerien

Grange à l'Evêque, 12, rue des Châteaux;
Grande-Fontaine, rue de Savièse;
Galerie du Vieux-Sion, 1, rue de Conthey;
Galerie des Vignes, Ardon

Museen

Archäologisches Museum, 12, rue des Châteaux; Museum von Valeria; die ehemalige Bischofsresidenz Majoria ist seit 1947 kantonales Kunstmuseum; (Museum von Majoria, 19, rue des Châteaux); Naturgeschichtliches Museum, Kollegium von Sitten, 40, avenue de la Gare;
Öffnungszeiten der Museen: 1. 11. — 30. 4., 9.00 — 12.00 Uhr, 14.00 — 17.00 Uhr, 1. 5. — 31. 10., 9.00 — 12.00 Uhr, 14.00 — 19.00 Uhr, Montag geschlossen

Parkplatz

Kostenloser, zeitlich unbeschränkter Parkplatz im Industriequartier hinter dem Bahnhof; Parking de la Platier hinter dem Bahnhof; Parking de la Planta; Parking de l'Etoile

(Coop City); Parking de la Cible (sommet du Grand-Pont); Parking de la Gare; Parking de St-Guérin (rue St-Guérin); Parking du centre Métropole (Migros)

Sportmöglichkeiten

Schwimmen (seit 1982 gedecktes olympisches Hallenbad), Reiten, Tennis (seit 1983/84 neue Tennishalle mit 5 Innen- und 4 Außenplätzen, 3 Squashanlagen und Minigolfplatz), Eislauf, Hockey, Curling, Ski, Segelfliegen, Motorfliegen, Fallschirmspringen

Unterhaltung

3 Kinos, 2 Dancings

Extras

Festival Tibor Varga (Juli — September), Sekretariat: rue de la Dixence 10, Tel. 027 22 66 52;
Orgelwochen (Juli — August), Direktion: Tel. 027 23 57 67;
Sommerwanderungen, Stadtführungen: täglich Mitte Juli — Ende August. Verkehrsverein, rue de Lausanne 6; 10.00 und 14.30 Uhr.
Beim großen Einkaufszentrum MAGRO: Vivarium und Walliser Trachtenmuseum, geöffnet: Dienstag — Samstag, 13.00 — 18.00 Uhr (großer Parkplatz und Snack); Weindegustationen im Centre de Dégustation Bonvin Grandes Domaines an der Avenue de Tourbillon (am Bahnhof), geöffnet: 10.00 — 12.00 Uhr, 14.00 — 18.00 Uhr (außer Sonntag), Tel. 027 23 21 31

Täsch

Verkehrsverein
3921 Täsch
Tel. 028 67 16 89

Thyon 2000

1973 Thyon
Tel. 027 81 16 08 und Tel. 027 81 16 09
Telex: Ourst 38 365

Turtmann

Verkehrsverein   Turtmanntal

und Umgebung/Agarn, Eischoll, Ergisch, Oberems, Turtmann, Unterems
3941 Turtmann
Tel. 028 44 13 78

Unterbäch

Verkehrsbüro
3941 Unterbäch
Tel. 028 44 10 85

Val d'Illiez

Val-d'Illiez
1873 Verkehrsverein, Tel. 025 77 20 77/77 11 35;
Champoussin, Tel. 025 77 27 27;
Les Crosets, Tel. 025 79 14 23
Morgins
Verkehrsbüro
1875 Morgins
Tel. 025 77 23 61
Telex 45 62 61
Torgon
Verkehrsbüro
1891 Torgon
Tel. 025 81 27 24
Telex 456 118
Télé-Torgon, Tel. 025 81 29 42

Verbier

Verkehrsbüro
1936 Verbier
Tel. 027 7 62 22/7 71 81
Telex 473 247
Automatische Informationen: Tel. 027 7 65 85 und Tel. 027 7 60 00
Ambulanz, Klinik: Tel. 027 7 40 24/7 65 94
Arzt: Tel. 027 7 40 24/7 65 94
Tierarzt: E. Sarbach, Le Châble, Tel. 027 7 14 78
Apotheken:
Internationale, A. Romerio, Tel. 027 7 61 52
Verbier, J.-M. Meichtry, Tel. 027 7 53 30
Gemeindepolizei: Tel. 027 7 53 71
Kantonspolizei: Tel. 027 7 60 69
Autopanne: Tel. 140

Bergbahnen und Skilifte

80 Aufstiegshilfen, 1 gemeinsames Abonnement

Bahnen-Auskünfte

Téléverbier S.A., Information, Tel. 027 7 60 00

Banken/ Schalterstunden

Banque Cantonale du Valais, Tel. 027 7 61 61;
Banque Populaire Suisse, Tel. 027 7 01 81, télex 473 483;
Caisse d'Epargne du Valais, Tel. 027 7 45 66;
Union de Banque Suisse, Tel. 027 7 54 33, télex 473 297;
Crédit Suisse, représenté par Bureau commercial Michaud S.A., Tel. 027 7 53 83, télex 473 246.
Öffnungszeiten: täglich 08.30 — 12.00 Uhr und 14.00 — 18.30 Uhr, sonntags 09.00 — 12.00 Uhr und 15.00 — 18.00 Uhr

Bergführerbüro

Tel. 027 7 44 24/7 42 22

Berghütten

Cabane du Mont-Fort, Tel. 027 7 93 84/7 62 22

Dancings

Farm-Club, Hôtel Rhodania, Tel. 027 7 01 21;
Tara-Club, täglich ab 21.30 Uhr, Tel. 027 7 76 98/7 65 15

Garagen

Garage Droz, Le Châble, Tel. 027 7 11 67;
Garage und Parking, Tel. 027 7 66 66;
Garage de la Piscine, Tel. 027 7 59 14/7 75 53;
(Hertz-Automiete)

Golf

Approachgolf, Tel. 027 7 49 95

Kino

Tel. 027 7 54 35

Mini-Golf

Familie Besson, Tel. 027 7 54 71

Öffnungszeiten

Geschäfte täglich von 08.00 — 12.30 Uhr und von 14.30 — 19.00 Uhr
Sonn- und Feiertage 09.30 — 12.30 Uhr und 16.00 — 19.00 Uhr

Parking

Offene Plätze außerhalb des

Sommerski—Klein Matterhorn (36 km² — 18 km Pisten)

Klein Matterhorn 3820 m
Trockener Steg 2939 m

Plateau Rosa

Theodul-Gletscher
Plateau Breithorn 3899 m

Skilifte	Länge	Höhe ü. M.	Höh. Diff.	Kapazität/h	Fahrzeit
1. Furggsattel	2600 m	3365 m	456 m	800	12'
2. Gandegg	2070 m	3180 m	275 m	600	10'
3. Theodulpaß	1464 m	3294 m	122 m	600	6'
4. Testa Grigia	1205 m	3455 m	195 m	1000	7'
5. Testa II	810 m	3550 m	100 m	1000	4'
6. Plateau Rosa	1535 m	3740 m	326 m	1000	8'
7. Grenzlift	1070 m	3899 m	169 m	1000	6'
8. Plateau Breithorn	1552 m	3899 m	127 m	1000	8'
	12306 m		1770 m	7000	
9. Klein Matterhorn	3835 m	3820 m	891 m	600	9'
10. Gipfellift Klein Matterhorn		3880 m	Panorama 360°		

Die Sommerskilifte sind je nach Schneeverhältnissen täglich bis ca. 14.00 Uhr in Betrieb.

Tennis

Hotel/Besitzer	Telefon	Anzahl Plätze	Lage + Reservation
Alex	028 67 17 26	1 Halle Kunststoff	im Hotel
		1 Kunststoffplatz	beim Hotel
		2 Squash-Courts	Res. an der Réception
Tennisstar /	028 67 30 67	1 Tennishalle	alle Plätze beim Hotel
Club	028 67 13 64	1 Sandplatz	Res. an der Réception
		1 Kunststoffplatz	
		1 gr. Sandplatz	beim Hotel
Christiania	028 67 19 07	1 kl. Sandplatz	Res. im Hotelschwimmbad
			beim Hotel
Mirabeau	028 67 17 72	1 Kunststoffplatz	Res. an der Réception
Schweizerhof	028 67 25 21	1 Sandplatz	beim Hotel
			Res. an der Réception
			beim Hotel
Zermatterhof	028 66 11 01	1 Sandplatz	Res. beim Concierge
Gemeinde		5 Kunststoffplätze	Res. im Tennispavillon
(Seiler Hotels)	028 67 36 73	4 Hartplätze	vis-à-vis Migros

(Zermatt verfügt über 16 Tennisplätze, 2 Tennishallen, 2 Squash); Tennispavillon, Tel. 028 67 36 73)

Reisebüro Zermatt

am Bahnhofplatz, Tel. 028 67 28 28

Reisebüro Zermatt Tours

im Dorfzentrum, Tel. 028 67 16 06 (Samstag und Sonntag geöffnet)

Rettungsdienst

Rettungsobmann SAC: Bruno Jelk, Bergführer, Tel. 028 67 22 82;

Air-Zermatt-Heliport, Tel. 028 67 34 87;
Schweizerische Rettungs-Flug-Wacht, Tel. 01 47 47 47;
Offiz. Ambulanzdienst Zermatt (innerorts/talauswärts), Tel. 028 67 34 86;
Ambulanz-Dienst der Ärzte, Tel. 028 67 12 12;
Lawinendienst: Alarmzentrale, Tel. 028 67 34 87;
Kantonspolizei, Tel. 117 oder Tel. 028 67 21 97;
Gemeindepolizei, Tel. 028 67 38 22;
Pfarramt Zermatt, Tel. 028 67 23 14;

Postamt Zermatt, Tel. 028 67 19 91;
Ärzte:
Dr. med. Richard Imoberdorf, FMH, Tel. 028 67 27 79;
Dr. med. Norbert Lutz, Tel. 028 67 19 16;
Dr. med. W. Schaller, Tel. 028 67 30 20;
Zahnarzt:
Hermann Steffen, Tel. 028 67 34 67

Skischulbüro

Auskunft/Anmeldung, Tel. 028 67 24 51;

(Die Skischule ist auch im Sommer geöffnet).
Sekretariat Wedel-Skikurse, Tel. 028 67 26 40;
Schweizerische Langlaufschule, Tel. 028 67 45 27 und Olympia Sport (Hotel Schweizerhof) Tel. 028 67 31 18

Taxi / Pferde- und und Elektrotaxi

(Einzelfahrten und Rundfahrten);
Burgener Beat, Tel. 028 67 22 44;
Dorsaz Anton, Tel. 028 67 30 30;
Horvath Bruno, Tel. 028 67 16 02;
Imboden Stefan, Tel. 028 67 15 67;
Kalbermatten Klemenz, Tel. 028 67 45 45;
Julen Stefan, Tel. 028 67 16 03;
Schaller Max, Tel. 028 67 12 12;
Taxi des Alpes, Tel. 028 67 19 19;
Taxi Marco, Tel. 028 67 33 22;
Taxi Pauli, Tel. 028 67 31 03

Vita-Parcours

Südlich des Dorfes, unterhalb der Talstation der Schwarzseebahn, der Vispe entlang erreicht man den Vita-Parcours. Dieser Fitneß-Pfad führt zum Weiler Blatten

Wetterbericht / Lawinenbulletin

Sommer und Winter, Tel. 162

Zermatter Extras

Pauschalwochen-Angebote: Tennis-, Wedel-, Touren- und Bergsteigerwochen; Informationen: Verkehrsbüro, Tel. 028 67 10 31.
Botanische und Photo-Exkursionen: Auskünfte und Informationen, Bergführerbüro, Tel. 028 67 34 56

Folklore-Umzug: Mitte August mit Trachtengruppen aus dem Oberwallis, Tambouren und Pfeifer.
Sommerkonzertwochen: August, Informationen und Vorverkauf, Verkehrsbüro, Tel. 028 67 10 31.
Traditioneller Markttag: Montag nach dem Eidgenössischen Bettag.
Alpines Museum: Historische Dokumentation des Walliser Alpinismus, Kulturgut vor und von den alten Zermattern, Reliquien des tragischen Unglücks am Matterhorn. Öffnungszeiten: Täglich 16.00 — 18.30 Uhr.
Gletschergarten Dossen: Südlich Furi, auf einer Höhe von 1953 m gelegen. Nach Luzern und dem Burghügel von Maloya ist dies das dritte Vorkommen von Gletschertöpfen in der Schweiz. Sie entstanden aus einer Rückzugsphase des Gornergletschers gegen Ende der Würmeiszeit.
Zermatt bildet Beginn oder Endpunkt der **Haute Route** durch den Kanton Wallis, die von Chamonix nach Zermatt oder Saas-Fee führt und als die schönste der klassischen, mehrtägigen Frühlingshochtouren in den Alpen gilt, wobei das Gebiet zwischen Grand Combin und Matterhorn, Evolène und Breuil berührt wird.
Informationen: Bergführerbüro Zermatt, Tel. 028 67 34 56
Zermatt ist Station des berühmten **Glacier-Expreß,** der über 291 Brücken und durch 91 Tunnels führt und die beiden Nobelorte St. Moritz und Zermatt auf 7½stündiger Fahrt miteinander verbindet und dank des Furka-Tunnels ganzjährig verkehrt. Die Reise mit dem Glacier-Expreß gilt als «schönster Reiseweg» zwischen den Sehenswürdigkeiten Graubündens, der Zentralschweiz mit dem Vierwaldstättersee/Luzern und dem Wallis mit seiner herrlichen Gletscherwelt.

Informationen: Verkehrsbüro Zermatt, Tel. 028 67 10 31;
Verkehrsbüro St. Moritz, Tel. 082 3 31 47

Zinal

Verkehrsbüro
3961 Zinal
Tel. 027 65 13 70
(Geldwechsel, Reservationen für Zugreisen)

Bergsteigerschule

Tel. 027 65 13 73

Camping

Camping des Rousses
Tel. 027 65 12 84

Centre vacances

La Navizence, Tel. 027 65 10 35 und Tel. 027 65 14 49

Club Méditerranée

Tel. 027 65 13 83

Dancing

«Alambic» im Restaurant «La Baratte», Tel. 027 65 17 76

Sportmöglichkeiten

1 Seilbahn, 7 Skilifte, 60 km Skipisten, 10 km Langlaufloipen, natürliche Eisbahn, 4 Sand — Tennisplätze, Hallenbad, Skischule, 4 Berghütten, Fußballplatz, Minigolf, Fischen; Auskünfte: Verkehrsbüro, Tel. 027 65 13 70

Taxis-Excursionen

Serge Abbé, café des Alpes, Vissoie, Tel. 027 65 11 21;
Taxi Daniel, Tel. 027 65 16 17

Extras

Frühlingsskitouren, Alpinistische Wanderkurse

Chäserstatt   S. 88
«Château de Brignon», Restaurant
   S. 333
«Château de Villa», Restaurant   S. 330
Châtelard   S. 316, 317
Chemeuille   S. 292
Chermignon   S. 269
Chetseron   S. 270
«Chez Tchetchett», Restaurant   S. 332
Chippis   S. 249, 252, 264
Col-de-Brétolet   S. 323
Col de Chassoure   S. 310
Col de Coux   S. 323
Col Durand   S. 263
Col de la Forclaz   S. 317
Col des Gentianes   S. 304
Col d'Hérens   S. 289
Col des Mines   S. 304
Collons, Les   S. 296
«Continental», Restaurant   S. 333
Corin   S. 248, 275, 330, 331
Corne   S. 263
Couronne de Bréonnaz   S. 264
Crans   S. 268, 350
Crans-Montana   S. 266, 268, 350
Crêt du Midi   S. 265
Crêtes de Tyon   S. 311
Creusa, La   S. 317, 319
Croix de Cœur   S. 301, 305
Crosets, Les   S. 321, 323, 324
Cry d'Err   S. 270

D Dalaschlucht   S. 228
   Daubensee   S. 239
   «De la Côte», Restaurant   S. 332
   «De la Grotte», Hotel-Restaurant
      S. 330
   «De la Planta», Restaurant   S. 333
   Dent Blanche   S. 250, 264, 289, 292,
      322
   Dent d'Hérens   S. 292
   Dents du Midi   S. 305, 322
   Dent-de-Morcles   S. 287
   Dent-de-Nendaz   S. 309
   Dents de Veisivi   S. 292
   Derborence   S. 288
   Descente de l'Aigle   S. 263
   Diablon   S. 260
   Diablon-Massiv   S. 260
   Dôle   S. 58
   Dom   S. 238
   Dufourspitze   S. 238
   «Du Léman», Restaurant   S. 334
   Dutnand-Schluchten   S. 315

E Eggishorn   S. 83, 94, 99
   Eiger   S. 83
   Einsiedelei von Longeborgne   S. 286
   Eischoll   S. 205, 211, 352
   Eisten   S. 224
   Embd   S. 119, 208
   Eringertal   S. 288
   Ermitage   S. 58
   Ernen   S. 71, 74, 84, 352
   Euloi   S. 287
   Euseigne   S. 288
   Ergisch   S. 226
   Evionnaz   S. 334
   Evolène   S. 289, 352
   Evouettes, Les   S. 324
   Ewigschneefeld   S. 94
   Eyholz   S. 117

F Fafleralp   S. 215
   Fendant   S. 58
   Fenestrel-Hütte   S. 287
   Ferden   S. 218, 220, 223
   Ferpècle   S. 292, 293
   Ferpèclegletscher   S. 292
   Festival international de l'orgue
      ancien   S. 284
   Fiesch   S. 73, 75, 80, 326, 353
   Fieschergletscher   S. 84, 92
   Fieschertal   S. 71, 75, 84
   Filet   S. 108
   Finhaut   S. 317
   Finsteraarhorn   S. 71, 105
   Finsteraarhornhütte   S. 84
   Fionnay   S. 296, 301
   Fletschhorn   S. 157
   Foggenhorn   S. 108
   Forclaz, La   S. 250, 292, 312
   Forclettaspitze   S. 259
   «Forum», Hotel   S. 335
   Fully   S. 334
   «Fully», Restaurant   S. 334
   Fürgangen   S. 92
   Furggelti   S. 93
   Furka   S. 70, 71, 111
   Fußhörner   S. 108

G Galenstock   S. 77, 83
   Gampel   S. 219, 329, 330
   Gamsen   S. 329
   Garde-de-Bordon   S. 259
   Gasterental   S. 219
   Geißen   S. 90
   Geißhorn   S. 108
   Geißrück   S. 157

Gemmi   S. 230
Gemmipaß   S. 219
Geschinen   S. 74
Giétroz   S. 318
Glacier de Mominge   S. 263
Glacier du Trient   S. 316
Gletsch   S. 70
Glis   S. 112
Gluringen   S. 74, 75
Goms   S. 70
Goppenstein   S. 214
Goppisberg   S. 103, 108
Gornergrat   S. 83
Goron   S. 58
Grächen   S. 117, 146, 154, 208, 353
Grand-Chavalard   S. 287
Grand Combin   S. 304
Grand Cornier   S. 264
Grande Dixence   S. 295
Greich   S. 103, 108
Grengiols   S. 70, 108
Greppon Blanc   S. 297, 309
Grimentz   S. 252, 258, 263, 354
Grimsel   S. 70, 71, 111
Großer St. Bernhard   S. 250, 276, 300, 304, 312
Großhorn   S. 218
Grüneggfirn   S. 94
Grünhornlücke   S. 84
Gruben   S. 226
Gsottus   S. 57
Gspon   S. 117, 119
Gstaad   S. 303

H Haudères, Les   S. 292, 293, 354
Haut-de-Cry   S. 287
Haute-Nendaz   S. 304, 308, 309
Haute Route   S. 294, 304
Heilig Kreuz   S. 90
Hellelen   S. 207
Herbriggen   S. 123
Hérémence   S. 295, 355
Hérens   S. 289
Hockenhorn   S. 221
Hohsaas   S. 157
Hohstock   S. 107, 108
Humagne   S. 58
Hungerberg   S. 74

I Icogne   S. 269
Illgraben   S. 228, 244
Illhorn   S. 257
Illiez-Champéry   S. 322

Imfeld   S. 90
Jägigrat   S. 157
Johannisberg   S. 58
Jungfrau   S. 83, 105
Jungfraufirn   S. 94
Jungfraujoch   S. 71, 83, 221

K Käsechüchli   S. 57
Käsefondue   S. 57
Kippel   S. 215, 220, 223
Konkordiahütte   S. 83, 105
Konkordiaplatz   S. 84
Kreuzboden   S. 157
Kühboden   S. 83, 97
Kühboden-Eggishorn   S. 74

L Lac de Devant   S. 287
Lac d'Emosson   S. 317
Lac du vieux Emosson   S. 318
Lac de Fully   S. 287
Lac de Géronde   S. 330
Lac de Moiry   S. 260
Lac de Vaux   S. 303, 310
Lalden   S. 117
Lämmerboden   S. 239
Lannaz   S. 292
Lauchernalp   S. 221
Lauteraarhorn   S. 105
Lax   S. 84
«L'Endos de Valère», Restaurant   S. 332
Lens   S. 269
Leuk   S. 227, 230, 245, 355
Leukerbad   S. 230, 355
Leytron   S. 245, 287
Lona   S. 259
Lötschen   S. 214, 355
Lötschenlücke   S. 84, 105, 221
Lötschenpaß   S. 222
Lötschental   S. 84, 105, 215

M Malvoisie   S. 58
«Manoir du Vigneron», Restaurant   S. 335
Marécottes, Les   S. 317, 319, 355
Marengo   S. 313
Märjelensee   S. 95
Martigny   S. 72, 245, 285, 299, 300, 312, 316, 333, 334, 356
Martigny-Bourg   S. 313, 314
Martigny-Châtelard-Chamonix-Bahn   S. 317
Martigny-Orsières   S. 300

Martigny-Ville   S. 313, 314
Massaschlucht   S. 102
Massongex   S. 247
Matterhorn   S. 70, 83, 238, 263
Mattmarksee   S. 156
Mattsand   S. 123
Mauvoisin   S. 301
Mayens-de-Chamoson   S. 287
Mayens-de-Riddes   S. 296, 311
Mayens-de-Sion   S. 286, 296, 308
Mayoux   S. 265
Médran   S. 304
Miège   S. 248
Moilles, Les   S. 320
Moirygletscher   S. 259
Mönch   S. 105
«Mon Moulin», Restaurant-Motel
   S. 334
Mons poeninus   S. 47
Montagne-d'Arolla   S. 294
Montana   S. 248, 268
Montana Village   S. 269
Mont Blanc   S. 83
Mont-Blanc-Massiv   S. 304
Mont Colon   S. 294
Mont Collon   S. 292
Monte Moro Paß   S. 155, 156
Monte Rosa   S. 238
Mont Fort   S. 297, 304, 309, 310
Mont Gelé, S. 297, 301, 303, 310
Monthey   S. 247, 320, 323
Mont Major   S. 265
Montreux   S. 312
Mont-Rouge   S. 292
Morasses, Les   S. 313
Mörel   S. 97, 108, 327
Mörel-Breiten   S. 96, 357
Morgins   S. 320, 321, 324, 357
Mattec   S. 260
Mountet   S. 264
Mühlebach   S. 71, 74, 84, 88
Mühlebach-Ernergalen   S. 74
Münster   S. 71, 74, 75, 80
Muraz   S. 248
Muskat   S. 58
Muzot   S. 248, 249

N Naters   S. 106, 328
   Naturschutzzentrum Aletschwald
      S. 103
   Nendaz   S. 268, 296, 303, 304, 308,
      311, 333, 357
   Nendaz-Station   S. 308, 310

Nesselalp   S. 108
Nesthorn   S. 108
Niederwald   S. 75, 76
Niesch-Tunetsch   S. 110
Noûva   S. 292
Nufenen   S. 71, 111

O Oberems   S. 226
   Obergabelhorn   S. 250, 260, 264
   Obergesteln   S. 74, 75
   Oberried   S. 102, 109
   Oberwald   S. 70, 71, 74, 77, 80
   Octodurum   S. 244
   Orsières   S. 312, 315
   Ovronnaz   S. 287, 357

P Pas de Maimbré   S. 280
   Petersgrat   S. 218
   Petit Mont Bonvin   S. 270
   Petit Muveran   S. 287
   Pfynwald   S. 228, 244
   Pic d'Artsinol   S. 292
   Piemont   S. 289
   Pigne-d'Arolla   S. 294
   Pinot noir   S. 58
   Pinot, weißer   S. 58
   Pinsec   S. 265
   Piste Nationale   S. 309
   Plage, La   S. 299
   Plan-de-Fou   S. 309
   Plaine Morte   S. 269
   Plaine-Morte-
      Gletscher   S. 270
   Planards, Les   S. 301
   Pointe des Chevrettes, La   S. 315
   Pointe-de-Tsirouc   S. 259
   Pointes de Tourtemagne   S. 255
   Portes du Soleil   S. 321
   Port-Valais   S. 324
   Pralong   S. 281

R Rambert-Hütte   S. 287
   Randa   S. 123
   Randogne   S. 269
   Raron   S. 213, 358
   Reckingen   S. 71, 74, 75, 80
   «Relais Walker», Hotel   S. 327
   Restipaß   S. 238
   Rhone   S. 70
   Rhonegletscher   S. 71, 89
   Riddes   S. 245, 246, 296
   Ried   S. 103, 109, 224, 225
   Ried-Brig   S. 90, 328
   Riederalp   S. 97, 102, 358

Riederfurka   S. 96, 102
Riederhorn   S. 94, 102
Ritzingen   S. 75
Roc-d'Orzival   S. 258
Roßwald   S. 90
Rothorn   S. 260
«Rôtisserie du Bois-Noir»   S. 335
Rotten   S. 70
Rotzé   S. 255
Rouinettes   S. 297
Ruinettes, Les   S. 304

S   St-Gingolph   S. 245
St-Leonhard   S. 288
St-Luc   S. 252, 254, 361
St-Maurice   S. 228, 247, 361
St-Moritz   S. 299, 303
St-Niklaus   S. 122, 361
St-Pierre-de-Clages   S. 246
Saas-Almagell   S. 156, 158, 359
Saas-Balen   S. 157
Saas-Fee   S. 117, 154, 155, 156, 323, 359
Saas-Grund   S. 156, 157, 361
Saastal   S. 154, 155
Sage, La   S. 292, 293
Saflischpaß   S. 90
Saflischtal   S. 90
Saillon   S. 246, 287
Solins   S. 311
Salvan   S. 317, 319, 361
Sapinhaut   S. 309
Savièse   S. 286
Savièser Topf   S. 57
Saxon   S. 309
Schalihorn   S. 263
Schienhorn   S. 218
«Schloßkeller», Restaurant, S. 327
Schloß Muzot   S. 275
Schmiedigenhäusern   S. 90, 91
«Schmitta», Restaurant   S. 326
Schönbielhütte   S. 263
Schwarenbach   S. 293
Schweizerischer Bund für Naturschutz (SBN)   S. 103
Sedunum   S. 244, 284
See von St-Leonard   S. 286
Selkingen   S. 75
Setzenhorn   S. 92
Sidelhorn   S. 74
Siders/Sierre   S. 117, 244, 248, 266, 312, 330, 361
Simplon   S. 111

Singline   S. 263
Sitten/Sion   S. 244, 267, 282, 289, 293, 297, 308, 312, 332, 333, 362
Société Grand Dixence   S. 290
Som-la-Proz   S. 315
Sonnenweg Furrwald-Gstein   S. 157
Sorebois   S. 260
Soussillon   S. 251
Sparrhorn   S. 107
Stalden   S. 117, 118, 119, 154
Staldenried   S. 117, 119
Staudamm von Moiry   S. 258, 262
Stausee Emosson   S. 317
Steg   S. 215
Super Nendaz   S. 308, 310

T   Täler, die 4   S. 304
Täsch   S. 123, 363
Tennen   S. 225
Thyon   S. 297
Thyon 2000   S. 268, 296, 297, 303, 311, 363
Tignousa   S. 225
Titter   S. 84
Törbel   S. 117, 119
Torgon   S. 321
Torrent-Alp   S. 259
Torrenthorn   S. 238
Tortin   S. 301, 303, 304, 309, 310
Tortinal des Gentianes   S. 310
Totensee   S. 72
Tothorn   S. 271
Touno, Le   S. 259
Tracouet   S. 309
Tracuit   S. 264
Trétien, Le   S. 316, 317
Triftalp   S. 157
Triftgletscher   S. 157
Trifthorn   S. 263
Troistorrents   S. 320
Tsantonnerre   S. 287
Tschingelhorn   S. 218
Tschuggen   S. 106, 107
Turtmann   S. 211, 225, 363
Turtmanngletscher   S. 226
Turtmannspitze   S. 259
Turtmanntal   S. 226, 260
Turtmänna   S. 260
Tzoume, La   S. 304

U   Ulrichen   S. 74, 75
Unterbäch   S. 205, 209, 363
Unterbäch-Brandalp   S. 209

Unterbächhorn   S. 108
Unterems   S. 225, 226

V   Val d'Anniviers   S. 250
Val d'Arolla   S. 294
Val d'Arpette   S. 315
Val de Bagne   S. 250, 299, 300, 306
Val des Dix   S. 296
Val d'Entremont   S. 300, 315
Valettes, Les   S. 315
Val Ferret   S. 250, 315
Val d'Hérémence   S. 296
Val d'Hérens   S. 250, 286, 288, 289,
   290, 293, 295
Val d'Illiez   S. 247, 320, 321, 323, 324,
   350, 363
Vallées, Les 4   S. 304
Vallis Balnearum   S. 300
Vallis poenina   S. 47
Val de Moiry   S. 259
Val de Nendaz   S. 309
Valpellina-Tal   S. 289
Val de Trient   S. 316
Venthône   S. 248, 275
Verbier   S. 296, 299, 303, 304, 309,
   311, 363
Verbier-Station   S. 301, 302
Verbier-Village   S. 301
Vercorin   S. 251, 259, 264, 268, 364
Vermala   S. 268
Vernayaz   S. 316
Vevey   S. 299
Vex   S. 295
Veysonnaz   S. 268, 296, 304, 309, 311,
   364

Villa   S. 248
Villettes   S. 301
Violettes   S. 270
Vionnaz   S. 335
Visp   S. 117, 155, 364
Visperterminen   S. 117, 119, 364
Vissoie   S. 252, 364
Vouvry   S. 115, 335
Vuibé   S. 294

W   Walliser Alpen   S. 20
Walliser Marc   S. 59
Walliser Teller   S. 57
Walser   S. 49
Weilen   S. 226
Weißenried   S. 222, 224
Weißfluh   S. 157
Weißhorn   S. 77, 94, 260, 263, 264
Weißmies   S. 155, 157
Wildhorn   S. 268
Wildstrubel   S. 268
Wiler   S. 220, 224
Wilera   S. 93
Willeren   S. 90
Williams   S. 58
Wirbul   S. 84

Z   Z'Binn   S. 90
Z'Binnen   S. 90
Zeneggen   S. 205, 207, 364
Zenhäusern   S. 208
Zermatt   S. 70, 117, 125, 154, 263, 299,
   304, 305, 323, 364
Zinal   S. 250, 259, 260, 367
Zinalrothorn   S. 250, 264
«Zur Mühle», Restaurant   S. 328

»Richtig reisen«

«Richtig reisen»: Algerische Sahara
Reise-Handbuch. Von Ursula
und Wolfgang Eckert
«Richtig reisen»: Amsterdam
Von Eddy und Henriette Posthuma de Boer
«Richtig reisen»: Arabische Halbinsel
Saudi-Arabien und Golfstaaten
Reise-Handbuch. Von Gerhard Heck
und Manfred Wöbcke
«Richtig reisen»: Australien
Reise-Handbuch. Von Johannes Schultz-Tesmar
«Richtig reisen»: Bahamas
Von Manfred Ph. Obst. Fotos
von Werner Lengemann
«Richtig reisen»: Bangkok
Von Stefan Loose und Renate Ramb
«Richtig reisen»: Von Bangkok nach Bali
Von Manfred Auer
«Richtig reisen»: Berlin
Von Ursula von Kardorff und Helga Sittl
«Richtig reisen»: Budapest
Von Erika Bollweg
«Richtig reisen»: Florida
Von Manfred Ph. Obst. Fotos von
Werner Lengemann
«Richtig reisen»: Griechenland
Delphi, Athen, Peloponnes und Inseln
Von Evi Melas
«Richtig reisen»: Griechische Inseln
Reise-Handbuch. Von Dana Facaros
«Richtig reisen»: Großbritannien
England, Wales, Schottland
Von Rolf Breitenstein
«Richtig reisen»: Hawaii
Von Kurt Jochen Ohlhoff
«Richtig reisen»: Holland
Von Helmut Hetzel
«Richtig reisen»: Hongkong
Mit Macau und Kanton. Von Uli Franz
«Richtig reisen»: Ibiza/Formentera
Von Ursula von Kardorff und Helga Sittl
«Richtig reisen»: Irland
Republik Irland und Nordirland
Von Wolfgang Kuballa
«Richtig reisen»: Istanbul
Von Klaus und Lissi Barisch
«Richtig reisen»: Kairo
Von Peter Wald
«Richtig reisen»: Kalifornien
Von Horst Schmidt-Brümmer
und Gudrun Wasmuth
«Richtig reisen: Kanada und Alaska
Von Ferdi Wenger
«Richtig reisen»: Kopenhagen
Karl-Richard Könnecke
«Richtig reisen»: Kreta
Von Horst Schwartz
«Richtig reisen»: London
Von Klaus Barisch und Peter Sahla
«Richtig reisen»: Los Angeles
Hollywood, Venice, Santa Monica
Von Horst Schmidt-Brümmer u.a.
«Richtig reisen»: Malediven
Reise-Handbuch. Von Norbert Schmidt

«Richtig reisen»: Marokko
Reise-Handbuch. Von Michael Köhler
«Richtig reisen»: Mexiko und Zentralamerika
Von Thomas Binder
«Richtig reisen»: Moskau
Von Wolfgang Kuballa
«Richtig reisen»: München
Von Hannelore Schütz-Doinet und Brigitte Zander
«Richtig reisen»: Nepal
Kathmandu: Tor zum Nepal-Trekking
Von Dieter Bedenig
«Richtig reisen»: Neu-England
Boston und die Staaten Connecticut,
Massachusetts, Rhode Island, Vermont,
New Hampshire, Maine
Von Christine Metzger
«Richtig reisen»: New Mexico
Santa Fe — Rio Grande — Taos
Von Gudrun Wasmuth u. a.
«Richtig reisen»: New Orleans
und die Südstaaten Louisiana, Mississippi,
Alabama, Tennessee, Georgia
Von Hanne Zens, Horst Schmidt-Brümmer
und Gudrun Wasmuth
«Richtig reisen»: New York
Von Gabriele von Arnim und Bruni Mayor
«Richtig reisen»: Nord-Indien
Von Henriette Rouillard
«Richtig reisen»: Norwegen
Hrsg. von Reinhold Dey
«Richtig reisen»: Paris
Von Ursula von Kardorff und Helga Sittl
«Richtig reisen»: Peking und Shanghai
Von Uli Franz
«Richtig reisen»: Rom
Von Birgit Kraatz
«Richtig reisen»: San Francisco
Von Hartmut Gerdes
«Richtig reisen»: Die Schweiz und ihre Städte
Von Antje Ziehr
«Richtig reisen»: Südamerika 1
Kolumbien, Ekuador, Peru, Bolivien
Von Thomas Binder
«Richtig reisen»: Südamerika 2
Argentinien, Chile, Uruguay, Paraguay
Von Thomas Binder
«Richtig reisen»: Südamerika 3
Brasilien, Venezuela, die Guayanas
Von Thomas Binder
«Richtig reisen»: Süd-Indien
Von Henriette Rouillard
«Richtig reisen»: Texas
Von Horst Schmidt-Brümmer
und Gudrun Wasmuth
«Richtig reisen»: Tokio
Von Frank und Ceci Whitford
«Richtig reisen»: Tunesien
Reise-Handbuch. Von Michael Köhler
«Richtig reisen»: Venedig
Von Eva Bakos
«Richtig reisen»: Wallis
Von Antje Ziehr
«Richtig reisen»: Wien
Wachau, Wienerwald, Burgenland
Von Wolfgang Kuballa und Arno Mayer

DuMont Kunst-Reiseführer

«Kunst- und kulturgeschichtlich Interessierten sind die DuMont Kunst-Reiseführer unentbehrliche Reisebegleiter geworden. Denn sie vermitteln, Text und Bild meist trefflich kombiniert, fundierte Einführungen in Geschichte und Kultur der jeweiligen Länder oder Städte, und sie erweisen sich gleichzeitig als praktische Führer.»

Süddeutsche Zeitung

Alle Titel in dieser Reihe:

- Ägypten und Sinai
- Entdeckungsreisen in Ägypten 1815—1819
- Algerien Arabien
- Reise in Arabia Deserta
- Entdeckungsreisen in Südarabien
- Belgien
- Bulgarien Bundesrepublik Deutschland
- Das Bergische Land
- Bodensee und Oberschwaben
- Die Eifel
- Franken
- Hessen
- Köln
- München
- Münster und das Münsterland
- Zwischen Neckar und Donau
- Der Niederrhein
- Oberbayern
- Oberpfalz, Bayerischer Wald, Niederbayern
- Ostfriesland
- Die Pfalz
- Der Rhein von Mainz bis Köln
- Schleswig-Holstein
- Der Schwarzwald und das Oberrheinland
- Sylt, Helgoland, Amrum, Föhr
- Der Westerwald
- Östliches Westfalen
- DDR
- Dänemark Frankreich
- Auvergne und Zentralmassiv
- Die Bretagne
- Burgund
- Côte d'Azur
- Das Elsaß
- Frankreich für Pferdefreunde
- Frankreichs gotische Kathedralen
- Languedoc-Roussillon
- Das Tal der Loire
- Die Normandie
- Paris und die Ile de France
- Périgord und Atlantikküste
- Das Poitou
- Licht der Provence
- Savoyen
- Südwest-Frankreich Griechenland
- Hellas
- Athen
- Die griechischen Inseln
- Alte Kirchen und Klöster Griechenlands
- Tempel und Stätten der Götter Griechenlands
- Kreta
- Rhodos (84) Großbritannien
- Englische Kathedralen
- Die Kanalinseln und die Insel Wight
- Schottland
- Süd-England
- Guatemala
- Das Heilige Land
- Holland
- Indien
- Ladakh und Zanskar
- Indonesien
- Bali
- Iran
- Irland Italien
- Apulien
- Elba
- Das etruskische Italien
- Florenz
- Ober-Italien
- Von Pavia nach Rom
- Rom
- Das antike Rom
- Sardinien
- Sizilien
- Südtirol
- Toscana
- Japan
- Nippon
- Der Jemen
- Jugoslawien
- Kenya
- Luxemburg
- Malta und Gozo
- Marokko
- Mexiko
- In den Städten der Maya
- Nepal Österreich
- Kärnten und Steiermark
- Salzburg, Salzkammergut, Oberösterreich
- Tirol
- Wien und Umgebung
- Pakistan
- Portugal
- Rumänien
- Sahel: Senegal, Mauretanien, Mali, Niger
- Die Schweiz
- Skandinavien Sowjetunion
- Kunst in Rußland
- Sowjetischer Orient
- Spanien
- Die Kanarischen Inseln
- Katalonien
- Mallorca — Menorca
- Südspanien für Pferdefreunde
- Zentral-Spanien
- Sudan
- Südamerika
- Syrien
- Thailand und Burma
- Tunesien
- Türkei
- USA — Der Südwesten

«Diese Einführungen in Kunst, Kultur, Geschichte und Landschaft eines Landes gehören zum Besten, was man heute zur Vorbereitung einer Reise in die Hand nehmen kann. Der Informationswert liegt sehr hoch, die vielen Abbildungen geben Anregung und Erinnerung. Selbst auf einen Teil mit mehr praktischen Hinweisen wurde nicht verzichtet.»

Literaturreport

Alle Bände mit vielen, zum Teil farbigen Abbildungen; dazu Zeichnungen, Karten, Grundrisse, praktische Reisehinweise.

Die Schweiz und ihre Städte

Basel Zürich Luzern Bern Lausanne Genf Lugano

Von Antje Ziehr. 320 Seiten mit 24 Seiten Vierfarbenteil und 48 Seiten Gelber Info-Teil (DuMont «Richtig reisen»).

«Es giebt zuverläßig kein Land, keinen Theil unseres Erdbodens, der in so vielen Rücksichten merkwürdig und interessant wäre als die Schweitz. Der Mensch und der Philosoph in dem weitesten Sinn dieser Wörter finden nirgends so einen Reichtum des Stoffes zu Untersuchungen, zu Beobachtungen und zu reinem Lebensgenuß als hier», schrieb J. Gottfried Ebel 1793 voller Überzeugung nieder. Wenn auch inzwischen fast 200 Jahre vergangen sind, bleibt an diesem Urteil vor allem eines wahr, nämlich die «Merkwürdigkeit» der Schweiz!